中华
优秀传统文化
通　　论

张应杭　周有强　潘睿　编著

ZHEJIANG UNIVERSITY PRESS
浙江大学出版社
·杭州·

本书受中央高校基本科研业务专项资金资助

前　言

这本《中华优秀传统文化通论》是为浙江大学马克思主义学院本科生开设的课程"中国传统文化"而编写的。众所周知，一本合适的教材对于专业课学习的重要性是不言而喻的。正是基于这一认知，从接受学院分派承担这一课程主讲任务的那一刻起，我就想着编写一本这方面的教材。尽管我知道中华传统文化不仅源远流长，而且博大精深，故要编好这本教材有相当难度。而且，我也知道相比于专著或论文，教材既要广泛地汲取学界前辈时贤的研究成果，又要用简洁晓畅的非学术语言来表达，通常还不可有自己个人的一得之见，因此它在高校现有的业绩评估体系里，往往会因不被视为科研成果而不太受待见。

但几经犹豫之后，我和我的两位合作者还是于2022年底开始这一工作。推动并一直激励我们不揣浅陋、知难而上编写这本教材最重要的因素，当然是因为马克思主义理论专业本身培养的内在需要。党的二十大报告曾以这样一段文字阐明了这一内在需要："坚持和发展马克思主义，必须同中华优秀传统文化相结合。只有植根本国、本民族历史文化沃土，马克思主义真理之树才能根深叶茂。"①正是基于这一理由，我特别希望马克思主义理论专业的同学，通过本课程的学习，能够深刻领会进入新时代的中国共产党将马克思主义基本原理同中华优秀传统文化相结合，从而开辟马克思主义中国化时代化新境界的非凡意义，并在以后未来的职业生涯中能够坚定文化自信，把马克思主义思

---

① 《党的二十大文件汇编》，党建读物出版社2022年版，第14页。

想精髓同中华优秀传统文化精华贯通起来、同人民群众日用而不觉的共同价值观念融通起来,不断赋予中国特色社会主义理论鲜明的中国特色,从而为中国式现代化的推进和中华民族伟大复兴提供与时俱进且充分彰显民族特色的理论指引。

这可以说是编写本教材的宗旨之所在。

为了方便教材的使用,我想对教材涉及的两个关键词"中华文化"与"中华优秀传统文化"做点内涵解读与外延规范。众所周知,"文化"是个定义颇多且歧义丛生的概念。一些学者甚至主张把文化宽泛地理解为"与人的活动相关的一切存在"。唯物史观则把文化理解成人类实践活动创造的物质与精神成果总和。[①] 因而,文化应包含思想观念及典章、器物、文化遗迹等实践活动的创造物。就这一点而言,"文化"与"文明"的概念大致相同。但基于学识、课时与篇幅方面的原因,我们在本教材中将其外延局限于思想观念层面。事实上,在我理解看来这也是普罗大众对"文化"这一概念最通常的解读。这也就意味着,我们对中华文化重点关注的是与中华民族安身立命之道相关联的、以文史哲为主要代表的思想观念形态。与此相应,"中华优秀传统文化"也主要呈现为那些去除了封建糟粕,其思想或道德观念、其学说体系或范式、其智慧或创见,具有时空穿透力且内蕴现代性的精华成分。

正是基于将"文化"概念仅限定于思想观念层面,我们将教材阐释的具体内容分为语言、文学、史学、哲学、伦理、艺术、教育等七个论域。当然,丰闳博大的中华优秀传统文化远非这七个方面内容可以概括,如在政治、经济、军事、科技,以及民俗学、校勘学、版本学等方面,我国古代文化也留下了极为丰厚且成就斐然的优秀文化遗产。但为了更好地凸显重点,我们的阐释只能着力于中华优秀传统文化中最基本、最富有民族特色,从而对民族精神熔铸影响最大的如上所述的七个方面,而其他的内容只能付诸阙如了。

还有一个与传统文化相关联的重要范畴——"国学",也有必要做些厘清。众所周知,这一范畴源自近代西学东渐这一历史境遇。当下它再度成为热词时,大致与"传统文化"相当。基于教材编写的慎重与严谨立场,我们基本不以这一范畴来描述传统文化。关于这一点钱穆先生很精当地阐明过其中的道理:"学术本无国界。'国学'一名,前既无承,将来亦恐不立。特为一时代的

---

① 廖盖隆主编:《马克思主义百科要览》(下),人民日报出版社1993年版,第1633页。

名词。"①

在教材的编撰体例方面,要说明的是本教材所遵循的是历史与逻辑相统一的阐释方法。每章在介绍有关传统文化的具体形态时先交代历史的发展线索,然后再以逻辑的方法对其内容、特征及对其他文化领域的相互影响予以展开论述。最后再根据中国式现代化建设的实践以及学生的思想认识实际,进一步开掘这一传统文化对现时代的优秀价值。我们认为,传统文化之优秀价值的开掘既是我们学习传统"彰往而察来"(《易经·系辞下》)的宗旨所规定的,也是今天守正创新发展马克思主义,开辟 21 世纪马克思主义中国化时代化新境界的重要路径。

值得特别一提的是,相比于我作为主编先前编写的作为通识课教材使用的《中国传统文化概论》,本教材编写时我们始终注重专业课教材这一定位。为此,我们在内容的铺排方面着力聚焦中华传统文化中优秀成分的发掘、阐释与现代激活,并在其中始终谨记马克思主义世界观与方法论立场的坚守。此外,为了避免自说自话或自以为是,我们还在中华优秀传统文化的阐述过程中,尽可能多地援引国内相关领域的权威学者与西方知名学者的相关论述予以佐证。

最后,我还想特别申明的是,由于篇幅和教学时数的限制,本教材无论在观点陈述,还是史料援引方面都只是概要性的。对于学生学习和了解整个中华优秀传统文化而言,它只能起到类似于导论的作用。如果希望进一步详尽探究中华优秀传统文化的具体内容,读者无疑还需进一步阅读其他相关的著述。正是基于这样的考虑,本教材末尾所附的"主要参考文献"目录,可视为我们向读者推荐进一步阅读的一份基本书单。

在编撰过程中,我们深感中华传统文化犹如一眼泉水常新的井。唯愿本教材所汲取的内容能让读者品尝到它隽永清新的味道。但中华传统文化又是一眼幽深的井,由于绠短汲深,我们在汲取其优秀内涵时又总有力不从心之感。本教材因此难免存在这样或那样的欠缺之处。为此,我们诚恳地希望读者能够给予批评指正。

张应杭

2024 年 4 月 8 日·浙江大学马克思主义学院

---

① 钱穆:《国学概论》,商务印书馆 1997 年版,第 1 页。

目　录

大道之行:中华优秀传统文化的回望与继承创新

[题记]如果说以文化自信自强来构建国家软实力,是我们回望与激活中华优秀传统文化之出场语境的话,那么将马克思主义基本原理同中华优秀传统文化相结合,就是我们实现优秀传统文化创造性转化与创新性发展的现实语境。

民族复兴的进程一定伴随着文化的复兴。但这个文化复兴不是复古主义者眼中的那种言必称先秦之类的文化复兴,而是立足中国式现代化的伟大实践,以马克思主义为指导对中华传统文化予以批判性继承与创造性转化、创新性发展的文化复兴。作为对中国之问、世界之问、人民之问、时代之问的重要理论回应与智慧应对,我们有理由期待它成为 21 世纪世界文化景观中一道厚重而亮丽的中国风景线。

一、中西之辩与近代对传统文化的否定性反思

近代中国知识界的中西之辩始于 1840 年爆发的鸦片战争。这场战争让近代中国无论是精英阶层,还是普罗大众,无不领教了"船坚炮利,以悍济贪"(林则徐:《会奏穿鼻尖沙嘴迭次轰击夷船情形折》)之西方科技的厉害。其中特别是甲午海战失败之后签订的《马关条约》对清政府官员及知识界人士影响尤大。众所周知,日本在明治维新之前是极度推崇中国的文明与文化的。他

们的"遣隋使""遣唐使"制度即是明证。但随着西方工业革命的兴起,日本政府在明治维新中开始改弦易辙,在文化上甚至提出了"脱亚入欧"(福泽谕吉语)的全盘西化主张。正是在这个背景下,日本如西方列强那样在野蛮地完成了资本的原始积累之后,便开始了其疯狂的对外殖民扩张。甲午海战一役,日本海军打败了北洋水师,逼迫清政府签订了丧权辱国的《马关条约》。

就这样,从中英鸦片战争到中日甲午海战,这期间无数次的战败迫使清政府与西方列强签订了数不清的诸如《马关条约》那样的屈辱条约,割让或租借了无数的土地,赔偿的白银几乎掏空了国库。在反思中国何以失败、何以面临亡国灭种之境这一时代之问的答案时,近代知识分子和具有维新意识的朝廷官员几乎不约而同地找到了传统文化方面的根源。于是,一方面是对传统文化的怀疑乃至否定,另一方面则是对西方文化的过度推崇,这两个极端的文化立场,便带有某种必然性地成了近代向现代转型中的中国文化景观中最无奈、最心酸、最难以直面的一道"风景线"。

美国学者吉尔伯特·罗兹曼在其《中国的现代化》一书中曾提及这一点:"到 20 世纪初叶,中国人已强烈地意识到现代化的重要性……借鉴外国的现代化文化成了知识分子尤其是归国学生的共识。"[①]重要的还在于,近代中国的这一段血与火写就,且充满着屈辱的历史作为一种惯性,正如吉尔伯特·罗兹曼断言的那样,一直延续到 20 世纪上半叶的中国。毛泽东曾以诗人的悲愤写下了"长夜难明赤县天,百年魔怪舞翩跹"(《浣溪沙·和柳亚子先生》)的诗句来描述那个时代的中国。

以毛泽东为代表的中国共产党人不惜抛头颅、洒热血带领中国人民终于推翻了帝国主义、封建主义、官僚资本主义这三座压在近现代中国人民头上的大山。但帝国主义并不甘心在中国的失败,自 1949 年新中国成立至今,西方帝国主义阵营或以武力威胁,或以经济制裁,或以文化渗透等诸多的方式试图让中国再度沦为其殖民地半殖民地或附庸国。其中尤其是借中国改革开放营造的西学东渐氛围,其对文化领域的形形色色渗透可谓不遗余力。正是在这样的历史背景下,一些诸如"现代化就是西方化""先殖民化再现代化"之类的极端主张也曾赢得一些人的喝彩。

近现代中国置身这一历史语境下,对传统文化以批判乃至否定为基本话

---

① 吉尔伯特·罗兹曼:《中国的现代化》,国家社会科学基金"比较现代化"课题组译,江苏人民出版社 2010 年版,第 443 页。

语样态的思潮便成为一道挥之不去、去之又来的文化景象。这正是中西之辩中，我们逐渐丧失了对传统文化自信的根本缘由。

二、古今之辩与中国共产党在新时代的创新性总结

"乱花渐欲迷人眼。"（白居易：《钱塘湖春行》）正是在国内国外形形色色的西方文化优越论鼓噪于世、不绝于耳的现实语境下，以习近平同志为核心的党中央审时度势地提出了构建文化自信自强的战略命题，并由此开启了建设文化强国的伟大工程。

尤其值得指出的是，在当今世界软实力已然成为热词的现实语境下，中国共产党提出在坚持文化自信的前提下推进文化自强，以铸就社会主义文化新辉煌的战略任务可谓高瞻远瞩。也就是说，文化作为"五位一体"①总体布局中不可或缺的重要组成部分，是推进中国式现代化建设的题中应有之义，它是民族精神力量之源，是形成共同思想的基础，是最基本、最深沉、最持久的力量所在。在新时代的文化自信自强建设中，中国共产党尤其强调了坚守中华文化立场的必要性与重要性。党的二十大最新修订《中国共产党章程》总纲部分对这一问题有这样清晰的表述："推动中华优秀传统文化创造性转化、创新性发展，继承革命文化，发展社会主义先进文化，提高国家文化软实力。"②值得指出的是，在党章表述的中华优秀传统文化、革命文化、社会主义先进文化三项中，由于中华优秀传统文化所特有的源头性与基础性的地位，因而其对国家软实力的提升与中华民族伟大复兴无疑显得特别重要。

这堪称中国共产党在进入新时代之后，对近代以来绵延不绝的古今之辩问题的创新性总结。重要的还在于，它不仅提出了文化自信自强的总体战略，而且还找到了实现这一战略的具体路径，即坚持把马克思主义基本原理同中国具体实际相结合、同中华优秀传统文化相结合。这是正如党的二十大报告明确指出的那样："中国共产党人深刻认识到，只有把马克思主义基本原理同中国具体实际相结合、同中华优秀传统文化相结合，坚持运用辩证唯物主义和历史唯物主义，才能正确回答时代和实践提出的重大问题，才能始终保持马克

---

① "五位一体"首次提出于 2012 年党的十八大，它是对"全面推进经济建设、政治建设、文化建设、社会建设、生态文明建设"的概括表述。

② 《中国共产党章程》（修订版），人民出版社 2022 年版，第 14 页。

思主义的蓬勃生机和旺盛活力。"①

这事实上就意味着做好马克思主义基本原理同中华优秀传统文化相结合的推进工作,不仅对于探索马克思主义中国化时代化,对于构建 21 世纪马克思主义新形态具有深远的意义,而且还为解决近代以来中西之辩中文化自信的缺失与扬弃古今之辩中对传统文化过度否定的偏颇,找到了最重要的实现路径。

三、术道之辩与"大道之行"的中国对现代性困境的超越

可以肯定的是,中华优秀传统文化的优秀性可以从不同的角度予以解读,但如果基于术道之辩的视阈来考察,重道应该是中华文化在历代传承中彰显出来最根本且一以贯之的优秀特性。这一传统在公元前 5 世纪的春秋时期就已然奠定。无论是老子说的"惟道是从"(《老子》二十一章),还是孔子说的"朝闻道,夕死可矣!"(《论语·里仁》)都彰显着这一古老的重道传统。而且,这一重道的历史传承,不仅形成了中国人不崇拜人格化的神,而崇拜天道或人道、推崇殉道者的独特信仰,还生成了诸如"君子谋道不谋食""君子忧道不忧贫"(《论语·卫灵公》)之类的生活态度与人生境界。我们今天积极推进马克思主义基本原理同中华优秀传统文化相结合,无疑要牢牢把握这一中华传统文化的基本立场与总体特性。

当然,基于谨慎的立场出发,我们必须看到在术道之辩中传统文化将"术"视为雕虫小技而不予重视,这显然是一个弊端。而且,这一弊端还直接导致了鸦片战争以来"船坚炮利"的西方对近代中国的欺凌与压迫。正是有鉴于此,痛定思痛的中国无论是近代的戊戌变法、洋务运动,还是现代的改革开放、大规模的留学潮都有一个重要的目的,那就是在技术层面上赶超西方发达国家。事实上,一百多年来,中华民族以其特有的勤劳与智慧在这方面做出了让西方刮目相看的非凡成就。而且,我们自信还将做出让世界更为之瞩目的更多、更大、更新的成就。

在扬弃了术道之辩中的弊端之后,中华文化自古以来对"道"的敬畏与尊重的传统,对正在遭遇诸多现代性困境并因此而变得越来越不厚道的当今世

---

① 《党的二十大文件汇编》,党建读物出版社 2022 年版,第 13 页。

界，无疑有积极而清明的价值观指引作用。比如就人与自然关系而论，中华传统文化推崇的天人合一之道以及顺天、慎取、节用等民族精神，为克服西方长期以来存在的人类中心主义与非人类中心主义的二元对立提供了可贵的中国立场。这一立场的最终目标是在敬畏自然的基础上构建起天人和谐的理想境界。又比如就我与他人关系而论，中华传统文化推崇的人我合一之道以及孝亲、贵和、崇义等民族精神，为摆脱西方文化中因为视"他者"为异己而导致的利己主义困境提供了解决问题的中国方案。这一方案的核心理念是通过诸如"和而不同""美美与共"之类的路径构建起"我"与"他者"的和合关系。还比如就人与自身关系而论，中华传统文化推崇的身心、欲理合一之道以及知耻、克己、尚俭等民族精神，为消解西方文化中诸如消费主义(Consumerism)、享乐主义(Hedonism)的片面性提供了中国主张。这一主张的核心是以道德理性来主导和制约诸如饮食男女之类的本能，从而营造出身与心、欲与理的平和状态。事实上，当今世界正遭遇着的所谓现代性困境，无非就具体呈现于与自然、与他者、与自身这样三向度的紧张或窘迫关系之中。中华优秀传统文化对缓解乃至消解这一紧张或窘迫关系无疑提供了东方文明语境下的智慧与方法。

令人欣慰的是，中华民族的这一以重道为基本特性的优秀文化正日益彰显出其全球性的价值。有"世纪智者"之誉的英国哲人罗素在反思西方文明的诸多弊端后，曾经这样感叹说："西方文明的希望日渐苍白，多么暗淡。带着这种心境，我前往中国，想在那里寻找新的希望。"①虽然从现有文献中我们似乎检索不到罗素最终是否寻找到这一新的希望。但可以肯定的是，他憧憬的文明新希望在一个世纪之后，已然曙光乍现。正如有学者指出的那样：继中世纪末叶的马可·波罗时代之后，进入 21 世纪的世界再次把目光投向追求仁智会通、德业双修、天道与人道统一的东方文化。因为在道与术的关系问题上，西方人开始意识到过于推崇"船坚炮利"的技术主义，如果没有"道"来支撑与引领，那人类将会走进死胡同。②

的确，当今世界文明与文化发展的一个趋势已悄然呈现：人类正试图从以中国为代表的东方文化与英美国家为代表的西方文化的比较与综合中，寻觅到全球化语境下更加和谐，且持续稳定的发展路径。比如海外新儒学思潮方

① 罗素：《罗素论中西文化》，杨发庭等译，北京出版社 2010 年版，第 40 页。
② 黄寅：《传统文化与民族精神：源流、特质及现代意义》，当代中国出版社 2005 年版，第 218 页。

兴未艾,孔夫子主义(Confucianism)颇受推崇,"道"(Tao)流行于日常生活以及管理理念中,"中国禅"(Chinese Zen)不仅日益成为一些西方人人格修炼的基本功课,而且它还为西方的精神分析心理学所认同,"以佛疗心"成为精神分析治疗的一大时尚。还有,孙子兵法、中国功夫等成为流行的话题,无一不是中国传统文化之世界意义的明证。

这是一个地球村的时代。从文化交流而论,是已然没有任何壁垒的时代,它必然会成为西方文化走向东方,东方文化也走向西方,且日益频繁与密切的时代。我们坚信在这双向互动、借鉴与取长补短的交流中,中华传统文化在天人合一之道、人我合一之道、身心(欲理)合一之道等方面呈现的关于"道"的智慧,其生命力将在不同文明与文化的对话与互鉴中得到证明,并得到进一步的展示和发展。

事实上,就术道之辩而论,今天的中国共产党在引领中国人民推进中国式现代化以谋求民族复兴,以及回应世界人民的普遍关切、为人类谋大同的伟大征程中,既以"大道之行,天下为公"①的胸襟与气度,为实现中国人民对美好生活的向往而踔厉奋发、勇毅前行,也为世界各国人民前途着想,积极倡导"各国行天下之大道,和睦相处、合作共赢"②,从而开创人类更加美好的未来。见诸党的十九大与二十大报告的这两段庄严的文字,可以被视为置身新时代的中国共产党对术道之辩的重大义理解读与实践阐释。

古人云:"一引其纲,万目皆张。"这里的"一"无疑正是道。这就如老子说的:"道生一,一生二,二生三,三生万物。"(《老子》第四十二章)我们在引论的最后部分,之所以化繁为简地对中华传统文化重道、厚道这一优秀特性予以回望、阐释与激活,一方面固然是通过中西文化在术道之辩中不同立场的比较来彰显中华传统文化的优秀性,另一方面也是试图为本教材接下来分门别类展开的具体内容的学习,提供一个以道为纲,纲举目张的方法论指引。

让我们以礼敬传统、敬畏大道的心态,走进中华优秀传统文化的历史长廊,用心倾听那从未被岁月尘埃遮蔽的仁者叮嘱与智者教诲。

---

① 《党的十九大文件汇编》,党建读物出版社 2022 年版,第 48 页。
② 《党的二十大文件汇编》,党建读物出版社 2022 年版,第 47 页。

第1章

道贯古今：中华传统文化的优秀特性与现代意义

[题记]在术与道的关系问题上西方文化有着浓厚的重"术"传统，尤其是在拒绝形而上学的主张下极为推崇船坚炮利的技术主义发展路径。但中国传统文化却有源远流长的重"道"传统，它推崇厚道的安身立命观。而且，这一传统立场贯穿古今，至今依然。

我们伟大的祖国雄踞在亚洲大陆的东部。她不仅有着960万平方公里的锦绣河山，而且有着历史悠久、成就辉煌的优秀传统文化。从170万年前的"元谋人"起，我们的祖先就劳作生息在这片广袤的土地上。在有文字可考的4000多年的漫长岁月里，勤劳、善良、智慧的祖先以非凡的创造力，给我们留下了极为丰富的文化遗产。它不仅对中华民族的历史和现实产生着深刻的影响，而且对世界文明与文化的发展也起着重要的推进作用。因此，我们了解、学习和研究我国传统文化的珍贵遗产，对其中优秀的成分予以回望与激活，并在此基础上进行创造性转化与创新性发展，不仅有助于增强民族自信心和自豪感，而且其本身就是建设文化强国，为中华民族伟大复兴提供不竭精神动力的题中应有之义。

一、中华传统文化的历史演进

从整个世界的文明与文化①发展来看,古代中国与古埃及、古巴比伦、古印度并称世界四大文明古国。作为世界文明与文化发展最古老的发源地之一,中国古代文明虽然在时间上稍晚于古埃及、古巴比伦与古印度文明,但与它们不同的是,中国古代文明从它诞生直至今日,一直绵延不绝,体现了非凡的生命延续力和时空穿透力。正是中国古代文明发展的这一特性,使得中国古代文化遗产极为丰富多彩,不仅让中华儿女为之骄傲与自豪,也令整个世界为之瞩目。

1. 中国古代文化的源起与全面产生

历史学家习惯地把文字产生以前的历史称为远古(或上古)时期。中国古代文化正起源于这一现代人看来极为遥远的时期。人类学家发现,距今约1500万年到1000万年之前的拉玛古猿是人类的先祖之一。在我国云南的开远和禄丰都发现了这一古猿的化石。这有力地证明了中国是人类的真正发源地之一。②

有了人就有了历史,也就有了人在历史活动中所创造的文化。中国文化的远古源头由此而被逻辑地确定。从元谋人(云南元谋)、蓝田人(陕西蓝田)、北京人(北京周口店)到马坝人(广东曲江)、长阳人(河北长阳)、丁村人(山西汾县)再到柳江人(广西柳江)、资阳人(四川资阳)、河套人(内蒙古河套)、北京山顶洞人,在这样一个从猿到人的发展过程中,中华的远古文化逐渐萌生并发展起来。

特别值得指出的是,中华文化在中国大地上的发生从一开始即呈多元状态。不但黄河流域,而且长江流域、珠江流域,甚至东三省等北方地区以及青

---

①　在先秦的典籍里,"文"与"化"往往被单独使用,只是西汉以后,"文"与"化"才合成一个整词,如"圣人之治天下也,先德而后武力。凡武之兴,为不服也。文化不改,然后加诛"(《说苑·指武》)。这里指谓的"文化"是与无教化的"质朴""野蛮"对举。可见,在汉语语境中,"文化"的本义就是"以文教化",它表示对人性情的陶冶、品德的培植等,本属精神领域之范畴。但是,精神的东西往往要物化为制度、典章、器物等形态。为此,我们在本书中且把文化主要理解为思想观念的形态,但从宽泛的意义而论,文化是包含思想、制度、典章、器物等形态在内的综合存在。

②　1965年我国的考古工作者在距开远、禄丰不过百里之遥的元谋县发现的元谋人化石。是迄今为止我国境内发现最早的人类化石。正是这一发现,使中华文明与文化的源头得以科学地定位。

藏高原,都有旧石器及新石器时代文化遗址的广泛发现。我国远古时期的文化因此也呈现出多姿多彩的形态。火的使用是旧石器时代先民的一项具有划时代意义的文化创造。北京猿人文化遗址内已发现猿人用火后的灰烬,出土了大量因烧灼而变色破裂的石块、骨骼,甚至还有木炭的遗迹。这一切确凿地证明了,距今 50 万年前的北京猿人已能熟练地使用火,并能有效地保存从自然界取来的火种。关于火在人类历史中的作用和地位,恩格斯曾有这样精辟的论述:"就世界性的解放作用而言,摩擦生火还是超过了蒸汽机,因为摩擦生火第一次使人支配了一种自然力,从而最终把人同动物界分开。"[1]他还肯定地指出:"甚至可以把这种发现看作人类历史的开端。"[2]

　　除了火的使用以外,在仰韶文化[3]的典型遗址——半坡村遗址中,还可以看到,我们的原始先民已学会了农作、狩猎、制陶,发明了彩绘陶画和简单的音乐舞蹈;在大汶口文化遗址中除了有更加精美的陶器外,还出现了冶铜、酿酒、制玉、象牙雕刻等新的工艺。

　　与物质文明的发展相适应,远古时期的观念文化也呈现出繁花初绽的现象。其中原始宗教与原始艺术是其最主要的呈现形态。中华先民原始宗教崇拜的对象非常广泛,大致可分为自然崇拜、生殖—祖先崇拜和图腾崇拜[4]三大类。对大自然的崇拜(如太阳、大地)是先民最原始的崇拜形式之一。比如在仰韶文化遗址出土的陶器上,就发现存在大量太阳图形的纹饰。与此同时,出于对自身繁衍的关注,又产生了炽热的生殖崇拜。比如从辽宁牛河梁和东山嘴红山文化遗址发掘出来的高腹丰臀、乳房硕大的陶塑女神像,以及在相当广阔的新石器文化遗址中发现的男性生殖崇拜物——石祖、陶祖和发现于新疆呼图壁县境内的大型生殖崇拜岩画,无一不展示着先人们对生命祭祀的庄严情感。与自然崇拜和生殖—祖先崇拜相比,图腾崇拜则是较为高级的崇拜形式。从考古发掘和神话传说中,发现和保留了我国远古时代丰富的图腾崇拜

---

　　① 恩格斯:《反杜林论》,载《马克思恩格斯选集》(第三卷),人民出版社 1995 年版,第 456 页。

　　② 恩格斯:《自然辩证法》,人民出版社 1973 年版,第 91 页。

　　③ 仰韶文化是黄河中下游地区重要的新石器时代文化。1921 年在河南省三门峡市渑池县仰韶村被发现,所以被命名为仰韶文化。持续时间为距今约 7000 年至 5000 年,范围以渭、汾、洛诸黄河支流汇集的关中、豫西、晋南为中心的一带。

　　④ "图腾"(Totem)一词出自美洲印第安人奥基布斯部落的语言。文化史学者们有足够的考古材料和远古传说证明,在原始思维中类比和联想是先民们思维的主要方法。比如原始人一般都相信自己的氏族与某种动物、植物或无机物之间有一种特殊的亲密联系,并以之作为氏族内部崇拜的对象。这就是"图腾"一词的基本含义。

资料。比如对于远古神话中黄帝率熊、罴、貔、豹、貅、虎六兽同炎帝殊死搏斗的传说,有专家考证认为,这六兽其实就是指以其为各自图腾的六个氏族。[①]另外,还有鱼、鸟、蛙、龟、蛇、猪、马,以及先民们想象出来的动物,如龙、凤、麒麟等都曾是中华先民崇拜并奉为本族徽帜的图腾物。

　　在原始的自然崇拜中,有学者特别考证了中华文化所特有的先民们对玉石的崇拜。比如,在新石器晚期的代表性遗址——良渚文化的考古发掘中,"玉器盛行堪称是良渚文化的一大显著特色,不但品种丰富多彩,自成体系,而且式样千变万化,难以胜计,这在全国其他史前文化中是独一无二的,是中华民族崇尚玉器的一大源头。"[②]在探究这一考古发掘背后的缘由时,许多学者推测大概由于玉石被古代良渚先民视为天地之精华,于是玉器崇拜就被等同于敬天礼地的自然崇拜。

中华文化在走过了远古的萌生时期之后,至商、周开始进入了真正意义上的发生期。1899年发现的商代甲骨文使得古代的传说有了考古学的证明。美国著名的汉学专家费正清为此曾高度评价说:"考古发现证实了历史记载的真实性,当时疑古派的学者不得不改弦易辙,承认历史上确实存在过商这个朝代。"[③]不仅如此,从文化史的视阈而论,它使这一时期的文化样态与面貌第一次有了文字的记载。学者们发现,由于生产水平的落后和认知水平的局限,这一时期的文化是以神为本位的:"殷人尊神,率民以事神。"(《礼记·表记》)事实上,这种以"天帝""上帝"为最高存在的神学观念曾广泛地见诸我国古代最早的传说、典籍以及青铜艺术品之中。

公元前722年,周平王被迫东迁。这不仅标志着周天子权威的失落,而且意味着中国历史从此进入了诸侯纷争的春秋战国时代。这是一个"争地以战,杀人盈野;争城以战,杀人盈城"(《孟子·离娄下》)的时代。然而,就在这充满血火与战乱的动荡时代,中国文化却进入了自己的第一个辉煌时期——百家争鸣时期。

春秋战国时期的社会大变革、大动荡不仅为当时的知识分子提供了丰富

---

① 黄寅:《传统文化与民族精神:源流、特质及现代意义》,当代中国出版社2005年版,第4页。
② 浙江省社会科学院国际良渚文化研究中心编:《良渚文化探秘》,人民出版社2006年版,第2页。
③ 费正清:《中国:传统与变迁》,张沛等译,世界知识出版社2002年版,第21页。

多样的思想素材，而且也使他们"救世之弊"的社会责任感倍增。这可以说是百家争鸣出现的最重要的文化背景。从中华文化史而论，这是一个"子学思潮兴起的时代。"①按照《汉书·艺文志》记载，在气象恢宏的先秦诸子百家争鸣中，最重要的有儒、墨、道、名、法、阴阳、农、纵横、杂、小说十家。② 百家争鸣所产生的思想文化成果，尤其是"惟道是从"（《老子》二十一章）"得道者多助，失道者寡助"（《孟子·公孙丑下》）等命题的提出，可谓奠定了整个中华传统文化的基本立场。

孔子是儒家学派的创始人。这位曾自称"我非生而知之者，好古，敏以求之者也"（《论语·述而》）的思想家通过对周礼的研究和整理，把带有天道神学色彩的礼转换成伦理道德之礼，而这个礼的核心就是仁。孔子认为仁的基本含义就是爱人。孔子周游列国，为的就是传播自己的这一仁学思想。作为孔子之孙子思的再传弟子——孟子则进一步阐发了孔子的仁学思想，他提出了仁、义、礼、智的四端说，并将儒家学说发展成一套比较完整的"穷则独善其身，达则兼济天下"（《孟子·尽心上》）的修身理论。这一理论在先秦就有"显学"之称。在汉武帝"独尊儒术"以后，孔孟之道更是因此成为中华传统文化的道统之学。

道家学派的始祖是老子。相传老子曾做过周王室史官，他还曾和孔子讨论过周礼。但面对着礼崩乐坏的争霸局面，他与孔子倡导仁爱的积极有为精神相反，主张无为。在他看来，"人法地，地法天，天法道，道法自然"（《老子》二十五章），而自然是无为的。为此，他创立了崇尚自然无为之学的道家。老子后来离开周王朝，出函谷关隐居正是这一自然无为思想的体现。与孟子大约同时代的庄子进一步发扬了老子的这一自然无为思想，并在自己的人生活动中处处遵循这种无为逍遥的生存方式。司马迁就曾记载过庄子拒聘为相的故事（《史记·老子韩非列传》）。道家这一思想的影响极为深远，比如陶渊明选择"采菊东篱下，悠然见南山"（《饮酒·其五》）的田园生活，李白"人生在世不称意，明朝散发弄扁舟"（《宣州谢朓楼饯别校书叔云》）的吟唱，以及严子陵拒绝汉光武帝刘秀的多次征召，寄情富春江山水，终老于林泉之间。后人很容易从中寻觅到老庄的影子。

---

① 卢钟锋：《中国传统学说史》，河南人民出版社 1998 年版，第 8 页。
② 《汉书·艺文志》将战国时期的主要思想学派分为十家，即儒、墨、道、法、阴阳、名、纵横、杂、兵、小说。西汉的刘歆在《七略·诸子略》中则将"十家"中的小说家去掉，称为"九流"。故后世有"十家九流"之称谓。

英国著名的历史学家汤因比曾经这样评价过儒道两位创始人的不同："孔子对这个社会的过去满怀敬意,而老子则选择转身离开了它。"①这一描述无疑是形象的。但我们更想指出的是,力图通过恢复周礼而解决天下无道之乱局的孔子,与倡导"不欲以静,天下将自定"(《老子》三十七章)并最终做了隐者的老子,他们开创的儒学与道学不仅对尔后中华文明与文化发展的影响力最大,而且对世界文明与文化的发展也做出了不可磨灭的贡献。

墨家学派的创始人是墨子。如果说自春秋末年到战国初期是儒家学说广为流行的话,那么到战国中期则是"孔墨显学"并行天下。墨子出身贫贱,史籍中称其为"贱人""鄙人"。从《墨子》一书中可看出,他不仅是个思想家,还是个社会活动家。他组织了我国最早的学术社团,加入的人大多是"耕稼树艺""纺绩织纤"之人。可见其信徒多系直接从事体力劳作的下层群众,尤以手工业者为多。也因此,墨家学说强调物质生产劳动在社会生活中的地位("尚力"),反对满足生存最基本需要之外的消费("节用"),企图以普遍的爱停止战乱取得太平("兼爱"),与此同时又尊崇天神("天志"),认同专制统治("尚同")。这些思想典型地映现出小生产者的文化性格。秦汉之后,曾作为先秦之"显学"的墨家学说逐渐衰落。尽管如此,墨家在古代文化史上的重要性却是不容置疑的。著名的思想史家侯外庐先生甚至认为:"自孔、墨起,中国古代思想史才算真正地进入了划期的时代。"②这是因为在私学勃兴的那个时代,孔子的儒学与墨子的墨学是标志性的学派。

除了儒、墨、道三家之外,名家、法家、阴阳家、农家在当时也非常有影响。名家的代表人物是惠施与公孙龙。名家好辩,当时被称为辩者。惠施与庄子不仅交往甚多,而且有过许多著名的辩论。《庄子》一书中保存了惠施"合同异"等一些著名的命题。公孙龙的著名命题则有"离坚白""白马非马"等。名家的好辩固然因为其混淆名与实、一般与个别的区别而流于诡辩,但其内蕴辩证思维的思想无疑是有积极意义的。

法家的主要代表人物有李悝、商鞅、申不害、慎到、韩非子等。李悝著《法经》,商鞅实行"法治",申不害、慎到则相继提出重"术"、重"势"的思想,到韩非集法(政令)、术(策略)、势(权势)之大成,建构成一套比较完备的法家理论。哲学史家冯友兰由此认为:"韩非代表法家的顶峰,是法家最后也是最大的理

---

① 汤因比:《历史研究》(上),曹未风等译,上海人民出版社1986年版,第27页。

② 侯外庐:《中国思想通史》(第一卷),人民出版社1957年版,第40页。

论家。"①史书曾记载秦王嬴政读《韩非子》一书，竟至废寝忘食的程度。法家也是战国时期的"显学"，后来成为秦王朝统治天下的政治理论。汉代以后，虽然独尊儒学，但法家学说仍或隐或显地发挥着重要的作用。

以邹衍为重要代表人物的阴阳家，其特点是"深观阴阳消息"（《史记·孟子荀卿列传》）。所谓阴阳消息，即阴盛则阳衰、阳盛则阴衰的变易之道。阴阳家认为阴阳的矛盾双方互为消长，一生一灭，构成自然界与社会万事万物运动发展的终极原因和基本方式。运用阴阳消长模式来论证和预测社会人事是阴阳家的一大创造，而从时间、空间的流转变化中去把握世界则是阴阳家别具特色的思维方式。

与孟子同时的楚国人许行则是农家的代表，其学说只散见于《孟子·滕文公上》。他主张统治者应与民同耕、同食。这种平均主义的农民意识对中国古代历史的影响也极为深远。

除了上述诸子学说之外，以张仪、苏秦为代表的纵横家，主张合纵连横，由于其直接为君主权术作论证，故其思想影响不大。而"兼儒墨，合名法"（《汉书·艺文志》）的杂家则主要是折中糅合了诸家学说，故也无太大的影响力。小说家则被认为是记录"街谈巷语、道听途说"（《汉书·艺文志》）的小道而不被看重。可见，真正构成百家争鸣核心的是儒、道、法、墨诸家。这些思想作为一种文化传统对尔后的中国历史产生了极为广泛而深远的影响。为此，历史学家许倬云将这一时期称之为"中国文化的黎明时期"："由商到周，华夏文明体系逐渐明朗成形。更重要的是，中国文明的思想体系，亦即北方的儒家与长江流域的道家，两者相互交流影响，形成中国型思想的核心。许多有关人生意义与终极关怀的概念，在此有了明确的界定。"②

2. 有容乃大与中国古代文化的繁荣昌盛

公元前 221 年，经过多年的兼并战争后，秦王嬴政终于完成统一大业，中国历史上第一个专制主义君主集权的统一帝国——秦王朝建立。秦不仅疆域统一，而且"车同轨，书同文，行同伦"（《礼记·中庸》）。但秦王朝统治不久，便因"执敲扑而鞭笞天下"（贾谊：《过秦论》）的崇法度、轻仁义政策而导致了陈胜吴广的起义。随后刚刚统一不久的各地，也纷纷开始了抗秦运动，并很快蔓延全国。最后刘邦打败项羽，建立了西汉王朝。

①　冯友兰：《中国哲学简史》，涂又光译，北京大学出版社 2013 年版，第 152 页。

②　许倬云：《万古江河：中国历史文化的转折与开展》，湖南人民出版社 2020 年版，第 58 页。

秦朝虽然短促,但功业却伟大。享誉全球的美国历史学家斯塔夫里阿诺斯就曾这样评价说:"秦的统治虽然如此短命,却给中国留下了深刻且持久的印记。中国已由分封制的国家改变为中央集权制的帝国,并一直延续到20世纪。如果说中国的英文名字(China)由秦(Ch'in)而来,那是恰当的。"①而且,在斯塔夫里阿诺斯看来,没有秦帝国的这一从根本上改变了中国的政治与社会结构的大革命,以及废弃了分封国写法众多、发音不同的语言文字,就没有中国后来超稳定的大一统国家。

秦汉帝国的强大根植于新兴地主阶级的勃勃生气、雄姿英发。由此,由统治阶级精神状况所决定的社会文化基调也蕴含着一种不可抑制的开拓、创新精神。万里绵延、千秋巍然的秦长城;"覆压三百余里,隔离天日"(杜牧:《阿房宫赋》)的阿房宫;气势磅礴、规模浩大的秦始皇陵兵马俑;水域总面积超过北京颐和园五倍的长安昆明池;"苞括宇宙,总览人物""控引天地,错综古今"(刘歆:《西京杂记》卷二)的汉赋;以百科全书式的恢宏眼光审视历史的《史记》等,无不是在秦汉时期产生出来的辉煌文化成果。

秦汉时期文化的另一个基本特征是儒学因董仲舒向汉武帝的建议而被定为一尊,因为强大且统一的帝国需要有统一的思想文化与之相适应。与秦始皇焚书坑儒、独尊法家的强硬专制做法不同,董仲舒建议汉朝统治者独尊倡导仁爱之道的儒学。从此之后,不仅有关儒学的经典之学——"经学"成为历代统治者的官方哲学,而且儒家思想在政治、思想、文化、学术诸领域的统治地位一直延续至清代,前后长达2000多年之久。

汉末的董卓之乱,终于导致了汉王朝的瓦解,中国历史开始进入了三国两晋南北朝的分裂与战乱时期。由于分裂割据,地方政权林立,大一统时期思想上的专制主义由此有所放松,因此源于先秦的诸子学说在某种程度上开始复兴,道家、法家学说则最为活跃。李泽厚先生把这一时代誉为先秦以后又一个类似"百家争鸣"的时代:"在没有过多的统治束缚、没有皇家钦定的标准下,当时文化思想领域比较自由而开放,议论争辩的风气相当盛行。"②尤其是由于佛教的传入和道教的发展,基本上奠定了隋唐以后儒道佛三家并立的基本

---

① 斯塔夫里阿诺斯:《全球通史:从史前史到21世纪》(第7版修订版)(上),吴象婴等译,北京大学出版社2005年版,第162页。

② 李泽厚:《美的历程》,生活·读书·新知三联书店2009年版,第90页。

文化格局。

特别值得指出的是，这一时期由于边疆少数民族进入中原，与广大汉族人民逐渐融合，在文化上也表现出多民族交融的特点。比如在制度上出现了均田制、府兵制等，在文学、绘画、音乐、服饰、饮食及社会生活各方面也都受到少数民族文化的影响。盛行于隋唐的《西凉乐》就是少数民族乐舞与汉族传统乐舞融合的产物。可见，思想文化上的开放是该时期文化发展的重要特点。又如佛教原是从印度传入的外来宗教，佛法西来改变了两汉以来封建文化的单一封闭状态，使中国文化吸收到外来文化的营养，从而在文化各个领域里都呈现出丰富多姿的新面貌。再如石窟艺术，各种莲花纹装饰的建筑物，大莲花尊的青瓷等，都是这一时期中外文化交流的见证。冯友兰曾经这样评价说："佛教传入中国，是中国历史中最重大的事件之一。从它传入以后，它就是中国文化的重要因素，在宗教、哲学、文学、艺术方面有其特殊影响。"[①]

> 佛教何时传入中国的说法颇多，但有确切史料记载为东汉明帝时期。据记载，东汉明帝刘庄夜间梦见一个身材魁梧、足踏白云、头上放射日光的金色天神。第二天早朝时，明帝将此梦讲给文武百官听。博士傅毅解释说此神在西域名为"佛"。汉明帝于是诏令大臣蔡音等人去西域求取佛法。蔡音等人奉令西行，一路历经千难万险，终于将僧人竺摩腾和竺法兰及一些佛像和佛经迎取回国。汉明帝派人在洛阳城外为天竺僧人建造了寺院。由于佛像和经卷是由白马驮回来的，故此寺名为"白马寺"。由此，白马寺成为佛教传入中国的"华夏第一古刹"，享誉千古。

公元 590 年隋文帝统一南北，结束了数百年来社会动乱、南北对峙的局面。此后，隋王朝和尔后取而代之的唐王朝又积极经营边疆少数民族地区，拓展疆域，形成了国土空前辽阔、统一的多民族封建国家。在大一统的局面下，南北文化合流，各民族之间的文化交流日益加强和密切，中外经济文化交流也空前扩大。这一时期的中国古代文化发展可以说充满了兼容并蓄的宏大气派。

以强盛的国力为依托，唐代文化首先体现出来的是一种充满自信、无所畏惧的兼容并蓄气派。在文化政策上，唐太宗李世民与以魏徵为首的儒生官僚

---

① 冯友兰：《中国哲学简史》，涂又光译，北京大学出版社 2013 年版，第 230 页。

集团,不仅在政治上实行"开明专制",而且在文艺创作上积极鼓励创作风格的多样性,在意识形态上奉行儒道佛三者并行的文化政策。由此,这一时期文化发展的一个重要特点是以博大的胸襟广为吸收外域文化。南亚的佛学、历法、医学、语言学、音乐、美术;中亚的音乐、舞蹈;西亚和西方世界的祆教、景教、摩尼教、伊斯兰教以及医术、建筑艺术乃至马球运动等,如同八面来风,从大唐帝国开启的国门一拥而入。首都长安成为那一时代中外文化汇聚的中心,是一个具有盛大气象的世界性都市。大唐文化对外域文化的大规模吸收,不仅在中国文化史上,而且在世界文化史上均可称为卓越范例。英国学者威尔斯在《世界简史》中比较欧洲中世纪与中国盛唐时代的差异时曾这样写道:"当西方人的心灵为神学所缠迷而处于蒙昧黑暗之中,中国人的思想却是开放的,兼收并蓄而好探求的。唐代确是中国封建社会的鼎盛时代,是文化史上最为绚丽多彩的篇章。文苑艺林,不拘一格,气魄闳放,襟怀豁达。"①

　　规模空前的强盛与文化宽容营造了这一时期思想文化方面的皇皇成就。在思想意识形态方面,佛教的广为传播、高度发展和日趋中国化,对中国传统思想的发展产生着重大影响。隋朝的智𫖮,唐朝的玄奘、义净、神秀、慧能等高僧在不同层次上对印度佛教进行钻研、探究、加工改造,使佛教的教义逐渐中国化,以适应社会各阶层的信仰需求。也因此,隋唐时期佛教在中国化过程中产生了诸多宗派,最主要的有天台宗、法相宗、华严宗和禅宗,其中尤以禅宗流行最广,信众最多。隋唐佛教各宗各派的形成,是佛教高度发展和中国化进程的重要事件,更是中国佛教正式诞生的根本标志。自此,作为中国古代文化重要形态、后来与儒道并称三教之一的"中国佛学"得以正式建立。②

　　隋唐史学也成就斐然。自唐太宗开始,国家专设史馆,置史官修撰前代及本朝历史,由宰相监修,确立了官修史书的中国古代这一优秀史学传统。唐朝共编撰正史八部,即《晋书》《梁书》《陈书》《北齐书》《周书》《隋书》《南史》《北史》。"二十四史"中的八部在此时修成,可见唐朝正史编撰成绩之显著。刘知幾撰写的《史通》则是中国历史上第一部历史学理论著作,对后世史学的发展有着深远的影响。

　　隋唐文学更是光彩夺目、盛况空前,尤其是其诗歌创作达到了我国古典诗歌的高峰。学者闻一多曾这样评价说:"一般人爱说唐诗,我却要讲'诗唐'。

---

　　①　威尔斯:《世界简史》,余贝译,新世界出版社2012年版,293页。

　　②　冯友兰特意区分过"中国的佛学"与"在中国的佛学"之间的区别,前者以禅宗为例,后者以唯识宗为例。参见冯友兰:《中国哲学简史》,涂又光译,北京大学出版社2013年版,第231页。

诗唐者,诗的唐朝也。"①清朝康熙年间编成的《全唐诗》,辑录唐诗 48900 多首,作者达 2200 余人。其数量之众多,内容之丰富,风格流派之多样,远远超出以往过去任何一个朝代。而且,诗歌创作在当时甚至成为社会文化生活的最重要内容之一。《全唐诗》《唐诗纪事》所载的作者,除帝王将相、官宦士人外,还有大量的伶工、商贾、僧道、医卜、渔夫、樵子、歌伎和闺阁女子,这充分反映出唐诗创作具有广泛的社会基础。正是在这丰厚、肥沃的文化土壤上,以李白、杜甫、白居易为代表的著名诗人横空出世,名篇佳作大量涌现,广为流传,有些还远播日本、朝鲜等邻国。这一被史家称为"唐诗气象"的时代无疑在中国文化史上矗立了一座丰碑。

此外,在散文创作方面以韩愈、柳宗元为代表的反对骈文、倡导新散文的古文运动,也留下了不少脍炙人口的传世佳作。在书法方面以李阳冰为代表的篆书,张旭、怀素为代表的草书,竞相争辉;颜真卿、柳公权这两位书法宗师则几乎将楷书的书法艺术推向登峰造极的地步。在绘画方面,以"画圣"吴道子为代表的人物画、动物画,不仅画法极为精妙,而且在笔法上出新意于法度之中,极大地推动了中国画的发展;王维的山水画则有"诗中有画""画中有诗"(苏轼:《东坡题跋·书摩诘蓝田烟雨图》)之赞誉。至于隋唐时以莫高窟为代表的壁画艺术,其想象之丰富,画法之飘逸则更是令后人叹为观止。

爆发于公元 755 年的安史之乱,引发了唐王朝的危机,从此大唐国势日渐萎靡。五代十国之后,宋王朝的建立使中华传统文化的历史演进开始进入转型时期。如果说盛唐文化中如李白的诗、张旭的狂草、吴道子画中的飘逸线条无不体现着唐文化昂扬开放的文化气势的话,那么随之而来的宋元文化则较为内敛精致。宋代文化最重要的标志是以朱熹为代表的理学的兴起。在朱熹看来,"天理"是一种绝对的存在,它的具体表现就是伦理纲常。至于如何认识这一"天理",朱熹精心汲取并改造了汉儒编纂的《大学》,概括出了"正心、诚意"的修身之道:"古之欲明明德于天下者,先治其国;欲治其国者,先齐其家;欲齐其家者,先修其身;欲修其身者,先正其心;欲正其心者,先诚其意;欲诚其意者,先致其知;致知在格物。"这也就是"正心、诚意、修身、齐家、治国、平天下"的修养功夫。理学思想一方面由于将"天理"与"人欲"对立起来,进而以天理遏制人欲,约束带有个人色彩的情感欲求,因而有着浓厚的禁欲主义色彩;但另一方面,理学强调通过道德自觉达到理想人格的建构与实现,也塑造并强

---

① 闻一多:《闻一多论古典文学》,重庆出版社 1984 年版,第 82 页。

化了中华民族尊道崇德、注重人格气节和德性情操、注重社会责任与历史使命感的文化性格。

宋元时期的文学成就以宋词和元曲为代表。宋代是古代文学史上词发展的黄金时代。词是由诗发展而来的，但又与诗不同，它的句式有长短，可以配乐歌唱，后来在音节和句型方面都形成了一套固定的格律。据《全宋词》一书所辑，当时的词家超过千家，篇章超过两万。这一时期最有代表性的词人有苏轼、辛弃疾、李清照等人。他们的作品或豪放或婉约，或壮怀激烈或浅唱低吟，成为中国文学史上最珍贵的遗产之一。以关汉卿、王实甫、马致远等为代表的元曲，则是元代文学成就的主要标志。《窦娥冤》《西厢记》等作品已成为文学史上的经典之作。元曲和唐诗、宋词一道成为我国古代文学最具时代标志性的三种文学样态。

特别值得一提的是，西方学者经常会论及元朝奠基者在疆域统一上的非凡成就，如"成吉思汗在他逝世(1277)以前已然建立起一个地跨欧亚大陆之大帝国的雏形"①。但他们很少论及一个事实，那就是这一时期由成吉思汗开创、最终由忽必烈所建立的横跨欧亚大陆的大元帝国不仅使中国版图空前扩大，而且使这一时期中国的西部和北部边界实际上处于一种开放状态。于是，一方面，不仅指南针、印刷术、火药武器等宋代科技文化中最杰出的成就不断向世界传播，而且中国的历法、瓷器、茶叶、丝绸、绘画术、算盘等亦通过不同途径，流传到俄罗斯、阿拉伯与欧洲各国，世界古代文化的总体面貌因此而更为多姿多彩、辉煌灿烂。另一方面，国外的先进科技，尤其是当时处于世界领先水平的阿拉伯天文学、数学，也经开放的国门传入中国的科技文化界。比如元代天文学家郭守敬在发展中国传统天文学的基础上，充分吸收阿拉伯天文学的成果，制定了中国历史上使用时间最长的《授时历》。可以说，这是中国古代文化发展继唐代之后又一个对外开放、兼容并蓄且成就辉煌的时代。

3. 闭关锁国与中国古代文化的衰落与新生

自1368年朱元璋建立明朝至1840年鸦片战争前的清王朝，中国社会开始进入了封建社会的末期。与此相适应的是，中国古代文化也发展到了它盛极而衰的最后阶段。

明清两代的文化，一方面，文化专制主义空前强化，比如文字狱盛行；另一方面，与资本主义萌芽相适应，又出现了些许具有市民反叛意识的早期启蒙思

① 费正清：《中国：传统与变迁》，张沛等译，世界知识出版社2002年版，第188页。

潮。明清之际三大思想家——黄宗羲、顾炎武、王夫之，以及颜元、戴震等人，从不同侧面与封建社会晚期的正统文化——程朱理学展开论战，有的批判锋芒直指专制君主。

明清的文学成就主要体现在小说创作方面。事实上，明代中后期以长篇小说《金瓶梅》、短篇小说集"三言""两拍"为代表的市民文学的兴起，正是城市经济发展和资本主义生产方式开始萌芽这一社会现实的反映。生动活泼、富于民间生活情趣的市民文学，较之明代前期"文必秦汉，诗必盛唐"（《明史·李梦阳传》）的文学复古运动，无疑是一个巨大的跃进。至于清代出现的《儒林外史》《红楼梦》等作品，则在更大的广度和深度上揭露了封建制度的弊端，将古典现实主义文学推向了高峰。这一时期由于白话文体的发展与流行，以史为鉴的历史演义小说也空前发展起来，《三国演义》《水浒传》《封神演义》等堪称其中的经典之作。

我们也许有理由说，明清两代已进入了中华传统文化的总结性时代。这一总结性的特征主要体现在以下几个方面。

其一，在图书典籍方面，明清统治者调动巨大的人力物力，对几千年浩如烟海的典籍文物进行收集、钩沉、求证、考辨，编纂了大型类书《永乐大典》《古今图书集成》，大型字典《康熙字典》，大型丛书《四库全书》等。《永乐大典》被公认为世界上最早、最大的一部百科全书；《康熙字典》是那个时代出现最早、字数最多的字典；《四库全书》至今为止依然是世界上页数最多的丛书。显然，大型图书的编纂，不仅是传统文化成熟的象征，其本身也包含着文化大总结的意蕴。

其二，在古典科技方面，明清之交出现了一批科学技术巨著。比如李时珍的《本草纲目》，在药物学和植物分类方面达到了当时世界的先进水平；潘季驯的《河防一览》，作为一部治理黄河的专书总结了我国历代治河经验；徐光启的《农政全书》，记载了我国自古以来的农学理论，不仅总结了元、明两代劳动者的农业生产经验，还介绍了欧洲的农田水利技术，成为我国古代最完备的一部农学著作；宋应星的《天工开物》，记录了明末清初的生产新技术，是一部称誉海内外的工艺学百科全书。此外，《徐霞客游记》、方以智的自然科学专著《物理小识》等，都代表着中国古代封建社会晚期的最高科学文化成就。

其三，在学术文化方面，清代乾隆、嘉庆时期的学者对中国古代文献展开了空前规模的整理与考据。对于中国传统学术文化的绵延不辍以及向前推进来说，乾嘉学派无疑作出了不可抹杀的学术贡献。

　　但也就在这一时期,随着传统文化走向顶峰,其背后已隐藏着文化衰落的危机。这个危机的根源除了日益加剧的文化专制政策外,就文化自身的发展规律而论,更主要还源于明清统治者的闭关锁国政策。

　　鸦片战争之前,中国在几千年的历史发展中,形成了以儒家文化为核心的古老而悠久的文明,它曾以自己宽容的气魄接纳并消融了周边少数民族文化乃至域外印度的佛教文化,从而形成了生生不息、千古不绝的文化长河。也正因为如此,中国的帝王和士大夫们不自觉地养成了一种文化上的优越感。比如他们向来称周边少数民族为“东夷”“西戎”“南蛮”和“北狄”,视其为野蛮落后的民族。即便是航海东来的西方殖民者,也难免落个“西夷”的蔑称。正是在这样一种文化意识的主导之下,专制没落的清王朝把国门给关闭了。于是,闭关自守与虚骄自大便成为一对孪生兄弟。在鸦片战争之前,上至皇帝,下至庶民,对世界的无知程度是令人吃惊的。明朝末年著名的传教士利玛窦曾以亲身经历对中国人,尤其是士大夫的心态作过如下的描述:“他们不知道地球的大小而又夜郎自大,所以中国人认为所有各国中只有中国值得称羡。就国家的伟大,政治制度和学术名气而论,他们不仅把所有别的民族都看成是野蛮人,而且看成是没有理性的动物。在他们看来,世上没有其他地方的国王、朝代或者文化是值得夸耀的。”①

　　然而,就在明清统治者驱逐传教士,封关锁国,沉醉于唯我华夏独尊的优越感的同时,西方已在进行着引起世界面貌根本改观的工业革命。而且,就术道之辩而论,西方文化选择了重知识、重技术的发展路径,西方以“术”为引领,不仅工业革命蓬勃兴起,而且借助航海技术的发达,开始殖民世界。“西方殖民主义势力来到东方,并不是为了让东方国家成为独立的资本主义国家,而是为了把它们纳入资本主义的世界体系,成为殖民地、半殖民地,成为自己在经济上、政治上、文化上的附庸。”②于是,古老而庞大的农业古国——中国便成为西方殖民者眼中最好的商品倾销地和原料生产地。

　　率先到来的是英国殖民者。1840年爆发的中英鸦片战争以清政府的失败而告终。清政府被迫签订了中国近代史上第一个丧权辱国的不平等条约——《南京条约》。自此开始,西方列强以其坚船利炮把中国推向了一个衰败与耻辱互为因果的时代。这是一个被近代史家称为“百年蹒跚”的苦难时

---

　　①　利玛窦:《利玛窦中国札记》,何高济等译,中华书局1983年,第181页。
　　②　本书编写组:《中国近现代史纲要》,高等教育出版社2023年版,第16页。

期："中国为了适应新的世界，从内部检讨与反省，从外面学习与模仿，中国的文明竟致撕裂、扯碎。"①中国古代文化的发展也由此进入了一个衰落、蜕变、转型与新生并存的历史新阶段。

> 进入 21 世纪的中国，在中国共产党的积极引领下，中国人民正以前所未有的历史主动性，抓住百年未有之大变局的历史机遇，以中国式现代化的不断推进来实现中华民族伟大复兴。与这一民族复兴相伴随的必然是民族文化的伟大复兴。这不仅意味着近代以来古今之辩、中西之辩有了一个确定性与总结性的结论，更意味着古老的中华传统文化正迎来凤凰涅槃般的新生。

"以史为镜，可以知兴替。"(《旧唐书·魏徵传》)我们对中华传统文化历史的如上追溯，一方面提醒我们不可忘记中华民族文化史上那些伟大成就对于中国乃至世界文明进步所产生的永不磨灭的卓越贡献，从而更加坚定文化自信；另一方面也提醒我们要以与时俱进、推陈出新的心态，将中华优秀传统文化弘扬光大，从而为中国式现代化的推进与中华民族伟大复兴提供不竭的精神动力与价值观引领。

二、中华传统文化的特质与优秀特征

中华传统文化博大精深，源远流长。在它的长期发展过程中，由于人民群众社会实践的推动和思想家们的概括提炼，逐渐积淀形成了一系列优秀的文化品质。这些优秀文化传统固然有文明与文化的一般共性，但由于其是在中国特定的自然环境和社会历史条件下孕育的，从而更具有鲜明的中国特质，对于中国社会的文明进步，对于中华民族的成长壮大，有着不可替代的"以文化人"作用。因而，对中华传统文化特质及由其所衍生的基本特征作一概况式的了解，无疑构成我们学习、领会和发掘中华优秀传统文化的基本认知前提。

1. 中华传统文化的特质

任何一种文化的产生，都离不开特定的自然条件和社会历史条件。中国文化的特质正是由其特定的自然、社会历史条件所决定的。从地理环境看，我

---

①　许倬云：《万古江河：中国历史文化的转折与开展》，湖南人民出版社 2020 年版，第 471 页。

国处于一种半封闭的、高度稳定状态的大陆性地域,与西方地中海沿岸的民族有很大的不同;从物质生产方式看,我国文化根植于农业社会的基础之上,封建的小农经济在中国有几千年的历史,与中亚、西亚的游牧民族,工商业比较发达的海洋民族相比也有很大的不同;从社会组织结构看,宗法制度在我国漫长的历史中成为维系社会的重要纽带,专制制度在中国延续两千多年,在世界历史上更是罕见的。

正是上述独特的自然、历史条件的相互影响和制约,使得与之相适应的中华传统文化带有鲜明的个性色彩。如果从整个世界文明与文化发展的历史来考察和比较,我们就可以发现,中华传统文化的特质大致表现在以下几个方面。

其一,中华传统文化有着无与伦比的生命延续力。就世界范围而论,中国古代文化虽然是世界上最古老的文化之一,但却不是最早的。但在世界上所有古老文明与文化的演变中,唯有中华传统文化表现出最顽强的生命延续力和时空穿透力。正是这种无与伦比的延续力和穿透力,使得中华传统文化成为世界上唯一绵延不绝发展至今的一种文化类型。众所周知,在四大文明古国中,印度文化因雅利安人入侵而雅利安化;埃及文化先后因亚历山大的占领而希腊化,因恺撒的占领而罗马化,因阿拉伯人的迁入而伊斯兰化;希腊、罗马文化则因日耳曼人的入侵而中断并沉睡千年。但是在中国历史上,此类情形却从未发生过。

中华传统文化这种强健的生命延续力的成因是多方面的。东亚大陆特殊地理环境提供了相对稳定的状态,是其缘由之一。华夏文化长期以来以明显的先进性多次"同化"以武力入主中原的北方游牧民族,反复上演着"征服者反被征服"的历史戏剧,也是一个重要的原因。事实上,在漫长的历史发展过程中,中国古代文化虽未受到远自欧洲、西亚、南亚而来的威胁,但也屡屡遭到北方游牧民族的军事冲击。比如春秋以前的"南夷"与"北狄"交相入侵,十六国时期的"五胡乱华",宋元时期契丹、女真、蒙古人接连南下,直至明末的满族入关。这些勇猛剽悍的游牧民族虽然在军事上大占上风,甚至多次建立起强有力的统治王朝,但在文化方面却总是自觉或不自觉地被更先进的中原文化所同化。匈奴、鲜卑、突厥、契丹、女真、蒙古等游牧或半农半牧民族在与先进的中原文化的接触过程中,几乎都发生了由氏族社会向封建社会的过渡或飞跃。于是,军事征服的结果,不是被征服者的文化毁灭与中断,而是征服者的文化皈依和进步。当然,在这一过程中,华夏传统文化又多方面地吸收了新鲜养料，如游牧民族的骑射技术，边疆地区的物产、技艺等，从而增添了新的生命活力。

英国著名的历史学家汤因比就曾经对中华文化这种强大的生命力赞不绝口："在近代西欧冲击之前，对中国给以很大冲击的只有一个印度。而来自印度的冲击又采取了传播佛教的和平形式。并且佛教一经传入中国，就被中国化了。这正和从匈奴到满族这些北方民族几次征服中国或一部分中国而最后被中国化了的道理是一样的。"①也是基于这样的理由，他对中华文化未来对世界的整合与引领作用，尤其对超越西方文化正带给世界分裂与不确定性方面的作用充满信心。

正是从这个意义上可以说，中华传统文化犹如万里长江与黄河，是由无数高山上的涓涓细流汇合成的奔腾大河，它一直向前发展，从未中断，直到汇入浩瀚的大海。也就是说，中华传统文化在其发展中既有华夏文明一脉相承，又汇入了我国各民族乃至域外民族的智慧。正是这样的缘由，中华文明形成了它独特的具有强盛生命力的文化体系，不仅成为世界文化史上的一道壮丽奇观，而且在当今全球化时代也必将给世界文明与文化的发展与进步注入来自中国传统文化的不竭动力。

其二，中华传统文化有着非凡的包容会通精神。从文化的演进而言，中华传统文化在自己的发展历程中，从不抱残守缺，故步自封，而总是能以非凡的包容和会通精神来丰富和完善自己。传统文化的这一精神首先表现在对诸家学说采取兼容并蓄的学术会通。由此，中国古代思想家虽各有所尊，但又提倡"万物并育而不相害，道并行而不相悖"（《礼记·中庸》），并把这当作文明与文化发展的理想境界。于是，春秋战国时虽百家争鸣，互相驳难，但也互相吸收，取长补短。比如吕不韦就主张统览百家，这一思想集中体现在他主持编撰的《吕氏春秋》上。事实上，中华传统文化中，儒道佛三者得以长期并存，更是典型地反映了这一包容会通精神。比如在中国古代，儒道佛的神可以并祀于一堂，在《西游记》《红楼梦》等古典小说中更是可以见到许多三者合一的具体描写。唐太宗在《大秦景教碑》序文里，甚至表达了任何宗教都可以融合在一起

① 汤因比、池田大作：《展望 21 世纪——汤因比与池田大作对话录》，荀春生等译，国际文化出版公司 1999 年版，第 292 页。

的思想。不仅如此,古代中国除了儒道佛三家并存外,甚至还以宽厚的心态接受了基督教、伊斯兰教等其他外来宗教的传入。

> 曾被徐霞客誉为"天下巨观"的悬空寺,位于山西省大同市浑源县恒山金龙峡西侧翠屏峰峭壁间。这座始建于北魏年间的寺原名"玄空阁","玄"取自道家经典《老子》,"空"则来源于佛教的《心经》。后改名为"悬空寺",是因为整座寺院就像悬挂在悬崖上,而汉语中"悬"与"玄"同音,故此得名。此寺的最大特色是在其最高处的殿内供奉三尊像:中间为佛教创始人释迦牟尼,左边为儒家创始人孔子,右边为道家鼻祖老子。后世称之为"三圣殿"。

李泽厚先生曾经这样向西方读者描述过中华文化的这一优秀特性:"孔子、老子、释迦牟尼三大神圣和平共处、友好相处,既出现在近千年前的宋代文人画卷中,也仍然保存在今日民间的寺庙里。中国从来没有真正的宗教战争,便是世界文化史上一大奇迹。之所以能如此,我以为与儒学的包容性有很大关系。"[①]正是这种包容会通精神,使得中国文化具有了非凡的融合力。而这种文化融合力也就成为凝聚中华民族大家庭的一种亲和力。中国历史上各民族的融合与亲和在世界上也是少见的,它曾令许多著名的国外学者称羡不已。比如英国历史学家汤因比,他在 20 世纪 70 年代初,曾与日本学者池田大作有过一次文明与文化的对话。汤因比曾这样指出:"就中国人来说,几千年来,比世界任何民族都成功地把几亿民众,从政治上文化上团结起来。他们显示出这种在政治、文化上统一的本领,具有无与伦比的成功经验。"[②]

中华传统文化的这种包容会通精神同样也表现在对外来文化的吸纳与同化上。特别值得推崇的是,中华传统文化在与外来文化交流互动时,既能包容吸纳,但又始终以本土自创的文化为主体。由此,虽然经历了与异域文化几千年的交流、吸收、融合过程,但中华文化仍保持着始终一贯的体系和特点。这也是其他古代文化所没有的独特现象。比如印度的佛教传入中国后就发生了文化变异,成就的是中国佛教的教义与修行方式。其中就连佛像进入中国后,经过中国人的塑造,也越来越像中国人。中国佛教甚至漂洋过海,走向全世

---

① 李泽厚:《论语今读》(中文版),生活·读书·新知三联书店 2004 年版,第 3 页。
② 汤因比、池田大作:《展望 21 世纪——汤因比与池田大作对话录》,荀春生等译,国际文化出版公司 1999 年版,第 294 页。

界，以致对佛教历来有"源于印度，成于中国"①一说。而且，在外来文化中国化的过程中，中华传统文化自身也得到了丰富和充实。比如对印度佛教文化的吸收，在艺术上丰富了中国的绘画、雕塑、舞蹈、音乐；印度梵文的传入，使中国产生了音韵学；佛教中禅的思想丰富了中国文学作品的精神内涵，提高了中国文学作品的艺术境界，以至到了"不懂禅，不足以言诗""不懂禅，不足以论书画"的地步。

其三，中华传统文化特别推崇天人和谐的思想。中西文化的基本差异之一就是在人与自然的关系问题上，中国文化比较重视人与自然的和谐统一，主张敬畏自然，而西方文化则强调人要征服自然、改造自然，才能求得自己的生存和发展。诚然，中国古代如荀子也有过"明于天人之分"（《荀子·天论》）和"人能胜乎天"（刘禹锡：《天论》）的思想，但这种思想并未占主导地位。中国古代思想家一般都反对把天和人割裂、对立起来的观念与做法，而是竭力主张天人协调，天人合一。在先哲们看来，天与人、天道与人道、天理与人性是相类相通的，因而完全可以达到天人和谐统一的理想境界。

按照中国哲学史家张岱年的划分，在天人关系问题上中国古代思想家主要有三种学说：一是道家的"任自然"之说，即庄子认为的"不以人助天"（《庄子·大宗师》）；二是荀子的改造自然之说，"大天而思之，孰与物畜而制之？从天而颂之，孰与制天命而用之？"（《荀子·天论》）；三是儒家的"辅相天地"之说，"天地交泰，后以裁成天地之道，辅相天地之宜，以左右民"（《周易大传》）。② 由于儒道互补构成中华传统文化的主导方面，因而道家和儒家对天人关系的基本观点便成为一种"道统"，其核心就是强调天人和谐。比如道家称"法天""忘己入天"，儒家称"畏天""天人合一"。作为儒家经典的《周易大传》对天人和谐的基本内涵曾作了如下的概括："夫大人者，与天地合其德，与日月合其明，与四时合其序，与鬼神合其吉凶。先天而弗违，后天而奉天时。"可见，在古人看来人应遵循不违天时、不逆地利的天人和谐原则。

在人与自然的关系问题上，如果说中华传统文化比较重视人与自然的和谐统一，那么西方文化从古希腊罗马开始则倾向于征服自然和改造自然。比如阿基米德的名言——"给我一个支点，我可以撬起整个地球"，从某种程度正折射出古希腊人对征服自然的无比自信。这一自信一旦沦为人类中心主义之

① 黄寅：《传统文化与民族精神：源流、特质及现代意义》，当代中国出版社 2005 年版，第 348 页。
② 张岱年：《中国哲学大纲》，中国社会科学出版社 1982 年版，第 181 页。

类的自负,必然带来生态环境的被破坏。其实,马克思很早就论及工业文明所带来的自然环境问题。他在早期文稿中甚至将共产主义理解为:"这种共产主义,作为完成了的自然主义,等于人道主义,而作为完成了的人道主义,等于自然主义,它是人和自然界之间、人和人之间矛盾的真正解决。"①与马克思的立场相类似,恩格斯在西方工业文明尚处于蓬勃发展阶段就曾告诫说:"我们不要过分陶醉于我们人类对自然界的胜利。对于每一次这样的胜利,自然界都对我们进行报复。"②的确,从全球范围来看,许多貌似天灾的背后其本质恰是由人祸所引发的。可见,当今世界在天人之辩上亟待走出极端人类中心主义的价值迷失,回到中华传统文化推崇的天人合一立场上来,否则环境问题的解决绝无可能。

其四,中华传统文化还贯穿了以人为本的人文精神。"以人为本"用中华传统文化的话语来表达,就是肯定在天地人之间,以人为尊;在人与神之间,以人为本。事实上,中华传统文化自孔子起就有超越宗教,对鬼神敬而远之的基本文化传统。也因此,与西方曾出现过漫长的中世纪的神本主义历史相异,在中国历史上,不仅宗教神学的东西从未占主导地位,而且诸如佛教、伊斯兰教、基督教等外来宗教也无一例外地或多或少被儒家的人文精神所同化。正是由此,张岱年先生概括说:"中国文化和西方、印度文化很不一样,我们有着无神论的传统,有超越宗教的人本主义倾向。"③

值得一提的是,这种以人为本的人文精神在古老的诸如发明用火的燧人氏、建筑居室的有巢氏、发明种植的神农氏、发明养蚕的嫘祖、创制牛车的五亥等神话传说人物中就已初步彰显。"中国古代人文主义和人的、历史意识的伟大觉醒,正是通过这些半神话式的'古史传说'初次透露出来的。"④在进入了文明时代之后,这一人文主义精神不仅被继承,而且还不断地得以弘扬光大。

正是在这种以人为本的人文精神熏陶下,历代贤明的君主不仅几乎都把重生重德求人民百姓生活安定作为其基本的治国理政思想,而且能自觉地引领黎民百姓置于现实社会的人伦关系中来考量自我的生存之道与人生价值。比如政治上的君臣关系,家庭中的父子、夫妇、兄弟关系,社会上的朋友关系,构成所谓的"五伦"。并且,这五种伦常关系各有其特定的道德行为规范,如君

---

① 马克思:《1844 年经济学哲学手稿》,人民出版社 2014 年版,第 78 页.

② 恩格斯:《自然辩证法》,载《马克思恩格斯选集》(第四卷),人民出版社 1995 年版,第 383 页。

③ 张岱年主编:《中国文史百科》(上卷),浙江人民出版社 1998 年版,总序。

④ 谢选骏:《神话与民族精神——几个文化圈的比较》,山东文艺出版社 1986 年版,第 82 页。

仁臣忠，父慈子孝，夫敬妇从，兄友弟恭，朋友有信等。每一个人既处于五伦的关系网络之中，又同时处于整个社会家国一体的宗法政治关系网络之中。整个社会并因此而生成一整套与之相应的道德规范。每个人依此规范，在社会中扮演一定的角色，履行一定的义务，彼此之间相互关联、相互制约，维系社会生活正常有序地运转，从而实现各自的人生价值目标。整个社会自然也因此而显得稳定有序。

　　正是中华传统文化的这一人本主义立场，使得中国古代哲人几乎没有西方式的本体论、知识论传统，他们关注的目光是人本身。冯友兰曾如此论及这一中国哲学的立场："按照中国哲学的传统，它的功用不在于增加积极的知识（积极的知识，我是指关于实际的知识），而在于提高精神的境界""中国哲学所注重的是社会，不是宇宙；是人伦日用，不是地狱天堂；是人的今生，不是来世。"[①]冯友兰在这里不仅回应了西方学界长期以来对中国是否存在哲学的质疑，而且还简明扼要地描述了中国哲学的特质。在他看来，这正是中国哲学的一个优秀传统。

特别值得指出的是，中国古代文化的这一人本传统还培养了中华民族重德性的人生价值观。在儒家看来，人与动物的根本区别就在于人有仁爱之心，有道德伦理的观念。人的一生所应追求的理想人格，也就是能够坚持和践履以"仁义"为核心的君子之道。由此，在古代圣贤看来甚至自然物也有了"比德"的意义，比如孔子就有"仁者乐山，智者乐水"（《论语·雍也》）一说。汉代学者刘向则是演绎出了孔子的如下一段比德思想。子贡问曰："君子见大水必观焉，何也？"孔子曰："夫水者，君子比德焉。遍予而无私，似德；所及者生，似仁；其流，卑下句倨，皆循其理，似义；浅者流行，深者不测，似智；其赴百仞之谷不疑，似勇；绰弱而微达，似察；受恶不让，似包蒙；不清以入，鲜洁以出，似善化；主量必平，似正；盈不求概，似度；其万折必东，似志。是以君子见大水观焉尔也。"（《说苑·杂言》）中华传统文化中这一重德性的文化传统显然是从以人为本的人文精神中衍生出来的。

2. 中华传统文化的优秀特征

中华传统文化的特质规定着它所表现出来的种种特征。由于中华传统文

---

① 冯友兰：《中国哲学简史》，涂又光译，北京大学出版社 2013 年版，第 5 页、第 7 页。

化源远流长,内容博大精深,因而其基本特征在表现形式上就不可能是单一的,而是丰富多彩,有着众多层次和方面的一个系统结构。但从中西文化的比较层面审视,我们也许可以说传统文化的优秀特征主要包括如下几个方面。

其一,以重道崇德为安身立命之本。在中国传统的安身立命观念中,最注重的是个人的自我德性修养。这个传统甚至早在西周时期制定的周礼中就已凸显。周礼作为一种制度文化、行为文化和观念文化的集合体,其精髓就是以德配天,即所谓的"道德仁义,非礼不成;教训正俗,非礼不备"(《礼记·曲礼》)。著名史学家范文澜认为,周朝的文化就是一种尊礼文化。① 孔子继承并弘扬光大了这样一个以德配天的周礼文化传统。在孔子看来,要变"天下无道"为"天下有道",就要求志士仁人在德性修养方面达到仁、智、勇的"三达德"境界。一旦一个人达到了这一德性修养的境界,就能做到"仁者不忧,智者不惑,勇者不惧"(《论语·宪问》)。孔子自己的人生实践无疑就是孜孜追求这一德性充实于内心的一生。

> 宋代的朱熹提出了一整套"居敬察省"的重道崇德之修养理论。他把《礼记》中的一篇《大学》单独抽取出来,列为"四书"之首。《大学》之所以如此被朱熹看重,原因就在于它强调了自我修养的八个步骤。这一修养功夫最初的两个步骤是诚意、正心,这说的是立志;其次两个步骤是格物、致知,目的在于了解世界;接下来的一个步骤是前面两个步骤的总括,即修身,其目的在于使自身变得完美,以便使自己能担负起家与国的责任;最后一个步骤是齐家、治国、平天下,其目的是践行自己的德行,在治国安邦的践行中实现自我生命的价值。后来整个古代文化关于修养方面的论述无一不是以《大学》这一思想为基调的。

中国传统的德性修养理论讲诚意、正心、格物、致知、修身、齐家、治国、平天下,其中心环节是修身。因为诚意、正心、格物、致知是工夫,目的是修身;齐家、治国、平天下是修身的必然结果,身修好了,自然就会家齐、国治、天下太平。可见,在儒家看来修身是立身之道,也是立国之道。这一德性修养传统的积极结果是在历史上造就了无数个像范仲淹那样"先天下之忧而忧,后天下之乐而乐"(《岳阳楼记》)的志士仁人,他们身上所体现的崇高德性已成为我们民

---

① 范文澜:《中国通史》(第一卷),人民出版社 1987 年版,第 143 页。

族的道德人格追求方面的楷模。这一注重德性修养，善守道德人格的历史文化传统对中华民族的历史与现实显然产生了积极而深远的影响。

其二，以中庸为基本处世之道。中庸之道作为儒家最推崇的为人处世之道，一直贯穿于整个中国古代的传统观念之中。按照孔子以及后世儒家的解释，"中庸"的"中"，有中正、中和、不偏不倚等含义；"庸"字是"用"的意思，"中庸"即"中用"之意。可见，中庸意即把两个极端统一起来，采取适度的中间立场，即守持不能过、也不能不及的平衡法则。

从历史上看，中正平和的思想在孔子之前就被先贤提倡了。尧在让位于舜时就强调治理社会要公正、执中。《周易》中也体现了"尚中"的观点，所以它的中爻的爻辞大多是吉利的，亦即是说，只要不走极端是不太会有不利局面出现的。春秋时期，这一中正平和的思想进一步扩展到其他领域。比如晏子就认为，食物、色彩、声音等以使人心平德和为善。

孔子及以后的儒者则在上述基础上，对中庸思想作了广泛的发挥：在政治上，依照中庸之道的原则，既不能一味宽容、宽厚，采取无为的态度，也不能使政策过于刚猛，刑罚过重，二者要相互协调，相互补充，以中和的态度处理政治问题。在经济上，依照中庸之道的原则，要给予百姓实惠，但不能铺张浪费；要使百姓勤于劳作，但不能过度压榨，使他们产生怨恨；要允许各种欲望得到满足，但不能鼓励贪婪，不能没有限度。在伦理道德上，中庸更是被视为最高的道德原则。只有遵循中庸原则的人，才能成为君子；行为过激的人，只能被看作小人。比如孔子就曾评论他的两个学生说，子张放肆过了头，子夏则过于拘谨，他们都没有做到中庸（《论语·先进》）。在日常行为方面，依中庸之道看来，做事只考虑实际的质朴以致忽视了文采，就会显得粗野；而只考虑外表的文采以致忽视了质朴，又会显得虚浮。在处世态度方面，主观、武断而不留余地，自我中心，固执己见都不符合中庸之道。在审美欣赏上，依照中庸之道的原则，可以追求美的享受，但不能沉溺于其中；可以有各种忧思悲哀，但要适度，不能伤害身体，如此等等。正是基于这样的理解，朱熹曾对中庸有过这样的概括："中只是个恰好道理。"（《朱子语类》卷三十三）

中庸之道还被后世儒家进一步概括为世界的普遍规律，认为它不但体现了事物发展的运行规律，也构成人们实践所必须遵循的普遍原则。也是这个缘故，中庸之道成为社会教化的重要内容，还被视为做人所必须达到的一种境界。古人把这种境界称为"极高明而道中庸"（《礼记·中庸》）。至于如何达到这一境界，一般认为有五个步骤："博学之，审问之，慎思之，明辨之，笃行之。"

(《礼记·中庸》)这一思想对我国古代知识分子安身立命与为人处世的实践产生了极其重要的影响。

> 主张"大胆假设,小心求证"的胡适曾经给中国古代哲学安过一条"专制的一尊主义"①罪名。这个假设无疑是缺乏论证的。在胡适自己的书中,读者充其量也只找到荀子及其两个弟子韩非、李斯的一些言行。事实上,由于有着悠久的中庸之道传承,在学术文化方面反对极端化,主张兼容并蓄恰是一个基本的事实。如果说一定要找出一个"专制的一尊主义"实例,大概也只有秦王朝了。汉代虽说"独尊儒术",可老庄之学、刑名之学以及后来的佛学均事实存在着。唐以后一直至清代,三教合一更是个不争的事实。

作为一种根本的处世之道,中庸之道使人们普遍认识到自己的行为态度要适度,从而避免过激行为的出现,这使得中国社会有着某种特殊的稳定性,这是它积极的一面。但另一方面,它也为折中主义、明哲保身的处世哲学提供了理论土壤。这又在一定程度上阻碍了社会的向前发展。显然,这是我们把握这一文化特征时所必须注意的。

其三,以耕读传家为根本的治家之道。在古代家国同构的社会结构下,治家之道历来被看得很重。其中耕读传家则被视为最基本的治家之道。"耕"是指农耕,"读"则是指读书。这一注重耕读的传统观念显然是与我国两千多年的农业社会发展相适应的。

我国古代社会的基本结构是以农养天下,以士治天下。这也就是说,养天下须重农耕,治天下须重读书。众所周知,华夏文明属于农耕文明,故农业从来是中国古代社会的根基,历代统治者对此深有认识,从而总是把"重农"作为安邦兴国的基本国策。在他们看来:"霸王有不先耕而成霸王者,古今无有。"(《吕氏春秋》)事实上,自春秋战国起"重农"便已成为君主既定的治国理政之道。与此同时,古代的统治者也看到了读书人在治国安邦中的重要作用,于是采用各种方式把读书人中的佼佼者吸收到统治阶层中来,置其于官位,供之以俸禄,使读书人为其所用。正是统治者的这种重农耕、尚读书的长久治国策略影响到民间社会,形成了古代中国家庭耕读传家的基本观念。

重要的还在于,中国的黎民百姓自古也有尚农的传统。这一传统的本质

---

① 胡适:《中国哲学史大纲》,上海古籍出版社1997年版,第282页。

是把农桑视作生存之根本。故《周易》有"不耕获，未富也"的记载。从秦朝开始的历代统治者的重农抑商政策，更是把人们牢固地牵制在土地上，天下百姓莫不以农耕作为根本的生存和生活手段。长期的经验积淀使得古代中国人树立了一个牢固的信念：农耕是最可靠、最稳定的生存、生活手段，除非万不得已是不可放弃的。正是在这样一种观念影响下，在我国古代，即使是通过工商业致富或为官发财的人，最终也以购买田产作为根本生存与发展之计。因为相比较而言，这是最稳定的保存家产的办法。

但是，古人也意识到虽然农耕是生存的基础，而若要求发展、求成就、求高贵，其唯一的正道就是读书。因为"学而优则仕"（《论语·子张》），读书人可以通过读书入仕谋生，只要取之有道，也可实现超越发财致富而光宗耀祖的人生目的。故孟子说："士之仕也，犹农夫之耕也。"（《孟子·滕文公下》）这句话的意思是说，读书人做官就像农夫耕地一样可以安身立命、显达于世。

可见，"耕读传家"这一观念既有重生计之"俗"，又有求高贵之"雅"，实在是我国古代传统文化中一种融雅俗于一体的生存智慧。它是古人在重农尚仕的自然经济环境之中所能采用的最好的治家方式。也因此，耕读传家作为根本的治家观念深植于传统文化之中，几千年来一直为世人所接受。

其四，以经学为治学之根本。在中华传统文化中，经学成为一以贯之的学术之根本。"经"本来是孔子所整理的上古文化典籍，总称为"六经"，即《周易》《尚书》《诗经》《礼》《乐》《春秋》。它涵盖了古代的政治、历史、哲学、文学、音乐、典章制度等丰富的文化内容。孔子去世后，儒家分为许多流派，但这些不同派别的思想家对"六经"都非常重视。比如荀子就认为，做学问"始乎诵经，终乎读礼"（《荀子·劝学》）。也许正因为这一缘故，荀子被认为是经学的最初倡导者。到了汉代，汉武帝采纳董仲舒的建议，罢黜百家，独尊儒术，"经"的地位也因此而大大提高。研究"六经"及儒家经典的学问被称作"经学"，是当时学术文化领域中压倒一切的学问。"经"也不断扩充与增加，到宋朝时扩充为"十三经"，除了孔子整理的"六经"外，《论语》《孟子》，以及阅读古代经书的语言文字工具书《尔雅》等都包括在内，成为一切学术文化之根本。

重要的还在于，在我国古代"经"具有不可更改和不容怀疑的权威性。西汉王朝推行"以经取士"的选官制度，更是引导读书人只从"经"处做学问。此后，传授经典和注解经典都成为专门的学问，并逐步形成了自汉代至清代的官方哲学——"经学"。

自汉代"独尊儒术"之后，作为一切文化学术的指导性经典，这些

"经"常常被刻在石碑上,以显示其权威性与恒久性。据史籍记载,在中国历史上曾经有过七次大规模的刻经运动。比如在西安碑林博物馆内,就完整地保存着唐代的"开成石经"。除刻经外,历代对经的注疏、训解、发挥,更是层出不穷。仅据清代乾隆年间的《四库全书总目》记载,"经部"的著作就有 1773 部,20427 卷。事实上,自汉武帝罢黜原有的诸子传记博士,唯设儒家的五经博士后,经学的发展取得了驾驭和主导一切学术文化领域的至高无上地位。

中国古代文化以经学为治学之根本的巨大合理性在于,它既为流派纷呈、观点各异的诸多思想、观点、学说确立了守正的基本立场,也为拒斥形形色色的异端邪说提供了学理依据。这正是中华民族在思想观念与精神信仰上得以统一且能够永续的重要保障。与此同时,经学本身也是一门内容涉及广泛的学科,仅就"六经"而言,就已经包含了人文科学及某些自然科学。比如孔子就曾说过,读《诗经》,甚至可以增加对鸟兽虫鱼草木之名的博物知识。可见,经学本身并不排斥自然科学,相反,儒家经学中的理性主义立场以及某些思辨方法,对自然科学甚至还有重要启迪意义。但问题的关键是,经学有它自成一套的体系,且凌驾于一切知识之上,无形之中就排斥了科学技术的必要性与重要性。这对古代自然科学与技术的发展显然又是不利的。它是古代士大夫往往视科学技术为"雕虫小技",甚至将其斥为"奇技淫巧"(《尚书·泰誓下》)的一个重要缘由。事实上,经学被过度推崇正是明清以后中国科学技术落后的一个重要文化根源。

其五,以义利合一为基本价值追求。追求义利合一是中华传统文化中基本的价值观,它是在古代思想家们漫长的义利之辩的争论中逐步形成的。这里所说的"义"是指道义,而"利"则指利益,一般多指物质利益。

从先秦开始,中国古代思想家们就纷纷对义与利的关系问题发表自己的看法。以孔孟为代表的儒家主张重义轻利。比如孔子就说"君子喻于义,小人喻于利"(《论语·里仁》)。孔子虽然并没有否定"利",但他反对见利忘义,主张君子要"义以为上""见利思义"(《论语·宪问》)。孟子继承了孔子的思想,但更强调义与利的对峙。他说"何必曰利,亦有仁义而已"(《孟子·梁惠王上》),并以"为利"还是"为义"作为区别小人与君子的价值取舍标准。荀子则认为任何人不可能不考虑个人利益,然而应该使个人利益的考量服从道义原则的主导:"义与利者,人之所两有也,虽尧、舜不能去民之欲利,然而能使其欲利不克其好义也。虽桀、纣亦不能去民之好义,然而能使其好义不胜其欲利也。故义胜利者为治世，利克义者为乱世。"（《荀子·大略》）可见，荀子认为虽尧舜不能排除民之欲利，虽桀纣不能去民之好义。由此，荀子认为处理义利关系的基本原则是"见利思义"。这与孔子的思想也是基本一致的，只不过他更承认人有好利之心这一基本事实。

到了汉代，董仲舒提出了"正其谊不谋其利，明其道不计其功"（《汉书·董仲舒传》）的著名命题，以尚义反利的观点片面发展了先秦儒家重义轻利的价值观。由此，后来清初的启蒙学者颜元针锋相对地提出"正其谊以谋其利，明其道而计其功"（《四书正误》）的相反命题。他认为"义中之利君子所贵也"，主张要把义与利相互结合起来。可见，颜元在古代思想史上第一次对董仲舒以来的道义论价值观作了可贵的纠正。

值得指出的是，在义利统一问题上，中华传统文化由于正统儒家思想一直占主导地位，故重义轻利甚至是尚义反利的思想一直是一个道统。这一道统在中国历史上最大的功劳在于维持了中国古代社会的稳定和延续，塑造了中国人以道义为上，重气节、重人格的民族性格。尤其是在国家民族处于危难之际，总会涌现出一大批见义勇为，乃至舍生取义的志士仁人。正是他们的力挽狂澜才使得中华民族犹如万里长城那样屹立不倒、绵延至今。当然，也正如我们曾经在宋明理学那里看到的那样，过于崇义轻利也会产生压抑人的物质欲望，导致扭曲人性的弊端。对于中国传统价值观中的这一"轻利"传统，无疑又是我们今天所应该批判和否定的。

其六，以直观意象为基本的思维方式。与西方文化传统中比较强调逻辑推理的思维方式不同，中华传统文化在思维方式上以直观意象为主。这是一种通过直观、直觉来直接体悟和把握对象的思维方式。这种思维首先是直观和直觉的，儒道佛三家的认识论都带有这一思维的特点，最典型的表现就是充分体现儒道佛三家合一的理学思维。宋明理学家把"太极""天理"作为包容了宇宙人生一切真理的本体存在。但对这个本体的认识，他们认为只有通过直觉顿悟才能实现。只不过以朱熹为代表的理学派强调"格物致知""即物穷理"（《大学章句·补传》），把经验知识的积累作为顿悟的必要条件，最后通过顿悟而"豁然贯通"，由渐而悟，完成心理合一、天人合一的整体认识。与朱熹不同，以陆九渊、王阳明为代表的心学派则主张当下参悟，明心见性，"立其大者""点铁成金"。这一直观意象思维方式的优越性在王阳明"龙场悟道"的故事中得以充分地彰显。

张岱年曾这样说过："中国哲学只重生活上的实证，或内心之神秘的冥证,而不注重逻辑的论证。体验之久,忽有所悟,以前许多疑难涣然消释,日常的经验乃得到贯通,如此即是有所得。中国思想家的习惯,即直截将此悟所得写出,而不更仔细证明之。"①可见,与讲究分析、注重普遍、偏于抽象的西方传统思维方式不同,中国的直觉思维更着重于从特殊、具体的直观领悟中去把握真理。这一思维方式固然有其偏重感性的缺陷,但是它超越概念、不拘于逻辑,却是一种创造性思维,显示出中国人在思维过程中活泼不滞、长于悟性的高度智慧。

中华传统文化中所体现的这一思维方式又是意象的。这种意象性源于直观与直觉。比如在《周易》里,我们就可以看到这种极具中国特色的思维模式。《周易》中由阴阳、八卦、六十四卦和三百六十四爻组成的卦象,就充分显示着意象思维。它由象数符号表现整体意义。比如泰(䷊)卦的象是地在上、天在下。但实际上应当天在上、地在下。这一卦象就象征着天和地的交感变化,故为吉卦,预示着事物发展有前途。否(䷋)卦则与此相反,天和地没有交感,它预示事物发展没有前途,故为凶卦。

中国传统的文学艺术则更注重意象的浑融一体,强调只有发现和形成了意象之后的创作才能臻至独特意境。正是因此我们常说中国艺术就是营造意象的艺术。比如中国画就强调"意存笔先,画尽意在"(张彦远:《历代名画记·论顾陆张吴用笔》),中国画中所要描绘的,与其说是客观对象,不如说是主观的意义和象征。中国书法艺术更是意象艺术,书法美是意象美,即所谓书为心画,是有意味的形式与象征。同样,中国古代的诗歌不同于西方偏于表现情节,而是借象寓意,借景抒情、情景交融,追求意和象、意和境的融通:"昔我往矣,杨柳依依;今我来思,雨雪霏霏。"(《诗经·小雅·采薇》)从中国最古老的诗歌总集《诗经》就开始的这一对意象的追求与营造,显示出中国传统文学所特有的韵致和意境。

独特的思维方式使中国传统的文学艺术不同于西方文学艺术偏于再现、模仿、写实,追求美与真的统一,而是偏重象征、表现、写意,追求美与善的统一。正是在这一特有的文学艺术传统的规范与熏陶下,中国古代的艺术家们创作了大量绚丽多彩、意境深远的艺术作品。

---

① 张岱年:《中国哲学大纲》,中国社会科学出版社 1982 年版,第 8 页。

三、中华优秀传统文化的现代意义

走进充满希望也充满挑战的 21 世纪，摆在当代中国人面前的根本任务无疑是尽快实现中国式现代化。由此，我们可以肯定地说 21 世纪的中国文化将是适应现代化建设的新型文化。但这个适应现代化的新型文化绝不是无中生有骤然降临的，而一定是与传统文化有着内在的、必然的关联性。事实上，从世界上一些已完成现代化进程的国家来看，对传统文化现代意义的开掘几乎无一例外地成为文化现代化建设的一个必要环节。也就是说，传统并不是守旧僵化的代名词，传统文化作为一个国家、民族理性和智慧的积淀，对现代人的生存和发展总是有着多方面的启迪。这既是传统得以成为传统而不被历史长河所湮灭的缘由，更是我们了解、学习和开掘传统文化的内在根据之所在。

1. 科学合理地评价中华传统文化

自 20 世纪 80 年代以来，一个新的、被人们称之为"文化热"的现代文化运动骤然出现。在"文化热"中，有关中华传统文化再评价、中西文化冲突和融合等论题，开始走出学术沙龙的象牙塔，为全社会所思考和议论。这或许从一个侧面表现了我们这个古老国度时下正在进行着的社会变革的深度和广度，表现了民众对于建构与现代化相适应的新文化体系的强烈要求。

然而，我们发现，"文化热"中人们对中华传统文化的现代意义的评价异说纷纭，莫衷一是。其实，要对中华传统文化的现代意义问题达成某种程度的共识，首先必须解决对中华传统文化的科学评价问题。这可以说是对中华传统文化内蕴的现代意义进行开掘的理性前提。我们在这里所指称的科学而合理地评价中华传统文化，实质上就是说要从整体上对中国几千年的传统文化的辩证发展作一规律性的探寻，从而不是主观随意而是客观理性地对中华传统文化作一总体评价。正是依据这一指导思想，我们在这里对中华传统文化作如下几方面概述性的评价。

其一，中华传统文化是统一性与多样性的对立统一。虽然在秦汉时期便开始形成封建的大一统文化，董仲舒倡导的"独尊儒术"更是把这个统一性推向极致，但这并不意味着中华传统文化只有单一的内容。事实上，中华传统文化是多样性的统一。比如从内容上看，中华传统文化中既有对自然界的认知，又有关于社会人文的、政治的、经济的、科学技术的思考，其中无疑包含大量合理而深刻的认识。这是中华民族的共同精神财富,不能因为其封建社会的属性而对其合理性也加以否定。从中华传统文化的时限上看,这一文化在演进历程中有远古和古代的传统,也有近代的传统。比如先秦时期以百家争鸣为标志的学术传统就曾以其宏大精深且影响久远而一直被后世所推崇。再从这一传统文化的学术派别上看,先秦时期就产生了儒、墨、道、法、阴阳、名、兵、农等诸子百家,在以后的发展中又有彼此的会通、融合和衍化,形成了新道家、新法家、新儒学及佛教、道教等诸多文化新形态。即便从马克思主义的哲学党性原则来看,中国古代哲学既有唯物主义的传统,也有唯心主义的传统,以及辩证法的传统和形而上学的传统,如此等等。再从文化"以文化人"的人文价值追求来看,既有大一统的、体现统治阶级意志的宏大追求,也有个体对自我生命逍遥游式的、文学艺术中浸润的,甚至归隐式的个体追求。可见,评价中华传统文化,如果仅仅局限于某一种领域或方面,必然会失之偏颇。

事实上,如果我们能正确理解中华传统文化中这种统一性与多样性的对立统一,我们就可以多方面、多层次、多角度地开掘这一文化所内蕴的现代意义,使其为建设适应社会主义现代化的新文化提供来自思想史的珍贵营养。

其二,中华传统文化也是连续性与变革性的对立统一。中华传统文化的连续性在世界文化发展史上是独一无二的。由远古文化到夏商周的三代文化开始,中华传统文化便呈现出一个长期发展、不断积累的过程。春秋时代,孔子整理和总结三代文化的成果,创立了影响深远的儒家学说。继孔子之后,出现了中国文化史上最活跃、最富创造性的百家争鸣局面。至秦汉,董仲舒倡导"独尊儒术",建立其天人感应、阴阳五行、儒道法互补的儒学思想体系,开始成为中国封建社会中长期发挥影响的主流意识形态。由汉唐而至宋明理学时期,这一传统的封建大一统的文化开始走向自己的鼎盛时期。在这一历史过程中,中国古代社会虽曾历经战争动乱、社会分裂和王朝更替,但文化并未中断自己的传统,而是在继承已有成果的基础上,不断地获得更新的发展动力。

儒家文化在中国历史上的这一连续性,曾经让西方学者非常赞叹。他们发现在西方文化中只有借助于超自然力量的基督教才可做到这一点。这正是一些西方学者习惯把儒家文化称为"孔教"的重要缘由。英国哲学家罗素却不认同这一看法:"尽管中国曾出现过内乱和改朝换代,但孔子的思想体系以及与之有关的艺术、文学和教化的生活方式却得以保存下来……它并非一种像我们所理解的'宗教'一词那样含义的宗教,因为它不是同超自然的或神秘的信仰联结在一起的。它纯属于一种伦理体系。"①罗素的理解是对的。儒家为代表的传统文化给了中国人不同于西方的信仰。也是因此，我们有理由认为那些断言中国人没信仰的人不是无知就是别有用心。

值得指出的是，虽然中华传统文化发展的连续性是惊人的，但它与变革性却并不对立。事实上，中华传统文化发展的这种连续性本身就是一个在传统的基础上不断创新的变化过程。创新的重要性在商朝的开国君主成汤那里就被清晰地意识到。他曾在澡盆上铭刻如下警词："苟日新，日日新，又日新。"旨在激励自己治国理政要自强不息，创新不已。三个"新"字，本义是指洗澡除去肌肤上的污垢，使身体焕然一新。儒家学者在《礼记·大学》中将其引申为精神上的弃旧图新。仅就先秦而论，从周人对前人的文化维新到孔子对周礼的重新阐释；从孟子对孔子思想的深化与发展到荀子对先秦百家争鸣学术的总结与融合，就表现为一个连续性与变革性的统一过程。

而且，在中华传统文化发展的历程中，不同时代的思想家的每一次创新都是以传统为根基的，而每一次创新的思想文化成果又构成传统的新的组成部分。把握中华传统文化的这一发展规律，一方面可以消除我们在理解传统文化时把传统等同于守旧的偏见，另一方面更为我们今天如何以创新的方法继承传统文化，从中发掘出其特有的现代意义提供了重要的方法论启迪。

其三，中华传统文化又是独立性与融通性的统一。中华传统文化的独立性既指这个文化的主体是中国人自己独立创造的，也指这个文化在发展的历史中较早地形成了包括话语表达、标识性范式在内的独特体系。有足够的考古资料证明，中华传统文化作为一种本土文化源于远古时代。从那时起我们不仅有着独特的汉字语义和语音体系，而且还以这种方块汉字为载体独创了自己的哲学、道德、宗教、文学艺术的独特学术思想体系，形成了华夏民族独有的礼仪典章制度、风俗习惯和民族性格、民族心理、民族信仰，建立了独一无二的诸如中医学那样的医学理论体系。我们还有着独特的虚拟写意的戏曲艺术、气韵生动的中国书画，工整对仗、情理交融的楹联艺术，等等。

但中华传统文化与世界文化的发展又不是毫无关联的，它对许多的外来文化一直有着很强的吸纳和融会贯通能力。比如我们仔细考察一下唐代文化繁荣的原因就可以发现，传统文化对外来文化非凡的吸纳力和交融贯通性是一个非常重要的原因。仅就宗教文化而言，在这个时期不仅源自印度的佛教

---

① 罗素：《罗素论中西文化》，杨发庭等译，北京出版社 2010 年版，第 4 页。

逐渐中国化,使佛教文化成为中国文化的一个有机组成部分,而且基督教(时称景教)、伊斯兰教(时称回教)、犹太教也开始传入中国,使唐文化呈现一派胡曲雅乐互放异彩的繁荣景象。

对中华传统文化独立性与融通性对立统一特性的认识,至少向我们昭示,在对传统文化现代意义的认识过程中,既要反对全盘西化的民族虚无主义与历史虚无主义的偏颇,又不能因此而拒绝吸纳世界文化的优秀成果为我所用。几千年中华传统文化的发展表明,既吸纳和融通外来文化作为本民族文化的组成部分,同时又保持中华本土文化的主体性地位,正是中华传统文化能不断发展并始终充满活力的奥秘之所在。

2. 传统文化的现代转型与价值开掘

以 1840 年鸦片战争为标志,中华传统文化开始由古代向近、现代转型。在这个充满危机与痛苦的转型过程中,人们对待以儒家文化为代表的传统文化,产生了诸多的偏激情绪。20 世纪二三十年代,"全盘西化论"与中国文化本位论的争论正反映了这种偏激情绪。

以毛泽东为代表的中国共产党人在建构新民主主义新文化的过程中,开始科学地确立了对待中华传统文化所应持有的基本方法论原则。这就是毛泽东在《新民主主义论》中提出来的批判地继承中华传统文化的主张。毛泽东在论述新民主主义文化建构的基本指导思想时,特别论述了应当如何清理中国古代文化的问题:"中国的长期封建社会中,创造了灿烂的古代文化。清理古代文化的发展过程,剔除其封建性的糟粕,吸收其民主性的精华,是发展民族新文化,提高民族自信心的必要条件;但是决不能无批判地兼收并蓄。必须将古代封建统治阶级的一切腐朽的东西和古代优秀的人民文化即多少带有民主性和革命性的东西区别开来。中国现时的新政治新经济是从古代的旧政治旧经济发展而来的,中国现时的新文化也是从古代的旧文化发展而来,因此,我们必须尊重自己的历史,决不能割断历史。但是这种尊重,是给历史以一定的科学的地位,是尊重历史的辩证法的发展,而不是颂古非今,不是赞扬任何封建的毒素。"①毛泽东的这段论述,概括了对传统文化的两个基本原则:一是不能割断历史,二是必须批判地继承。显然,这既和民族虚无主义者划清了界线,又与文化保守主义者分道扬镳。

---

① 毛泽东:《新民主主义论》,载《毛泽东著作选读》(上),人民出版社 1986 年版,第 398—399 页。

在如何对待传统文化的问题上,在五四新文化运动登上历史舞台的中国共产党,并没有被那个时代反传统的潮流所裹挟。其中毛泽东堪称典范。西方研究毛泽东的著名学者斯图尔特·施拉姆在其代表性著作《毛泽东的思想》中,曾写过这样一段颇有见地的话:"毛泽东确信中国文化是一个伟大的奇迹,而且或许是独一无二的奇迹,(这一文化)历史上的成就加强了他的民族自豪感。另一方面,他的目的非常明确:用民族传统中的思想和财富来丰富马克思主义。"[①]斗转星移,进入新时代的中国共产党人把马克思主义基本原理同中华优秀传统文化相结合,努力开辟马克思主义中国化时代化新境界,正是对这一文化立场的守正创新。

正是遵循着对传统文化批判继承的这一基本原则,我们借助于思维的抽象,可以对中华传统文化内容作出甄别与归类,然后在这个基础上对传统文化的现代意义加以开掘。

其一,对传统文化中的封建糟粕应持彻底批判与摈弃的态度。在传统文化的发展中,一个基本事实是绵延了几千年的封建主义文化始终占据着主导地位,因而对传统文化中具有封建文化性质的观念形态,以及反映这些观念形态的一切"物化"了的存在,我们必须持彻底的批判态度。我们必须清醒地意识到,在道德伦理、法规制度、价值观念、风俗习惯、民族心理、思维方式等方面,封建主义影响的痕迹几乎随处可见:大如专制制度、等级观念、宗法思想、人治传统之类,小如待人接物的礼教规范和为人处世的"不敢为天下先"之类的保守原则等。对于这些传统文化中遗留于现实社会的沉渣和糟粕,应当坚决予以抛弃。此外,还有一些虽然不为封建文化所独有,但反映了一般农业文明之局限的东西,诸如重农轻商的观念,狭隘短浅的目光,听天由命、求稳怕乱的思想,抱残守缺、不求进取的心态,等等,也应随着时代的进步而将它们彻底淘汰。

其二,对传统文化中那些糟粕与精华并存的成分则要善于辩证地扬弃,要以时代发展的要求为内在依据批判地予以继承。由于传统文化并不仅仅只是封建文化,其中有一些东西在我们民族的诞生阶段就开始形成,在我们民族的整个发展过程中也始终存在。这些文化观念或风俗习惯已成为我们民族文化最基本的一些规范与原则。对传统文化中的这一类成分,我们应当在批判与

---

① 斯图尔特·施拉姆:《毛泽东的思想》,载《国外研究毛泽东思想资料选辑》编辑组编译,中央文献出版社 1990 年版,第 127 页。

改造的基础上予以继承。我们之所以要批判地继承,是因为这方面内容往往是精华与糟粕并存的,因而在开掘其现代意义的过程中,我们必须特别注重取其精华去其糟粕。比如我们今天出于抵制工业文明的负面效应的目的,不再重蹈西方国家曾经出现过的重物质、轻精神,重原子式的个体权利、轻对他者及集体义务之覆辙的需要,会自然地重温"天人合一""人我合一"以及"仁、义、礼、智、信""礼、义、廉、耻""忠孝"等传统文化观念。但我们在重新评价和继承这一些传统观念时,一定要赋予它们崭新的时代内容。比如把那种极端的、以单方面绝对服从为基础的旧式"孝道"转化为以相互理解、相互尊重为本质的新式"孝道";从"礼"的观念中剔除等级名分的封建成分,而使之转化为人与人之间的真诚相待、文明礼貌;从"耻"的观念中去掉虚伪的、不正常的"面子"意识及落后于时代的"耻言利"思想,而代之以现代人的新式道德观、荣辱观、义利观,如此等等。

其三,对传统文化中的优秀遗产则必须着意继承并大力弘扬。在中华传统文化中还有一部分是不为封建社会形态所特有,而是与我们中华民族的整个历史共存的积极成分。比如中华民族自古以来就有悠久的爱国主义传统,有注重人际关系和谐的传统,有一贯尊重事实的求实精神,有强烈的民族自尊心、自信心,有勤奋、勇敢、善良、吃苦耐劳的美德,有百折不挠、愈挫愈奋的抗争与自强精神,等等。这些传统并不仅仅与农业文明同始终,而且是我们民族过去、现在和将来始终需要的永恒精神。这些精神也并不与近代工业文明的优点和长处发生冲突,相反却往往有匡补时弊之功效。传统文化中的这些积极成分过去哺育了我们的祖先成长,今后也将伴随着我们的后代走向未来,它无疑是我们民族文化中应当刻意继承和弘扬光大的珍贵文化遗产。

概括地说,中华传统文化中具有积极意义和恒久价值,应当深入开掘和发扬光大的,主要有以下两个方面的内容:一是整体上彰显民族精神的内容。比如"天下兴亡,匹夫有责"的忧患意识和爱国主义精神;兴利除弊的改革精神;"民为贵,君为轻"的重民贵民的民本思想;自强不息,不畏强暴,不怕困难的独立自主、自力更生、吃苦耐劳精神;注重和谐的"会通"精神,等等。二是个体人格修养中扬善抑恶的道德观念。如"己所不欲,勿施于人"的仁爱精神;"勿以恶小而为之,勿以善小而不为"的律己观念;"三军可夺帅,匹夫不可夺志"的人格正气;"杀身成仁""舍生取义""以天下为己任"的凛然大义和大公无私的人生境界追求等。

但需要指出的是,即便是对于传统文化中的这一部分优秀内容,我们也应该在立足于继承的同时,注意清除其中有可能的封建主义痕迹,而代之以具有时代精神的先进内容。比如从爱国主义传统中清除掉忠君思想、大汉族主义思想、狭隘的民族主义思想,而加入必要的国际主义内容,做到爱国主义与国际主义的统一;从注重人际关系和谐的"群体观念"中剔除过分依赖他人、组织的消极成分,而吸收、补充近代工业文明中注重发挥个人作用和勇于自我实现的内容,如此等等。

中华优秀传统文化也是中国共产党在新时代开辟马克思主义中国化时代化,从而更好地推进中国式现代化的重要思想史资源。2021 年 3 月 22 日习近平总书记在福建武夷山考察时就这样说过:"我到山东考察时专门去看了孔府孔庙,到武夷山也专门来看一看朱熹园。"为什么要这样做呢? 他解释说:"如果没有中华五千年文明,哪里有什么中国特色? 如果不是中国特色,哪有我们今天这么成功的中国特色社会主义道路? 我们要特别重视挖掘中华五千年文明中的精华。"①

正是基于对中华传统文化现代意义的如上理解,我们强调在当前文化自信自强的构建与文化强国的推进中,必须旗帜鲜明地反对"全盘西化"论、"儒学复兴"论和彻底重建论的错误理论和实践主张。

众所周知,伴随着1978 年改革开放而出场的"全盘西化"论者继承20 世纪二三十年代的全盘西化论的衣钵,不仅在政治经济上主张全盘西化,而且在文化上也主张全盘否定民族传统文化,让西方文化全方位引进中国。一些人甚至提出"中国要当三百年殖民地方能走上现代化"的奇谈怪论。显然,全盘西化论的理论主张实质上是彻底的民族虚无主义。这种观点不仅在理论上是荒谬的,而且在实践上也是极为有害的。

以新儒家②为代表的"儒学复兴"论者在对待传统文化问题上则持复古主

---

① 习近平:把弘扬优秀传统文化同马克思主义立场观点方法结合起来,载《习近平谈治国理政》(第四卷),外文出版社 2022 年版,第 315 页。

② 广义的新儒家将汉代董仲舒、宋代的朱熹、明代的王阳明等也列入其间,如冯友兰在《中国哲学简史》就持这一看法(参见该书中文版第 253、278、290 页)。狭义的新儒家则是指新文化运动以来面对全盘西化的思潮,一批学者坚信这一视阈下的传统的儒家文化对现代中国仍有价值,从而探求儒家文化对现代化之意义的一个思想流派。学界将这一视阈下的新儒家分为三代:第一代是 1921 年至 1949 年,代表人物为熊十力、梁漱溟、马一浮、张君劢、冯友兰、钱穆;1950 年至 1979 年为第二代,代表人物为方东美、唐君毅、牟宗三、徐复观;第三代是 1980 年至今,代表人物有成中英、刘述先、杜维明、余英时等。

义和保守的论调。在一些主张"复兴儒学"的学者们看来,中国现代化出路的解决在于文化出路的解决,文化出路的根本解决又在于儒学的回归与复兴。由此,他们认为只要抓住复兴儒学这个"根本",就可以解决当代中国包括信仰危机、道德建设、政治民主、经济发展等在内的一切问题。其实,历史早已证明,以儒学为代表的中华传统文化有着自身只适应于农业文明的固有局限性,因而除非中国的现代化是向古老农业文明的复归,否则,主张完全恢复儒学在中国文化的统治地位,并用以指导中国式现代化建设,不仅是一厢情愿的主观幻想,而且本身就是一种历史的倒退。

彻底重建论在对待中华传统文化问题上主张"以彻底的反传统来创立新传统"。这种观点之所以也是错误的,就在于它对传统的理解带有太强的主观性和情绪化,缺乏辩证的思考。其实,每个人都生活在一定的文化传统中,它是一个民族无法抹去的"集体记忆"。传统可以创新与转换,但却不能随便割断与抛弃。因此对中华传统文化不加分析地全面否定,不仅在理论上是不可能的,而且在实践上也危害极大。因为这种把传统文化视为建设新文化的沉重包袱,甚至把民族文化中的优秀遗产也视为糟粕的错误观点只能导致人们丧失民族的自尊心和自信心,失去创造民族新文化的基础和方向,最终必然沦为西方文化的附庸。

其实,对于传统文化的现代意义问题,人类学家早就提出过这样的观点:传统文化是保存先人的成就,并使继起的后代适应社会的一种既定存在形态;若没有传统文化,现代人决不会比类人猿更高明,因为正是"文化深深地改变人类的先天赋予"[1]。因为生物学意义上的遗传最多只能使我们在生理构造方面比类人猿更精细一些,只有传统文化的世代承袭才使我们改变或升华了先天赋予的动物性(天性)而成为真正的人。可见,从最一般的意义上理解,传统文化对现代人不可能没有意义,因为它既是我们赖以生存和发展的理性指引,更是我们现代人征诸过去、印证现在、指向未来的一种智慧积淀。

传统文化是我们成为文化人的主要依据,每个人都借着传统文化在现实社会里成长。传统文化究竟是导致社会的进步还是退步,实际上完全取决于我们自己。也因此,在建设适应中国式现代化的新文化过程中,我们最大的问题并不在于要不要传统文化,而在于能否辩证地看待传统文化,能否把传统文化的现代意义充分发掘出来,从而创造出一种既适应于现代化建设又能够积

---

[1]　马林诺夫斯基:《文化论》,费孝通译,华夏出版社 2002 年版,第 99 页。

极推动人类文明进步的新文化。

3. 中华优秀传统文化的世界意义

从世界历史的范围来考察,我们可以发现作为世界文明与文化的重要组成部分的中华传统文化从来是令人神往的。如果说罗马帝国时代中国文化仅以物态——丝绸的形式影响西方的话,那么,17—18 世纪在欧洲出现的"中国热"则表明西方人对中国的以儒家道德观念为主要形态的文化已产生了浓厚的兴趣。德国哲学家莱布尼茨的《中国近事》(1697),法国哲学家伏尔泰的《风俗论》(1756)以及法国经济学家和重农学派的创始人魁奈的《中国专制主义》(1767)等一系列著作相继出版。在这些著作里,中国被描绘成了一个物产丰富、经济发达、君主贤明、官员睿智、制度优越、社会文明有序,一个由哲人般的皇帝和官员管理的国家。德国启蒙哲学家沃尔夫在他 1721 年在德国哈勒大学的《论中国人的实践哲学》的演讲和 1728 年在德国马堡大学的《哲人王与哲人政治》的演讲中,更是将中国的文化推崇为人类文明的极致,把中国文化背景下产生的政体夸奖为世界上最优秀的政体。在法国的思想启蒙运动中,伏尔泰等人则高举孔子人道思想的大旗,用以反对宗教神权、反对封建王权。他们对中国崇尚理性的道德观念深为推崇,他们甚至著文主张欧洲各国政府必须以中国为范本。在这一时期,中国古代的道德理性甚至由此而成为法国启蒙思想的一个重要理论武器。①

特别值得指出的是,即便是在现时代,中华优秀传统文化对世界的意义依然得到许多西方著名学者的认同。比如英国著名历史学家汤因比与池田大作对话时就曾经这样说过:如果允许他自由选择时间和国度的话,他说希望自己能成为公元 1 世纪的中国人。② 值得一提的是,这位历史学家不仅认为中国古代文化是美好的,而且认为在世界的未来,中国古代文化将进一步作出积极的贡献。他发现中华传统文化遗产中蕴涵着一种无与伦比的伟大力量,这就是中华民族的世界精神,它包括儒学世界观中的人道主义思想、道教顺其自然的道德观等。由此,汤因比甚至断言:"将来统一世界的,大概不是西欧国家,也不是西欧化的国家,而是中国。并且正因为中国有担任这样的未来政治任

---

① 周宁:《天朝遥远》(上卷),北京大学出版社 2006 年版,第 171-177 页。
② 汤因比、池田大作:《展望 21 世纪——汤因比与池田大作对话录》,荀春生等译,国际文化出版公司 1999 年版,中文版序言。

务的征兆,所以今天中国在世界才有令人惊叹的威望。"①

值得一提的是,汤因比面对池田大作还曾毫不讳言地强调了中国文明与文化对日本的巨大影响:"中国文明在日本历史上所起的作用,是难以估计的。日本民族的确成功地把中国文明改变成自己独特的东西了。即或如此,一点也不能降低中国文明在其中所发挥的重要作用。访问奈良和京都的西方人,对中国和日本过去十四个世纪中在文化上的相互作用,留下了深刻的印象。"②其实,中华优秀传统文化对域外国家巨大而深刻的影响又岂止体现在日本,仅亚洲国家而言在朝鲜、新加坡、马来西亚、越南、泰国都可看到类似的影响。

事实上,西方世界对以儒道佛三者合一的中华传统文化的称羡与向往绝不仅仅是个别思想家的个人兴趣之所在,而是有着内在的历史必然性。我们知道,尽管在人类发展史上,工业文明是在农业文明以后出现的,因此就总体而言工业文明要较农业文明进步;但显而易见的是工业文明本身也并非尽善尽美,而是自有其弊病和缺陷。特别是在今天一些工业文明高度发达的国家里,这些弊病已日益凸显和充分地暴露出来。这正是西方所谓的"现代化困境"产生的历史语境。由此,西方的学者在展望和设计"后工业社会"的时候,往往针对这些弊病,情不自禁地会从"前工业社会"的农业文明,特别是以中华传统文化为主要代表形态的"东方文明"中去寻找智慧的启迪。

就术道之辩而论,中华优秀传统文化对西方世界的智慧启迪尤其彰显于"道"的层面。事实上,置身全球化的今天,正遭遇着"现代性困境"的西方世界越来越对中华传统文化中敬畏道、遵循道的传统产生浓厚的兴趣。比如在人与自然的关系问题上,主要表现为对中国传统的天人合一之道的推崇;在个人与他者、社会的关系问题上,主要表现为对中国传统道德中人我合一、群己合一之道的汲取;在人与自身的关系问题上,则主要表现为对身心合一、欲理合一之道的向往。

从全球化的视阈来审视当今世界的发展,人们几乎都同意这样一个看法:21世纪的时代主题无论是东方还是西方都毫无例外是实现或完善现代化。

---

① 汤因比、池田大作:《展望21世纪——汤因比与池田大作对话录》,荀春生等译,国际文化出版公司1999年版,第289页。

② 汤因比、池田大作:《展望21世纪——汤因比与池田大作对话录》,荀春生等译,国际文化出版公司1999年版,第284-285页。

面对着这一时代主题，在经历了种种曲折和迷误之后，理性的烛照终于使现代人发现，现代化的进程不仅需要物质文明的高度发达，它还要有精神文化的相应建构。的确，物质文明的发达已充分表明人类征服和改造自然能力的确非常了不起：当克诺地下隧道将亚洲大陆、美洲大陆连成世界上最长的"捷径"；当世界上第一台比人发还细小的超微型电动机给人类带来"一个新的科技革命的开端"；当转基因、克隆技术甚至能改变生物遗传的自然规律；当互联网技术可以把世界变成一个休戚相关的"地球村"；当登月和探测火星成为现实、技术不断改进和完善后的宇宙飞船可以使人类憧憬外太空的生活方式；当人工智能（AI）技术借助强大的数据库平台几乎可以无所不能……这些都会使人类为自己主宰世界的能力感到由衷的骄傲。

但是，人类能像征服自然那样征服自我的心性吗？现代社会发展的种种迹象使我们对这个问题感到深深的忧虑。我们不得不承认，当今世界无论是经济发达的西方，还是正在崛起的中国，社会生活都面临着过度物质化、功利化和外向化的问题。从全球范围来看，近代以来工业革命的发展和科学技术的进步为消费主义、享乐主义的兴起提供了坚实的物质基础。但是也正如法兰克福学派的马尔库塞批判的那样，每一个自我的占有欲无限膨胀的结果必然地导致了物对人的压迫、摧残与统治，自我无时无刻必须面对与其内在需要相对立的物质世界，"它给绝大多数人带来了艰辛、不安和焦虑"①。正是因此，对名车豪宅的过度追逐导致的身心疲惫，性自由主义的放荡不羁带来了诸如艾滋病的蔓延，因财富梦的破灭而抑郁乃至跳楼，以及吸毒、酗酒、沉湎网络游戏而无法自拔等问题才会困扰着当今西方社会。

　　有西方学者将当今发达国家的生活现状描述为"物质主义"，并认为西方已然有太多的人身患物欲症（Affluenza）："在这个物质主义社会，人们都患上了'物欲症'，将'美好生活'等同于'物质生活'。过度消费就像流行性感冒病毒是一种具有高度传染性的病毒，带动社会的购物风潮。这种行为，往往威胁人们的钱包、家庭、小区与自然环境。"②而且，作者断言在全球化的当下导致"物欲症"的病毒正

---

　　① 马尔库塞：《单向度的人——发达工业社会意识形态研究》，刘继译，上海译文出版社 2008 年版，第 4 页。

　　② 约翰·格拉夫等：《流行性购物症》，闾佳译，中国人民大学出版社 2006 年版，封底。

急速地蔓延,"在全世界每一块大陆上都不难找到这种病毒的身影"①。

令人忧虑的是,这些心物之辩上重物质、轻心性的问题也开始在当今中国社会出现并有日渐严重的趋势。人的心性问题被忽视,精神上的需求得不到满足似乎已成为一个普遍的问题。我们的文化建设落后于经济建设,尤其是作为社会精神支柱的人生理想问题没有得到很好的解决,以致人们在物质生活不断改善的同时,精神世界却在可怕地荒芜。在单纯的物质财富的追求中,现代人的生活出现了一系列令人为之不安的情形:人们不再崇尚利他主义和献身精神;不再关注自身善良、同情、博爱等优美人性的塑造;不再相信正义、气节和勇敢;在工作中更多地计较实惠、报酬;在爱情追求中更多地注目于肉体与性的相互取悦;在与他人、社会的相处中利己主义、自我中心主义不可思议地膨胀,等等。正如许多有识之士指出的那样,在当今社会,由于对物欲的过度追逐,对财富人生的过度推崇,人的心灵世界正滋长着极为可怕的冷漠感、荒谬感和无意义感。这是现代人的不幸和悲哀。要走出这种不幸和悲哀的困境,首先必须摆脱"物"的羁绊。我们应该清醒地意识到,物质毕竟不构成人生的全部,甚至也不构成人生最主要的部分。人作为人的存在,还应有更高层次的内涵。这个内涵便是人类以智慧、德性和审美情趣为表现形式的文化存在。否则,我们在走向现代化的过程中必然会使人性跌入或利己主义或消费主义或享乐主义等泥潭之中。

"朝闻道,夕死可矣。"(《论语·里仁》)正是从这个意义上我们有理由断言,以尊道崇道、悟道行道为自己基本立场的中华传统文化,无疑能为现代人走出自我心性的迷失提供多方面的理性启迪。我们亟须在倾听传统且仁且智的教诲中,开心智、明事理。这也可以说是中华传统文化在现时代依然具有现代意义的一个根本体现。也因此,我们坚信,有着几千年历史的中华传统文化在完成由古代向现代的转型过程中,必将以其特有的智慧,继续启迪和烛照人类文明与文化的创造,从而为21世纪中国和世界文明的进步与发展作出自己独特的贡献。

----

① 约翰·格拉夫等:《流行性购物症》,闻佳译,中国人民大学出版社2006年版,第3页。

第 2 章

言以传道:中华优秀传统文化中的语言文字传统

[题记]中华传统文化以汉语言文字作为记录与传承的主要工具。与
西方的拉丁文字重于表音不同,汉字重于表意。方块汉字在横竖撇
捺的精妙组合中,或象形或会意,从而精准地描述出了形下的器物与
形上的道理构成的世界图景。

从文化学的视阈而论,语言作为一种文化现象伴随着人类社会的产生而
产生。因此语言必然是民族精神的积淀和外化,是民族文化的重要载体。它
随着民族的成长而发展,它承载着民族的历史和文化。在世界各大语言体系
中,汉语具有十分独特的优势,它被认为是在世界主流语言中表达最简洁、最
高效的语言之一。与此同时,作为语言载体的方块汉字被誉为中国传统文化
的缩微系统。它不仅以其特有的象形与会意方式呈现出世间万象,而且还是
文学、历史、哲学、伦理、艺术、教育等具体文化形态得以表达与传递的方式。
因此了解中国古代的语言文字传统,努力发掘民族语言在历史发展中积淀的
广袤而深邃的文化内涵,对于中华优秀传统文化的学习与继承具有非常重要
的基础性意义。

一、中国古代语言文字的历史演进

人类学家的研究表明,语言的起源与人类的起源是同一个过程,但文字的

产生则要晚一些。这一过程的详情通常因年代的过于久远已无法细究。就中国古代汉语的语言文字而言,如果从远古仓颉造字的传说算起,其萌芽与成熟大约经历了长达 5000 年的发展历程。今天我们所广泛使用的汉语,正是在这个过程中不断完善,并形成了自己独特的文化性格与精神风貌的。

1. 中国古代语言文字的起源

语言的使用是人类区别于其他动物的重要特征。文化人类学的研究表明,只有人类才有真正的语言。许多动物也能够发出声音来表达自己的感情,或者在群体中传递某种信息,但这都只是一些固定的音节与程式,它不能随机变化与进行不同的组合。只有人类才会把无意义的语言按照各种方式组合起来,成为有意义的语素,再把为数众多的语素按照各种方式组合成话语,用无穷变化的形式来表达与呈现这个变化无穷的意义世界。正是由此,德国哲学家海德格尔说:"人这个'在者'正是以说话的方式揭示世界也揭示自己。"①就在人的这样一个"揭示"过程中,语言建构起了人们意识中的外部世界与自我人生,由此呈现出一个民族深层的思维和意识结构。

语言起源于从猿向人的转变过程中,而文字则是人类进入文明时期后才产生的。在没有创造出记录人类语言的各种工具之前,人类的主要交流工具是有声语言。但有声语言必然会受到一定空间和时间的限制。于是,当社会发展到一定阶段,仅以语言作为交流工具已不能满足人们生产和生活的需要。人类交往活动扩大,需要把语言记录下来,以传达给生活在不同空间和不同时间的人们。由此,记录语言的文字便应运而生了。重要的还在于,文字的产生标志着社会发展已经进入文明时期,而文字一经产生和应用,便反过来对文明进程产生着巨大的推动作用。

尽管口头语言(声音符号)与文字语言(视觉符号)的关系学界存在着这样或那样不同观点的争论,但有一点是没有异议的,那就是:诉诸视觉感知的文字语言因其图像性而具备突破时空局限的能力,是诉诸声音感知的口语无法替代的。这应该是包括汉语语言在内的文字产生的最主要推动力。"事实上,无论从心理学还是生理学的角度看,人类最初的视觉符号比听觉符号更接近要表达的东西。正因

---

① 海德格尔:《人,诗意地栖居》,邴元宝译,广西师范大学出版社 2002 年版,第 48 页。

为如此，文字才成为人类文明的伟大杠杆。"①

　　众所周知，中华民族长期多民族共存，各民族的语言文字绚丽多彩，无比丰富。其中汉语是使用最多的语言。我国除占总人口 91.51％的汉族使用汉语外，许多少数民族也都不同程度地兼用汉语或转用汉语。② 迄今为止，我们所能看到的有关汉字起源的文献记载，最早来自周秦的典籍，而且大都是传说，有的还带有神话色彩。从这些传说中我们可以窥见原始汉字发生的缘由，以及由原始汉字向成熟的文字体系过渡的一些历史状况。在这些传说中，结绳说和仓颉造字说无疑最具有史料价值。

　　结绳的传说表明在汉字产生之前，中国古代先民曾有用实物记事的阶段。结绳应该是其中最简单、最常见的手段。人们把结绳和文字联系在一起，是因为人类创造结绳记事的方法与发明文字的想法高度契合，它使人类的思想内容、交往内容超越了时间和空间的限制。这被认为是激发人类发明文字的动因。结绳作为一种视觉的记事符号，在记事的数量和明确性上虽然极为寥寥，但它却是一种了不起的尝试。因为到了结绳的时代，文字产生的主观要求便已经初步具备。

　　在有关创造汉字的传说中，仓颉造字说是一种更有研究价值的传说。这个传说最早出现在战国时代的文献里。东汉语言学家许慎曾如此记载："及神农氏结绳为治而统其事，庶业其繁，饰伪萌生；黄帝之史仓颉，见鸟兽蹄迒之迹，知分理之可相别异也，初造书契。"(《说文解字·叙》)这即是说，古代先民靠辨别各种足迹得到鸟兽活动的信息，避猛兽而猎获食物。于是，他们逐渐懂得不同的图像纹路可以标示不同的事物与意义。的确，从鸟兽足迹的辨析而得到图画与象形文字的启发，应该是合乎逻辑的。而且，最初的国家管理活动也促使了文字的产生，因为政事往来需要用文字来记录和传达信息。此外，汉字形成过程中，与文字有密切关系的巫史应是起了主要的促进作用。有学者猜测，仓颉作为一名史官也许正是因为集中使用了文字而悟出了它的规律，从而成为传说中创造文字的鼻祖。

---

　　①　申小龙：《汉语与中国文化》，复旦大学出版社 2008 年版，第 418 页。
　　②　我国是一个多民族、多语言、多文种的国家，有 56 个民族，共有 80 种以上语言，30 种文字。从语言的系属来看，我国 56 个民族使用的语言分别属于五大语系：汉藏语系、阿尔泰语系、南岛语系、南亚语系和印欧语系。汉族有自己的语言和文字——汉语。汉语属于汉藏语系，它是现代中国的官方语言，也是被联合国认定的主要通用语言之一。

　　然而,鲁迅先生却对仓颉造字的传说质疑道:"做《易经》的人(我不知道是谁),却比较的聪明,他说'上古结绳而治,后世圣人易之以书契'。他不说仓颉,只说'后世圣人',不说创造,只说换掉,真是谨慎得很;也许他无意中就不相信古代会有一个独自造出许多文字来的人"。① 可以肯定的是,就中华文明与文化发展史的溯源而论,是不是仓颉独创的汉字并不重要,重要的是造字这件事本身的意义。因为正是汉字的出现,才标志着中国古代史走进了文字记载的时代。这显然是中华文明与文化史长河中的具有标志性意义的大事。

　　传说毕竟不是确凿的史料,今天所能见到的最古老的文字是商代刻在甲骨上和铸在青铜器上的文字。考古研究证明,商代的文字已经很成熟了。可见,最初产生文字的时代必然远在商代以前,估计距今应当在四五千年以上,亦即在新石器时代。比如我们看到在中国新石器时代仰韶文化的陶器上,常常绘以各种图案形花纹,其中有人物及鸟兽鱼蛇等动物形象,线条刚劲有力,色泽协调匀称。这些图画在当时多是作为装饰艺术形式出现的,旨在增强陶器的美观,但它很可能也是后来汉字产生的基础或条件。继仰韶文化以后,分布在山东中部丘陵地带和徐淮平原等地区的大汶口文化,发现十多个较为原始的陶器图案与符号,而在属于大汶口文化晚期的莒县陵阳河遗址出土的灰陶缸上,更是发现有四个同早期汉字结构相似的图画符号。"这些符号意义不明,然而都不是装饰性的图案……大汶口陶文中有几个符号,例如日在山上形象,其日形与山形,俱已抽象化,似乎是约定俗成的笔画。"② 这或许就是汉字最初的形态,是比甲骨文、金文更原始的汉字。

　　正是从这一意义上,可以说"汉字是记录汉语的符号体系,它比汉语产生得晚得多"③。从已经辨识出来的甲骨文字来判断,很明显汉字是从图画发展而来的。即先民们先将图画变为笔画简单的文字,再由笔画简单的文字进一步创制了大量新的文字。保存在商周时代甲骨、金文中的比较古老的象形字,它们的形体与原始图画没有太大的区别。这些文字按照物体描绘而成,既无点画的姿态,也不受笔画的限制。重要的是,这些文字是代表语言中词的成分出现的,它与陶器图案花纹已有本质的不同。它反映在人的感官中,不单纯是

---

① 鲁迅:《门外文谈》,人民文学出版社 1974 年版,第 6 页。
② 许倬云:《万古江河:中国历史文化的转折与开展》,湖南人民出版社 2020 年版,第 65 页。
③ 郭锡良:《汉语知识》,北京出版社 2020 年版,第 2 页。

一个孤立的图像花纹,而是它所包含着的客观事物的意义。早期汉字是采用按物绘形的方法进行创造的。随着社会的不断发展,汉字的作用范围和利用率也不断扩大和提高,因而又逐渐脱去图画的形象而变为简易的符号。

象形字是汉字的骨干,其他结构的汉字皆由它所组成。正是由此,古代的文字学家把它称为"文",并利用各个象形符号,或据其形,或据其音,通过种种技巧拼制成意义更加繁复的复体字,这就是"会意字"和"形声字"。古人将这种拼合而成的形体称作"字",字即子的意思。我们通常所说的"文字"一词即来源于这种关系。鲁迅曾这样论及过这一话题:"象形,'近取诸身,远取诸物',就是画一只眼睛是'目',放几条毫光是'日',那自然很明白,便当的。但有时要碰壁,譬如要画刀口,怎么办呢? 不画刀背也显不出刀口来,这时就只好别出心裁,在刀口上加一条短棍,算是指明'这个地方'的意思,造了'刃'。这已经颇有些办事棘手的模样了,何况还有无形可象的事件,于是只得来'象意',也叫作'会意。'一只手放在树上是'采'……"①

可见,由图画传递信息到产生图画文字,再由图画文字转变为约定符号以至记词字符,这个漫长的过程就是文字起源过程。当汉字由零散的、个别的字符逐渐积累而达到一定的数量后,再通过人为的整理与规范,就成为一种文字体系。从汉语言文字的历史演进而论,殷墟甲骨文已然是能够完整记录汉语的文字体系了。这一事实无疑具有标志性的意义。

2. 中国古代语言文字的古文字阶段

如果说语言是表达思维活动的口头形式,它只包括语音和词义两个成分,那么文字就是记录语言的书面形式,它除了音、义两个成分之外,还必须有形体这样一个存在方式。汉字由图画文字发展而来,但汉字的发展史又是图画文字的象形、象意之特征逐渐退化的历史。这种退化并没有将汉字发展成为一堆纯粹假定性的符号,而是使汉字的表意功能更好地适应语言与思维的发展。

在其表意功能的不断完善中,汉字发生了很大的变化。这种变化具体表现在两方面:其一是笔势和体态的变化,一般称为形体的演变;其二是笔画组合的变化,一般称为字形的发展。引起汉字形体演变的因素有两个:一是应用范围的扩大,一是书写工具的改变。文字应用范围的扩大要求书写速度加快,从而引起字体的变化;书写工具的改变(由刻刀和甲骨改为毛笔和纸),为字体

---

① 鲁迅:《门外文谈》,人民文学出版社 1974 年版,第 17 页。

的改变提供了方便。引起字形变化的因素则是快速而又准确地记录汉语的需要：为了快速，就要尽量简化字形，形成大量异体字；为了准确，就要适当分化多义字，形成很多古今字。汉字发展的过程中先后出现了形态迥异的多种字体，甲骨文、金文、籀文、篆文称为古文字；隶书、草书、楷书、行书称为近代文字。

甲骨文是刻在龟甲和兽骨（主要是牛的肩胛骨）上的文字，是我们现在能见到的最早的成批汉字。据历史学家考证，甲骨文应用的年代主要是商代后期和周代前期，距今约有 3000 年的历史。至今为止，出土的带字甲骨有 16 万片，除少量属于西周时期的以外，其余都是商代后期的。当时的人们不理解各种自然现象和社会现象发生变化的原因，认为一切都是由鬼神操纵着，并相信祖先的灵魂可以预知未来，可以决定人们的命运。占卜就是那个时期古人了解鬼神和祖先灵魂之意的一种手段。有充分的史料证明，商代的占卜就曾十分盛行。商代统治者每遇田猎、征伐、年景、生育、疾病等都要进行占卜，并把占卜结果记录下来。占卜的方法是在龟甲或兽骨的背面钻凿出一些小坑或小槽，然后用火烧灼小坑或小槽，使甲骨因受热而出现裂纹。这种裂纹就是"兆"，占卜者根据"兆"来判断吉凶。管理占卜事务的人员，往往把占卜者、占卜事由、卜兆吉凶以及事后应验与否的情况刻记在卜甲卜骨上。这就是我们所说的甲骨文。因为甲骨文绝大部分发现于河南安阳小屯村，那里是殷商后期都城的遗址，所以我们又称甲骨文为"殷墟文"。又因为这种文字是用于占卜的，所以又有人称它为"甲骨卜辞"。此外，甲骨文也还被叫做"契文""殷契""殷墟契文"，这是由于它多数是刀刻，只有少数是书写而成的。

甲骨文的发现纯属意外，它与清朝光绪年间时任当时最高学府国子监的主管官员王懿荣有关。有一次，王懿荣看见一味中药叫龙骨，觉得好奇就翻看药渣，没想到龙骨上面居然有一种看似文字的图案。于是，他把所有的龙骨都买了下来，回家发现每片龙骨上都有形状各异的图案。王懿荣确信这是一种文字，而且是比较完善的文字。后来，人们找到了龙骨出土的地方——河南安阳小屯村。在那里又出土了一大批龙骨。因为这些龙骨主要是龟类兽类的甲骨，由此而被命名为"甲骨文"，研究它的学科就叫做"甲骨学"。

甲骨文作为一种记录汉语的书写符号，对扩大汉语的交际范围和交流作用，对推动中华民族的文明与文化的进步，无疑作出了卓越贡献。虽然甲骨文还存在着文字原始阶段的某些特点，如象形程度高，字形不稳定，繁简不一，合文很多，行文款式不定等，但它基本上已经能够满足汉语中各种词类的要求，运用自如地记录当时的语言。至今所见的甲骨片上大约有 4500 多个不同的字，已识别的有三分之一左右。从已识别的甲骨文来看，它已经脱离了图画阶段而成为比较成熟的文字。它不仅可以记录名词，还可以记录动词、形容词、数词；不仅可以记录一个个单词，还可以记录一句句完整的话；不仅可以记录具体事物，而且还可以记录抽象思想，表示语法关系。此外，甲骨文还行文成行，使得语意能够被更精准地理解。甲骨文的字体结构已基本与后世的"六书条例"相合。除一部分象形文字外，多数文字的结构已趋向线条化、轮廓化和特征化了。而且，我们知道形声字的出现是古代文字由表意发展到表音的一大飞跃。在甲骨文中，形声字在已经发现的甲骨文中占 20％左右，这个比例说明甲骨文作为一种汉字已逐渐发展成熟，它使得这一时期的汉字能适应日常交际中大量新概念、新语汇形成的需要。特别值得指出的是，甲骨文的文字记载已涉及当时天文、历法、气象、地理、方国、世系、家族、人物、职官、征伐、刑狱、农业、畜牧、田猎、交通、宗教、祭祀、疾病、生育、灾祸等方方面面的内容。可见，甲骨文已经是能够成功地记录汉语语义的成系统的文字了。

金文是铸刻在铜器上的铭文。据考古资料证明，我国在夏代就已经进入青铜时代，铜的冶炼和铜器制造在商代则达到高峰，到战国末期才被铁的冶炼和铁器的制造所取代。青铜时代铸造的铜器数量很多，至今出土的已有上万件，其中很多青铜器刻了文字。因为周以前把铜也叫做金，所以铜器上的铭文就被称为"金文"；又因为这类铜器中以钟鼎上的字数最多，故它又有"钟鼎文"的别称。

金文应用的年代，上自商代的早期，下至秦灭六国时，约 1200 年。金文的字数，据统计已识的字共 2420 个，未识的字 1352 个，共计 3772 个。金文有着甲骨文所没有的许多特点。比如甲骨文中各种句子成分虽已基本齐备，但句子结构一般比较简单，修饰成分少，充当定语和状语的词类和词组还不多，但在金文中这种情况已有了明显的变化。结构助词在甲骨文中尚未发现，金文中却出现了。甲骨文中介宾结构作定语用得不多，而在金文中就很明显了。甲骨文的复杂谓语大多是单一的双宾语、连动、兼语等结构形式，很少有几种结构混合使用的情况，金文则大量使用几种结构混合套用的办法，从而使谓语更加复杂化，如此等等。而且，和甲骨文相比，金文的时间跨度也要长得多，所以形体和结构的变化也大得多。

在古文字的演进历程中,继甲骨文、金文之后出现的古文字是籀文。籀文又称大篆,出自《史籀篇》。据《汉书·艺文志》记载,《史籀篇》是周时史官教学童识字的书。西周晚期约周宣王时出现了一种新风气,字体方正微长,行款整齐,笔画匀称,偏旁、结构有所限定。秦代继承了这种书体,传世的《石鼓文》《诅楚文》都属这一字体。

六国古文是与秦篆大致同时代的文字。战国时代生产力急速发展,科学技术的发展出现第一次高潮,思想文化呈百家争鸣的繁荣景象,文字应用的范围自然也越来越广,使用文字的人数也越来越多,文字的变化也因此显得十分突出。由于地理和政治的原因,当时关东六国使用的文字与秦国使用的文字有差别,文字学界称前者为“六国古文”。在《说文解字》中就保留六国古文500多个。六国古文最显著的特点是俗体的流行,其中最常见的便是简体。六国古文彼此之间也不相同。由于六国古文中文字异形的现象十分严重,不利于各国的交流,因此公元前221年秦始皇统一中国后,便实行“书同文”的政策:“皇帝作始,器械一量,同书文字。”(司马迁:《史记·秦始皇本纪》)把六国古文中“不与秦文合者”统统废黜。正是由此,六国古文对后世影响不大,只是某些简体被后世所采用。

历史学家范文澜先生曾经对秦王朝有过这样的评价:“秦朝是短促的朝代,但又是极重要的朝代。秦始皇是暴虐的皇帝,但又是对历史有巨大贡献的皇帝。秦始皇是文化的摧残者,但在某些方面又是先进者。”[1]仅就其在全国强行推行“书同文”这一点而论,这一评价无疑是极为中肯的。美国学者斯塔夫里阿诺斯以史学家的敏锐在其《全球通史》一书中,曾这样评价过秦始皇统一文字的历史意义:“中国人在他们的整个历史上享有同一种族和同一文化。在古典时期,这种同一性如我们看到的那样,得到进一步加强,因为中国人统一了文字,它使操各种极为不同的方言的人能互相交流。”[2]可见,在中国古代语言文字的历史演变中,秦始皇的“书同文”政策,对中华文明史而言具有极其重要的民族学、文化学与历史学意义。

篆文本是大篆、小篆的合称,因为习惯上把籀文称作大篆,故后世所称的篆文专指小篆。小篆又称秦篆,是由大篆省改而来的一种字体。它产生于战国后期的秦国,通行于秦代和西汉前期。从汉字演变的历史看,汉字发展到篆

---

① 范文澜:《中国通史》(第二卷),人民出版社1978年版,第35页。
② 斯塔夫里阿诺斯:《全球通史:从史前史到21世纪》(第7版修订版)(上),吴象婴等译,北京大学出版社2005年版,第129页。

文,已经完全实现了线条化、符号化和规则化。所谓线条化就是把甲骨文、金文里的圆点、团块、尖笔和粗细不同的笔道改为粗细一样的线条。这种变化在籀文里已经很普遍,而在篆文里可以说是完成了。所谓符号化就是把结构复杂的图形简化为简单的符号。所谓规则化就是确定某个字由哪些偏旁组成,确定它们在字中不可随意改变的位置,从而确定了一个字的基本写法。

从汉语语言文字的发展历程考察,籀文发展为篆文是一大进步。作为书面交流的工具,篆文已经很方便于古人的日常应用了。而且,作为统一全国文字的字体,篆文的历史地位十分重要。从文字学看,篆文是古文字阶段的最后一种字体,是古文字通向近代文字的桥梁。篆文的特点是很多笔道圆转弯曲,不仅转折的地方要写成工整的弧形,而且很多斜笔也要写成工整的弧形。这样的字固然规整匀称,但写起来费时间,不够方便。正是由此,篆文作为通用文字在社会上应用的时间并不长,它不久便被隶书取代了。这也意味着汉字演进过程中古文字阶段的终结。

3. 中国古代语言文字的近代与现代发展

隶书是告别古文字发展阶段的第一个形态。它是由籀文的草率写法演变而来的一种字体。因为籀文圆转弯曲的笔道太多,写起来很费时间,故人们在非必要的场合就将字写得草率一点。这种字体在战国后期的秦国开始出现,后来逐渐流行开来,到了西汉初期,经过一个时期与篆文混同并用,随后逐步取代了篆文。隶书在广泛使用中,笔势也在不断变化。文字学家一般将其分为三期:西汉中期以前使用的隶书称为“秦隶”,字形方正,杂有竖长形,篆意尚存;西汉中期以后使用的隶书称“汉隶”,字形横宽竖短,波势突出;东汉中后期出现的新体称“八分”,亦称“分书”或“分隶”,形体方正,笔画匀称。

隶书与篆文相比,发生了两方面的巨大变化。其一是隶书变圆笔为方笔,变连笔为断笔,变曲笔为直笔,而且笔画有明显的粗细提顿变化,末笔大量出现挑势,彻底改变了从金文到小篆一贯下来的以圆转线条为特征的书写风格,篆书所遗留的象形意味被完全消解,使汉字的书写彻底摆脱了“描绘”而成为符号的书写。其二是大量出现偏旁简化和形体省并,使汉字的形体结构发生了显著变化。许多以不同实物为摹写对象的形符被简化成单一的符号。比如隶书中的“鸟”字的四点,在小篆中是鸟爪的象形符号;隶书中“燕”字的四点,在小篆中是燕尾的象形符号;隶书中“鱼”字的四点,在小篆中是鱼尾的象形符号;隶书中“然(燃)”字的四点,在小篆中是火的象形符号。但在统一改为四点后,这些字的象形作用显然就被淡化了。

　　汉字由篆书到隶书的变化被汉语史学界称为"隶变"。从汉字学的视域来看,隶变不仅关系到书写风格,而且也关系到汉字的结构。正是由此,它成为古今文字的分水岭。重要的是,隶书并没有改变汉字象形表意的性质,只不过使汉字的象形表意手段大大简化了。隶变后的汉字结构虽然褪去了古汉字原始的象形特征,但在它的笔画态势中依然保留了相当程度的象形表意的根据。与此同时,隶变后的汉字大大便于书写了。这无疑是汉字演进历程中一个巨大的进步。

　　草书是打破汉字方块体制,使汉字急剧简化的一种字体。它从秦隶的草率写法发展而来,大约在西汉中期开始形成,东汉时广泛流行。早期草书还带有隶书意味,由于汉章帝喜欢这种字体,又被称为"章草"。从东汉后期到魏晋时期,草书脱去了隶书笔画的痕迹,大量使用连笔,偏旁多混用假借,字体韵秀宛转,这种字体又被称为"今草"。到了唐代,草书进一步发展成为奔放不羁、气象万千的"狂草",写起来龙飞凤舞,普通人甚至已很难辨认。由于草书字形过于简单,偏旁混同严重,一般人难于辨认,从而在一定意义上降低乃至折损了文字的交际功能。因此尽管它出现较早,却始终没能代替隶书成为通用字体,但它作为书法艺术之一,却一直为人们所喜爱,并延续至今。

　　楷书是对隶书加以改造的一种字体。它保存了隶书的结构,去掉了隶书的波挑,字体端庄,书写便当。它大约在东汉末年形成,到魏晋时代逐渐成熟。六朝时已经是人们在正式场合应用的通用字体,被称为"真书"或"正书"。到了唐代,这种字体又有了大的发展,尤其是由于它可以作为人们学习模仿之楷模的缘故被称作"楷书"后,其发展与普及的程度更是今非昔比。楷书的特点是字的笔画横平竖直,结构紧凑,气势流畅,形体优美。由于楷书比隶书好写,比草书好认,所以从魏晋以后就取代了隶书,成为通用字体,一直应用到现在。到了宋代,由于印刷术的发展,在楷书的基础上又逐渐形成了一种专供印刷用的,字体大小一致,笔画粗细匀称的字体,后来称之为"宋体"。现代印刷界至今尚在使用的仿宋体、黑体,就是楷书的这一变化应用。

　　行书是介于草书和正体字之间的一种流畅字体。行书比楷书易写,比草书好认,由此受到人们喜欢。自六朝以来,它就一直是人们手写的主要字体。行书的特点是在保持楷书形体轮廓的前提下,适当运用连笔,并省减笔画。行书没有严格的书写规则,在行书中楷书成分多、草书成分少的通常称"行楷",反之则为"行草"。

　　可见,汉字历史久远,形体的演变经历了一个复杂的过程。汉字发展到楷书、行书以后，形体就固定下来了，以后的变化主要是结构的改变。这种改变表现为字形的分化与合并。为记录同一个词或语素，不同时代、不同著作用字可能就不同。民间手写而与字书不合的字形是俗体字；字音字义相同而字形不同的一组字是异体字；不同时代记录同一个词（或语素）使用的不同形体的一组字是古今字。从传统文化的学习与发掘而言，多掌握一些形体不同的字，对阅读古文献无疑是十分有益的。

在汉字形体演变的过程中，"简化"和"规范化"这两个规律起了重要作用，其演变的目的是适应汉语的发展以满足社会的需要。早期的汉字形体很不固定，同字异体现象十分普遍，字形的变化也极为繁杂，但总的趋势是字体由繁变简。无论是新造或旧传，凡符合此规律的就能取得社会的承认，得以流传；违背此规律，即便偶然幸存，也终将被改造或淘汰。概括地说，汉字由繁变简的途径大致有以下几种类型：一是变图形为符号。二是删减多余和重复的偏旁。三是用形体简单的偏旁替换形体复杂的偏旁。四是截取原字的一部分代替本字。五是用笔画简单的字体更替笔画复杂的字体。以上五种简化方法，目的皆是为了提供简便的记录语言的工具。而这正是文字之所以存在的本意。当然，汉字的简化进程也不是直线发展的，在这个过程中往往繁简体参差使用。但从整体上说，由篆书到隶书到楷书到行书是汉字书写上的简化过程。

汉字的规范化包括两个内容：一个是字体结构的规范，另一个是字的形体规范。众所周知，汉字结构主要有三种，即象形、会意与形声。在这里我们特别要强调形声字，因为它的出现为汉字的发展开辟了新的途径。从语言文字的发生规律来看，事物、概念、语言与文字四者依次递进而得以产生。但是，在某些新事物出现以后，通常概念和语言可以相继产生，但表达这一语言的汉字不一定能马上创造出来。尤其是在上古时代只用象形和会意造字，不仅一些含义复杂的实词难以造出相应的字体，那些意义抽象的虚词更无法创造文字与之相应。于是，一些文字往往只有语言形态，而没有书面形态。当社会发展到一定阶段，汉语愈来愈丰富，表意文字的局限性便日益凸现。正是基于这样的原由，文字由表意走向表音，便成为文字自然的发展规律。世界上许多国家曾使用的表意文字因此而均遭淘汰，普遍被拼音文字所代替。中国的汉字虽然没有走上拼音文字的道路，但也未停留在表意文字阶段，而是在自身结构中加入表示读音的声符来表音，创造出以表音为主表意为辅的形声字。这既是中华民族在汉字创制中的智慧结晶，更是中华汉字的一个重要文化学特征。

形声字是由形符和声符组成的复体字，较其他结构的汉字而言它有两个突出的优点:其一是创造新字的方法简便,选用两个现成的与新词音义有关的字相互拼合,即可构成新字。其二是便于识读。由于它包含形和声两种成分,形符可提示字义,声符可标注读音。正因为它具有这些优点,所以后来所造的字基本上都采用了形声结构的方法。以《说文解字》所收的字数统计,在9353个字中,形声字占80%以上。可见,形声字在汉字中已经成为主要的成分。形声字出现的最重要的意义是为汉字解决了造字的困难。自形声字出现后,凡是汉语滋生的新词,随即可造出相应的形声字,从而使汉字更加完善地适应汉语的发展和要求。与此同时,形声字用旧有的偏旁组成新字,可以避免创造更多的符号,使偏旁的数量始终保持在一定的范围,得以相对稳定;又因为同一个偏旁可以反复在许多字体中出现,从而促使偏旁形体作相应的固定。由于偏旁形体得以固定,必然使汉字的形体也走向了规范。

文字所以能成为固化的语言,既有约定俗成的一面,又有不断规范的一面。汉字的规范工作,历史上多称作正字。传说中的仓颉可被推测为有史记载的从事汉字规范工作的第一人。秦代基于统一大业的客观需要,由李斯等人所推行的"书同文"运动,实质上是对先秦古字进行了一次有组织有计划的规范整理,是一次比较彻底的文字规范活动。从此,汉字形体开始走向定型。历代编纂字书,特别是讲析字形的书,大抵出于规范、整理即正字的目的。汉代许慎的《说文解字》收小篆正体9353个,籀文、古文以及其他异体1000多个,附在各正体之下。这种排列本身就含有规范的性质,对汉字在以后的发展产生了积极而深远的影响。

从仓颉造字的传说到宋代印刷术中广泛使用之宋体的端庄出场,中国古代文字在其历史演进中不仅推动着中国古代社会文明与文化的不断进步,而且还形成了不同于其他国家、民族的独特文化品格与特性。众所周知,古代汉语中的词汇绝大多数是单音词,双音节和多音节词汇甚少。由于汉语中多数是一个音节代表一个词,一个汉字即一个音节符号,也即表达一个完整的词义,因此具有音节词字特征的汉字完全能够适应汉语发展的要求;汉语中的词在语法结构中没有性、数、格的变化,这一语言结构特点又决定了汉语的语法手段除了词序之外是加词,而不是变词。汉字本身结构的优点之一就是不需要因为语法上的要求作任何变动,因此它可以以一种固定的形体完全适应汉语语法中的一切变化;汉语音节有义,但一个音节往往包含多个语素,汉字恰好起了分化多义音节的语素的作用。

特别值得指出的是,汉语同音词汇甚多,改为拼音文字无疑极为不利。更重要的还在于，汉语方言音极多，不仅全国的语言不统一，就连一个省或地区内的方言也不统一。它们之间的差别主要是语音的差异。各个地区的方音多种多样，语义却基本相同。这就是说，汉语词汇因地区方音不同，可发成若干不同的语音；但词义不会因地区方音不同而改变它的原有的意义。这就形成了如下一个有别于西方拼音文字国家所不具备的独特文化景观：居住在全国各地的汉族人民，使用统一的汉字，用各地的方音阅读，发音虽千差万别，字义理解却完全相同。也正是从这个意义上，我们说汉字对巩固和统一汉族文化甚至起着决定性的作用。

汉字数千年的发展过程，是其与生俱来的象形表意功能不断完善的过程。世界上许多文字都曾经历过图画文字的阶段，然而后来大多走上了用字母记音的发展道路。唯有汉字把它以形示意的文化形态完整保存了下来。为了适应汉语表达的需要，汉字在表示词音上探索过多种手段，但它的逻辑框架依然是以表意为核心，形成独具一格的文化样式。正是汉字这一独特的表现形式使其成为世界罕见的蕴涵深厚文化传统的书面语符号，也使它在维系民族统一、传承历史文化上起到了表音文字难以企及的影响作用。

二、中国古代语言文字的优秀文化特质

与中国文明史同样悠久的汉字是世界上最古老的文字之一，它在古代中国的历史长河中从未中断过使用，具有惊人的时空穿透力。汉字作为记录汉语的符号，与汉语具有高度的一致性和适应性。因此中国古代汉语言文字不仅是我们华夏灿烂文明的记录者与见证者，而且在几千年的发展历程中，汉语言文字本身也显示出了汉字文化独具一格的优秀文化特质，以及非凡的艺术魅力与独特的审美价值。

1. 独特的表意性

世界上任何一种文字都具有字形、字音、字义三个要素，它代表着语言中的某种形状、声音与意义。我们说表意性是汉字突出的文化特点，指的是汉字的表意与西方拼音文字有着明显的不同。汉字的造字方法是古老的，表意方式是直接的。在汉字中许多字能够"据形索义"，那是因为它在结构与功能方面从古至今都带有独特的表意性。汉代的文字学家许慎曾经将汉字的造字方法总结为"六书"，即"象形、指事、会意、形声、转注、假借"（《说文解字》）。这六

种方法其实就是古人在造字时采用的最基本结构范式。就"六书"的内容分析,转注、假借属于用字的方法,象形、指事、会意、形声属于造字方法。也就是说,汉字造字方式所体现的独特的表意性,主要就表现在象形、指事、会意、形声这四个方面。

其一是生动直观的象形表意法。象形表意法是一种最古老、最直接的文字表意方法。象形字是仿照物体描绘的图形,后来逐渐变图形为象征性的符号。每个符号表示一种具体实物,凡宇宙间可用图形表示的具象之物,皆可据形制字。古汉语的名词多为单音节,即一物一名,一名一词,一词也即一个音节,因而一个象形字即体现了一件物的完整个体。象形字用简单的线条描摹客观事物的形状,使人一看就能把字形与具体事物联系起来,知道它所代表的事物。象形字所"象"的"形",是客观事物中富有特征性的"形",它有"象"全形的,也有"象"局部的,有"象"其正面的,也有"象"其侧面的,越古的字,形象性越强。比如古文中如下象形字:

人 𠂉 (甲骨文)　　　　　目 👁 (金文)

牛 ψ (甲骨文)　　　　　羊 𦍌 (甲骨文)

门 �門 (甲骨文)　　　　　山 ⛰ (甲骨文)

例字中"人"像一人侧面之形;"目"是人的眼睛的象形;"牛"字和"羊"字都是从正面描摹了牛和羊的头部,特别突出了牛角和羊角;"门"字上面像门框,下面像两扇门,后来省去门框,两扇门就分开写了;"山"像起伏的山峰之形;此外"日"字和"月"字是太阳和月亮的象形,如此等等,不胜枚举。象形字具象、逼真、直观性很强,字形本身大都反映了字的本义。这无疑是西方的拼音文字所不具备的。

其二是察而见意的指事表意法。指事表意法是一种利用特殊性符号标记某一客观事物、表示某一概念的造字方法。它实际上是在象形的方法难以表现事物特点的时候,利用标注记号的方法指出所要表示事物的要点。这种标记符号或是加在独体象形字的某个部位,或是加在代表某种事物符号的特殊位置。因此在一个字的两个部分中,一个是字,另一个只是符号。例如"𠂊"(刀)是一具体物的象形字,而刃必须依赖刀才能体现,故在刀口所在处加一点写作"𠃌",表示刀刃的意义。"本"字原指树木之根,而根本之本必须依赖木才能体现,故在木下根部标注记号,写作"𣎳"。"末"字原指树的梢部,故在木上加注记号,写作"𣏟"。上下二字,以一横画为界,用短横符号之不同位置表

示上或下。可见，指事字不像象形字那么直观，需经过观察、分析、了解其特点后才能知其义。

其三是耐人寻味的会意表意法。古汉字中的会意表意法是在象形、指事基础上创造合体字的方法。把意义可相配合的两个或两个以上的独体象形字或指事字结合起来，表示一个新的意义，就是会意字。象形字多为物的静止形态，会意字是表示人与人、人与物、物与物之间活动形态的一些词，因而它是由两个或两个以上的象形符号所组成的。比如"从"是两个人形组合的会意字，一个人站在另一个人的身后，表示跟从。又比如"众"是三个人形组合的会意字。因为数字"三"在古语中常常是多数的代指，所以三个人合在一起不是确指三人，而是表示多数，即"众人"之意。这是利用同体重叠式造出的会意字。类似的会意字还有"林""森""炎""焱""淼""磊"等，这些同体会意字的本义都与其组合部分的意义有一定联系。

会意字中较多的是异体会意字，也就是指拼合两个或两个以上不同的象形字产生新义。异体会意字有组拼式、方位式、连语式等几种组合成义的情况。其中数量最多、历史最悠久的是组拼式异体会意字。比如"采"字，上面的"爪"像抓取东西的手，下面是一棵树，二者组合后，表示用手在树上采摘。又比如"删"字为"册"（册就是书）旁一把刀，表示用刀在竹简上刮去错误或多余的字，即"删除"之意。再比如"杲"和"杳"是两个方位式会意字。它们都是"日"和"木"组合而成，二者的区别只在于组合的方位不同。"杲"字是"日"在"木"上，因此它的本义是"光明"；而"杳"字是"日"在"木"下，它的本义是日色冥暗，什么也看不见。同类的如"尖"字，上"小"下"大"；"卡"字，不"上"不"下"等，都是用方位会意法造出的字。而"尘"和"歪"则是连语式的会意字，它们的字形是由两个可以连续成语的字构成。连成之语的好处是它能说明或暗示字义："尘"是量很小的土，"歪"即不正。类似的会意字还有"拿"（合手）、"岩"（山石）、"孬"（不好）、"聋"（大耳），等等。会意表意法优于象形表意法和指事表意法，因为它在失去形象直观性以后，仍有特定的直接表意性和造字生命力。

先民以"人"为语源，取其音（人）与义（二人）而创造出了新词"仁"。这里以清晰简洁的会意表意法，传递出一个重要认知结论：人最为重要、最为基本的特性应该是"仁"，人道即仁道。这一名词的创造，一方面是中华先民基于自己的人生体验而关注人之为人的基本伦理特性而创作的过程；而另一方面它又在一定程度上促成了人的这种基本特性、伦理特征的建构与发展。也许正是从这一语境下，我们可以理解文化学者的如下断言："文化即在满足人类的需要当中，创造了新的需要，这恐怕就是文化最大的创造力与人类进步的关键。"①

其四是标类注音的形声表意法。形声字是取两个现成的字体组合而成，其中一字体是表示新字的意义，谓之形符或意符；另一个则表示新字的读音，谓之声符。这种字—字之中音义各占一半。绝大多数形声字的意符与字义有某种联系，通过意符能概括地了解字义范畴。比如以"水"作意符的形声字一般都与水有关，如"江""河""沟""深""测"等。又比如用"言"作意符的字，大部分与语言有关，如"诗""词""谋""谢""访"等。形声字的声符主要起标音作用。声符与字音有的相同，有的相近。由于古今音变，有些形声字的声符和字音现在读起来差别较大，但在古代它们的声符与字音应该是一致的。

有必要指出的是，形声造字法是最重要的汉字造字方法，后世创制的新字绝大部分是形声字。事实上，现代汉字中形声字占 90％ 以上。这是因为由意符和声符组合而成的形声字具有最好的表意性。

从汉字造字方法可知汉字字形与字义的关系十分密切，它们之间是一种直接的关系。这与西方拼音文字有明显的区别。正因为汉字字形与字义的关系是直接的、紧密的，与字音的关系是间接的、疏远的，汉字才具有特定的超方言性。某些读不准或不知读音的字，也能通过字形大致了解其义。比如"崚嶒"二字，很多人不一定确知它们的读音，但是一般却能凭借"山"这个形旁并联系上下文，猜出它的大概意义。重要的还在于，在中国诗歌的阅读和欣赏中，汉字的表意成分有时能启迪我们形象性的联想，从而增加阅读的审美情趣。这是因为汉字的偏旁有助于读者在脑中呈现鲜明的视觉或听觉形象。有"诗圣"之誉的杜甫曾有这样的诗句："雀啄江头黄柳花，鹓鹐鸂鶒满晴沙。"（《曲江陪郑八丈南史饮》）恐怕很少有人去细考"鹓鹐鸂鶒"究竟是什么鸟，但大多数人阅读之后，脑海里就会浮现出滩头那密匝多姿的水鸟形象。

汉语在几千年中发生了相当大的变化，有些词现在一般读者已经不了解其意义；有些词的古今音已相去甚远，但用来记录这些词的汉字的表意性却经过几千年而无变化。正是由此，许多汉字我们不仅能够根据字形探索字义，而且进而可帮助我们正确理解字义的发展变化乃至这变化中所蕴含的深厚而直观的历史文化信息。

---

① 马林诺夫斯基：《文化论》，费孝通译，华夏出版社 2002 年版，第 100 页。

2. 灵活的构词能力

词是语素构成的。汉语的语素绝大部分是单音节的，它们不单用的时候是构词成分，单用的时候就是词。在汉语语言中，由于许多单音节语素能够独立成词，而语素和语素又能相当自由地复合成词，这就使汉语构词具有很大的灵活性。汉语在历史发展中这一灵活构词功能曾使古人非常方便自如地创造新词，以表记不断出现的新概念，从而满足社会生活对于语言发展的要求。

汉语的语素单位是字。字是汉民族文化中一个特有的概念，这是因为汉语中的字既不同于拼音文字中的字母，也不同于拼音文字中的词。汉字作为记写汉语词的工具，其形式主要有两种：一种是一个字记写汉语里一个词，一种是两个字或多个字记写汉语里的一个词。由于一个字代表一个音节，因此在以单音节词为主的古代汉语中，多数情况下一个字就是一个词；而随着汉语的不断发展，汉语词汇的不断丰富，双音节词便相应增多。单音节的词不单独使用时，原有的意义不仅并未消失，而且还彰显出很强的表现力。与此同时，词字转变为词素字，可以用多种组合表词，这在一定程度上提高了汉字的效用。也就是说，在汉语中可以用较少的字去表示较多的词，其结果是用字量减少，构词量增加。值得一提的是，汉字系统中一个字大多具有多种表词功能，构词能力很强，在不同的情况下能发挥不同的效用。

汉字在使用上的灵活性不仅表现为一字多能，而且表现为构词时位置灵活，搭配灵活。从构词角度看，汉字有单用和在词首、在词间、在词末四种情况。根据北京语言学院《现代汉语频率词典》统计，4574 个不同的汉字可构成31159 个词。在这些字中有二分之一的字具有全面的构词能力，也就是说既可以单用，又可处在词内各个不同位置。其中构词能力在 100 个以上的有 70字，它们都是常用字，出现频率很高。比如"子"字构词 668 个，"不"字构词500 个，"大"字构词 296 个，"心"字构词 287 个，等等。这些具有全面构词能力的字，生成能力极强。《现代汉语频率词典》中前 1000 个构词能力最强的汉字出现的字次总和，占全部语料的 90％以上。灵活多样的构词形式是由汉字本身的特点决定的。合成词中的一个字虽然只代表一个词素，但是它们所体现的意义却始终存在，不管与哪个字组合，处在什么位置，都会随着各种形式的变化，发挥着固有的意义与作用。

正是汉字这一强大的构词能力，才使得汉语拥有极为丰富的词汇。汉语词汇准确生动，表现力很强。特别是众多的同义词，使得汉语不仅有精确而传神的表达，又有修辞的讲究，充分体现了汉语文化的深厚内涵。比如在不同场合谈论不同方式的死,汉语有上百种说法:描写皇帝之死,光是讳辞就有:驾崩、山陵崩、大行、晏驾、登假、登遐、升遐、崩殂、殂落、厌代、百岁、千秋等。而亡故、长眠、长逝、过世、谢世、寿终、殒命、捐生、千古、作古、就木及老、故、逝、终、殁等则通常用作普通人死的讳称。又比如,因为死又意味着终于人世,故汉语又有逝世、溘逝、下世、去世、辞世、故世、过世、弃世、殁世、谢世、违世、就世、亡世等多种多样的婉语。再比如,由于死意味着永远与亲友、熟人告辞,于是又有永别、长别、永诀、长辞的讳言。此外,对一些受人敬重者的死,则用仙去、仙逝、仙游、登仙、解驾等具有宗教意味的婉辞以表示敬意;为国家、正义事业而死,则有就义、牺牲、殉国、殉难、殉职、捐躯、殉道、殉节、国殇等称颂的词语。汉语词汇的丰富由此可见一斑。汉语中同义字和近义字取用不尽,尤其在适应汉文化避讳这一特殊礼制方面无疑起了很大作用。

3. 富有弹性的语言结构

同西方语言相比,汉语的组织方式有很强的灵活性。这种灵活性的根源在于汉语建构的简易性。语言学家通常把汉语结构的这一灵活性称为弹性结构。郭绍虞先生甚至认为,汉语的弹性是汉语语词与西方语言不同的一个最重要特点。[①] 这一弹性首先在于汉语语词的分合伸缩具有不固定性。汉语的词义功能具有发散性。这与西方语言词类那种把词的性质固定在词形的样态上完全不同。汉语里应用最广的构词法是词根复合法,这种构词法与由词结合为词组的造句法基本一致。由此,汉语的词只要有合情合理的语义配搭就可以粘连在一起,不受形态成分的约束。这就如有语言学者概括的那样:"汉语语法的根本特点在于它以简易质朴的单位为基点,在不同的语言、社会、人文环境中做灵活多变的运作与发挥。"[②]

正是由此,汉语里名词、动词、形容词往往是多功能的。比如孟子的名言:"老吾老以及人之老。"(《孟子·梁惠王上》)"老"本是形容词,但是这句语录里第一个"老"当动词用,第二第三个"老"当名词用。据相关统计资料,在《左传》中单音词"雨"的动词用法占 62%,名词用法占 38%;"衣"的动词用法占 61%,名词用法占 39%。在汉语中,诸如此类的词的兼类非常普遍。而且,汉语动词、形容词无论做谓语还是做主语、宾语都是一个样,不需要有词形的变化,名词既可做主语、宾语,也可做定语、状语,甚至谓语。汉语语词的意义又

---

① 郭绍虞:《照隅室语言文字论集》,上海古籍出版社 1985 年版,第 78 页。
② 申小龙:《汉语与中国文化》,复旦大学出版社 2008 年版,第 153 页。

往往是可以虚实转换的,体现出语言表达中强烈的主体意识与主观情绪。由于汉语缺少严格意义的形态变化,语序也因此成为汉语里重要的语法手段。同样的语素,次序不同,就构成不同的词;同样的词,次序不同,就组成不同的短语和句子。为了适应日常运用的需要,语序可以改变。这就是说,汉语不像西方语言的句子那样以动词为中心搭起固定框架,以"形"役"意",而是以意义的完整为目的,用一个个语言板块按逻辑发展的需要来完成内容表达的要求。这显然比西方流行的最主要语言如英语、德语、法语等具有更好的表意功能。

　　由于汉语的语词活动能量大,语言结构弹性大,这就为汉语运用的艺术化提供了很大的主体空间,从而形成汉民族文学的独特风格。比如代表语言艺术高度成就的中国古典诗歌,诗人最常见的组织方式就是错综(把一个词或词组拆开)和倒置(把通常的词序颠倒)。这些修辞艺术的出现无疑与汉字本身的特性相关。因为汉字绝大多数都是兼具形音义的独立单位,故很容易把两个汉字拆开,或者把某些汉字从后面移到前面。把汉语的这种灵活性运用到极致的无疑是回文诗。比如宋代诗人李禺写过一首著名的"回文诗"——《两相思》。它可顺着读:"枯眼望遥山隔水,往来曾见几心知?壶空怕酌一杯酒,笔下难成和韵诗。途路阻人离别久,讯音无雁寄回迟。孤灯夜守长寥寂,夫忆妻兮父忆儿。"诗句表达了在外飘零的丈夫隔山望水对于妻儿的思念之情。它也可反着读:"儿忆父兮妻忆夫,寂寥长守夜灯孤。迟回寄雁无音讯,久别离人阻路途。诗韵和成难下笔,酒杯一酌怕空壶。知心几见曾来往,水隔山遥望眼枯。"全诗的意思又转换成孤灯下儿女对父亲、妻子对丈夫的牵挂之情。它巧妙借助汉语言文字特有的修辞方法,使人读来意境悠远,回味无穷。

　　　　回文诗的代表作无疑是《璇玑图》。此诗系前秦时期著名才女苏惠为规劝丈夫窦滔珍惜夫妻情谊而在锦缎中所绣。相传窦滔收到《璇玑图》后反复吟读,感动之余终于迎回妻子,两人和好如初。最令人称赞的是,《璇玑图》总计八百四十一字,纵横各二十九字,纵、横、斜、交互、正、反读或退一字、迭一字读,均可成诗,且诗可三、四、五、六、七言不等。武则天在《璇玑图序》中赞叹道:"五色相宣,纵横八寸,题诗二百余首,计八百余言,纵横反复,皆成章句。"经后人不断探新,共读出 7958 首之多。这的确堪称汉语独有的文化奇观。

　　事实上,在世界各国的语言文字中仅有汉语才能在句子中进行这样的前后调动以形成可回环反复的格式。它是汉语言文字无与伦比的独特魅力之所在。而且,回文这种调换词的排列次序,使顺读或倒读都可成文的形式成为汉语特有的修辞格,不仅增强了汉语的趣味性,更形成了汉语特有的表现力。重要的还在于,这一独特的表现力不仅在诗词方面如此,在哲学命题的阐释中同样常见。比如老子说:"知者不言,言者不知"(《老子》五十六章)"信言不美,美言不信"(《老子》八十一章)。这显然已不简单是回文格的妙用,更是以这种方式强化了其哲理的张力。

汉语利用语词单位单音节的特点,以单音词构成单音步,以双音词构成二音步,只需把单音词与双音词巧妙运用,使之错综变化,就自然造成汉语的节律。所以汉语言讲究节奏与音调,富有音乐美。中国古典诗歌同样把汉语言的这一特点表现得十分充分。汉语诗歌句子整齐,因为汉语的音节和字一致,以"字"为单位,每一句诗中包含同样数目的字,就显得声音和谐、形式整齐。这种诗句长短整齐的要求,到后来便形成了某些体裁固定的规矩:格律。也就是说,格律的出现恰是为了增强诗歌的音乐性:在节奏上要求讲究句尾的押韵;在音调上讲究平仄相济,以增强语言的抑扬顿挫。正是这一讲究,赋予了诗歌优美、和谐、流畅的美感效果。

修辞是使用语言的过程中,利用多种语言手段收到尽可能好的表达效果的一种语言活动。汉语修辞格的特点也与汉民族的语言文字密切相关。汉语的语素以单音节为主,词以单音节和双音节为主;而汉语是非形态语言,没有词形变化的约束。于是,这两个特点在汉语修辞中便得到充分运用与突出表现的就是对偶。

汉语语言单位组合灵便,汉语一字一音节,一字一块,整齐相对,因此汉语非常容易组合成音节数目相同而结构上平行的语句。我们几乎可以说,汉语和汉字从它产生开始就为由短到长的对偶提供了极合适的条件。在世界诸多语言文字中,这种独特性质是其他语言所不具有的。而且,汉语是有声调的语言,很容易押韵。大量运用整齐押韵的语言结构是汉语修辞的特色之一。从古至今无论口头上还是书面上,无不大量使用这种对偶的形式。概括地说,构成对偶的语言手段有三:一是音节相对。相对的两句,音节总数相等;相对的词,音节也相同。二是语法结构相对。相对的两句,语法构造相同或相近;相对的词,词性相同或相近。三是声调相对。相对的两句,平仄相对。可见,对偶句充分反映了汉语的文化特点,整齐对称而又抑扬和谐,给人以语言文字美与音调美的享受。

对偶在诗歌中叫对仗,它是古代律诗格律的重要支柱。比如杜甫七律《登高》中的四句，就是形式优美、内涵丰富的对仗句："无边落木萧萧下，不尽长江滚滚来；万里悲秋常作客，百年多病独登台。"颔联出句的"无边""落木""萧萧""下"与对句的"不尽""长江""滚滚""来"两两相对，词性和结构形式完全相同；颈联出句的"万里""悲秋""常""作客"与对句的"百年""多病""独""登台"相对应，极为工整。除诗歌之外，日常生活中被广泛使用的对联也是这种修辞方法的独特运用。毛泽东在文章中曾引过这样一副对联："墙上芦苇，头重脚轻根底浅；山间竹笋，嘴尖皮厚腹中空。"①这副对联上下两联词语相对，音节、词性相同；上下联句式亦相同，都是主谓谓语句；上下联平仄也是相对的。对联可以说是律诗的颔联或颈联的扩大、缩小和灵活应用。对联发展到今天已成为集诗、书、印、装为一体的汉字文化特有的综合艺术品，是彰显和驾驭汉语汉字能力的广袤无垠之地。对偶在散文中也被广泛应用。魏晋南北朝时期甚至产生了一种全篇整齐、对偶押韵的文体——骈体文。在生活和实际工作中大量使用整齐、对偶、押韵的语言形式以达到特定的表意目的，是汉字所提供的一种独特的实用性修辞手段，为别种语言所少见。它可谓把汉字特有的工整与对仗之美表现得淋漓尽致。

> 云南昆明滇池大观楼有一长联，被誉为"古今天下第一联"。为清朝孙髯翁所作，共一百八十个字。上下联对仗工整，表意丰盈，充分体现出汉语之美。上联："五百里滇池，奔来眼底，披襟岸帻，喜茫茫，空阔无边！看东骧神骏，西翥灵仪，北走蜿蜒，南翔缟素，高人韵士，何妨选胜登临。趁蟹屿螺洲，梳裹就风鬟雾鬓，更苹天苇地，点缀些翠羽丹霞。莫辜负，四围香稻，万顷晴沙，九夏芙蓉，三春杨柳。"下联："数千年往事，注到心头，把酒凌虚，叹滚滚，英雄谁在！想汉习楼船，唐标铁柱，宋挥玉斧，元跨革囊，伟烈丰功，费尽移山心力。珠帘画栋，卷不及暮雨朝云，便断碣残碑，都付与苍烟落照。只赢得，几杵疏钟，半江渔火，两行秋雁，一枕清霜。"

汉语的词也有较发达的重叠形式。叠字连续而集中地使用就成为修辞的特殊方法：复叠。比如李清照晚期代表作《声声慢》的开头，连叠七字，历来为世人所赞叹："寻寻觅觅，冷冷清清，凄凄惨惨戚戚"。这一连七组叠字，把一个长于贵族之家，后经战乱丧夫，如今过着"飘零遂与流人伍"(《上枢密韩侂胄诗·

---

① 毛泽东：《改造我们的学习》，载《毛泽东选集》(第三卷)，人民出版社1991年版，第800页。

其二》)的悲秋心境,形象而深刻地表现出来。此词开篇作者便一反常态地用叠字加强了语义,再加之词本就用于吟唱,故开篇声音的重叠又加强了语言的音乐美和抒情效果。由此,这七组叠词朗读起来,便有一种大珠小珠落玉盘的感觉,韵味无穷。

此外,与汉语汉字密切相关的还有顶真、拆字等极富民族特色的修辞方式。可见,汉语修辞格所具有的这些其他国家或民族语言不具备的鲜明特性,正是汉民族语言文字民族性集中而富有美学色彩的表现。

4. 追求神韵的美学风格

在世界上汉字是唯一的既能记录语言又能作为审美艺术品以供人欣赏的文字。众所周知,中国书法自古以来与画并论。可见,中国的文字除实用性之外又具艺术性,具有极高的审美价值。而这也恰是由汉字的基本构形所决定的。

汉字的结构形式是独特的,与拼音文字有着明显的区别。拼音文字是线性的,字的结构成分像线似的依次分布并向一个方向展开,呈一维的直线;汉字的整体构形则是呈二维的平面,一个字仿佛就是一个画面,字的结构成分匀称地被分布在平面里。虽然它各个构件不仅可以左右组拼成字,也可以上下组拼成字,但无论怎样组拼与搭配,它总是一字一块,不越雷池。也就是说,在汉字结构中一个字不论有几个部件,都要均衡而巧妙、规整而不突兀地组合在方块里,不能越格。这就意味着,汉字的结构美原则就是让多种笔画、多种结构成分、多种组合方式在一个方块中协调、配合,以达到稳定、和谐而又灵活、美观。汉字结构本身讲究内部平衡,而且任何汉字不管怎样安排布局,调整比例和结构部位,都要合理地分布在方形的框架内,而字与字之间又需错落有致,均匀地留有间隔空隙。正是遵循着这样一个布局的审美规律,汉字书法才因此成为一种艺术。

重要的还在于,汉字的结构原则、偏旁组织从古至今都潜藏或隐含着形象的因素,因而汉字才有可能写得形象而富有魅力。中国字在起始的时候是象形的,这种形象化的意境在后来漫长的历史流变中仍然潜存着、暗示着。虽然文字发展到后期越来越抽象化、符号化,但在字的笔画里、结构里、章法里都保留着这种形象化的意境。于是,从古至今的中国的书法家们发展了这种审美意境,从而使书法成为世界上极富民族特色的艺术。"这种文字因其复杂性及象形特征,比字母具有更多的美学价值。在东亚,书法是艺术的一大门类,也是所有形象艺术之母，因为毛笔除了作为写字工具外，也是绘画的工具。"①正是缘于此，中国的汉字不像其他民族的文字那样停留在作为符号的阶段，而是走上艺术美的发展道路，成为表达民族美感的一种重要工具。比如唐人的一首绝句或宋人的一阕词章若用优美的书法写出来，不但可使我们领略诗情，也能同时如睹画境。这种审美化显然是汉字所特有的。

特别值得指出的是，汉语的为文造句从来强调一种主体意识贯通其中，故汉语之法就如清人沈德潜所说是"以意运法"的"活法"，而非"以意从法"的"死法"（《说诗晬语》）。故汉语的文辞观从来强调"文以意为主""意在笔先""以神统形""得意忘言"。汉语言的这一文辞观充分体现了中国古典美学对神韵的追求。中国的文字书法可谓把这一美学观发扬到极致。事实上，汉字从它的起源之始就体现了对神似的追求。比如甲骨文中"鹿"的字形，是用不多的几条线勾画出鹿的整体侧视形，但其中鹿的树杈似的犄角很醒目；而"马"和"象"的字形，则突出马的鬃毛形、象的长鼻形。可以说汉字走向符号化的过程就是一个不断追求特征化、神似的过程。写字在古代称作"书"："书者，如也。"（刘熙载：《书概》）这也就是说"书"的本意是"如"，写出来的字要如我们心中对于物象的把握和理解。古往今来的书法家们正是通过抽象的点、线等笔画，使我们从情感和想象里体会到物象本来的形体和生命。于是，这种"因情生文，因文见情"（张怀瓘：《文字论》）的字就成为富有神韵，生气勃勃地表现生命、反映生活的艺术。以汉字为呈现对象的书法正是由此而成为审美化的活动，它折射的是中国人的特有审美旨趣与对意境美的独特追求。

三、中华语言文字的优秀人文价值

语言和文化的关系是一种互相关联、彼此制约的关系。文化能够影响语言的结构和内涵，故语言差异很重要的缘由是文化的差异。但另一方面，语言又能反过来影响文化的发展。语言的文化功能或者说语言的人文性具体表现为：语言文字是最重要的文化载体，文化传统通过它才得到传承、变革和发展，语言作为文化的一部分，是人与世界联系的根本纽带。当人们掌握自己的母语时，也就同时接受了它所包含的文化意义和价值意义。在这个意义上可以

---

① 费正清：《中国：传统与变迁》，张沛等译，世界知识出版社 2002 年版，第 28 页。

说,语言构成人的最重要的文化环境,成为我们感知、体认和理解世界的重要形式。也因此,我们学习和了解中国语言文字传统,就是学习和了解中华民族优秀文化传统的一个重要途径。

1. 汉语言文字中的古代文化镜像

从语言文化学的角度分析,任何一个国家和民族的语言文字总是广泛渗透到文化的各个领域的,它是使各个文化领域得以统一于一个文化总体的基础和根本。人类不可能脱离自己的语言世界而进入一个非语言的世界,人类必须在语言许可和规范的范围内思想和行动。语言的这种规范不仅是语法和逻辑的规范,而且更是文化和传统的规范。语言直接塑造人的文化心理。不同语言或不同时代的语言反映不同的社会和文化。正是从这个意义上我们说,语言是民族文化的载体和结晶,是民族文化最典型的表现形式。一个民族的文化心理结构深藏在民族语言之中。中国汉语言文字独特的表意性更是直接体现着民族历史文化的丰富蕴涵。

众所周知,中华文明与文化源远流长,其中卷帙浩繁的古代典籍固然很好地记载与还原了古代极其丰富多样的历史文化信息。然而即便从《尚书》①算起,可追溯的历史也依然是有限的。但我们借助古文字的考辨与解读,却可以探究到更遥远时代先人们的诸多历史文化信息。这是因为汉字的历史远比古文献的历史要久远。比如历史学家从甲骨文的"田"字既表意田猎,也表意田耕这一古文字信息中,即可推论出在殷商的农耕文明之前一定存在一个狩猎文明的阶段。语言学家张世禄曾从另一个思路证明了这一文明阶段的存在:"凡禽兽字义,多借以言人事。如笃,本训马行顿迟,而以为人之笃实。特,本为牛父,而以为人之奇特。群,本为羊群,而以为人群。哭,本为犬嗥,而以为人哭。"②这段让读者饶有兴趣且心领神会的考证文字,传递出的正是汉语言文字所特有的文化功能。难怪有学者要如此赞叹说:"汉字是一座恢宏的历史博物馆。它不仅是历史文献记载的工具,而且它本身为我们提供了大大早于历史文献的远古历史文化信息。"③

不仅如此。汉语言文字和古代文化的依存关系也可从词汇的变迁中看得

---

① 古汉语中"尚"即"上",《尚书》意即上古的书,它是中国上古历史文献和部分追述古代事迹著作的汇编,是迄今为止发现的我国最早的一部历史文献汇编。

② 张世禄:文字上之古代社会观,载《张世禄语言学论文集》,学林出版社 1984 年版,第 2 页。

③ 申小龙:《汉语与中国文化》,复旦大学出版社 2008 年版,第 419 页。

很清晰明了。比如中国古代社会在畜牧时代,汉族人对六畜的鉴别和划分就很细。在古汉语中对性别、年龄、品性、肤色不同的马就有不同的称呼:"骘"(公马),"骆"(母马),"驹"(两岁马),"骥"(千里马),"驽"(低劣马),"骊"(纯黑马),"骍"(红黄色的马)等等。可见,具有独特的表意性的汉字体系是我们了解我们民族先人生活习惯、思维模式、文化模式的一把钥匙。又比如,"贝"字,其指向的物体在我国古代曾一度用作货币。于是,汉语中拥有大量以"贝"作偏旁的词汇便凸显出古人的经济行为。买卖用贝,有购、贸、贩;借贷用贝,有贷、贳、货、赊、责;纳税用贝,有贡、赋、赍;赏赐用贝,有赉、赐、赏、赣;抵押用贝,有质、贽;赎罪用贝,有赀、赎;送礼用贝,有赞、赠、贺、赂等。透过这组字,我们眼前仿佛再现了先人的经济生活、送礼习俗,而且对"贝"这一货币广泛的渗透性本质也有了深切的认知与体悟。

语言学家兹维金采夫说过:"当一种'模式'的文化制度被另一种文化制度所取代时,相应的词汇也往往会跟着变化或消失。"[1]也就是说,语词的变化与社会的变迁是密切相关的,了解语词的变化,可以帮助我们了解社会历史的发生与发展过程。语言文字作为社会生活与社会发展的一面镜子,可以对人类社会及其发展的研究提供真实而深刻的"镜像"。正是由此,我们说,汉字是汉民族思维、宗教、哲学、习俗的镜像;词义、造词心理、借字、地名、姓氏别号、亲属称谓是汉民族社会风貌的镜像;方言的地理分布是汉民族移民史的镜像等。由此,研究汉语言对于研究汉民族的历史和文化具有十分珍贵的价值。

于是,我们可以从语词的语源和演变看过去文化的遗迹,从古汉字看先民的意识特征,从造词心理看民族的文化程度,从借字看文化的接触,从地名看民族迁徙的踪迹,从姓氏和别号看民族的来源和宗教信仰,从亲属称谓看婚姻制度,甚至从语法结构看民族文化心理结构,从汉语言史看汉民族文化交融史等。比如我国汉语方言众多,而汉语方言地理格局的形成便与中国文化的固有特点关系很大。我国自秦代开始实行地方行政管理的郡县制度,其历史之悠久、区划之严密、管理之有效,为世所罕见。在自给自足的农业经济时代,人们的日常生活大可不必超出本府之外,由此中国人乡土和宗族观念很强,因而在历史上政区界限相对稳定的地区方言往往具有强烈的一致性。由此可见,方言对研究历史上行政区划的沿革对各地政治、经济、文化的影响来说就很有参考价值。

---

① 兹维金采夫:《普通语言学纲要》,伍铁平等译,商务印书馆1981年版,第281页。

2. 汉语言文字中的人本主义情怀

就中国古代汉语言文字自身的文化特质而论,它的一个非常鲜明的特色就是在自己产生和发展的历程中逐渐形成了浓厚的人本主义情怀。

汉语言文字的这种人本主义情怀从仓颉造字的传说中就可见一斑。《淮南子》中说:"昔者仓颉作书而天雨粟,鬼夜哭。"可见,文字的发明在古人看来是一件了不起的大事,这一伟大创造足以使鬼神哭泣。这也就是说,在古人的观念中文字自它诞生之日起就具有神圣性。为此,古代先人们曾把语言文字当作神物予以崇拜,既用它来祝福,也用它来诅咒。古人甚至相信一个人的名字跟人身祸福相连,因此起名字要避讳,要讲吉利。小孩不懂避讳,因而要在堂屋里贴一张纸条"童言无忌"。有字的纸也不能乱扔,要放在有"敬惜字纸"标签的容器里,积聚起来烧掉。所有这些都表明古人对于文字的礼敬心态。这种礼敬不是指向虚无缥缈的所谓神灵,而是指向人们自己创造物——文字。可见,这本质上是人们对自身创造力的首肯和赞美,它彰显出的是人能够摹写与认知外部世界的那份自信。这当然是一种超越了神本主义的人本主义立场呈现。

也正因如此,我们的古人没有让神居文字创制之功,而是由仓颉这样一位史官来完成文字的创制。汉字在它后来的发展、丰富中都是按照人的观察、需要而形成的。汉字造字近取诸身,远比诸物。从人自身身体取材,从人接触到、体验到的自然形体、动物、植物取材,从人使用的工具包括生活器具和武器取材。这就成为汉字形旁的主要来源。汉字中用人和人的肢体或器官充作表示意义、形旁的字数很多。比如《说文解字》中仅用"止"(人的足)字形旁直接或间接构成的字,就达 400 余个。

有"一代国学宗师"之誉的姜亮夫先生对古文字曾有这样的评论:"整个汉字的精神,是从人(更确切一点说,是人的身体全部)出发的。一切物质的存在,是从人的眼所见、耳所闻、手所触、鼻所嗅、舌所尝出的(而尤以'见'为重要)……总之,它是从人看事物,从人的官能看事物。"[①]有学者曾经把汉字的这一文化特性概括为人体本位精神:"在汉字结构中,是以人为感觉万物的基础,即一切物质的存在,都是由人去感受的;或者说,人是物质世界的中心,是万物的主体成分。这样,就以人的整体部位如人(亻)、身,分体部位如头(页、首)、面、目、鼻(自)、耳、眉、手(扌)、足、牙、齿、心(忄)、骨、肉(月)等以及人的

---

① 姜亮夫:《古文字学》,浙江人民出版社 1984 年版,第 69 页。

动作如言、走等构成无数字。"①不仅如此，这一人为本位的立场还体现在汉字即使要描述动物的行为，也由人的某一部位去替代。比如牛羊的吃草之"吃"，并不专门造字而以人的"口"来描述。同样的道理，狼嚎虎啸，也由人的"口"字去摹写。汉语语言文字中这一充分体现了"人是万物尺度"的人本主义精神，显得异常可贵与深刻。

　　汉语语言的人本主义情怀典型地体现在"人"字中。"人"字最早见于甲骨文，它被写作"𠃊"。这一字形突出了人的足部，反映了一个侧立的人形。这个"人"字尽管笔画简单，但却反映出古人对人的存在的观察是准确和细致的，同时也充分显示出古人自我认识的能力，他们已经认识到人和其他动物在形体方面的主要区别是四肢。更难能可贵的是，我们通过"人"字可深切地感受到了远古先民意识中浓郁的人本主义精神。《说文解字》云："人，天地之性最贵者也。"这意思是说在世界上，尽管同时存在着禽兽草木等生物，但是人却是其中最尊贵的。这与欧洲文艺复兴时代莎士比亚借哈姆莱特之口对人类的讴歌"宇宙之精华，万物之灵长"②可谓异曲同工。但值得指出的是，欧洲人通过文艺复兴奠定了人的主体地位，而我们汉民族却在它的文明伊始——文字诞生之初就确立了人在万物中至高无上的地位。除"人"字外，"大"字也是一个反映人体全貌的字，它所反映的是人体的正面。《说文解字》云："大，天大，地大，人亦大，故大象人形。"清代的文字学家段玉裁解释说："大文则首、手、足皆具，而可以参天地。"这里的"参天地"指人可以上顶天，下踩地，故天地虽然很大，但人也大。这就正如《老子》所言："道大，天大，地大，人亦大。"(《老子》第二十五章)正因为"人亦大"，所以古人才用人的正面站立之形表示"大"这一概念。这同样彰显了汉语语言中的人本主义情怀。

　　而"仁"字则反映了古人对人的本性的认识。"仁"字从人从二，可见它是针对群际关系而言的。《礼记》《孟子》《春秋繁露》上均说："仁者，人也"，而《释名》《广雅》上则说："人，仁也。"这种人与仁互释现象充分表明，我们的先人深刻地认识到人与人之间构建起亲密的伦理群际关系是人的本性。人与仁同音同源表明，正是在这个意义上古人才将人视为天地间最尊贵最有灵性的动物。也正是在这个意义上，呈谦逊侧立的人形才会成为"人"的代符。这样，就从人的内在本性到外在的行为规范之间的必然关系中建构起了"仁"道为核心的道

---

① 程裕祯：《中国文化要略》(第 3 版)，外语教学与研究出版社 2011 年版，第 77 页。
② 莎士比亚：《哈姆雷特》，朱生豪译，四川人民出版社 2021 年版，第 35 页。

德框架,体现了中国古代旨在建构和谐、和顺、和睦的群际关系的伦理情怀与民族精神。也许正是从这一论域而言,德国语言学家洪堡特断言:"我们从每一种语言都可以推知与它相关联的民族性。"①以象形会意为特质的汉语语言尤其呈现出这一民族性特征。

　　"仁者,二人"的文字建构中内蕴的这一人我合一之道,以无可辩驳的事实证明了中国古代从文字产生的那一刻起,就自觉意识到超越利己主义天性(动物性)与培植起利他主义德性对于成为人的充分必要性。否则,人就无法成为人。这一中华优秀文化传统在当今世界的继承与弘扬,对于我们厘清西方文化中所谓的"人对人像狼"(霍布斯语)"他人即地狱"(萨特语)"自私的基因"(道金斯语)的迷障,构建起人与人、国与国、民族与民族的和谐共同体无疑具有清明的价值观指引。

　　正如著名的中国哲学史家冯契先生指出的那样:"中国传统哲学从一开始就面向'人道',把伦理道德作为哲学思考的重点。"②正是由此,中国古代文化被认为是属于以求善为目的的伦理型文化。如果追根溯源,那么我们可以认为这一伦理性的文化传统,在汉字起源之际就已经被初步奠定了。比如"善"与"群"这两个汉字就从一个侧面印证了这一独特的文化形态起源于远古时代。"善"字由羊的叫声取意。羊声和悦,不像其他动物之声那么恐怖;羊又是好群居且和善相处的动物,因而羊被古人视为有仁有义的动物。正是有缘于此,"羊"与"祥"同声又同义,羊言之和悦就类比仁人之善言。"群"字从羊,君声,君又兼表意义,意为作为人伦之英杰的君子应该像羊那样相处和睦。由羊、羊声、羊群到人群,到合乎仁、善礼仪的群体,汉语在这字里行间蕴含着极为丰盈的人本主义情怀。

　　肯定人的价值,以人为中心,肯定现实生活,主张幸福在人间,是近代西方文艺复兴时代人文主义思想的出发点。但这种人文性在我国古代的汉语言文字中就已经凸现得十分明显。我们不仅可以从语词的起源、语义的分析中看到这一人文性,而且可以从汉语基本语词单位的灵活性、能动性,汉语句子组

---

　　① 洪堡特:《论人类语言结构的差异及其对人类精神发展的影响》,姚小平译,商务印书馆1997年版,第201页。
　　② 冯契:《中国传统伦理思想史》序,载朱贻庭主编:《中国传统伦理思想史》,华东师范大学出版社1989年版,第2页。

织结构的弹性，以意役法的文辞观等语言分析所用的概念、范畴中，感受到这一人文性。用西方形式主义的语言分析眼光来看，汉语的语境里几乎只有"人"而没有"物"。这也就意味着，当西方民族汲汲于向外探索，以征服世界、占有更多的外物为获得自由的途径时，中国人则向内探求，以认识自身、完善自身为实现自由的旨归。这种内向型文化所显示出的独特的人文主义立场往往是西方的科学主义传统眼光很难理解，也很难企及的。重要的还在于，正如英国人类学家马林诺夫斯基说的那样："文化即在满足人类的需要当中，创造了新的需要。这恐怕就是文化最大的创造力与人类进步的关键。"①事实上，中华古老的汉字文化正是以这样一个方式，在数千年"以文化人"的漫长历史演进中，不断锻造了中华民族特有且源远流长的人文主义情怀。

　　3. 汉语言文字中呈现的传统思维方式

　　语言形式同思维形式紧密联系，直接体现了一个民族的思维习惯。正是由此，我们可以从汉族人的思维特点入手去认识汉语言文字的特征，也可以从汉语言文字入手看中华民族思维形式的特点，以更好地审视其中的特质，从而通过扬长避短的努力促使民族思维能力得以提升。

　　中华民族思维的整体性、辩证性、具象性在汉语言文字的组织形式中都有深刻的表现。同西方民族从古希腊开始就注重形式逻辑、抽象思维相反，中国人从远古以来，在特殊的地理环境和经济生活方式的氛围中，养成了整体观照世界的方式。而且在古代哲人们看来，对于整体不能用概念分析，也不能用语言表述，只能靠直观去把握。由此之故，直观成为我们民族传统思维方式的一个重要特征。这一特征也影响到汉字的形义关系。古人在造汉字的"形"之前，往往先凭借直接的观察来把握事物。比如人们通过对于"日"在丛林或草莽中呈现的傍晚景象的直观画面来把握"暮"这一时间。同理，通过对于下弦月时日方出月尚可见这样直观的清晨景象来把握"朝"这一时间。这样一个形成文字时通过对于该事物的感性形象的特征性描绘来造字的现象，充分体现了我们民族思维的鲜明特色。

　　　　季羡林先生曾经这样比较过中西语言文字的差异性："西方印欧语系的语言，特别是那一类最古老的如吠陀语和梵文等等，形态变化异常复杂，只看一个词儿就能判定它的含义。汉语没有形态变化，只

---

　　①　马林诺夫斯基：《文化论》，费孝通译，华夏出版社 2002 年版，第 100 页。

看单独一个词儿,你不敢判定它的含义。必须把它放在一个词组中或句子中,它的含义才能判定,使习惯了这种语言的中国人,特别是汉族,在潜意识里就习惯于普遍联系,习惯于整体观念。"①事实上,汉语语言的这一优秀特质反映的是客观世界的真实样态,但显而易见的是它反过来对中华民族整体性、辩证性与复杂性思维的陶冶、熏陶与生成可谓功莫大焉。

在识别汉字时,人们又通过字形的直观来把握其意义,把握文字书写的词所指向的事物。由此,汉字的一个优点是"视而可识,察可见意",而不必像其他民族的音素文字那样须由文字到读音再到意义。汉字体现出的直观思维方式的好处是具有意象性特征,它可以让人通过具体形象来表现抽象的意义,由象表意,由象知意,由象索义。

尤其值得一提的是,中华民族注重整体性的思维方式,善于把握统一物的两个对立方面,具有极强的辩证性,这使得汉语的语言思维方式特别注意对偶对仗性的呈现。这种独特的思维方式在汉语修辞中表现得尤为明显。无论诗、词、曲、赋,还是各体散文、话本小说、章回小说等,都经常使用对偶对仗这一修辞手段。人们认为成双成对的事物是美好的。比如天地为一对、日月为一对、雌雄为一对、夫妻为一对等等,以老子的话说就是:"万物负阴而抱阳。"(《老子》四十二章)事实上,古人很早就发现正是阴阳的对立统一,构成万物的最基本特征。汉语言文字作为对万物的摹写自然必须反映这一万物的基本特征。由此,汉字便合乎逻辑地呈现出追求对偶性的特征,即一个汉字多由两个字符构成。占汉字主体的形声字,形旁和声旁就犹如阴阳对立构成字的整体。汉语中颇具特色的数量可观的成语一般用四字也主要因为对偶这一结构安排的需要。因为这种相互对称可以构成平衡美。可见,正是在这一语言的辩证思维影响下我们古人产生以对称、平衡为美的审美观念。也因此,汉字无论篆书、楷书,还是隶书,其字体的结构形式都讲究内部平衡,要求写得整齐、匀称。

当然,在看到汉字中呈现的中华民族思维方式优点的同时,我们也要看到不足之处。比如中国人尊祖宗、崇圣人的传统思维惯于把文化的起源同祖宗、圣人联系起来,由此汉字的历史、汉字本身及创造汉字之人都受到顶礼膜拜。传统思维这种缺乏超越性、非批判性的特征,使我们对汉字敬若神明,几乎不对汉字产生怀疑,更不进行否定和批判。正是这个缘故,汉字在几千年的发展

---

① 季羡林、汤一介主编:《神州文化集成丛书》,新华出版社1991年版,序言。

中几乎没有发生过根本性的变革，只有在不改变汉字根本性质的前提下，为了更便于使用而进行的某些改良。汉字寿命之长久，除汉字与汉语的高度适应性外，显然也受益于传统思维方式的制约。事实上，正如"易为不易"的道理阐明的那样，唯有"变易"本身是不变的。汉语言文字本身无疑需要在变易中与时俱进。

在汉字与时俱进的发展历程中，简体字的推出显得特别有划时代意义。由于汉字的形体太繁，学识不易，自清末以来便有学者提出诸如简笔之类的改革方案。新中国成立之后，国家成立了专门机构——中国文字改革委员会以研究与推进汉字改革。其中最重要的成果是汉字简化方案与汉语拼音方案的推出。这显然是对汉字传统进行的重大变革。它不仅有利于人民群众识记效率的提高，而且也使汉字与计算机技术的结合变得更为便捷。近年来随着传统文化热的兴起，海内外出现了一些"恢复繁体字"的呼声。但更多的学者倾向于认可汉字简化改革的成就，认为重回繁体字有违汉字发展规律。的确，从汉字发展的历程看，它经历了一个由简到繁，又由繁到简的过程。由简到繁是因为汉字不够用，出现了言不尽意的现象，于是有了添加部首与增加笔画的办法增加数量；由繁到简是因为这些象形会意的字有些实在是笔画繁多，不仅学识不易而且使用也费时费力，于是有了简体汉字的推出。

毋庸讳言的是，汉字改革中有一个问题值得特别地予以讨论：汉字究竟要不要拼音化。这一问题是近代西学东渐并成气候的历史背景下凸显出来的。一些在中西之争中主张西化的学者认为汉字也应该像西方文字那样拼音化。钱玄同甚至具体勾画出拼音化的两个步骤：第一步是采用注音字母，第二步是采用罗马字母。有人还设计出了《国语罗马字拼音法式》。当然，救亡图存是当时中国最紧迫的任务，因此汉字的这一改革并未付诸实施。新中国成立后，汉字拼音化的主张再度被提出来。而且，由于计算机的日益普及，在输入法中汉字比之于西方的文字貌似有巨大的缺憾，又仿佛更给汉字拼音化以理由。但正如我们看到的那样，这一拼音化的改革并没有真正实施。其中原因固然很多，一个最重要的缘由被认为是它颠覆了汉字本身承载的中华传统文化立场。汉字当然要创新，但创新一定是基于守正的立场之上的。象形会意的方块汉字，会意重于发音的汉字，可以内蕴诸如书法之美的汉字，它是中华语言文字的特质，这个无疑是必须守正的基本立场。

事实上，要把独具中华文化特色的方块汉字改造成拼音文字，不仅颠覆了传统文化的守正立场，而且从实践上看，它对中华文明与文化的大一统格局也将产生不利乃至破坏性的影响。正如有学者指出的那样:"汉字对中国数千年的国家统一和民族融合有着不可替代的作用。试想,中国各地的方言语言差别很大,如果中国文字像西方一样采用拼音系统,就会形成许多不同的语言表达系统,那么中国这块土地就会与四分五裂的欧洲版图差不多。"①这一点,习惯于拼音文字的国外学者也不得不承认:"从商代起中国文字就成为一种文化凝聚力,使交流得以跨越时间与地域的分隔。"②的确,中国的汉字与汉语文化传统从诞生起至今几千年的一脉相承,使得不同的方言之间有了一个同样的表达形式。这对中华文明史的影响无疑是积极而深远的。

不仅如此,从整个东亚文明与文化的交流与传播看,汉字也不宜走拼音化的所谓创新道路。这一点连汉学家们都有清醒的认知与判断。费正清就说过:"对汉字的热爱与尊崇成为连接东亚各国的坚固纽带。直到一个世纪之前,朝鲜、越南和日本的大部分书面材料都使用汉语文言而非本民族文字,甚至今天中日韩三国知识分子犹能认得对方书面材料中的好几千字,尽管这些字的读音并不一致。如果中国当年采用的是拼音文字,那么东亚恐怕就不会像今天这样成为世界文明中的一个独特集团了。"③

在审视汉字对中华传统思维产生巨大的反作用方面,也有一些负面的影响不容忽视。众所周知,汉字不仅表音,而且以形表义,这种文字为形象思维提供了方便的路径,使得中国人长于形象思维。由于汉字的特性,使得古人常常"望文生义""识字读半边"。这样做的结果,使得中国人的思维方式更具模糊性。与此同时汉字兼表音、义,体现了一种综合性的造字法。这样的文字特性反作用于我们先人的思维方式,使得我们更长于综合。此外,汉语精于表义疏于表音,因此不像拼音文字那样容易随语言的发展而变化自身。比如汉语的书面语就很难吸收口语的新成分,方言更是很难进入书面语,在引进外来语方面,汉字也有它颇多的封闭性。可见,我们必须承认汉字同西方的拼音文字比又有着缺乏灵活性、适应性和开放性的局限。事实上,这一点对中国传统思维方式也产生了反作用,故古代中国讲"正统""文统""道统""家法""师法"。在中国古代除了先秦的百家争鸣外,儒家学说几千年一直占据思想界的统治

---

① 程裕祯:《中国文化要略》(第 3 版),外语教学与研究出版社 2011 年版,第 78-79 页。
② 杜朴、文以诚:《中国艺术与文化》,张欣译,湖南美术出版社 2020 年版,第 27 页。
③ 费正清:《中国:传统与变迁》,张沛等译,世界知识出版社 2002 年版,第 29-30 页。

地位，对新思想、新观念、新词汇持否定、排斥态度。这种稳定的、缺乏灵活性和开放性的思维方式与汉字无疑也具有通约性。这一点显然又是我们要对其进行扬弃与超越的。

但这里同样有一个守正与创新的关系问题要谨慎地处理好。人民网舆情监测室在发布《网络低俗语言调查报告》时，曾经指出过一个亟须引起重视的语言现象："一些生活中的污言秽语经由网络变形而广泛传播，输入法造词产生的象形创造、英文词汇的中文化、方言发音的中文化也产生了不少秽语新词，另一方面，网民自我矮化、自我丑化的一些词汇也在网络间疯狂生长。"其中，"尼玛""你妹""碧池""小婊砸""滚粗""屌丝"等的使用尤为普遍。而且，这些不雅用语远不止流传于网络，诸多网民在现实的交流中一样"出口成脏"。这无疑是对汉语语言历来主张典雅、优美传统的不恰当颠覆。也许我们回不去"不学诗，无以言"（《论语·季氏》）的古代，但作为现代人的我们依然需要对汉语言文字的典雅、优美的文化传统心存敬畏。因为从本质上讲，这正是对道的一种敬畏。

"志以道宁，言以道接。"（《尚书·周书·旅獒》）汉语言文字形成的过程，也是我国古代先民思维方式形成的过程，还是我们中华传统文化基本特质形成的过程，更是我们独特民族精神和特有民族性情的生成过程。在中国传统文化的发展变化中，甚至在维护大一统的中华民族国家的历史进程中，汉语言文字起到了不可替代的规范与影响作用。正是由于汉语言文字与中国传统文化有着这样密不可分的关系，学习和弘扬中国古代的优秀语言文字传统，也是我们学习和弘扬中华优秀传统文化的题中应有之义。

第3章

文以载道：中华优秀传统文化中的文学传统

[题记] 与西方文学偏重把文学理解为个人的抒情方式不同，中国古代文学有着文以载道的悠久传承。正是这个传统的制约与熏陶，文学在古代中国被赋予了更多伦理道义之属性，而非感性的娱悦特性。中华文学的这一优秀传统无疑为立德树人提供了独特的审美路径。

古代文学是中华传统文化最重要的载体之一。自先秦儒家把"诗教"视为最主要的政治教化手段以来，文学创作一直以其"文以载道"①的社会功效而被历代统治者所倡导。正因为如此，中国古代文学才在长达几千年的发展历程中，不断产生出一代有一代之所胜的文人骚客，以及琳琅满目反映不同时代内容的文学表现形式，在诗歌、散文、辞赋、小说、戏曲等方面积累了极为丰厚的、令世界为之瞩目的文化遗产。而且，正是在这些优秀文学作品潜移默化的影响下，中华民族形成了自己独特的民族性情与审美旨趣。

---

① 文以载道中的"载"，即承载；"道"，即道义。此语出自宋代理学家周敦颐："文所以载道也。轮辕饰而人弗庸，徒饰也，况虚车乎。"（《通书·文辞》）事实上，先秦的荀子在其《子道》篇里就有类似的思想，后来的刘勰在《文心雕龙》的原道篇中也持相同的观点。唐代韩愈及其弟子在倡导古文运动时更是明确地提出了"文者，贯道之器也"（李汉：《昌黎先生集序》）的主张。可见，文以载道是中国古代文学一个源远流长的基本立场。

一、中国古代文学的历史演进

中国古代文学的源头已难详考,但我们从已出土的甲骨卜辞中即可读到颇有诗意的词句。从这一时期算起,中国古代文学也有 3600 多年绵延不绝的发展历程。在这漫长的、从未间断的发展历程中,中国古代文学不仅表现形式渐趋丰富多样,而且反映社会生活的深度和广度也不断跃入新的境界。我们在这里对这一既源远流长、灿烂多姿、高峰迭起,又始终自觉、自在、自由地践行文以载道使命的古代文学发展历程作一简单的概述。

1. 中国古代文学的奠基与发展

如果要溯源最早的远古形态的文学,那正如鲁迅推测的那样:"假如那时大家抬木头,都觉得吃力了,却想不到发表,其中有一个叫道'杭育杭育'。那么,这就是创作。大家也要佩服。应用的,这就等于出版;倘若用什么记号留存下来,这就是文学;他当然就是作家,也是文学家。"①这当然是一种合理的猜测。至于中国古代最早的文学源于何时,其原始样态如何,自然无法一一考证了。

先秦时期是中国古代文学的奠基时代,这是有足够文史资料可以佐证的。这一时期出现的《诗经》与《楚辞》,既是中国古代文学可考证的源头,也是中国文学创作手法上现实主义和浪漫主义的文学创作手法的开端。它对以后的中国文学产生了极为深远的影响。其中一个最显而易见的影响就如袁行霈先生描述的那样:"中国文学的长河,是以诗歌为主流的。"②

《诗经》作为我国古代第一部诗歌总集,收录了西周初期至春秋中叶的诗歌创作共 305 篇。从它所包含的内容来看,显然不是成于一人一时,而是经过无数人长期采编、整理而集成的。相传《诗经》最后由主张"不学《诗》,无以言"(《论语·季氏》)的孔子审订编辑而成。《诗经》共有《风》《雅》《颂》三部分。《风》采自各诸侯国不同地区的民谣,《雅》是宫廷乐歌,《颂》则分别为周王室及春秋前期鲁国、宋国用于宗庙祭祀的乐歌。《诗经》中的 300 多首诗从各个不同的角度反映了当时五六百年间古代社会广阔的生活画卷。

---

① 鲁迅:《门外文谈》,人民文学出版社 1974 年版,第 33 页。
② 袁行霈:《中国文学概论》,高等教育出版社 1990 年版,第 11 页。

　　著名学者李泽厚先生曾经探讨过《诗经》对中国古代美学的重要意义。他认为:"正是从《诗经》的这许多具体作品中,后人归纳出了所谓'赋、比、兴'的美学原则,影响达两千余年之久。"①的确,如果说"赋"是客观地描述场景,那么"比"与"兴"就是言尽意却无穷的主观审美感受了。我们很容易从"蒹葭苍苍,白露为霜;所谓伊人,在水一方"(《秦风·蒹葭》)或"昔我往矣,杨柳依依;今我来思,雨雪霏霏"(《小雅·采薇》)中感受到这一古典美学给予的意境之美。

　　《诗经》之后,中国古代诗歌在沉寂了 300 年左右的时间后终于出现了另一部里程碑式的作品——《楚辞》。如果说《诗经》是以写实手法反映丰富多样的社会生活的话,那么《楚辞》则是以浪漫主义的瑰丽想象抒发了作者的思想情感。《楚辞》的主要作者是伟大的爱国主义诗人屈原,后继者则有宋玉、贾谊等人。屈原的作品流传下来的大约有 20 余篇,其中以《离骚》《九章》《九歌》《天问》最为有名。屈原作品中的许多名言佳句比如"路曼曼其修远兮,吾将上下而求索""亦余心之所善兮,虽九死其犹未悔",对后世的文学创作乃至如何做人都产生了极为深远的影响。屈原虽身处列强纷争、战祸不息的年代,但仍志行高洁,在其诗作中执着地表现了对美好理想的向往和追求。屈原在其作品中所运用的浪漫主义的借喻、象征和神奇的想象力更是成为后世文学创作的典范。

　　在从《诗经》到《楚辞》的几百年发展期间,由于百家争鸣,诸子散文随着私人著述风气日盛也异彩迭放。诸子散文虽追求的是说理、叙事的实用功效,但其中的艺术性如比兴手法的大量运用,叠句排比的巧妙铺陈,使先秦诸子散文中出现了许多实用与美文糅合一体的经典之作。先秦散文早期以《论语》《墨子》为代表,主要采用语录体形式,其主要特点是说理简洁,语言洗练,行文自然明快。后期诸子散文以《孟子》《庄子》《荀子》《韩非子》等为代表,这些著作已不再采用语录体,而是在长篇巨制中从容展现作者的思想内容与艺术风格。其中,《孟子》中的文章气势充沛,富有鼓动力和说服力;《庄子》中的文章则恣意瑰丽,充满着神奇的想象和浪漫的情调,在先秦散文中独具个性风采;《荀子》中的文章则以议论见长,通过旁征博引来辩明事理;韩非子的文章不仅峻峭犀利而且善于运用诸如"自相矛盾""守株待兔"这样的寓言故事进行说理。这一切都标志着先秦散文创作已走向成熟。

---

① 李泽厚:《美的历程》,生活·读书·新知三联书店 2009 年版,第 58 页。

在先秦诸子散文中,《庄子》尤其引起后世文学史家的关注。其中一个重要缘由是因为诸子百家虽以儒道两家对汉以后的文化产生最大影响,"在社会政治、伦理方面,儒家思想是统摄一切的主流……而在社会文化的一些侧面(如文学艺术),道家中的庄子派思想有其特殊的作用和意义。"①正是由此,鲁迅于先秦诸文章中就尤其推崇道家:"然文辞之美富者,实惟道家。"②他具体论及《庄子》一书时说:"其文则汪深辟阖,仪态万方,晚周诸子之作,莫能先也。"③

除此之外,先秦的历史散文也达到了较高的成就。如果说早期的《尚书》《春秋》可视为历史散文之滥觞的话,那么,随着古人对历史认识的加深和写作技巧的提高,以《左传》《国语》和《战国策》为代表,历史散文的创作在这一时期已初步成型。

正是基于先秦时期在诗歌与散文方面的开创性成就,我们说先秦文学是我国古代文学史上光辉灿烂的第一页,它作为整个古代文学史的奠基时期为尔后的文学发展打下了坚实的基础。

如果说中国古代文学发展的先秦时期可称为以四言体的《诗经》、骚体的《楚辞》为代表的诗骚时期,那么自秦统一中国经汉代至唐中叶则可称之为诗赋时期,因为这一时期的主要文学成就是汉赋与唐诗。

公元前 221 年秦王嬴政统一中国,掀开了中国历史新的一页。但秦至秦二世而亡,其统治时间短促,再加上文化专制主义盛行,所以在文学方面几无建树。汉王朝建立后,尤其是汉武帝即位后采取了一系列相对宽松的文化政策,文学创作获得了生机,开始出现了一种新的文学形式:汉赋。汉赋介于诗与散文之间,是一种铺张激扬的用韵散文。奠定汉赋在汉代文坛主导地位的代表性作家是司马相如,其代表作是《子虚赋》《上林赋》。鲁迅曾经这样评论说:"武帝时文人,赋莫若司马相如,文莫若司马迁。"④司马相如之后的重要赋家则有扬雄、班固、张衡、蔡邕等人。在这些作家的作品又可分为西汉时歌功颂德、描写汉朝赫赫声威的大赋与东汉时以抒情比兴为主的小赋。值得指出的是,从歌功颂德的大赋到抒情小赋的转变,其文学价值无疑大大地提高了。因为大赋往往以铺叙颂扬为主,较少个性色彩,而小赋则多能反映个人的情感

---

① 张恒寿:《庄子新探》,湖北人民出版社 1983 年版,第 1 页。
② 鲁迅:《汉文学史纲要》,凤凰出版社 2009 年版,第 21 页。
③ 鲁迅:《汉文学史纲要》,凤凰出版社 2009 年版,第 21 页。
④ 鲁迅:《汉文学史纲要》,凤凰出版社 2009 年版,第 67 页。

和艺术风格,故其文学特征更为鲜明。

当然,除了赋以外汉代的散文也有新的成就。其中以司马迁的《史记》成就最高。美国历史学家斯塔夫里阿诺斯甚至认为:"汉时期在文学方面的卓越贡献主要表现在撰写历史上……这部历史著作就是《史记》。"①《史记》以洋洋52万余言记载了自传说中的黄帝至汉武帝间长达3000年的历史,开创了纪传体史书和传记文学的范例,被鲁迅先生称为"史家之绝唱,无韵之《离骚》"②。从文学欣赏的视阈而论,《史记》的确也堪称杰作。《史记》以"本纪""世家"和"列传"作为人物传记,描述了形形色色的历史人物,诸如帝王将相、策士游侠、诗人学者、市井百姓乃至鸡鸣狗盗之徒,无所不有。作者非常善于刻画人物,管仲、晏婴、信陵君、孟尝君、刘邦、项羽、张良、韩信、李广、荆轲等众多人物,一一个性鲜明,血肉丰满。《史记》还以富于矛盾冲突的情节展示人物性格,如以"鸿门宴"写刘邦、项羽、范增、樊哙等人,以"窃符救赵"写信陵君等;又注意择取能充分体现人物的细节,如"张汤审鼠""廉颇负荆请罪"等;加上作者善于剪裁史料,使得全书结构紧凑而人物活动显得集中、充分。此外,《史记》的语言质朴畅达,文字功底深厚,无论状物写人还是叙事议论无不言辞精当,且透出作者鲜明的爱憎情感。

> 比如司马迁在写刘邦和项羽在看到秦始皇出行之场景时,遣词造句就非常注重以细节来揭示人物性格。写项羽在观看秦始皇被一帮人簇拥着游会稽,渡浙江时,脱口而出道:"彼可取而代也"(《史记·项羽本纪》),此语不仅显示出了贵族出身的项羽的宏图大志,而且也点出了他无所顾忌、心口如一的性格。写刘备在咸阳看到秦始皇出行的场面时用的一句话则是:"嗟乎!大丈夫当如此也。"(《史记·高祖本纪》)与项羽不同,平民出身的刘邦说这句话时其沉稳内敛的性格跃然纸上,既流露出羡慕或垂涎于至尊之位的心思,又不至于让人听了觉得他有取而代之的野心。

代表两汉诗歌新成就的是乐府民歌及五言诗。古代文学史家姜书阁先生甚至认为:"汉代最光辉的文学作品是乐府民歌。"③汉乐府的名篇如《孔雀东

① 斯塔夫里阿诺斯:《全球通史:从史前史到21世纪》(第7版修订版)(上),吴象婴等译,北京大学出版社2005年版,第165页。

② 鲁迅:《汉文学史纲要》,凤凰出版社2009年版,第73页。

③ 姜书阁:《中国文学史纲要》(修订版)(上),浙江大学出版社2006年版,第67页。

南飞》长达 1700 余字，是我国古代第一首长篇叙事诗。两汉的五言古诗则下启魏晋三曹及建安七子的诗歌创作。陶渊明的田园诗创作不仅是五言诗发展在魏晋南北朝时期的最高成就，而且为古典诗歌开辟了一个新领域。正是从他开始，田园诗不断得到发展，至唐代甚至形成了田园山水诗派。我们也是从这个意义上说，陶渊明的诗作是唐诗横空出世之前古代诗歌创作的一座丰碑。

中国古代文学发展至唐代进入了一个新的高峰时期，其主要标志是"唐诗气象"的出现。这一时期的诗歌发展几乎可以说达到了空前绝后的繁荣局面。唐代诗歌这种繁荣局面的出现既是国力强盛、经济发达的民族自信心在文学创作中的反映，也得益于当时统治者实行儒道佛三教并存的文化开放政策。这一时期除了李白、杜甫两位伟大的诗人外，其他成就卓然的诗家也如群星灿烂，异彩纷呈。比如作为唐诗气象孕育于斯的初唐时期就有以王勃为代表的"初唐四杰"，他们努力开拓诗的新题材和新气象，创作了大量刚健清新、感情质朴的诗篇。陈子昂及其诗作《登幽州台歌》的出现则标志着唐诗勃兴时代的来临。

真正代表盛唐时期之唐诗气象的自然是李白和杜甫。李白作为盛唐文化精神哺育出来的、我国古代继屈原之后最伟大的浪漫主义诗人，他生活的时期几乎与盛唐时期相始终。作为浪漫主义诗人，他不仅有着博大的胸襟和不羁的性格，而且有着纵横驰骋的非凡想象力。正是这种创作个性使他的诗作有一种吞云吐雾、排山倒海的气势和艺术感染力。《蜀道难》《将进酒》《赠孟浩然》《梦游天姥吟留别》等都是这样脍炙人口的名篇。杜甫在称赞李白的诗作时曾有这样的感叹："笔落惊风雨，诗成泣鬼神。"（《寄李太白二十韵》）李白诗作中的这种无比神奇而浪漫的艺术风格，的确把唐诗发展带入了一个几乎令后人难以企及的高峰。李白也因此被后世誉为"诗仙"。

　　李白游历天下的经历和大起大落的人生际遇，为他的诗歌创作提供了丰富的内容。他诗歌的精华也大都集中在这两个方面。前者如《蜀道难》《横江词》《梦游天姥吟留别》《望天门山》《望庐山瀑布》等；后者如《行路难》《宣城谢朓楼饯别校书叔云》《别儿童入京》等。李白吟咏祖国河山的诗篇，洋溢着纯真的情趣和饱满的生命活力；他抒写自己人生感遇的诗章，则凸显着不息的热诚和不甘埋没的自信。"天生我才必有用，千金散尽还复来""抽刀断水水更流，举杯消愁愁更愁""安能摧眉折腰事权贵，使我不得开心颜"……这些诗句不仅使人感受到作者情感活动的剧烈，更感受到作者生命意识的自觉与强劲。

稍后于李白的杜甫则在现实主义的表现手法方面为唐诗发展建立了另一座丰碑。杜甫生活在唐中叶由盛向衰的转变时期。公元755年爆发的安史之乱是这一转变的关键性事件。杜甫经历了开元盛世,也亲历了安史之乱前后那万方多难的动乱岁月。他曾长期生活在社会生活的底层,这就使他有可能深刻地描绘出那个苦难时代的生活画卷。"杜甫在中国文学史上特别是诗歌史上的重要地位,主要决定于他对现实主义创作方法的完成做了巨大的贡献。"①作为伟大的现实主义诗人,杜甫的诗不仅具有丰富的社会内容、鲜明的时代色彩和强烈的民主性,而且充溢着爱国主义和不惜自我牺牲的崇高精神。由此,自唐以来他的诗就被誉为"诗史"。他的名篇比如《兵车行》《丽人行》《北征》《春望》以及"三吏""三别"等都堪称诗史之作。杜甫诗作中的一些名句如"朱门酒肉臭,路有冻死骨"(《自京赴奉先县咏怀五百字》)已成为那个时代的一种深刻写照。韩愈在论及李白和杜甫时不由地这样感叹道:"李杜文章在,光焰万丈长。"(《调张籍》)由此,我们可以肯定地说,如果没有李白和杜甫,就没有中国文学史上气韵非凡的唐诗气象。

当然,为盛唐时期的唐诗气象添光增彩的诗人还有很多,比如孟浩然、王维、高适、岑参、王昌龄、王之涣、元稹、韦应物、李益等。他们或以山水田园、或以边塞风光为题材,留下了极多的名篇佳作。倡导"新乐府运动"的现实主义诗人白居易则是唐代诗人中创作最丰富的诗人。他不仅留下了像《长恨歌》《琵琶行》那样的名作,而且由于语言的平易近人,他的诗曾广泛流传于社会各阶层乃至国外。中唐后期,以韩愈、孟郊、柳宗元、刘禹锡、李贺等人的诗歌创作为代表,出现了艺术风格多样、流派纷呈的全面繁荣景象。这无疑是这一时期唐诗气象缤纷璀璨的又一佐证。

值得一提的是,唐诗在中国文学史上还具有承前启后的意义:"唐诗上承建安风骨、齐梁音韵的根基,下开宋词、元曲歌乐配合的途径,可以说没有唐诗,汉魏六朝的成就无以继承;没有唐诗,宋、元、明、清的词曲也无从产生。"②

不仅如此。这一时期除诗的勃兴外,由中唐诗人同时也是散文家的韩愈、柳宗元倡导的古文运动也是一道不容忽视的文化风景线。韩愈、柳宗元在反对六朝以来流行已久的只重形式华丽之骈文的同时,竭力主张继承先秦散文

---

①　姜书阁:《中国文学史纲要》(修订版)(上),浙江大学出版社2006年版,第288页。

②　霍松林、林从龙:《唐诗探胜》,中州古籍出版社1987年版,第472页。

的优秀传统,倡导"修其辞以明其道"(韩愈:《争臣论》)的文风。而且,韩愈、柳宗元身体力行留下了像《师说》《永州八记》那样的传世佳作,极大地丰富了中国古代文学史的宝库。

2. 中国古代文学的全面繁荣

从中国文学发展的内在逻辑而言,唐中叶至整个元代可称之为词曲与话本小说时期。这是中国古代文学进一步向精细化和多样化发展的时期。词原本是一种新诗体。中唐时期的李白、韦应物、白居易、刘禹锡等人都曾填过词。五代时的南唐则出现了一个文学成就颇高的词人皇帝:李煜。他的作品如《虞美人》《浪淘沙》等堪称我国古代文学发展中早期词作的精品佳作。

进入宋代后,我国古代的词创作开始了其发展的鼎盛时期。词也因此成为宋代文学的主要标志,被称为宋词。仅《全宋词》所载,这一时期的词人就多达1330余家,词作约20000余首。这一时期的词家可谓群星璀璨,词坛出现了百花争艳的繁荣景象。北宋前期,晏殊、欧阳修、晏几道等致力于小令词的创作,形成宋词的婉约派风格。此时的宋词多有雍容闲雅的富贵气。宋词发展至柳永开始有革新,他对宋词的革新主要表现在:一方面把词从士大夫的小圈子里解放出来,开始面向市民生活;另一方面他一改宋初以小令为主的局面,创作了大量长调慢词,融叙事、写景和抒情为一体。再加上柳永在创作中特别注重语言的平实浅显,富有平民气息,从而流传极广,甚至达到"凡有井水饮处,即能歌柳词"(叶梦得:《避暑录话》卷下)的程度。比如他对清秋的描写"杨柳岸,晓风残月"(《雨霖铃》),他对杭州美景的概括"三秋桂子,十里荷花"(《望海潮》)等佳句无一不透出他借景寓情,平俗当中见大雅的艺术风格。

最能代表宋词成就的自然是苏轼。作为宋词大家的苏轼继柳永之后进一步拓展了词的表现题材,把艺术的笔触伸向更为广阔的社会现实生活和个人丰富的内心世界。在艺术上他大胆突破声律的束缚,自由挥洒,令人耳目一新;在内容上他也不拘一格,几乎达到无意不可入、无事不可言的程度。在苏轼的词中除通常的写景、抒情之外,还可以见到怀古、记游甚至谈理说禅之作。也由此,我们可以发现,苏轼的词作内容广博,风格多样,比如《江城子》《水龙吟》笔法细腻,柔情婉转;《念奴娇》《水调歌头》则高歌入云,豪迈奔放。尤其是他的代表作《念奴娇·赤壁怀古》写江山人物,贯通古今,意境雄浑,开宋词豪放之风气,在"大江东去"的吟唱中把宋词的意境大大地提高和拓展了。

《念奴娇·赤壁怀古》这首词是宋神宗元丰五年(公元1082年)

　　苏轼谪居黄州时所写。如果把有无超越传统的创新视为作家是否伟大之标杆的话,苏轼之于伟大这一评价是当之无愧的。因为以这首《念奴娇·赤壁怀古》为标志,宋词超越了《花间词》中"花落子规啼,绿窗残梦迷"的婉约词境,开拓了雄浑浩气、举首高歌的豪放词境。尽管此词在当时备受争议,但如此高远的气象、如此开阔的境界、如此旷达的风格,毕竟给词坛耳目一新之感。事实上,正是以苏轼《念奴娇》的横空出世为标志,豪放词在中国文学史上占有了重要的一席之地。清代词论家徐釚评价苏东坡此词"自有横槊气概,固是英雄本色"(《词苑丛谈》卷三),正是就其豪放气概而论的,可谓精辟得当。

　　在柳永与苏轼之后,秦观、黄庭坚、周邦彦等人也各以自己的创作成就共同创造了北宋词坛风格各异、色彩缤纷的繁荣局面。秦观虽为苏轼的学生,但其词风却与苏轼迥异,在《鹊桥仙》等代表作品中流露出深沉而浓郁的柔婉情调。集北宋婉约词之大成的周邦彦,虽沿袭了柳永词的婉约风格,但由于他精通音律,善于把握章法结构的变化,从而使自己的作品显得特别行云流水,精美晓畅。也是由此,周邦彦的词被视为标志着宋词艺术从内容到形式的完全成熟。

　　词作为宋代的代表文学形式在南宋时期依然有长足的发展。公元1127年遭遇"靖康之变"的宋皇室南渡,赵构在杭州建立南宋王朝。宋词的发展也进入了一个新的时期。在南北宋之交出现了我国古代最伟大的女词人李清照。她的词意境深远,感情宛曲,语言清新,尤其是避乱江南后的词作如《声声慢》等更是具有动人心魄的艺术感染力。值得一提的是,李清照在创作理念中曾极力主张超越当时"以诗入词"的风气,创词"别是一家"(《词论》)之说。词学家吴熊和先生认为:"词'别是一家'之说,是词史上首次为诗词之别所立的一块界碑。"①也许正是基于这样清晰的创作理念,她留下了大量动人心魄的作品。正如后人在李清照的词中看到的那样,由于南宋初期的词人大都经历过惨痛的"靖康之变",因而在他们的词作中往往能较多地反映出当时动荡的社会生活。这一时期的著名词人还有张元幹、张孝祥、朱敦儒等人,他们上承苏轼词壮怀激烈的风格,下启辛弃疾雄奇阔大的词风。

　　南宋最伟大的爱国主义词人当推辛弃疾。他生逢南宋王朝的衰落,虽有出将入相抗金报国之才却备受朝廷苟安政策的羁绊而壮志难酬。于是,在他

---

　　①　吴熊和:《吴熊和词学论集》,杭州大学出版社1999年版,第83页。

的词作中处处可感受到郁愤深积的爱国情怀。在艺术风格上他继承了苏轼词的风格并发展得更为雄奇豪迈。他驾驭语言的功力极深,尤其善于将经史子集之语融于词作中,使宋词的艺术表现手法得到新的突破。辛弃疾的词作风格多样,《破阵子》《永遇乐》《南乡子》等壮怀激烈的豪迈之作虽是其词作的主要风格,但《摸鱼儿》的缠绵幽怨、《清平乐》的清新诙谐、《西江月》的奇崛淡雅等也反映了他词作风格的多样化。尤其如"众里寻他千百度,蓦然回首,那人却在,灯火阑珊处"(《青玉案·元夕》)的词句,更是展示了他词作中含蓄委婉的一面。特别引起文学史家关注的是,虽然辛弃疾与苏轼并称为宋代豪放派词家的代表,但辛弃疾词作的题材显得更广泛,其思想感情也更激越,艺术表现手法也更丰富多彩。正是从这个意义上我们可以说,宋词的豪放风格至辛弃疾时已完全趋向成熟。

宋代除了词的巨大成就外,其他文学成就也不容忽视。宋诗的成就虽不及唐诗,但在思想内容和艺术表现手法方面也颇有特色,后人曾有"唐诗主情,宋诗主理"(杨慎:《升庵诗话》)一说。北宋诗坛成就最高的是苏轼和黄庭坚。苏轼一生坎坷,屡遭贬谪,但在他的诗中却洋溢着乐观旷达的情怀,在杭州为官时还留下过"欲把西湖比西子,淡妆浓抹总相宜"(《饮湖上初晴后雨》)的千古佳句。与苏轼同时的黄庭坚则致力于诗歌艺术的革新,开创了以说理见长的江西诗派。南宋诗人中则以陆游成就最高,"中原北望气如山"(《书愤》)的爱国精神是陆游诗的永恒基调,其诗作风格铿锵雄浑。

宋代的散文则有欧阳修倡导的革新运动。他的《醉翁亭记》等名篇一改前人奇涩之风,以富于情韵、平易畅达的艺术表现手法融理于情之中。在欧阳修的倡导和提携下,王安石、曾巩、"三苏"等一大批奇才俊杰为中国文学史留下了极多的散文名篇。

元灭宋后,随着城市经济的进一步繁荣,又迎来了中国文学史上通俗文学的大发展时期。经过长期的酝酿,元杂剧以它丰富的思想性和独特的艺术风格开辟了中国古代戏曲文学的黄金时代。也由此,元曲成为元代文学的代表性文学形式。在元代可考据的杂剧剧目就达 600 余种,流传至今的也多达150 余种。元杂剧带有浓厚的民间意识和市民文化色彩,它的艺术成就主要体现在民间质朴的语言风格与文人俊美的文笔相结合,既明白如话,妇孺能解,又极为清新流畅,意境隽永。事实上,元杂剧中的精彩唱词,往往就是一首首优美的抒情诗词。这可以说是对中国古典诗词的抒情传统的直接继承和发展。正是由此,我们可以说中国古典戏曲是属于诗剧的类型。

　　元杂剧的主要代表性作家有关汉卿、王实甫、马致远等人。作为元杂剧的奠基人和剧坛领袖，关汉卿创作的剧作题材广泛，艺术表现手法独特。关汉卿共创作了杂剧 60 余种，其中《窦娥冤》《救风尘》《拜月亭》《单刀会》等均是他的代表作。他善于将现实主义精神和理想主义色彩融为一体，使作品雅俗共赏。比如在《窦娥冤》中，关汉卿通过一个普通妇女蒙冤屈死，使天地变异六月飞雪的悲剧故事，生动展现了当时底层的社会生活，表现了作者心系百姓疾苦，疾恶如仇，渴望公平正义的浪漫主义情怀，使作品极具思想性和艺术震撼力。王实甫的《西厢记》通过对贵族女子崔莺莺和书生张君瑞的爱情曲折与磨难的描写，揭露了封建礼教的罪恶，热情歌颂了青年男女冲破礼教勇敢追求自由生活的抗争精神。作品不仅情节曲折，结构严谨，心理刻画细致入微，而且语言运用生动华丽，从而使全剧充溢着诗意的境界。《西厢记》也因此成为元杂剧中一颗璀璨夺目的明珠。马致远的剧作则多描写文人或失意或隐逸的生活情趣，常用借古寓今的手法来表现自己的思想和情感。他的作品深得当时知识阶层的喜好。比如《汉宫秋》写的是王昭君出塞的故事，马致远在故事中不落"红颜薄命"的窠臼，突出汉元帝对昭君的真爱和昭君的爱国爱民情怀，不仅主题深刻，而且曲词优美。

　　"和诗歌的悠久传统相比，中国的小说、戏剧是迟开的花朵。"① 但以元杂剧为经典形态的中国古代戏剧这簇迟开的花朵却是那样的绚丽多姿，美不胜收。除了以上各代表性作家的作品外，元杂剧的名作还有白朴的《梧桐雨》《墙头马上》，杨显之的《潇湘雨》，纪君祥的《赵氏孤儿》，康进之的《李逵负荆》，高文秀的《黑旋风双献功》，石君宝的《秋胡戏妻》，李好古的《张生煮海》，尚仲贤的《柳毅传书》等等，可谓琳琅满目，卷帙浩繁。

　　作为元代之代表性文学形式的元曲除了元杂剧（亦称剧曲）外，还有一种配合流行曲调清唱的抒情诗体，称为散曲。散曲有小令和套数两种，小令为单支曲子，而套数则是由两支以上属同一宫调依次联缀而成的曲子。元散曲具有浓厚的通俗文学色彩，其内容十分广泛，可以讥世、叹世；也可以写隐逸、闺怨、失意之情；还可以写男欢女爱中的离情别绪等等。世俗生活的一切在散曲中几乎无不涉及。可见，元曲中散曲的出现无疑给当时文坛注入了虽世俗却质朴而清新的空气。元代前期的散曲创作以关汉卿和马致远为代表。关汉卿的散曲细腻真切且用语平俗，能唱能诵。马致远的散曲在元代作家中不仅数

---

　　①　袁行霈：《中国文学概论》，高等教育出版社 1990 年版，第 11 页。

量众多，而且题材极其广泛，在艺术风格上则追求诗词意境，文采斐然。其代表作《天净沙·秋思》堪称其艺术风格的集中体现："枯藤老树昏鸦，小桥流水人家。古道西风瘦马。夕阳西下，断肠人在天涯。"寥寥数语却营造出了浓浓的诗画意境。王国维称其"深得唐人绝句妙景"（《人间词话》）。后人也是由此称马致远为"秋思之祖"。

元代后期著名的散曲作家有张可久、乔吉、张养浩等人。张可久创作并流传于世的小令有 751 首，套数 7 套，是元代散曲作家中作品数量最多的作家。他的散曲一改前期的俗文学本色而趋于雅正典丽，风格则透出恬静清秀。乔吉的散曲风格与张可久相近，但不刻意求工，遣词造句常有出奇制胜之处。张养浩的散曲作品风格与张可久、乔吉迥然相异，具有比较强烈的思想性和对现实社会的批判性。比如他在《山坡羊·潼关怀古》中就这样写道："望西都，意踌躇，伤心秦汉经行处，宫阙万间都做了土。兴，百姓苦；亡，百姓苦。"这种通过对历史兴亡的吟唱来关注黎民百姓疾苦的民主思想，在元曲作品中显然是不多见的。故这类作品显得弥足珍贵。

与成就斐然的杂剧、散曲相比，元代的诗文创作相对衰落，基本上没有出现可圈可点的杰出作家及经典之作。这也可以说是元代文学发展比之于宋代的一个欠缺与遗憾之处。

3. 中国古代文学的反省与总结

中国古代文学发展史中的明清时期也可称为小说和传奇时期。这是中国古代文学进入反省和总结的时期。明代进入了中国封建社会的晚期，封建统治者实行高度的中央集权，在思想文化领域里也采取了严厉的控制政策。尽管如此，由于城市经济的发展和市民意识的觉醒，特别是后来不断出现的资本主义经济的萌芽，这一切都为明代文学创作提供了新的环境因素，尤其是适应市民生活情趣的通俗文学如小说、传奇、戏曲等由此得以长足地发展。

明代的长篇章回小说就是在这样的文化背景下诞生的。长篇章回小说的开山之作是明初罗贯中所撰的《三国演义》。罗贯中的《三国演义》是在民间传说和艺人话本的基础上，以史料为核心，将虚构与写实相糅合创作而成。该书构思严谨，脉络清晰，情节曲折，通过对众多历史人物和历史事件的生动描写，再现了三国历史的宏大场面。小说共涉及 400 多个人物，主要人物如诸葛亮、刘备、关羽、张飞、曹操等都刻画得极有个性，其中诸葛亮的智谋、刘备的仁义、关羽的忠义、张飞的鲁莽、曹操的奸诈等甚至已成为古典乃至现代小说特定人物的典型性格的象征。明代长篇章回小说的另一巨著是施耐庵的《水浒传》。

这是古典小说中第一部以农民起义为题材的小说。与《三国演义》相似,《水浒传》这部小说也源于民间流传的话本,施耐庵在此基础上给予了艺术的加工创造。小说通过一个个相对独立又环环相扣的故事,全景式地描绘了以宋江为首的农民起义的发生、发展和失败的全过程,并突出了"官逼民反"的进步主题。特别值得推崇的是,与《三国演义》相比,《水浒传》在主人公语言个性化方面的探索已有了极大的进步。

明中叶以后,作为明清文学特有形式的长篇章回小说创作达到了高潮。这一时期的小说题材广泛,在讲史小说、神怪小说、世情小说、公案小说方面均有佳作问世。其中留传至今的有 60 多部。这些琳琅满目的作品中,对中国古代及现代文学史产生较大影响的是吴承恩的《西游记》。吴承恩在民间传说的基础上把唐初玄奘法师赴西方天竺取经的故事,以神话的形式表现出来,创作了中国文学史上神魔小说的经典之作。这无疑开辟了神魔长篇章回小说的新门类。《西游记》以人神合一的孙悟空出世、学道与大闹天宫为开篇,以唐玄奘师徒四人赴西方取经途中历九九八十一难的艰辛为线索,情节离奇曲折,充满了浪漫主义色彩。

> 《西游记》对现代读者穿透时空的巨大影响力甚至外溢到文学之外的诸多领域。比如管理学领域。2008 年由成都作家成君忆所著的《孙悟空是个好员工》一书出版,竟一时风靡管理学界与业界。作者巧妙地以孙悟空由个人奋斗失败后转向团队成功的故事为主线,通过对唐僧师徒人物性格的剖析及相关故事为案例佐证,通俗易懂且条理清晰地阐明了超越个人主义藩篱,注重团队合作在管理实践中的无比重要性。这一充分彰显中国传统文化精神的管理智慧,被誉为"中国式的管理之道"。

代表明清文学特有形式之长篇章回小说创作的另一部作品是《金瓶梅》。这部小说最值得一提的是,它是明代由文人独立创作的第一部长篇小说,其作者署名为兰陵笑笑生,而真正的作者究竟是谁已经无法确切地加以考证。《金瓶梅》承袭了宋元话本关注市井风情的传统,不以英雄为描写对象,只以西门庆、潘金莲、李瓶儿、春梅等市井人物为主人公;小说也不借助历史传说和神话传统,而是以细腻的艺术创作手法通过对日常生活场景和人物言行的描绘,为读者深刻地展示出晚明社会一幅幅生动的生活画卷。

明代除了长篇章回体小说外,短篇小说的创作也成就不凡。这一时期短篇小说的主要形式是拟话本。这是一种由文人创作的模拟民间话本的短篇小说。著名的拟话本小说集有冯梦龙的《喻世明言》《警世通言》和《醒世恒言》;凌濛初的《初刻拍案惊奇》和《二刻拍案惊奇》,文学史上合称"三言""二拍"。在这些短篇小说中,作者的艺术笔触几乎涉及明代社会生活的所有方面,其中对商人、手工业者及妓女生活和心态的描写显得特别精彩和深刻。这些作品中的一些故事比如《杜十娘怒沉百宝箱》《卖油郎独占花魁》《乔太守乱点鸳鸯谱》等至今仍是一些地方戏曲的演出的保留剧目。

明代文学的另一代表性和标志性文学形式是传奇。从明代初期开始,在戏曲领域中明传奇便取代了元杂剧的主导地位。到了明代后期,传奇创作更是高潮迭起。其中独领风骚的是汤显祖。作为明代最杰出的剧作家,汤显祖留下了以《牡丹亭》为代表的《临川四梦》。《牡丹亭》作为古代戏曲史上的浪漫主义杰作,通过描写杜丽娘与柳梦梅生死离合的爱情波折描写,体现了反对封建礼教、追求爱情自由和个性解放的时代精神。全剧细腻的人物心理描写、瑰丽奇妙的艺术境界的营造以及优美华丽的曲词,使得《牡丹亭》成为代表明传奇最高成就的剧目。这一时期著名的传奇作品还有周朝俊的《红梅记》、高濂的《玉簪记》、李开先的《宝剑记》、梁辰鱼的《浣纱记》等。

公元 1644 年李自成的农民起义军攻入北京,明朝灭亡。随后的几十年里,由康熙大帝建立了强大的大清王朝。清代的小说和传奇既秉承了明代的风格又有了进一步的提高,特别是这一时期的小说与明代相比其思想性和艺术性都达到了新的高度,其中的代表作有蒲松龄的《聊斋志异》、吴敬梓的《儒林外史》和曹雪芹的《红楼梦》。

蒲松龄创作的《聊斋志异》是一部文言短篇小说集。这部小说继承了六朝志怪小说和唐宋传奇小说的艺术风格,通过对众多花妖狐怪的离奇描写来抨击时弊,歌颂人间真情。其中的名篇比如《促织》《崂山道士》《画皮》等寓意深远,颇有警策意义。《聊斋志异》中的人物形象鲜明,情节发展曲折多变,语言典雅极富感染力,实属古典短篇小说的纯熟之作。吴敬梓的《儒林外史》则可视为古代文学史上第一部文人述怀讽喻之作。小说以入木三分的笔调刻画了一群面目各异的知识分子的形象,批判讽刺的矛头直指八股取士的考试制度,以及被这个制度所腐蚀的知识分子的虚伪和堕落。《儒林外史》也因此而成为我国古代文学史上少有的讽刺杰作,它对晚清谴责小说的出现产生了直接的影响。

就在《儒林外史》问世后不久,代表着古典小说艺术高峰的长篇巨著《红楼梦》诞生了。作者曹雪芹在这部皇皇巨著中通过对贾、史、王、薛四大家庭盛衰过程的描写，以贾宝玉、林黛玉的爱情悲剧为中心，深刻揭示了封建社会由盛世走向衰落的必然性。在艺术手法上，曹雪芹摆脱了传统的以离奇情节取胜的羁绊，代之以日常生活的细微而精深的描写，从而使全书引人入胜、意蕴隽永。甚至小说中借主人公之手而写的大量诗词歌赋也极富情趣与哲理，具有极高的艺术欣赏价值。《红楼梦》问世后以其深刻的思想性和艺术魅力征服了一代又一代的读者，甚至因此而诞生了专门的学问——"红学"。可见，在中国古代文学史上，《红楼梦》的确是一座高耸入云的丰碑。

清代传奇也有值得一提的创作成就。其中堪称杰作的有洪昇的《长生殿》与孔尚任的《桃花扇》。洪昇积十余年之功数易其稿创作的《长生殿》，叙述了唐明皇与杨贵妃流传已久的爱情悲剧。在这部传奇中，作者一方面注入了新的思想内涵，一方面在艺术表现手法上追求情节的宛曲动人和唱词的诗意抒情。此剧问世后，备受时人和后人的推崇。孔尚任的《桃花扇》则"借离合之情，写兴亡之感"（《桃花扇·开场》）。全剧通过主人公侯方域与李香君的爱情故事，深刻地展现了南明王朝兴亡的历史，达到了历史真实与艺术真实的交融统一。

但是，清代传奇在经历了"南洪北孔"的创作高潮之后，便日益衰落了。而与此形成鲜明对照的是，乾隆以后中国古代戏曲又出现了京剧与地方戏百花争艳的局面。这意味着中国古典戏曲开始向近代戏曲转变。

作为中国古代文学的总结时期，清代文学成就除了小说和传奇外，在诗、词、散文、骈文等方面虽未能超过前代，但也是名家迭出，流派众多。在诗歌创作方面颇具特色的既有清初遗民诗人黄宗羲、顾炎武、王夫之的悲壮沉郁之作，也有郑燮、袁枚的直抒性情之作；在词作方面不仅有"阳羡词派""浙西词派""常州词派"各领风骚，也有诸如纳兰性德那样在小令创作中自成一家的词人出现；在散文创作方面不仅有清初侯方域等人为代表的"国初三大家"的作品问世，而且还有"桐城派""阳湖派"等著名散文流派以清丽雅正为创作宗旨的创作活动；在骈文方面亦有复兴之势，著名的作家如陈维崧、袁枚等人创作的骈文既得古韵又有新意。由此我们有理由说，清代对中国古代文学的总结不仅是深刻的，而且是全面的。

二、中国古代文学的文化性格与基本特色

中国古代文学深深植根于中华传统文化的丰沃土壤之中，形成了自己悠久的历史、丰富的内涵、独特的风格。与此同时，中国古代文学又成为中华民族整体文化精神形象而具体的展示。正是由此我们可以说，中国古代文学是中华传统文化的感性显现。在古代文学的诸样态中，大道无形的"道"被优美且直观地呈现。可见，古代文学既是我们了解、学习与激活中华优秀传统文化的一个具体途径，又是我们解读民族性情与审美旨趣的一个必不可少的向度。

1. 中国古代文学的文化性格

中国古代文学作为中华传统文化博大体系中的一个重要组成部分，既反映了中华传统文化共性、普遍性的一面，也有着自己特殊的充满个性的文化性格。因而我们如果要进一步了解和把握中华传统文化的内在精神，就必须深入分析和概括中国古代文学的基本文化性格。概括地说，中国古代文学在自己绵延数千年的发展历程中，形成了如下一些最基本的文化性格。

其一，中国古代文学是诗化的文学。如果要用简洁的语言来概括中国古代文学最显著的文化性格，那么"诗化"这两个字是非常恰当的。中国古代文学的诗化性格表现为在文学发展的历史长河中，诗歌始终是主流文学。中国诗歌发展的历史源远流长，如果从《诗经》算起已有 3000 余年的历史。从《诗经》《楚辞》以来的中国古代文学史，出现了浩如繁星的优秀诗人和杰作名篇，而且这种以诗歌为主流的传统一直没有中断过。特别是唐诗宋词，更是中国古代文学史上无法逾越的两座高峰。当时的文坛诗人辈出，佳作更是美不胜收。清代康熙年间编纂的《全唐诗》所录诗人就有 2200 多位，诗作共 48000 多首。至于宋词，仅唐圭璋所编的《全宋词》就收录了词人 1300 余家，词作20000 多首。《全唐诗》《全宋词》所录的显然还远非唐诗宋词的全部。由此我们可以感受到唐诗宋词在那个时代有何等繁荣的气象。纵观整个文学史，诗歌创作在古代中国不仅历史悠久、作品浩繁，而且达到了后人无法企及的艺术高峰。相比之下，中国的小说、戏剧则是很晚才汇入古代文学发展的长河之中的。

中国古代文学的诗化性格还表现为古代文学的其他形式都内在地具有一种诗化的追求。这种诗化追求在小说、戏剧中表现得尤为明显。从小说的发

展历程来看,唐代以前虽已有小说的雏形,但因为只是粗放的"街谈巷语",故不被世人所重视。到了诗歌高度发达的唐代,小说创作受到了诗歌艺术的滋养,开始有了自觉且独立的艺术追求。唐代传奇小说不仅内容和意境深受唐诗影响,而且许多作者本人就是诗人。后人在唐传奇小说的代表作品比如《长恨歌传》《莺莺传》《柳毅传》《霍小玉传》中,都能感受到浓郁的诗意。宋元以后的长篇章回小说和短篇话本小说更是深受诗的影响,一些话本本身又称"诗话"或"词话"。即便是那些文人创作的长篇章回小说,其借助诗词艺术之处也是不胜枚举。这些章回小说不仅起首篇末有诗有词,而且正文之中更是穿插了许多诗词。这些诗词有的本身就极具文学鉴赏价值,比如《红楼梦》中的诗词艺术在后世的"红学"研究中甚至形成了专门对其进行研究的学派。

中国古代戏剧的发展同样有着显而易见的诗化倾向。中国古代戏剧作为一种诗剧,离开了优美的唱词是无法想象的。无论是在元杂剧还是明清传奇中都可以发现戏的剧情往往非常简单,其引人入胜之处主要是优美雅致的唱词。比如在古代戏剧的代表性作品《牡丹亭》中,女主人公杜丽娘唱的"良辰美景奈何天,赏心乐事谁家院"(《牡丹亭·游园惊梦》)之类充满诗意的唱词数不胜数。正是由此,文学史家袁行霈先生曾这样感叹说:"关汉卿、王实甫、白朴、马致远、高明、汤显祖、洪昇、孔尚任等大剧作家,哪一位不是才华横溢的诗人?《窦娥冤》《西厢记》《梧桐雨》《汉宫秋》《琵琶记》《牡丹亭》《长生殿》《桃花扇》等著名的剧作,哪一部不是华美的诗篇?"①

事实上,中国文学的这一诗化性格,是中国古代社会生活中诗歌之重要地位的必然反映。在中国古代,诗歌与社会生活的联系可以说是极为密切的。比如在古代祭神时要唱诗,朋友宴饮或离别时要赠诗,青年男女表示爱慕之情也要以诗歌传情,外出游历至名胜古迹或名山大川更要题诗留念。在古代中国,甚至科举考试也要考命题作诗,许多知识分子也正是以诗名而得以踏上仕途的。可见,我们说中国古代是诗的国度并不为过。在这样的国度里,中国古代文学形成诗化的文化性格也就是十分自然的了。

其二,中国古代文学还是注重理趣的文学。与西方自古希腊开始的古典文学长于具体形象和典型性格塑造不同,中国古代文学则比较注重对哲理情趣的追求,其作品多深受儒道佛三家思想的渗透。自先秦的儒家"诗教"开始,中国古代文学一直与中国古代的哲学、伦理道德思想相互渗透,使文学浸润在

---

① 袁行霈:《中国文学概论》,高等教育出版社1990年版,第12-13页。

或儒、或佛、或道,或兼而有之的理性之中,形成了注重理趣的文化性格。

古代文学注重理趣的文化性格首先体现在儒家"诗教"思想对文学发展的深厚影响上。"诗教"一说最初源自《礼记·经解》篇:"孔子曰:入其国,其教可知也。其为人也温柔敦厚,诗教也。"可见,在儒家看来,诗能通过其温柔敦厚的创作原则而达到政治教化的作用。温柔敦厚作为一个基本的文学创作原则,所追求的显然是文学理趣意味而不是形象塑造。儒家倡导的这种"诗教"思想后来发展为宋明时期"文以载道"的文学道德观,这就更是把文学的理趣追求视为文学创作的基本原则。

古代文学注重理趣的文化性格还体现在佛家思想对文学创作的渗透与影响上。其中禅宗对中国古代文学的影响最为明显。禅宗作为佛教中国化的一个重要流派,自唐代以后在中国古代的士大夫中产生了广泛的影响,它不仅影响了士大夫的日常生活、思维方式,也影响了他们的艺术趣味。也因此,我们很容易在唐诗气象中找到禅宗思想的印迹。唐诗中有许多诗作融禅意于笔墨之间,透出浓浓的禅味。比如著名诗人王维,不仅本人信奉禅宗,而且其作品中所表现出来的淡、空、寂这三种境界正是禅宗所追求的意境:禅以"无念为宗"(《坛经·定慧品》),对人生采取淡化的处世态度,淡化至极致就是空灵,空灵则无欲无执无求无念,这便是寂的境界。正是有缘于此,王维的山水诗所致力营造的,往往便是那种身心两忘的禅境:"空山不见人,但闻人语响。返景入深林,复照青苔上。"(《鹿柴》)此诗虽处处只是写景,但却字字透出禅机。

> 王维早年热衷于功名,中进士后历任大乐臣、监察御史等职,后来思想转变,先后在终南山、辋川隐居,过着一种亦官亦隐的生活。王维的诗题材广泛,但以山水田园诗为多,因而被视为盛唐山水田园诗派的代表作家。王维的山水诗善于表现大自然的幽静安恬之美。如著名的《山居秋暝》:"空山新雨后,天气晚来秋。明月松间照,清泉石上流。竹喧归浣女,莲动下渔舟。随意春芳歇,王孙自可留。"诗描写的是秋日傍晚一场新雨过后的山间景色,诗人不刻画山形之秀美,不描绘山色之青苍,而是遗貌取神,突出山的宁静——万籁俱寂,如同无物;而且,中间两联以动衬静,使诗生趣盎然,全无古人诗文时常见的感伤情调和灰暗色彩,显得清新而富有生气,使人心旷神怡。

禅对中国古代诗歌的浸润还表现在禅的静思妙悟的修行方法,对古代诗歌乃至散文、小说、戏剧创作的启发上。比如《沧浪诗话》的作者严羽就认为诗歌创作中"妙悟"是第一位的,"学力"是第二位的,用他的话说就是"大抵禅道惟在妙悟,诗道亦在妙悟"。禅宗的机理对中国文学的影响并非仅在诗歌方面。我们在《红楼梦》等其他文学作品中都能深切地感受到佛家理趣对中国古代文学的广泛渗透和深刻影响。

中国古代文学形成注重理趣的文化性格,也还因其深受道家自然主义思想的影响。在道家看来,"人法地,地法天,天法道,道法自然"(《老子》二十五章)。这就是说,万事万物的生灭变化,都有其终极的原因,即自然。因此自然是宇宙天地的基本规律,也是人必须遵循的最高原则。故而,道家自先秦的老庄开始就反对执着而为,主张清静无为之道。道家思想对文学的影响,具体表现在文学创作中,就是追求返璞归真,追求自然美的审美情趣。比如东晋诗人陶渊明的创作活动,其核心就是"返归自然"。他在自己的田园诗作中处处流露出"久在樊笼里,复得返自然"(《归园田居·其一》)的欣喜快慰之情;他的诗作充满了如"采菊东篱下,悠然见南山"(《饮酒·其五》)那样的自然美。而且,陶渊明的诗作中体现出来的不饰辞藻、不追求奇特意境的自然主义风格,对中国文学的发展产生了深远的影响。唐代浪漫主义诗人李白则更是深受道家"法自然"思想的影响,在其作品中不仅充溢着自然主义的理趣,而且他本人也是道家思想的虔诚信奉者。他的这一艺术风格正如其诗中流露的那样"清水出芙蓉,天然去雕饰"(《经乱离后天恩流夜郎忆旧游书怀赠江夏韦太守良宰》)。自李白之后,推崇自然主义理趣的代不乏人,以至于司空图在《诗品》中专对"自然"列一品目,进行了专论。同理,宋代的欧阳修、苏轼等大家也都对文学中的清新自然风格推崇备至。明代的李贽主张"童心说",他所言的"以童心作文"即是以自然纯真之心写作的意思。明代文人袁宏道提倡"真趣说"也是主张以自然为师的,用他的话说就是"夫趣,得之自然者深,得之学问者浅"(《叙陈正甫会心集》)。

可见,中国古代文学注重理趣的文化性格,是在儒道佛三者合一的中华传统文化熏陶下逐渐形成的。了解和把握中国古代文学的这一文化性格,对于我们深入地把握中华传统文化的基本精神无疑是十分必要的。

其三,中国古代文学也还特别强调意境的营造。与西方古典文学注重塑造离奇的情节和人物性格的冲突不同,中国古代文学特别注重对意境的渲染和营造。意境作为作家的主观情趣与客观物象相互交融而形成的可令读者沉浸于其中的想象世界,常常是中国古代作家在创作活动过程中所刻意追求的。而且,意境的高下往往成为作品成功与否的一种重要标准。

　　在中国古代文学作品中，作家们对意境的营造首先是圣贤意境（或称德性意境）。从屈原的《楚辞》开始就有这样的传统，这种意境营造表现为一种对德性和品行的关照和体味。而且，这种关照和体味通过比兴的手法往往被渲染成一种超凡脱俗、澄明心性的道德修养境界。比如后人在屈原《离骚》中"路曼曼其修远兮，吾将上下而求索"的喟叹中，可以深切感受到作者追求理想的执着精神和他人格的刚正高洁；在《庄子》散文对鲲鹏展翅逍遥自在的诗意描绘中感受到摆脱物欲羁绊，淡泊功名而拥有的德性充实；在杜甫的诗句"水流心不竞，云在意俱迟"（《江亭》）中感受到守静居敬带给生命的一份美好感受。中国古代文学对这种圣贤意境的营造在咏物感怀的作品中几乎随处可见。这种圣贤意境的营造往往借物寓意，从咏物中感受到作者带给我们的德性意境。比如陆游的《卜算子·咏梅》。作者在这首词中借咏梅而喻示了自我人格中刚正孤傲、不同流合污的可贵品性，词中最后两句"零落成泥碾作尘，只有香如故"，更是把德性意境的营造推向了至纯至洁至高的境地。

　　中国古代文学对意境营造的另一类型是审美意境。这种意境几乎是所有文学作品创作所追求的目标。在中国古代的诗歌中尤其处处可见。比如在王维的"大漠孤烟直，长河落日圆"（《使至塞上》）诗句中，一个"直"字和一个"圆"字就为我们勾勒了一幅边塞风情的动人画面；在韦应物的诗句"春潮带雨晚来急，野渡无人舟自横"（《滁州西涧》）中，则以对比手法让我们处于一种悠然自在的情景之中；在冯延巳的词句"风乍起，吹皱一池春水"（《谒金门》）中，更是以看似不经意的风吹池水的场景描写把我们带入了一种欲说还休的无边冥想之中。至于诗人贾岛改"僧推月下门"为"僧敲月下门"（《题李凝幽居》）的典故，更是形象地诠释了诗歌创作中意境营造的重要审美价值。在这里，诗人通过一个"敲"字把月夜下空寂无声的寺庙蓦然传来一两声敲门声的意境渲染得特别恬然空灵。

　　据《苕溪渔隐丛话》记载，贾岛写好此诗后，对其中"僧推月下门"一句感到不满意，欲将"推"易为"敲"，即"僧敲月下门"。贾岛骑驴行路时仍在想着此事，一边念叨，一边比画，不知不觉间他骑的驴子闯进了京兆尹（即京城行政长官）韩愈的出行队伍中。扰乱京兆尹出行，这在当时可是要被问罪的。可韩愈在了解情况后，不仅未责怪贾岛，还帮贾岛一块分析。最终韩愈认为"僧敲月下门"更好，敲门声在月光下响起别有韵味。这也即是"推敲"一词的来历。

除了诗歌创作中注重意境的追求外,中国古代文学中的其他形式如散文、骈文、戏剧、小说等也都非常注重意境的营造。就散文、骈文而论,不仅那些抒情写景的散文比如王勃的《滕王阁序》、柳宗元的《永州八记》、苏轼的《赤壁赋》等有着浓郁的诗的意境,即便是先秦诸子散文也能让我们领略意境之美。比如在《论语》中有这样一段简洁的记载:"子在川上,曰:'逝者如斯夫! 不舍昼夜。'"(《论语·子罕》)这里虽只有寥寥数语,但却把一位哲人面对着川流不息的江河感慨人生岁月如流水的意境勾画得极其生动。至于中国古代戏剧对审美意境的营造更是高度自觉的。元杂剧中的许多唱词就极善于通过描摹景物,而烘托出一种极为优美的审美意境。比如王实甫《西厢记》"长亭送别"一折里的曲子:"碧云天,黄花地,西风紧,北雁南飞。晓来谁染霜林醉? 总是离人泪。"这段唱词所营造的表现有情人离情别绪的伤感意境显得极为优雅。同样,中国古代小说对意境的营造也是高度自觉的。在中国古典长篇小说的代表作《红楼梦》中,曹雪芹对意境的营造可谓匠心独运,甚至那亦真亦幻的太虚幻境也都成为小说意境渲染的一个重要组成部分。

正因为中国古代文学注重对意境的着意营造,所以我们在鉴赏古典诗词、散文、戏剧、小说时只有进入它的意境,才可能真正领略它的道德与审美旨趣。而文学作品"以文化人"的审美熏陶便在这过程中得以真正地实现。

2. 中国古代文学的优秀品格

中国古代文学因其特有的文化性格,而走上了一条与西方古代文学同中有异的艺术道路,形成了自己独特的艺术样态、作品风格、审美旨趣等异于西方的优秀品格。了解和把握中国古代文学的这些优秀品格,不仅有助于我们进一步理解中国古代文学的文化性格,而且对于我们学习、鉴赏和体悟中国传统文学也是大有裨益的。由于中国古代文学遗产不仅内容上卷帙浩繁,而且在表现方式上也有宫廷文学、士林文学、市井文学、乡村文学等林立的派别,所以要罗列其中所有的优秀品格几乎是不可能的,我们在这里只能就其要者概述如次。

其一,言志的人文气息。中国古代文学的主流是诗歌。在看待诗的社会功效问题上早在先秦的典籍《尚书·虞书》中便有"诗言志"之说。孔子、荀子等更是从不同的角度对这一"言志"思想作了发挥,从而形成了颇具中国特色的"诗教"理论:"诗者,志之所之也。在心为志,发言为诗。情动于中,而形于言;言之不足,故嗟叹之;嗟叹之不足,故咏歌之;咏歌之不足,不知手之舞之、足之蹈之也。"(《毛诗序》)儒家的这一诗教说自汉代统治者"罢黜百家,独尊儒术"以后，几乎成为整个古代文学创作的道统并绵延数千年。在这种成为道统的文学观看来，诗文所要表现的绝不是"文"而是"人"。亦即是说，作诗为文所表现的绝不仅仅是诗文本身而是诗文背后所承载的志向、情感、德性等人文精神。儒家这一基本的文学观用韩愈在倡导古文运动时的口号来概括即——文以载道。

就总体而言，儒家的诗教说对中国古代文学的影响主要在于形成了重言志、重德性、重人文精神追求的中国文学品格。在这种诗教理论的规范下，古代作家们的文学创作总是和道德教化甚至治国安邦之道联系起来。这就如孔子在教诲他的学生时所说的那样："小子何莫学夫诗？诗，可以兴，可以观，可以群，可以怨。迩之事父，远之事君。"（《论语·阳货》）也正因为诗文所具有这种"事父事君"的道德伦理功能，故孔子的诗教理论中又特别强调"思无邪""归于正"（《论语·为政》）的立场。

中国古代文学的这一注重言志的人文精神不仅仅表现在诗歌方面，也广泛渗透于古代文学的其他领域。比如在散文创作方面，有以韩愈为首、韩门弟子积极参与的古文运动。这一运动反对当时流行的内容空洞却饰之于骈词俪句的文学创作风气，主张向先秦注重人文、寄情寓志的文学创作传统的复归。以韩愈、柳宗元为代表的古文运动的作家们在"文以载道"的创作思想指导下，把道统与文学合二为一，留下了不少思想深刻且颇有艺术价值的作品。比如韩愈在他的《杂说四》中以"千里马常有，而伯乐不常有"为主题的议论，在一定程度上触及了埋没人才的封建制度的腐败现实；在他的《师说》中则打破了封建社会传统的师道观，提出了"无贵无贱，无长无少"，人人都可以为师的可贵观点；在他的《送李愿归盘谷序》中无所顾忌地对当时洋洋自得的士大夫的官场丑态作了无情的讽刺和揭露；即便在他的叙事散文如《张中丞传后序》中也恪守着文以载道的创作原则，通过对文中主人公之历史功勋的追记，抒发了疾恶如仇、尽忠报国的英雄主义情怀。全文语句激昂、义正词严，成为古代叙事散文的精品之作。

在注重言志、坚守文以载道立场方面，同为古文运动倡导者的柳宗元不仅一生的文学创作极其丰富，而且也同样以言志、崇道的人文精神为创作的指导思想和旨趣。这种注重言志、重载道的风格不仅体现在他的政论性散文中，甚至也体现在他的一些山水游记中。特别值得一提的是，他在贬官永州以后采取以寓言言志载道的形式，创作了大量讽刺社会时弊的散文小品。比如他写《临江之麋》：麋因得主人宠爱，家中的犬畏惧主人自然不敢吃它。可三年之后,麋离开了主人公外出,终于被外犬所食杀。此文尖锐地讽刺了那些依仗权贵而得意忘形的小人。他写《黔之驴》则是对那些外强中干的小人的嘲讽。他说这些人就如黔之驴"形之庞也类有德,声之宏也类有能",其实却是无德无能。柳宗元的这些寓言小品因语言锋利简洁、风格严峻深沉而在古代文学发展史上享有很高的地位。

> 据《毛泽东与文艺传统》一书记载:1945 年 9 月在重庆谈判时,毛泽东公开发表了《沁园春·雪》,一时引得在渝文艺界人士纷纷为之瞩目。一次,诗人徐迟向毛泽东请教如何写好诗,并请题字。一旁有人说诗应该为人民服务。毛泽东没有做声,而是挥笔写下"诗言志"相赠。新中国成立后,应《诗刊》社之请,毛泽东也题了"诗言志"三字。还有一次,他在外地考察时还曾幽默地就"诗言志"这一话题举例说:《诗经》《红楼梦》《水浒》以及司马迁的《史记》、李时珍的《本草纲目》都不是因为稿费、版税才写的,而是言志之作。①

中国古代文学的这一注重言志、强调道德文章统一的传统不仅影响到古代几乎所有文学样式的创作,而且从时间上讲一直延续至五四新文化运动才终止。就这一传统的积极之处而言,它构成了中国古代文学的人文道德性格,从而对黎民百姓起到教化德性、陶冶性情的作用;但它也有消极的一面,这就是极易因道德教化的立场而扼杀文学的灵性,从而降低或削弱了一些作品的文学艺术价值。可见,文与道的关系,显然也是进入新时代的中国文学在守正创新过程中要特别谨慎处理好的问题。但无论如何创新,其中言志载道的优秀品格无疑是最须坚守的基本立场。

其二,乐观的人生态度。这是中国古代文学又一基本的品格。古代文学的这一乐观精神的文化根源在于深受中国传统哲学天人合一、人我合一、身心合一思想的影响。在这种以和谐为基调的天人观、人我观、身心观的影响与熏陶下,作家们在作品中往往把人与自然、人与他人及人与自身的关系描写成一种亲密融合的关系,很少像古希腊文学那样表现一种人的自由意志与自然、与命运、与他者、与社会整体的对立和抗争。由此,中国古代文学几乎没有古希腊文学所特有的那种以悲壮的毁灭为结局的英雄史诗和悲剧艺术,在中国古代文学中我们见到的通常是知天乐命的达观态度。

---

① 陈晋:《毛泽东与文艺传统》,中央文献出版社 1992 年版,第 287-288 页。

中国古代文学所具有的这一乐观的人生态度可以说广泛地渗透于所有的文学样式之中，其中以古典戏剧尤为明显。在乐观精神的浸润和熏陶下，中国古代戏剧总有一个大团圆的结局。比如一桩冤案最终总会以某种方式得到昭雪；一对有情人的生死离别总在重逢和喜庆后才落幕；公子的不幸落难也往往是以状元及第来结束不堪回首的艰辛人生，如此等等。也正是在这种乐观精神的影响下，一些在最初流传时是以悲剧结束的故事，在戏剧改编时也会渐渐演变成喜剧的大团圆。比如在民间传说及元稹的小说《莺莺传》中，是以崔莺莺终被抛弃为结局的，但在王实甫的《西厢记》里却被改编成大团圆的喜剧结尾。

在古代最伟大的戏剧家关汉卿的剧作中更是无一不浸透着这一乐观主义的精神。他的作品描写的往往是一些弱者和被侮辱者，而且正义的力量与邪恶的势力相比也总是显得极为单薄。但作家却总能在结尾处安排出正义战胜邪恶的大团圆结局。比如在透着浓郁悲剧色彩的《窦娥冤》里，窦娥虽然蒙冤被杀，但还是以自己的冤魂成功地复了仇。对于中国古代戏剧的这一乐观精神，王国维曾这样说过，"善人必令其终，而恶人必离其罚，此亦吾国戏曲、小说之特质也"[1]。王国维认为这是中华民族作为乐天知命的民族在文学作品中的必然体现。

乐观的人生态度在中国古代的诗歌中也有充分的流露。自《诗经》《楚辞》以来，诗歌中固然一直有写"愁"写"怨"的传统，但这种描写却总是基于对人生的肯定和生命的热爱。在古代有积极入世的诗人，也有主张出世归隐的诗人，但却不见悲观厌世的诗人。其中，积极入世的诗人及其作品中凸现的固然是乐天知命、刚健有为的精神，但主张出世归隐的诗人及其诗作也同样充满着乐观的情绪，只不过这种乐观情绪往往表现为对大自然的热爱，对田园生活的向往，对清贫却自在的日常生活的自得其乐。正是由此，在陶渊明的诗作中后人既能读到"晨兴理荒秽，带月荷锄归"（《归园田居·其三》）的优雅闲适；也能读到"纵浪大化中，不喜亦不惧"（《形影神诗三首·神释》）的平和心境；甚至还能读到"刑天舞干戚，猛志固常在"（《读山海经·其十》）这样充满豪情壮志的诗句。显然，这里所流露的恰恰是一种与厌世相反的积极乐观的人生态度。

这一乐观的人生态度在盛唐边塞诗中就表现为对边塞风光景物的优美描

---

[1]　舒芜等选编：《中国近代文论选》，人民文学出版社 1980 年版，第 48 页。

绘。岑参是这方面的杰出代表。岑参曾两度出塞,有丰富的边塞生活经验,他以火热的情怀、新奇的想象、高度的夸张,描绘出边地风景的奇彩伟观:"轮台九月风夜吼,一川碎石大如斗,随风满地石乱走……"(《走马川行奉送出师西征》);"北风卷地百草折,胡地八月即飞雪。忽如一夜春风来,千树万树梨花开……"(《白雪歌送武判官归京》)在岑参笔下,边塞的风雪严寒和风光的奇异瑰丽,得到了淋漓尽致、触目惊心的展现。有学者评论说"后人在边塞诗的作品中几乎感受不到丝毫因居边塞而生的哀怨"①。

在古代小说里这种乐观精神也几乎无处不在。我们甚至可以发现,整个中国文学史从来没有产生像古希腊式的典型意义上的悲剧文学作品,随处可以读到的都是以大团圆为结尾的文学作品。比如唐代传奇小说的代表作《李娃传》、宋代话本小说的代表作《冯玉梅团圆》,明代拟话本"三言""二拍"中的《玉堂春落难逢夫》《卖油郎独占花魁》《宋小官团圆破毡笠》《金玉奴棒打薄情郎》《灌园叟晚逢仙女》《宣徽院仕女秋千会》等都写的是深受百姓喜爱的大团圆结局。且不说众所周知的《西游记》《水浒传》《三国演义》等的大圆满结局,即便在蒲松龄的《聊斋志异》、吴敬梓的《儒林外史》、曹雪芹的《红楼梦》中我们也都能读到充满乐观精神的情节描绘与结尾时的达观意境渲染。尤其是在《红楼梦》这样伟大的现实主义作品中,在经历了诸如宝黛的爱情悲剧之后,我们在小说的结尾看到的却也是"兰桂齐芳"的大团圆结局。

从"文学即人学"的理念出发,中国古代文学所透露出的这种乐观主义精神,无疑有其积极的意义,因为它使我们从中感受到积极刚健的人生意蕴,并产生对人生对自然的一种热爱之情。这种乐观豁达的人生态度,通过文学作品的熏陶与渲染,从而使我们在生活中相信人生逆境的极点即是顺境之开始的人生辩证法。这就犹如诗人吟诵的那样:"山重水复疑无路,柳暗花明又一村。"(陆游:《游山西村》)这种人生态度对于"不如意常八九"的艰难人生而言不仅是重要的,而且也是必要的。

当然,这种乐观的人生态度一旦成为文学创作的一种模式,不仅会使一些文学作品沦为廉价的自我安慰工具,而且在其熏陶下的国民性格往往会缺乏一种敢于抗争、敢于牺牲的悲剧性格。鲁迅甚至认为这种团圆主义乃是国民性弱点的一种表现,它只会导致遮掩缺陷和粉饰现实的自欺欺人:"中国人的不敢正视各方面,用瞒和骗,造出奇妙的逃路来,而自以为正路。在这路上,就

---

① 袁行霈:《中国文学概论》,高等教育出版社1990年版,第69页。

证明着国民性的怯弱、懒惰，而又巧滑"（《论睁了眼看》）。就中国古代文学的乐观主义倾向所带来的消极影响而言，鲁迅的批评无疑是正确的。但是，我们并不因此否定中国传统文学内蕴的乐观主义人生态度。道理很简单，相比于悲观主义的人生哲学，乐观主义更能够帮助我们与自然、与他人、与社会形成和谐与融洽的审美关系，尤其更能够激励我们遭遇"山穷水尽疑无路"时走出困境、战胜艰险，从而迎来"柳暗花明又一村"的人生坦途。在一些特定的情形下，这甚至成为中国人对生活的一种坚定信仰。

其三，尚善的德性主义情怀。中国古代文学一直有着一种尚善的德性主义追求。在西方文学发展史上，以柏拉图、亚里士多德为代表的西方文学传统主张文学以模仿为基本原则。这个原则的核心是求真，它所推崇的是以真为美。但在中国古代文学发展中却遵循以善为上的原则，这个原则的核心是尚善，它所推崇的文学创作理念是以善为美。这一尚善的文学创作原则也是儒家诗教理论的一个重要内容和基本的创作原则。据《论语》记载，孔子在评价《韶》乐时就说"尽美矣，又尽善也"；在评价《武》乐时却批评道："尽美矣，未尽善也。"（《论语·八佾》）可见，在孔子看来文学艺术仅仅追求美是不够的，应当达到尽善与尽美的统一。孔子之后，这一尚善和以善为美的文学观深深地影响了中国古代文学史的发展，它不仅使中国古代文学作品中充溢着尚善的德性主义情怀，而且其本身也往往成为评价一部作品的成就的最高评判标准。

中国古代文学的这种尚善精神体现在具体的文学创作中，就表现为一种推崇道德力量，讲求人格操行之高尚的德性主义立场。比如在伟大的诗人屈原那里，我们就能深切感受到这种以尚善为核心的德性主义坚守，以及由此而生的崇高之美。诗人一生为了自己挚爱的祖国，坚持不懈地追求向善的人格理想，上下求索"虽九死其犹未悔"，不怕孤立、不怕迫害，表现出伟大的人格力量。当看见那些小人把祖国引上"幽昧""险隘"的危途，他不顾一切地大声疾呼，"岂余身之惮殃兮？恐皇舆之败绩"（《离骚》）。在屈原的作品中既能感到诗人执着于美好政治理想的不懈追求，又能体会到诗人追求中那种"宁溘死以流亡"的道德人格力量。

从屈原开始的尚善精神，在中国文学史上一直绵延不绝。唐代大诗人李白就充满着尚善的德性主义情怀，他借大鹏抒发其远大的志向："大鹏一日同风起，扶摇直上九万里。"（《上李邕》）而他的这个理想又是超越了狭隘私利的："松柏本孤直，难为桃李颜。"（《古风其十二首》）宋代大诗人陆游在自己的诗作中也充溢着同样的德性主义情怀："平生万里心，执戈王前驱。战死士所有，耻复守妻孥!"(《夜读兵书》)"僵卧孤村不自哀,尚思为国戍轮台。"(《十一月四日风雨大作》)在这些充满英雄主义气概的诗篇里,无不闪耀着因尚善而壮美的激情。元代杂剧大家关汉卿的剧作也充满着尚善的德性主义立场。在他的剧作中无论是取材于现实生活还是取材于历史传说,都有着热情讴歌被压迫人民的斗争,揭露社会黑暗的尚善主题。明代施耐庵、罗贯中、吴承恩等人在长篇章回小说的创作中更是无不彰显出他们的尚善情怀。吴承恩的《西游记》中唐僧、孙悟空的形象,可谓作者尚善情怀必然衍生的典型人物塑造。在清代最伟大的作家曹雪芹的《红楼梦》中同样蕴含着这一尚善的文学传统。《红楼梦》不再以"洞房花烛、金榜题名"为小说描写的主题,而是通过贾宝玉、林黛玉、薛宝钗等贵族青年的爱情悲剧的展示,深刻呈现了封建专制的腐朽与罪恶,以揭露、批判与否定的方式,肯定了真善美的生活理想,从而使这部作品具有了震撼心灵的艺术感染力。

> 德国最伟大的作家歌德曾经说过这样一段意味深长的话:"中国人在思想、行为、和感情方面几乎和我们一样,使我们很快就感到他们是我们的同类人,只是在他们那里一切都比我们这里更明朗、更纯洁,也更合乎道德。"①歌德提及的明朗、纯洁、合乎道德,无一不是中国传统文学"尚善"精神的体现。有学者考证,歌德本人在其一生中并无太多与中国人打交道的经历,他对中国人精神的概括主要缘于那些传播到海外的中国文学作品。

中国古代文学这一尚善的德性主义情怀,就其"尚善"的文化特性而言主要是由古代文学文以载道的文学道统观衍生而出的。以儒家诗教为代表的这一文化传统非常强调道德人格与诗文的内在统一性,也由此而形成了中国古代"铁肩担道义,辣手著文章"(杨继盛:《杨忠愍公集》)的文化传统。尚善的德性态度体现于作家的文学创作中又进一步形成了一种德性主义的理想情怀,这一情怀具体表现为追求进步的社会理想和坚守高尚的人格情操。也因此,我们说"追求进步理想,坚守高尚人格,是中国文学最可贵的一个特点"②。

其四,含蓄写意的美学风格。含蓄写意作为中国古代文学的基本美学品格,在中国古代第一部系统的文论著作《文心雕龙》中就已被自觉地探讨了。

---

①　爱克曼辑录:《歌德谈话录》,朱光潜译,人民文学出版社1978年版,第112页。
②　袁行霈:《中国文学概论》,高等教育出版社1990年版,第19页。

刘勰在《文心雕龙》的《隐秀》篇中曾这样写道："夫隐之为体，义生文外，秘响傍通，伏采潜发，譬爻象之变互体，川渎之韫珠玉也。"①刘勰在这里描述了含蓄（"隐"）的基本特征：像秘密的声音从旁传来，像潜在的彩色暗中闪耀，像八卦中的爻象变化，像川流蕴含着珍珠美玉。可见，含蓄的表现手法是以隐喻、借代的语言去启发读者想象、体会、发现作品中的隽永旨趣和优美意境。以唐代诗论家司空图的话来说，含蓄就是"味外之旨""韵外之致""象外之象"和"景外之景"。他认为含蓄的艺术手法往往使读者在阅读文学作品中能体悟到"不著一字，尽得风流"（《诗品》）之韵味。

追求含蓄的艺术表现手法，也就派生了中国古代文学不重写实而重写意的另一个美学品格。用清代文论家叶燮的话来说就是："妙在含蓄无垠，思致微渺，其寄托在可言不可言之间，其指归在可解不可解之会，言在此而意在彼，泯端倪而离形象，绝议论而穷思维，引人于冥漠恍惚之境，所以为至也。"（《原诗》）可见，重含蓄，重言外之意，追求言有尽而意无穷，构成中国古代文学自觉追求的又一基本审美品格。这也就决定了"中国古代文学追求的艺术境界不是真实而是空灵，不是形似而是神似"②。

中国古代文学含蓄写意的美学风格首先大量地体现在诗歌创作中。比如我们在读唐代诗人柳宗元的诗"千山鸟飞绝，万径人踪灭。孤舟蓑笠翁，独钓寒江雪"（《江雪》）时，便有一种言近意远、韵味无穷的感觉。诗人在这里没有正面写雪如何铺天盖地地下，而是借"鸟飞绝"与"人踪灭"两处描述，因小见大，使人感觉到一派漫天飞舞的江天雪景。这一景致的陪衬与烘托使得那种孤傲独立的人格情趣跃然于字里行间。类似于柳宗元《江雪》诗中的这种含蓄写意的表现手法，在古代的诗作中几乎随处可见。比如在我国古代最早的诗歌总集《诗经》中就有"昔我往矣，杨柳依依；今我来思，雨雪霏霏"（《小雅》）这样含蓄抒情而极富感染力的诗句。即使在以叙事见长的乐府诗中，也可见到这种含蓄写意的描述，比如《孔雀东南飞》中在诗的末段，就有用松柏梧桐交枝接叶，鸳鸯相向朝夕和鸣来含蓄地象征主人公爱情的优美。魏晋南北朝最杰出的诗人陶渊明可以说是唐诗崛起前在诗歌的含蓄写意方面成就最卓著的诗家。他在诸如"采菊东篱下，悠然见南山"（《饮酒》）、"蔼蔼堂前林，中夏贮清阴"（《和郭主簿·其一》）、"人生似幻化，终当归空无"（《归园田居·其四》）等

---

① 刘勰：《文心雕龙》，人民文学出版社 1978 年版，第 633 页。

② 张岱年、方克立主编：《中国文化概论》（修订版），北京师范大学出版社 2004 年版，第 176 页。

诗句中,以平淡自然的语言勾勒出一个意境悠远、宁静安逸的艺术世界,使人沉醉不已。

中国古代文学这一含蓄写意的美学风格在唐诗中更是表现得淋漓尽致、登峰造极。比如王勃有"况属高风晚,山山黄叶飞"(《山中》);陈子昂有"迟迟白日晚,袅袅秋风生;岁华尽摇落,芳意竟何成?"(《感遇三十八首·其二》);孟浩然有"春眠不觉晓,处处闻啼鸟;夜来风雨声,花落知多少?"(《春晓》)王维有"空山不见人,但闻人语响"(《鹿柴》)、"林深人不知,明月来相照"(《竹里馆》);王昌龄的边塞诗有"秦时明月汉时关,万里长征人未还"(《出塞》)、"烽火城西百尺楼,黄昏独坐海风秋"(《从军行》);王之涣《凉州词》中有"羌笛何须怨杨柳,春风不度玉门关"(《凉州词》),如此等等。在这些诗作中,我们都可深切地感受到诗人们以奇妙无比的含蓄写意手法,把我们带入或优雅或悲凉或空灵的艺术情境之中。

唐代是中国诗歌创作的高峰期,而在唐代最伟大的浪漫主义诗人李白和最伟大的现实主义诗人杜甫的诗中,我们更是无处不感受到含蓄写意这一美学风格的自然流露。比如李白在他的名篇《蜀道难》中借"青泥何盘盘,百步九折萦岩峦""又闻子规啼夜月,愁空山"等自然景观的描述,含蓄委婉地展示了他对人生与世道的感叹。即使在他意气风发的诗作里,也多有含蓄写意的如"两岸猿声啼不住"(《早发白帝城》)、"桃花潭水深千尺"(《赠汪伦》)这样的句子。作为杰出的现实主义诗人,杜甫一生忧国忧民,在他的叙事诗中,我们可以看到杜甫极善于用一些细微的、具体的动作含蓄地表达自己大悲大喜的内心情感。如《闻官军收河南河北》中的"漫卷诗书",如《春望》中的"感时花溅泪"等的细节描写就属此类。他也善于以景寄情,甚至是通过纯粹的景色描写来含蓄地表露自己的丰富情感,如《登慈恩寺塔》诗中"秦川忽破碎,泾渭不可求。俯视但一气,焉能辨皇州"几句,便是借景致的描述而含蓄寄寓自己一腔的忧国忧民之心。

含蓄写意的美学风格在李煜的作品中尤其明显。李煜作为五代十国时南唐的最后一位皇帝,亡国之后的词作以含蓄委婉的笔调抒发了国破家亡的深哀剧痛。如《乌夜啼》:"无言独上西楼,月如钩,寂寞梧桐深院锁清秋。剪不断,理还乱,是离愁,别有一番滋味在心头。"再如《相见欢》:"林花谢了春红,太匆匆,无奈朝来寒雨晚来风。胭脂泪,留人醉,几时重?自是人生长恨水长东。"又如《虞美人》:"春花秋月何时了,往事知多少?小楼昨夜又东风,故国不堪回首月明

中。雕栏玉砌应犹在，只是朱颜改。问君能有几多愁，恰似一江春水
向东流。"在这些作品里，格调尽管相当低沉，但情感却非常含蓄而真
实，具有其他作家难以企及的审美感染力。

中国古代文学这一含蓄写意的美学风格也体现在戏剧小说中。戏剧在西
方历来是以写实为主的，但中国古典戏剧往往强调写意，即注重表现作家对现
实生活的洞悉和感受。元杂剧就典型地反映了这一写意重于写实的美学风
格。明代戏剧理论家王骥德曾总结说："剧戏之道，出之贵实，而用之贵虚。"
(《曲律》)近代学者王国维也称元杂剧作家"但摹写其胸中之感想与时代之情
状，而真挚之理与秀杰之气，时流露于其间"(《宋元戏曲考》)。中国古代的小
说也同样有着这种含蓄写意的风格，比如吴敬梓的《儒林外史》，鲁迅先生就说
它"婉而多讽"①，这个"婉"正是含蓄的意思。的确，我们读《儒林外史》最大的
感受就是作者的讽刺手法是极为婉转含蓄的，作者的褒贬往往不是直抒己见
而是寄寓在诸如范进守孝时吃大虾元子，范进中举后喜极而狂等具体细节的
描写之中，读来令人折服不已。中国古典小说的代表作《红楼梦》也极具含蓄
之美。曹雪芹对封建社会的揭露与批判，往往是非常含蓄地在一系列日常生
活的描写中展示出来。故袁行霈曾这样评价道："我们读这部作品的时候，常
常感到作者是把中国诗歌传统的比兴手法、象征手法运用到小说创作中来了。
它有诗的委婉，诗的含蓄，这最接近中国的诗，最能代表中国文学的特色。"②
中国古代文学这一含蓄写意的文化特色显然与儒家传统文化倡导的中庸
之道有关。在儒家"温柔敦厚"(《礼记·经解》)的诗教传统下，文学创作中所
表现出来的中庸之道，其基本精神正如孔子在论及《诗经》时所说的那样"乐而
不淫，哀而不伤"(《论语·八佾》)。由此，中庸平和的儒家思想决定着中国古
代文学在整体上呈现出含蓄写意的美学风格，即主张在文学作品中要有节制
地宣泄情感，以"怨而不怒""婉而多讽"的方式来批判现实。也正是因为这样
一个原因，我们可以发现中国古代文学在小说、戏剧、散文创作中很少以剑拔
弩张的方式来表达狂喜或狂怒的内心情感，而多追求含蓄委婉、中和节制的表
现风格；在诗歌创作中虽也不乏深挚动人的情感渲染，但却从未达到西方诗歌
那种"酒神"式的迷狂程度，而是以一种简约、平和、朴实的手法追求意境的隽
永深沉。

---

① 鲁迅：《中国小说史略》，载《鲁迅全集》(第九卷)，人民文学出版社 1973 年版，第 370 页。
② 袁行霈：《中国文学概论》，高等教育出版社 1990 年版，第 25 页。

　　可见,如果说文学作品是社会生活和现实人生的一面镜子,那么我们在中国古代文学作品的含蓄写意的美学风格中看到的正是中华民族平和、含蓄、偏重理性的文化性格。文以载道之"道"在这里就进一步被呈现为中庸之道。正是由此,我们可以发现在以文化人的漫长岁月里,古代文学作品中倡导的中正、中和、中道之含蓄写意的审美风格与中国人性情中的内敛、节制、敦厚等,互相影响、彼此成就,形成了一道有别于西方的独特文化景观。

三、中华优秀文学传统的现代意义

　　中国古代文学在几千年的历史发展中取得了辉煌的成就。我们有世界文学史上最早的诗歌总集《诗经》,更有着独创的骈文、格律诗词和以抒情为主的诗化戏剧——剧曲。即便在小说戏剧创作方面,也有引以为豪的成就,特别是古代小说、戏剧创作在世界文学发展史上是较早进入成熟阶段的。[①] 更为重要的是,中国古代文学无论在诗歌、散文,还是在戏曲小说创作中都为我们留下了卷帙浩繁、灿如星辰的名篇佳作。作为中华传统文化宝库中丰厚而珍贵的遗产,中国古代文学具有永久的魅力。我们结合中国传统文学的基本文化精神,对中国古代文学的现代意义做一尝试性的发掘。

　　1. 中国古代文学思想内容和艺术手法的鉴赏

　　对中国古代文学的鉴赏显然是我们讨论其现代意义的前提条件。"鉴赏"这个词在古代的原初含义是指赏识、赏玩,今天我们使用"鉴赏"这个词则是意指通过对文学作品的阅读理解,从中汲取对现实生活有用的营养成分这样一个能动过程。在此过程中,我们不仅有一个对古代文学作品进行了解和学习的"赏"的过程,而且还有一个对自我人生实践的"鉴"的反思过程。这是一个阅读、思考和践行相统一的过程。

　　对中国古代文学作品的鉴赏大致上可以从两个方面进行:其一是通过对古代文学作品中蕴含的深刻的思想内容,比如爱国主义、理想主义的情怀以及人本主义、德性主义的优良传统等的解读,从中获得对自我人生的有益启迪与教诲;其二是通过对古代文学作品中艺术风格与表现手法比如比兴、寄托、写

意的手法，审美意境的营造艺术等的领略，体验文学艺术带给我们的审美
情趣。

在中国古代文学作品的鉴赏过程中，如下的思想内容无疑特别值得我们
加以认同并汲取其养分。

其一是中国古代文学作品中伟大的爱国主义情怀。在我国古代文学中，
爱国主义是一个永恒的主题，为历代的文学家所珍重。比如"封建诸侯各世其
位，欲使亲民如子、爱国如家"（荀悦：《汉纪·惠帝纪》）；"爱国忧民有古风，米
盐亲省尚嫌慵"（曾巩：《和酬赵宫保致政言怀·之二》）；"位卑未敢忘忧国，事
定犹须待阖棺"（陆游：《病起书怀》）；"保天下者，匹夫之贱，与有责焉"（顾炎
武：《日知录》卷十三）；"爱国心难尽，忧时色每形"（汪懋麟：《奉送益都公致政
归里》），如此等等。其中流露的眷眷爱国之情、忧国之心无疑让后人为之动容
和折服。

此外，在我国古代有许多优秀的文学家、诗人，他们还用自己的作品和诗
篇描绘了祖国河山的壮美、人民的勇敢勤劳，歌颂了那些抗击异族侵略或反对
民族分裂、为国家的自由独立而献身的英雄，表达了他们对于祖国人民，对于
自己民族光荣历史的挚爱，以及对于美好生活的追求。这些作品以其蕴蓄深
厚的激烈情感，足以唤起我们对于祖国的一种高尚的热爱之心。比如屈原的
《离骚》，李白、杜甫的诗篇，陆游、辛弃疾、李清照、文天祥等人充满家国情怀的
诗词，孔尚任的历史剧《桃花扇》……都是永远激励人心，能够激发出爱国主义
情怀的优秀作品。

其中尤其是屈原的《离骚》，堪称爱国主义的杰作。诗人通过强烈的抒情
和绮丽的想象，表现了他眷念祖国、热爱人民的崇高和"虽九死而犹未悔"的执
着精神，使诗篇迸发出一种异常灿烂的光彩。唐代大诗人李白、杜甫的许多不
朽的诗篇，与屈原的作品一脉相承，也充溢着强烈的爱国精神。李白青年时代
就怀有为国效力的远大理想。他曾出蜀远游，谋求实现自己理想的机会和途
径。安史之乱发生后，他为国分忧，即使处于"不得开心颜"（《梦游天姥吟留
别》）的心境，仍随时准备投笔从戎，报效祖国。杜甫诗篇里所表现的爱国精
神，则更是执着深沉。杜甫在其"三吏""三别"等作品中，批判统治者昏聩误国
的同时，为了实现"安得广厦千万间，大庇天下寒士俱欢颜"的理想，宁肯自己
遭受"吾庐独破受冻死亦足"（《茅屋为秋风所破歌》）的苦难，表现了一种可贵
的为国为民愿将生命奉献的高尚情怀。

宋代的诗人继承了屈、李、杜的爱国主义传统美德，并在作品中加以发扬

光大。南宋时代,北疆广大地区沦亡,只剩下半壁江山。当时国中群情激愤、义军蜂起,可南宋统治者却昏庸无能,妒贤嫉能,偏安江南。正是在国破家亡、社会急剧动荡的这一历史背景下,许多诗人悲愤交加,写下了大量感人肺腑的诗词。这些诗词有的揭露统治者国难当头醉生梦死的丑行(如林昇《题临安邸》);有的发泄自己报国无门的苦衷(如辛弃疾的《破阵子·醉里挑灯看剑》);有的反映了战乱区人民的悲苦生活(如民歌《月儿弯弯照九州》)。这些作品处处体现着日益高涨的民族意识和爱国主义情怀。

在我国古典文学中所体现出来的爱国主义精神,内容是十分广泛的。作家们对祖国锦绣河山、灿烂文化和辉煌历史的尽情讴歌,也是他们表露爱国情愫的重要方面。比如在孟浩然、王之涣、范成大等人的诗作里,无一不蕴含着对祖国大好河山的无比热爱之情。

其二是中国古代文学中体现出来的理想主义精神。中国古代文学从它诞生的那一刻起就闪耀着理想主义的光芒。比如在我国最古老的文学样式——古代神话中,《女娲补天》《后羿射日》《愚公移山》《大禹治水》《精卫填海》等优美故事无不体现出先民们渴望征服自然的伟大理想。故事中补天、射日、移山、治水、填海等英雄壮举,不仅是先民在生产力极低的情况下,不畏艰险地与恶劣的自然条件作斗争之生活遭遇的曲折反映,也是他们勇敢无畏、改造自然精神的直接表现和豪情壮志的强烈抒发。

屈原作为我国第一位伟大的爱国主义诗人,在青壮年时代曾做过楚国三闾大夫和左徒,抱有修明法度、富国强兵、联齐抗秦、统一中国的远大理想。在被长期放逐的年月里,他仍然孜孜不倦地怀揣理想,积极探索挽救祖国厄运的途径。比如在《离骚》中诗人既通过奇丽的幻想、惊人的夸张、寓意深邃的象征等高超的手法,艺术地表现了自己理想主义的执着,又具体描写了主人公以羲和(太阳神)为御,望舒(月亮神)为先驱,飞廉(风神)为后卫,凤凰传令,诸神相随,朝发苍梧,暮叩天门,上游天宫,下求佚女……而主人公做这一切不是为了逃避现实,而是为了寻找理想之人来拯救祖国,救济民生。屈原这种为追求理想而奋斗不息的精神不仅对后世的仁人志士起了极大的教育作用,而且对于后人而言,同样可以从中汲取如何建构人生理想的可贵养分。

自屈原之后,中国古代文学内蕴的这一理想主义情怀无论在秦汉的诸子散文汉赋中,还是唐诗宋词元曲明清小说中,均被弘扬光大,一以贯之地积淀在诸多的传世名篇中。古代文学的这一理想主义传承对于塑造中华民族的民族精神和民族性格无疑起到了积极的影响作用。

　　其三是中国古代文学作品中凸现的美德情操。在论及中国古代劳动人民的美德时，毛泽东曾这样说过："中华民族不但以刻苦耐劳著称于世，同时又是酷爱自由、富于革命传统的民族。"①这种民族品格，在古代文学作品中有着十分鲜明而生动的表现。比如勤劳这一民族得以生存发展的宝贵品格，就被文学作品表现得尤为突出。早在古代神话里，勤劳的主题就有了生动的反映。大禹治水，终日操劳历尽艰辛，脚上磨出厚厚的老茧，且三过家门而不入，他的勤劳品格达到了忘我的境地。炎帝小女溺于东海，化作精卫鸟，衔西山木石，以填东海，勤奋之德更是令人赞叹。《诗经》的首篇《关雎》，运用复沓手法反复歌咏"窈窕淑女"采摘荇菜时轻快、熟练的动作，令人直观地感受到古代女性勤劳的美德。《孔雀东南飞》的刘兰芝也是个勤劳善良的女性。她"十三能织素，十四学裁衣，十五弹箜篌，十六诵诗书……"，是个集勤劳、坚强、勇敢、坚贞诸美德于一身的典型人物。

　　除了勤劳的美德外，在古代文学作品中经常表现的美德还有助人为乐、见义勇为、伸张正义等。比如《水浒传》里的鲁智深，为人正直，富有正义感和同情心。他曾于酒楼间救下素不相识的金翠莲父女俩，并赠以银两，使之脱身返乡。而且，他还敢于同欺压善良的恶霸斗争，三拳打死镇关西，为民除害。他忠于友谊，追踪至野猪林救了挚友林冲，使得林冲免杀身之祸。像鲁智深这样的人物，在我国古典文学中可以说是不胜枚举的。

　　古代文学中所表现的美德情操也表现为男女之间的纯真爱情。"贫贱之交不可忘，糟糠之妻不下堂"的宋弘；"在天愿作比翼鸟，在地愿为连理枝"的刘兰芝、焦仲卿；《牡丹亭》中因爱情而死又因爱情而生的杜丽娘等，都是对爱情忠贞不渝、纯洁而专一的典型人物。这些以他们的爱情故事为题材的诗词、戏曲、小说，多少年来为历代的后人所吟诵传唱、称颂不已。

　　不仅如此。在古代文学作品的鉴赏中除了要汲取其积极的思想内容之外，我们还要学会欣赏其独特的艺术风格和高超的表现手法。事实上，对中国古代文学作品艺术风格及诸多艺术表现手法的鉴赏也是我们现代人获得审美体验的一个重要途径。比如中国古代文学表现手法中注重对文字的推敲，这使得我们在阅读具体的文学作品时常常能进入一种优美的情境之中。北宋诗人宋祁有一首题为《玉楼春·春景》的词，全词以一句"红杏枝头春意闹"结尾，

---

　　① 毛泽东：《中国革命与中国共产党》，载《毛泽东选集》（第二卷），人民出版社 1991 年版，第623 页。

其中的一个"闹"字就把读者带入了一个极为生机盎然的世界。为此,王国维评价说:"著一'闹'字而境界全出。"(《人间词话》)在中国古代文学作品中诸如此类因遣词造句而烘托出极美的艺术情趣的名篇佳作尚有很多。我们在欣赏这类作品时无疑可以得到诸多审美氛围的感染、润泽与享受。

此外,在对古代文学作品艺术形式的鉴赏中,对其寄托手法的领会和体悟也是我们获得审美享受的一个重要途径。比如读元代诗人王冕的《白梅》诗:"冰雪林中着此身,不同桃李混芳尘;忽然一夜清香发,散作乾坤万里春。"这就是一首典型的寄托之作。诗人以白梅高洁绝俗而又不孤芳自赏为寄寓,表达了诗人向往的理想人格。又比如,宋人周敦颐在其散文名篇《爱莲说》中以"出淤泥而不染"的莲花寄托自己的情怀,讴歌了坚守道德信念的人格力量。显然,在对这类文学作品的鉴赏中,我们不仅可以从中感受到比兴手法带给人的优美意境,而且更能从诗人咏物比德的用心中感受美德对于生命的美好价值。

　　中国古代文学,尤其是诗词创作中最普遍被运用的比兴手法,被诸多学者认定是我们民族审美思维所特有的。比如李泽厚就以《诗经》为例论及过这一问题:"虽然这些诗篇中所咏叹、感喟、哀伤的具体事件或内容已很难知晓……但那种一唱三叹反复回环的语言形式和委婉而悠长的深厚意味,不是至今仍然感人的么? 它们不同于其他民族的古代长篇叙事史诗……体现了中国美学的民族特色。"[①]他认为这应该是《诗经》自孔子至今深受中国人喜爱的一个重要审美缘由。

还值得一提的是,对中国古代文学作品所营造的意境美的感受也很重要。比如李白的《望庐山瀑布》诗:"日照香炉生紫烟,遥看瀑布挂前川;飞流直下三千尺,疑是银河落九天。"在这首短诗中,诗人以悦人的日光、美丽的山色、绚烂的山岚、雄奇的飞瀑营造了一个新奇壮丽而又令人心旷神怡的美学意境,从而使我们仿佛置身于这如诗如画的自然美景之中。在中国古代文学作品中不仅诗歌,而且散文、戏曲、小说等也都特别注重这种审美意境的营造,这使得我们在鉴赏这些作品时,能领略到或雄奇或委婉、或悲壮或优雅的审美情趣。对于古代文学给予现代人的这一审美意境,袁行霈曾这样写道:"中国文学的创作注重表现意境,文学的鉴赏当然也应该力求感受和进入意境。当我们读着那

---

　　① 李泽厚:《美的历程》,生活·读书·新知三联书店 2009 年版,第 58 页。

些意境深远的作品时,可能暂时忽略了周围的一切,视而不见,听而不闻,整个心灵沉浸在想象的世界之中,有时是自己过去的审美经验被唤起,并和诗人取得共鸣;有时会对一种新生活、新的性格,对宇宙和人生得到新的理解;有时会感到超越了故我,在人格和智力上走向更加光明和智慧的世界。"①

2. 中华优秀文学传统之现代意义的开掘

在中国古代,文学创作活动向来如曹丕所总结的那样被视为"经国之大业,不朽之盛事"(《典论·论文》)。这种高度自觉的文学创作观一方面繁荣了中国古代的文学创作,诞生了浩如星辰的名篇佳作,另一方面也使中国古代的文学作品自觉地承载起诸多与"经国大业"相关的社会功能。比如孔子的"诗教"观、韩愈的"文以载道"理论就是文学自觉承载社会功能的直接体现。中国古代文学的这一优秀传统,无疑为我们开掘其现代意义提供了一个具体的思路。这个思路就是,我们不能就文学鉴赏本身来鉴赏中国古代文学,而是应该在鉴赏的基础上深入发掘其内蕴的诸多社会功效,在遵循着"取其精华,去其糟粕"之原则的过程中,发掘出对现代社会生活和自我人生有积极意义的东西。在我们的理解看来,对中国古代传统文学之现代意义的具体开掘至少可以表现在如下几个方面。

其一,发掘中国古代文学所具有的对社会历史的认知价值。中国古代文学作品所具有的认知价值,一般说来是现当代作品所无法达到的,甚至其他社会科学著作在某种意义上说也不能与之相比。中国古代社会的面貌,古人同自然和社会所作的各种各样的抗争,还有古人的具体生活情景,往往可以在古代文学作品中有声有色地被呈现出来,使人能够感性地、立体地把握人类发展的历史。正因如此,我们才说中国古代文学作品就恰如一部形象的古代历史。这就如冯契先生在论及杜甫时指出那样:"杜甫的诗非常丰富多样,给人丰富多样的意境,构成了时代的巨幅画卷,替时代立言,所以被称为'诗史'……这种时代的画卷并不是抽象的,而是通过艺术家给人的遭遇、切身的感受体现出来的。"②

再现古代社会生活的面貌,仅仅是中国古代文学作品认知价值的一个方面。更为重要的另一个方面是,通过对古代社会生活的具体描绘,如朝代更

---

① 袁行霈:《中国文学概论》,高等教育出版社 1990 年版,第 95-96 页。

② 冯契:《人的自由和真善美》,载《冯契文集》(第三卷),华东师范大学出版社 2016 年版,第 228-229 页。

替、历史人物沉浮等,我们可以从中总结出人类社会发展的规律以及人类同自然、社会、自我斗争的许多可贵的经验教训。这些东西作为历史的借鉴对现代人而言是十分重要的。马克思曾经这样称赞过英国的现实主义作家,他说:"他们那明白晓畅和令人感动的描写,向世界揭示了政治的社会的真理,比起政治家、政论家和道德家合起来所作的还多。"①我国古代的许多优秀作品,如《红楼梦》《水浒》《三国演义》等,也同样有着这方面的启迪作用。

在古典文学中毛泽东酷爱《红楼梦》。1964 年 8 月 18 日,毛泽东在北戴河曾经这样评价过《红楼梦》:"《红楼梦》我至少读了五遍……我是把它当历史读,开头当故事读,后来当历史读。什么人都不注意《红楼梦》的第四回,那是个总纲。……第四回《葫芦僧判断葫芦案》,讲护官符,提出四大家族。"②毛泽东对《红楼梦》内蕴的历史认知价值的发掘,即便在"红学"界也堪称自圆其说,且独树一帜的。

特别值得一提的是,古代文学作品的这种认知价值,往往会高于现当代文学作品。这当然并不是说现当代的优秀文学作品比古代文学作品提供的东西要少,而是因为现当代文学作品尤其是当下作品,由于还没有经过历史的检验和筛选,再加上诸如作家本人的视野所限、各种社会环境因素的干扰,因而它们的认知价值常常具有相当的不确定性。古代文学作品则相反,由于年代的久远,当时各种社会因素的影响已不复存在,再加上经过长期历史发展的检验和鉴别,所以它们提供给我们的认知价值往往是准确而公允的。

其二,发掘中国古代文学所具有的道德教化功能。中国古代文学由于其秉承了"文以载道"的传统,因而其道德教化的功能是十分明显的。这一道德教化功能自古代伟大诗人屈原"路曼曼其修远兮,吾将上下而求索"(《离骚》)的吟唱开始一直延续至明清"三言""二拍"内蕴的德性、德行劝谕之言。虽然中国古代文学所承载的道德教化功能在不同时代、不同文学样式的作品中有程度深浅和境界高低之别,但只要我们留意发掘,它对于我们的启迪和警策意义显然是多方面的。比如在市井文学中,这一道德教化功能就以世情劝谕的形式而存在。早在宋元话本中,已有不少世情劝谕的成分。如话本《志诚张主管》讲述开线铺的张士廉,年过六旬娶了个年轻的妻子,这妻子爱上了店中年

---

① 《马克思恩格斯论艺术》(第二卷),人民出版社 1976 年版,第 402 页。

② 黄丽镛:《毛泽东读古书实录》,上海人民出版社 1994 年版,第 292 页。

轻俊朗的主管张胜,张却丝毫没有动心。她死后又带大量珠宝找张胜,想和他结为夫妻,又遭拒绝。张胜因而得以免祸。话本末尾总结说:"亏杀张胜立心志诚,到底不曾有染,所以不受其祸,超然无累。如今财色迷人者纷纷皆是,如张胜者,万中无一。有诗赞云:谁不贪财不爱淫?始终难染正心人。少年得似张主管,鬼祸人非两不侵。"许多地方戏曲还将这个故事改编为舞台剧,这显然大大强化了其内蕴的道德教化性。又如冯梦龙的"三言",其书名为"喻世""警世""醒世",更是直接彰显着道德劝谕的主题。

事实上,在中国古代文学里,不仅是话本文学,在其他的文学形式诸如诗词、散文、戏曲,甚至志怪小说里也广泛地存在着德性修养、伦理教化的因素,它显然在以文化人方面给予中国人的修身养性以积极的影响作用。

其三,发掘中国古代文学所具有的美育功能。中国古代文学作品的美育功能也是十分明显的,尤其是那些隽永清新的山水田园作品更是有着赏心悦目的审美功效。比如我们在读曹操的《观沧海》、谢灵运的《入彭蠡湖口》,陶渊明的《归园田居》,王维的《汉江临眺》,李白的《望庐山瀑布》,杜甫的《望岳》,柳宗元的《永州八记》,苏轼的《饮湖上初晴后雨》,范成大的《四时田园杂兴》,张岱的《湖心亭看雪》等作品时,无不感受到大自然或雄奇壮观之美或优雅清新之美的熏陶。

而且,这种寄情山水的美育功能不仅仅局限于诗词歌赋中。即便是像郦道元《水经注》那样的地理作品,我们也能感受到这种美的熏陶:"自三峡七百里中,两岸连山,略无阙处。重岩叠嶂,隐天蔽日,自非亭午夜分,不见曦月。至于夏水襄陵,沿溯阻绝。或王命急宣,有时朝发白帝,暮到江陵,其间千二百里,虽乘奔御风,不以疾也。春冬之时,则素湍绿潭,回清倒影。绝𪩘多生怪柏,悬泉瀑布,飞漱其间。清荣峻茂,良多趣味。每至晴初霜旦,林寒涧肃,常有高猿长啸,属引凄异,空谷传响,哀转久绝。故渔者歌曰:'巴东三峡巫峡长,猿鸣三声泪沾裳。'"(《水经注·江水注》)作者在这里先写山后写水,接着山水并写,使我们不由地徜徉在水中那山之峰倒影、山之瀑的叠影之中,最后所引的渔歌则更是给人以一种隽永的审美回味。

山水文学的美育功能更奇妙之处还在于,哪怕对一个同样的审美对象,不同的诗人却可以给我们不同的审美感受。比如,对于桂林山水的代表性存在——独秀峰,古人就曾从不同的角度去欣赏它的美,有诗人欣赏它的凌空卓绝、出类超群:"山自众中推独秀,客从秋后展重阳"(吕璜);有诗人则欣赏它连地接天的气势:"会得乾坤融结意,擎天一柱在南洲"(张固);还有诗人则欣赏它直而不屈,甘愿孤独的品性:"青山尚且直如弦,人生孤立何伤焉?"(袁枚)在这里,一处独秀峰的自然景观,在诗人们的畅思妙想中可以给予我们多重的审美效应。

除此之外,中国古代文学由于其偏重理性和写意的特点,带给我们以启迪理性和智慧的功能;由于其乐观旷达的品性,也能给我们的实现人生以乐观主义的感染和熏陶;由于其长于抒情的艺术表现手法,还给我们以直观的美感享受功能,如此等等。从这个意义上我们可以说,中国古代文学所蕴含的现代意义几乎是不可穷尽的。由此,我们对中华传统文化宝库中的这一优秀文化遗产的继承和开掘,也将是一个没有止境的过程。

第4章

以史鉴道:中华优秀传统文化中的史学传统

[题记]中国被誉为最具有历史感的民族,自远古黄帝时的仓颉开始,朝廷便有专门的史官。这在世界文明史上堪称独一无二。道家创始人老子就是西周时的史官,他出函谷关隐居前以史鉴道,留下了不朽著作——五千言的《老子》。

中华民族自古以来就是一个具有深刻历史意识的民族。这种历史意识不仅是悠久的民族历史所积累与积淀而成的,更是基于历代统治者以史为鉴的统治意识和无数杰出史家丰富的史学著述所自觉建立起来的。自中华民族从蒙昧走向文明的那一刻起,史学的雏形便呈现了,那些最早的文化典籍几乎都可以说是史学著述。此后,在中华民族漫长的文明史中,不仅出现了众多的史学家,卷帙浩繁的历史典籍,完备的修史制度,而且还形成了极为丰富而深刻的史学文化传统。从这个意义上说,对中国古代史学文化传统的了解,同样构成我们学习和开掘古代传统文化的一个重要方面。

一、中国古代史学的历史演进

一部中国古代的历史就是中华民族生存与发展的历史。作为对这一生存和发展历史的一种自觉记载和思考,就构成中国古代源远流长、典籍丰厚的史学传统。在几千年的历史发展长河中,中国古代的史学成就及其史学观作为中华传统文化的一个有机组成部分,其自身也经历了一个由奠基、确立到成熟这样一个发展进程。我们学习和把握中国古代的史学传统,首先应当了解和把握这一历史进程。

1. 中国古代史学的奠基

自有文字记载到汉朝建立以前,是中国古代史学的奠基时期。在文字出现之前,先民对历史的记忆、认识和传播,仅仅依靠口耳相传的传说。这种远古的传说是史学的源头。但这一时期并没有严格意义上的史学产生。直到有了文字,历史记载方成为可能。甲骨文和金文,是中国历史上目前所知最早用以记载历史的文字。甲骨文是商周奴隶主贵族占卜的记录,因刻于龟甲、兽骨之上,故称甲骨文。金文因是铸在铜器上的铭辞,故又有铭文、钟鼎文之称。这些记载已包含时间、地点、人物、事件等完整历史记载所必须具备的基本因素,因而可以被看作历史记载的萌芽。负责记载的官员,在担当起草公文、记录时事、保管文书之责的同时,也就成为最早的史家。[①] 从典籍的考证来看,我们的先民从来就重视总结历史经验,保存历史资料。比如《周易·系辞》说:"神以知来,知以藏往。"这里指的"藏往"就是为了总结经验而保存史料。甲骨文与金文的功能之一正是殷商一代用以"知以藏往"。

继甲骨文、金文之后,《尚书》作为官方编撰的第一部史书开始出现。《尚书》一书保存了虞、夏、商、周四朝政治活动的直接文献与史事追述,堪称中国文化史上最早出现的史书。当然,更加规范、更加系统的史书,只有到了春秋战国时才出现。从有关的记载来看,当时各诸侯国似乎都热衷编撰史书,但现在存世的只有孔子依鲁史而写成的《春秋》。《春秋》作为我国古代第一部编年史,它的出现具有划时代的意义。孔子开创私人讲学和私人撰史之风,从此开拓了中国史学的发展道路。从这个意义上我们也可以称孔子是中国古代第一个史学家。

> 依据《史记》的记载,孔子周游列国经历了 14 年之久,于 68 岁那年返鲁。孔子以"国老"身份问政,因此有条件阅读鲁国的相关文书档案。孔子为寓寄自己的政治理想和主张,倾其精力编纂了《春秋》

[①]　传说在炎黄二帝时就有史官的建置:"古之王者,世有史官。"(《汉书·艺文志》)到了夏朝则有确切的文献记载当时已有了记事、掌管档案之官——太史令。据《淮南子·氾论训》记载:"夫夏之将亡,太史令终古先奔于商,三年而桀乃亡。"可见,夏代史官太史令的设置,其职能不仅负责形成文书和保存档案文献,而且还可以以史为鉴劝谏君主。

等"六经"。孟子曾断言:孔子编《春秋》的根本意图是为了改变当时礼崩乐坏,臣弑其君、子弑其父的无道乱象。(《孟子·滕文公下》)那么,如何让天下由无道而走向有道呢? 孔子认为一个重要的路径就是以史为鉴。孔子在回应当时鲁国大权在握的季康子问政时,就以前朝的周公为例告诉对方:"政者,正也。子帅以正,孰敢不正?"(《论语·颜渊》)

继孔子之后,战国时代私人撰述的史书又有了大的发展,最有代表性的是《左传》《国语》《战国策》等。

《左传》是《春秋左氏传》的简称。《左传》是《春秋经》的传,其写法是尽可能原原本本地写出《春秋》所写每一件事的本末。《左传》记载的历史起于鲁隐公元年(前 722 年),中经桓公、庄公、闵公、僖公、文公、宣公、成公、襄公、昭公、定公,终于鲁哀公二十七年(前 468 年),其中叙事则至鲁悼公十四年(前 454 年)为止。它记载了东周前半期的史事。后人能系统地知晓春秋时期的历史,基本上是依靠《左传》及《国语》的记载。可见,《左传》的史学意义极为宏远。

《国语》是和《左传》差不多同时写成的春秋时期的别史。其篇数据《汉书·艺文志》记载为二十一篇。其中:《周语》三卷,《鲁语》二卷,《齐语》一卷,《晋语》九卷,《郑语》一卷,《楚语》二卷,《吴语》一卷,《越语》二卷。记载的内容上起周穆王,下至三家分晋。虽然《汉书·艺文志》将其列于杂史类,但它内容丰富,为先秦史籍中最重要的典籍之一。《国语》的编撰,以"国"分类,以"语"为主,其作者是鲁国的史官左丘明。这也许就是为什么作者在《国语》于《周语》之下首列《鲁语》的缘由。

《战国策》是现存战国时期唯一一部具有系统性的史书。其内容上接春秋,下接楚汉的兴起,共叙事 245 年。全书共十卷,计分东周、西周、秦、齐、楚、赵、魏、韩、燕、宋、卫、中山十二国策,主要记录了战国时期纵横家的言论。值得一提的是,因为同时代并无其他史书可以援引,故司马迁写作《史记》时记载的有关战国史事,多取材此书。《汉书·艺文志》中将此书与《国语》并入杂史类。可见,在汉代它就被认为是一部重要的史书。

正是基于以上的基本事实,我们可以认为从有文字记载开始到秦统一中国的这一时期为中国古代史学的奠基时期。这一时期不仅有了甲骨文、金文记载的零散史事,而且逐渐产生了各种史体的雏形之作。如编年体的《春秋》、记言体的《尚书》等。当然,这一时期的史学尚缺乏自觉的意识,从学术上也缺乏独立地位。由此,这一时期只能说是中国古代史学的奠基时期。

2. 中国古代史学的自觉确立

中国古代史学在经过先秦的奠基时期后,发展至汉代,以《史记》的横空出世为标志,开始进入了自觉确立的时期。这一时期的史学开始逐渐从"经学"中分化出来,取得了自己独立的学术地位,并创造了如《史记》那样的纪传体通史和《汉书》那样的断代史名著。

完整意义上的中国史学的真正开端是在西汉。其奠基人是司马谈、司马迁父子及他们所著的《史记》。司马氏父子是陕西韩城龙门人。司马谈本为汉太史,专治天文,熟悉史事,通晓先秦诸子之学,其所掌握的史料也很丰富。司马迁在其父亲的影响下也酷爱文史:"迁生龙门,耕牧河、山之阳,年十岁则诵古文,二十而南游江、淮,上会稽,探禹穴,窥九嶷,浮于沅、湘,北涉汶、泗,讲业齐、鲁之都,观孔子之遗风,乡射邹、峄,厄困鄱、薛、彭城,过梁、楚以归。"(《史记·太史公自序》)可见,司马迁不仅是一位学有渊源之人,而且是一位信奉"读万卷书,行万里路"的有识之士。后因替友人李陵辩冤得罪朝廷下蚕室受了宫刑。从此,司马迁不得再厕于士大夫之列。这反而促使他发愤著述,写就了鸿篇巨制《史记》。

> 据史书记载,司马迁之父司马谈因病无法完成编纂一部通史的夙愿时,他希望儿子务必继承其志。司马谈用以激励儿子的理由之一就是以史为鉴乃史官之天职:"幽厉之后,王道缺,礼乐衰。孔子修旧起废,论诗书,作春秋,则学者至今则之。"(《命子迁》)这段话的意思是说,周幽王、厉王以后,王道衰败,礼乐衰颓。幸亏有孔子研究整理旧有的典籍,修复、振兴被废弃、破坏的礼乐,论述《诗经》《书经》,写作《春秋》,学者至今都可从过往的历史中寻找到行为的准则。

《史记》作为我国第一部纪传体通史,其记事起于传说中的黄帝,迄于汉武帝太初年间,上下共 3000 年左右。全书共一百三十卷,"本纪"十二卷自《五帝本纪》至《孝武本纪》,都是编年纪事;"表"十卷,自《三代世表》至《汉兴以来将相名臣年表》,一类是大事年表,一类是人物年表;"书"八卷,计《礼书》《乐书》《律书》《历书》《天官书》《封禅书》《河渠书》《平书》等,系统地记述了政治、经济、天文、地理等方面的制度或重大事件;"世家"三十卷,自《吴太伯世家》至《三王世家》,基本上是以世为准加以叙述;"列传"七十卷,从《伯夷列传》至《太史公自序》,在撰写人物传记的同时,也记载了一些我国边疆各少数民族和一些邻近国家的历史。从《史记》的体裁来看,其中有编年史,有世代史,有专门史,有史表,有个人传记,古今历史体裁,几乎可以说皆具其中。事实上,中国古代以后的官修史书,均以《史记》为范本。《全球通史》的作者斯塔夫里阿诺斯曾这样评论说:"后来的中国史学家对司马迁都很推崇,照搬他的方法。所以中国绵延几千年的编年史工作留下了其他任何国家都望尘莫及的大量史料。"[①]

特别值得一提的是,司马迁的史观也极有独到之处。比如在他看来史学研究应该"究天人之际,通古今之变,成一家之言"(《史记·太史公自序》)。这显然已超越了单纯的以史为鉴的视阈,初步提出了用社会发展的观点来探索历史变化原因的可贵思想。

继《史记》之后的《汉书》是中国古代史学的又一颇具代表性之作。如果说《史记》是通史的典范,那么《汉书》则是断代史的典范。《汉书》的开创者是东汉初年光武帝时的班彪。但是,既有高才又好写作的班彪在开始撰写后不久因病去世。于是,该书由他任史官的大儿子班固继续完成,其史料大多来自班彪搜集的资料。但班固仍有"八表"和《天文志》未能写完,又由其妹班昭续完。可见,《汉书》的撰写可谓备尝艰辛。《汉书》所记的史实从汉高祖元年(公元前206年)起,到王莽地皇四年(公元22年)止,共计228年,包括了整个西汉一代的历史。全书体例删去"世家"一类,并改《史记》之"书"为"志",计"本纪"十二卷,"表"八卷,"志"十卷,"列传"七十卷,共计一百卷。其中由于有些卷内所记内容繁多,又分为若干子卷。故全书最终多达一百二十卷。《汉书》在中国史学发展史上有着重要的价值。它首创了断代史的体例,从内容上涵盖了整个西汉两百多年的历史,资料丰富,叙事得当,首尾完整,自成一体。后世官修的纪传体断代史,几乎都以《汉书》为范例。

值得一提的是,与《史记》类似,《汉书》也有极高的文学价值。这一文学性不仅提升了史籍类著述的可阅读性及其传播性,重要的还在于使其辑录的人与事可深入人心,教化人性。《苏武传》《朱买臣传》等这些《汉书》里脍炙人口的故事,其人物性格的细节描述可谓栩栩如生,堪称优秀的传记文学之作。后人把它与《史记》并称为"史汉文章",作为散文创作的经典之作。史学家陈光崇就曾概述了《汉书》在史料的精炼、典章的补缺与极高的文学性这三方面成就后,评价

---

① 斯塔夫里阿诺斯:《全球通史:从史前史到21世纪》(第7版修订版)(上),吴象婴等译,北京大学出版社2005年版,第167页。

道:"《汉书》是继《史记》而起的一部伟大的历史著作。"①

作为中国古代史学发展进入自觉阶段的标志,这一时期还出现了《东观汉记》与《汉纪》两书。《东观汉记》记载了东汉光武帝至汉灵帝时期的一段历史。因朝廷于东观设馆修史而得名。它前后经班固、李尤、边韶、马日磾等人数次断续成章。写成后,汉桓帝曾诏令蔡邕修订完善。后蔡邕因涉及董卓谋叛而获罪。他曾自请刖足以允其修撰此书,但司徒王允怕他写谤史,故不仅不许,还网罗罪名诛杀了蔡邕。正因为这个缘故,《东观汉记》是一部不完整的史书,但在当时仍能与《史记》《汉书》共称"三史"。《汉纪》不是官修之作,其作者是荀悦。相传,汉献帝好读史籍,曾认为班固的《汉书》篇幅繁杂,不便阅览,于是命荀悦作《汉纪》三十篇。《汉纪》②发展了《春秋》《左传》的体例,开创了编年体断代史体例,这可以被认为是荀悦对古代史学的一个了不起的贡献。此外,这时期尚有七种散佚的"汉书",再加上东汉人赵晔著《吴越春秋》,又开创了编写地方志的先例。可见,后世将汉代作为中国史学的自觉时期,应当是非常之精当的。

汉以后的三国两晋南北朝时期私家修史之风盛行,史籍数量因此激增,《二十四史》③中的《后汉书》《三国志》《宋书》《南齐书》《魏书》等都是在这一时期成书的。

《后汉书》一百二十卷,其中纪、传九十卷,是南朝宋人范晔撰写;志三十卷则由晋人司马彪所撰。《后汉书》记载了东汉一代的史事。其体例基本上同于《汉书》,但没有"表","志"缺《食货》《艺文》《河渠》。人物传记中既有论,又有赞。列传人物以类相从,不以时代为序。司马彪所撰的"志"还集中保存了东汉一代典章制度的史料。《三国志》六十五卷,是晋朝时的陈寿所撰。陈寿在蜀汉时曾任蜀观阁令史,因不愿附和宦官黄皓,屡遭遣黜。西晋王朝建立后他任著作郎,官至平阳侯相。时人称他"善叙事,有良史之才"(《晋书·陈寿传》)。《三国志》分《魏书》三十卷,《蜀书》十五卷,《吴书》二十卷,比较详细地记载了魏、蜀、吴三国鼎立时期的历史。其体例仅设纪、传,而无志、表。该书

---

① 陈光崇:《中国史学史论丛》,辽宁人民出版社 1984 年版,第 14 页。

② 因在其之后有晋人袁宏作《后汉纪》,故荀悦所作的《汉纪》亦称《前汉纪》。

③ 《二十四史》是中国古代各朝撰写的二十四部史书的总称,因其被视为正统的史书,故又称"正史"。它上起《史记》里记载的传说中的黄帝(约前 2550 年),下止于《明史》的崇祯十七年(1644 年),共计 3213 卷,约 4000 万字。乾隆四年至四十九年武英殿刻印的《钦定二十四史》,是中国古代正史最完整的一次大规模汇编。

叙事简要,剪裁得当,后人将其与《史记》《汉书》《后汉书》合称为"前四史"。《宋书》一百卷,是南朝梁人沈约所撰。他是一位诗人,历仕宋、齐、梁三朝,从记言官一直做到尚书令。沈约在《宋书》中记载了南朝刘宋一代的历史,其体例有纪、传、志,无表。志中又缺《食货》和《艺文》。《宋书》的特点在于保存的史料较丰富,但叙事好忌讳;且因沈约作为一名诗人又是齐、梁间的文坛领袖,故偏重文人历史,书中多录文章辞赋。这也可以说是《宋书》的一大特色。《南齐书》六十卷,是南朝梁人萧子显撰写。萧子显是齐高帝萧道成的孙子,很有才学。齐亡后,虽然梁武帝颇器重他,但萧子显作为亡国之人不免忧谗畏讥。于是,他转为发愤而著《南齐书》。《魏书》一百三十卷,由北齐人魏收编撰。魏收出身官僚家庭,以才学著称,深受朝廷重视,被委命修撰国史。魏收作《魏书》时,在北齐为官者中有很多是北魏大官僚的子孙,他们为了能给自己的祖先写篇好传,往往向魏收行贿,故《魏书》又有"秽史"的不好名声。但《魏书》在记载南北朝时北魏一代的历史时,其编撰体例有其独到之处,如新创了《官氏志》和《释老志》。《官氏志》记录了鲜卑统治集团诸部姓氏名称由来和所改汉姓名称以及有关官制;《释老志》则评述了佛教的起源及北方佛教的流传情况,并保留了北魏王朝对待佛教政策的许多有关材料。它对研究我国佛教史无疑有重要的参考价值。

这一时期,除上述五部正史外,比较突出的史学著作还有西晋常璩的《华阳国志》,它记载了巴、蜀开国以来的历史,提供了研究四川地方古史不可缺乏的史料。此书之所以名为《华阳国志》,是因为四川为古梁州之地,而《禹贡》中则有云"华阳黑水惟梁州"之故。另外,西晋谯周的《古史考》,东晋袁宏的《后汉纪》等也都是这一时期重要的历史文献。这一时期的史家著述可谓卷帙浩繁,蔚为大观。

3. 中国古代史学的发展与完善

从唐代一直到清鸦片战争以前是中国古代史学的进一步发展与完善的时期。这一时期史馆修史制度得以正式确立,史学评论以《史通》的出现为标志而全面成熟,编年史巨著《资治通鉴》的成书、典制史《通典》等专门史的勃兴等,无一不凸现出中国古代史学发展进入了它的发展与完善阶段。

在唐朝以前,一些史书如《史记》《汉书》等多出自私人撰述。《三国志》以来虽颇有奉帝王之命而修撰者,如陈寿、魏收等,但并未沿袭为一种制度。从颇重史鉴的唐太宗开始,朝廷正式建立修史制度,于是"贞观三年闰十二月,始移史馆于禁中,在门下省北,宰相监修国史,自是著作郎始罢史职"(《旧唐书》

卷四三《职官志》)。我们根据《唐会要》和《旧唐书·职官志》等记载可知,唐代史馆的组织架构大致为:监修国史1人,以宰相兼之;史馆修撰4人,以登朝官兼之;直馆若干人,以未登朝官任之。另有楷书手25人,典书4人,亭长2人,掌固6人,装潢直1人,熟纸匠6人。正因为有了这种完备的组织架构,再加上朝廷的重视,使唐代的史书编撰工作取得了空前的成就。二十四史中有六部是这一时期修成的。

唐太宗时开始设馆修史所修成的六部正史,《晋书》便是其中的第一部。唐太宗在启动《晋书》编纂时意识到以史为鉴的重要性时讲过一句名言:"大矣哉,盖史籍之为用也!"(《修〈晋书〉诏》)当时太宗皇帝之所以要开设史馆重修《晋书》,最主要缘由在于西晋是个统一的王朝,它结束了三国时期几十年的分裂局面。然而它的统一又是短暂的,不久就发生了中原地区的大混战,此后便形成了东晋和十六国、南朝和北朝的长期对立。李世民作为统一王朝——唐朝的创业之君,非常迫切地想对晋朝的治乱兴亡进行一番探索,以资治国理政之鉴。特别值得一提的是,他还亲自参与其间。宣帝司马懿与武帝司马炎二纪、陆机与王羲之两传,即出自唐太宗之手。

唐朝除了修撰前代史外,记载唐朝本朝史实的有温大雅编著的《大唐创业起居注》,吴兢编著的《贞观政要》等。唐朝廷后来还开设史馆修国史实录。可见,置官设馆以修史,是唐代在历史学发展上的一件大事。它对发展和充实中国古代史学有不可替代的意义。

唐代史学的另一重大成就是史学理论专著的出现。唐代著名史学家刘知幾完成了我国历史上第一部系统的史评类专著《史通》。刘知幾是江苏彭城(今江苏徐州)人。据史籍记载,刘知幾从小就对历史有兴趣,一次他父亲叫他读《尚书》,他读不上来,但听见哥哥读《春秋左氏传》却大感兴趣,"遂通览群史"(《新唐书·列传》卷五十七)。他一生三为史官,预修国史几十年,因而在修史的实践与研究中建立了自己一套独特的历史观。尤其是他人在史馆时,因为当时制度所限,不能完全按照自己的历史观来修史,故便退而私撰《史通》以铭其志。因而《史通》并非史书,而是一部"史学通论"。以现代人的眼光来看,《史通》的价值在于它是中国第一部史学通论。在这部著作中作者不仅对此前的历史著作几乎全部作了批语与总结,而且还提出一套自己编纂史书的原则与方法,并在此基础上提出了自己独特的修史主张。

刘知幾的《史通》共二十卷四十九篇，其中内篇三十六，外篇十三。《内篇》专门讲述历史编纂学；《外篇》叙述史籍源流，杂评古人得失，议论广泛。在《史通》中刘知幾还提出史学中的"六家二体"之说。"六家"是指《尚书》《春秋》《左传》《国语》《史记》《汉书》；"二体"则是指《春秋》的编年体和《史记》的纪传体。在刘知幾看来"后来作者，不出二途"（《内篇·二体》卷二）。特别值得一提的是，刘知幾在《直书》篇中提出史家应直言不讳，忌浮词曲笔的修史原则；在《言语》篇中则提出文字应该简练朴实，用当代语言叙事的观点。《史通》问世后，虽曾招来后代一些文人的非议，但作为中国古代第一部史学理论专著，它在中国史学史上享有崇高的地位。

这一时期也还出现了通史式的政书。通史式的政书，即记载历代政治、经济、文化等典章制度沿革史的专门史书。在唐朝以前，历朝的政治、经济、文化等典章制度的记载，均系附于断代史中，分别写成"职官志""食货志"之类，并没有人从头到尾一以贯之写成一部专书。唐玄宗开元末年著名史学家刘知幾的儿子刘秩"采经史百家之言，取《周礼》六官所职"（《旧唐书》卷一四七）作《政典》三十五卷，初具了这类专门史书的雏形。

真正成熟的通史式政书当首推杜佑的《通典》。杜佑曾历任德宗、顺宗、宪宗三朝宰相，封岐国公。《通典》书成之后，"其书大传于时，礼乐刑政之源，千载如指诸掌，大为士君子所称"（《旧唐书》卷一五一）。全书上起传说中的黄帝，下迄唐玄宗天宝末年，内容分为：食货、选举、职官、礼民、乐、兵、刑、州郡、边防九大门类。《通典》把有史以来政治、经济、文化以及周边民族的历史，原原本本条分缕析地写了出来。特别值得推崇的是，杜佑打破了从来史家专记帝王将相家谱的惯例，主张"夫理道之先，在乎行教化；教化之本，在乎足衣食"（《通典·食货典序》）。由此，他把"食货"列为第一位，而"食货"又以田帛为先。可见，杜佑已看出了经济发展对于历史的重要性，并初步认识到经济是一切政治活动的基础。这是杜佑的首创和卓识。正是由此，历代史家对《通典》的评价都很高，认为它义例严谨，内容丰富，考订有据，详而不烦。自《通典》问世后，后代史家纷纷进行这方面的研究，编撰了大量的此类专书。可见，《通典》的出现推动了中国史学的长足进步。

还值得一提的是这一时期的地理志的成就。古代地理学与今日不同，它不是作为一门自然科学，而是作为历史学的附属学科出现的，故诸史几乎都附有"地理志"。唐代由于疆域扩大，交通发达，随着国力的扩张与中央集权的加强，地理志也日益成为一门实用价值极高的学问。其实，早在隋朝时裴矩就写过《西域图记》三卷,详细记载了西域当时 44 国的国名及所在的山川形势。唐高宗时期"遣使分往康国、吐火罗,访其风俗物产,画图以闻"(《唐会要》卷三六),编为《西域国志》六十卷,这是一部有地图、有画像、有说明的域外志书。在国内图志方面,唐朝曾三次修订《十道图》。地图测绘最成功者是唐德宗时的宰相贾耽。他采用东晋裴秀的"分章法"(即比例法)画平面图——《海内华夷图》,其所绘山川地势与今天的地图相似,具有极高的科学与史料价值。贾耽除《海内华夷图》外,还著有《陇右山南图》《古今郡国四夷述》《皇华四达记》《关中陇右山南九州别录》《吐蕃黄河录》《贞元十道图录》等,可谓成就不凡。

在隋唐史学繁荣的基础上,五代、宋、辽、金元的史学继续有所发展。特别在宋代,史家辈出,可谓群星灿烂;史籍之多,为前代所无。与此同时,史籍的体裁更是日趋多样化。

继唐代编修《隋书》《晋书》诸史之后,后晋时期刘昫、张昭远等续修唐代历史,名为《唐书》。该书记载了唐朝自高祖武德元年(618 年)至哀帝天祐四年(907 年)共 290 年的历史。它是现存最早的系统记载唐代历史的史书。北宋时,欧阳修、宋祁等重修《唐书》,刘昫所撰的《唐书》因此改称为《旧唐书》,欧阳修等修的则称《新唐书》。欧阳修是个古文学家,讲究文字,又讲究所谓春秋笔法,故《新唐书》的文字比较简练,并且志的内容比较详细,又增加了表。但刘昫的《旧唐书》所保存的史料则比较丰富,具有《新唐书》所不能代替的价值。也就是说,新旧《唐书》各有所长。五代的历史,也是先有北宋薛居正编写的《旧五代史》,后来欧阳修又编撰了《五代史记》,补充了不少新史料,用力颇深。也因此,欧阳修编撰的一般称为《新五代史》,二书并行,同为后世研究五代十国历史的重要资料。

《宋史》《辽史》《金史》等三部史书则是元朝由丞相脱脱等人奉敕所撰。其中《宋史》四百九十六卷,是二十四史中篇幅最长的一部史书。《辽史》亦达一百十六卷。《金史》虽不及《宋史》,只有一百三十五卷,但在元脱脱等所修的三史中最为完善。这是古代史学发展历程中,官修史籍最集中,著述也最宏丰的一个重要时期。

宋代的史学巨著自然是司马光的《资治通鉴》。司马光是陕州夏县(今属山西省)涑水人,故后世又称其为涑水先生。他是宣仁太后垂帘听政时的执政者,他竭力反对王安石变法,是"旧党"的著名领袖。但是司马光学识渊博,史学之外,音乐、律历、天文、术数,几乎无所不通。《资治通鉴》作为我国古代史书编纂长河中的一部巨著,是中国古代历史编纂学发展史上的一个标志和总结。《资治通鉴》以编年纪事为体裁，年经事纬，把公元前 403 年(三家分晋，即周威烈王二十三年)至公元 959 年(后周显德六年)的史事，加以系统叙述，成为一部贯穿 1362 年史事的著作。由于这一编纂体裁的出现，方便了当时人们对古代史事的查找。《资治通鉴》作为封建王朝历史书中的一部最大的编年体通史，前后一共编修了 19 年。在 19 年的编修考订过程中，司马光和他的同道刘攽、刘恕、范祖禹、司马康等人，分工明确，各人负责编纂不同王朝的史事。据说他们广泛搜集的大量史料曾堆满十几间屋。司马光等人把这些史料按年排列，取舍谨慎，考证详密，先做长编，然后加以删削、剪裁和润色，直至最后编撰成书。而且，难能可贵的是，《资治通鉴》虽是一部集体的著作，但体例谨严，内容一贯，行文如出一人之手。书成之后，宋神宗以为此书能"鉴于往事，有资于治道"，故赐名为《资治通鉴》。

　　《资治通鉴》一书的修成，可被视为中国古代史学"以史鉴道"功效彰显的最宏大文化工程的完工。众所周知，古代中国自公元前 5 世纪便已确立的比较完善的史官制度，其目的之一就是以史为鉴，从而让执政者知晓与领悟盛衰兴替之道。到了宋代《资治通鉴》的问世，可谓古代史学发展史上一个标志性与标杆性兼备的重大事件。值得一提的是，正是基于对古代史学文化使命的这一清晰认知，酷爱阅读《资治通鉴》的毛泽东主席认为此书的要义在于一个"鉴"字！① 这一评论堪称一语中的。

宋代史学发展史上还值得一提的是《通鉴纪事本末》。此书为南宋人袁枢所作。袁枢喜读《资治通鉴》，但苦其卷帙浩繁，于是将《资治通鉴》中记录的史事凡属于同一事件的，逐年逐月地摘录出来，以事为主线按类编纂，因而使人们对某一事件的本末能一目了然。由于这部书是以事为主，故称为《通鉴纪事本末》。众所周知，先秦以来的史籍无外编年、纪传二体，袁枢纪事本末体的出现，意味着历史编纂学发展过程中一个重要史书体裁的诞生，从此它不仅与编年、纪传二体鼎足三分，而且比编年、纪传的记事方法更进一步。可见，袁枢不愧为我国古代一个有创新性思维的杰出史家。在袁枢的《通鉴纪事本末》影响下，明、清两代此类作品不断出现，其中主要有明代冯琦、陈邦瞻的《宋史纪事本末》，陈邦瞻的《元史纪事本末》，清代高士奇的《左传纪事本末》，清代谷应泰

① 周溯源、于立文：《跟毛泽东读〈资治通鉴〉》，红旗出版社 2014 年版，第 36 页。

的《明史纪事本末》等数种历朝纪事本末史书。从此,纪事本末体在古代史学发展中蔚然成风。

宋元史学发展另一个重要成就是郑樵的《通志》与马端临的《文献通考》。郑樵所撰的《通志》有二百卷。《通志》一书的记事时间,各部分颇不一致,"本纪"由三皇到隋,"列传"从周至隋,"二十略"则由远古迄唐。郑樵自己最引为自豪的是"二十略"。他颇为自得地认为:"凡二十略,百代之宪章,学者之能事,尽于此矣。"(《通志·总序》)《通志》"二十略"包括氏族、六书、七音、天文、地理、都邑、礼、谥、器服、乐、职官、选举、刑法、食货、艺文、校雠、图谱、金石、灾样、草木昆虫。郑樵的"二十略"的确有许多填补古代史学乃至学术文化的空白之功,如《校雠略》便首开了校勘学的蹊径,在学术上是一个重大的贡献。《文献通考》三百四十八卷,为元代马端临所作。南宋亡国之后,马端临不忘宋室,隐居不仕。马端临因此成为我国古代历史上一个颇具民族气节的史学家。马端临撰《文献通考》是将唐代杜佑《通典》的体例加以扩大编纂而成的。其门类分为二十四门,其中十九门仍依《通典》之旧。它是一部记载历代典章制度的通史,上起三代,下迄南宋嘉定末年(1224年)。正如杜佑《通典》是研究隋唐历史的一部不可缺少的史学著作一样,《文献通考》也成为后人研究宋史的一部不可或缺的重要史书。《宋书》中有关宋代各种制度的记载大都从中摘引而来。后人将唐杜佑的《通典》、宋郑樵的《通志》和元马端临的《文献通考》合称为"三通"。"三通"已成为研究我国古代社会经济政治、文化史的最翔实的资料来源。

宋、元时期史学发展的另一标志性成就是别、杂、野史大量涌现和地理志著作蔚为壮观。宋元时期不仅别史大量出现,而且这一时期的杂史与野史著作也不少。这些著作包括宋代叶隆礼编撰的《契丹国志》二十九卷,钱易编撰的《南部新书》十卷,徐梦莘编撰的《三朝北盟会编》二百五十卷,熊克编撰的《中兴小记》四十卷,李纲编撰的《靖康传信录》三卷,宇文懋昭编撰的《大金国志》四十卷;元代汪大渊编撰的《岛夷志略》等。与此同时,地方、地理志在这一时期也大为发展。宋朝的地理学名著有乐史编撰的《太平寰宇记》,王存等编撰的《元丰九域志》,范成大编撰的《吴郡志》,潜说友编撰的《咸淳临安志》,梁克家编撰的《三山志》,王象之编撰的《舆地纪胜》,祝穆编撰的《方舆胜览》。此外,还有徐兢的《宣和奉使高丽图经》,赵汝适的《诸蕃志》,欧阳忞的《舆地广记》等,可谓百花齐放。元朝立国之后,出现了空前的大一统局面,经过多年的努力,则编成了一部全国性的地理志——《元一统志》。

　　史学在明、清之际进入了一个独特的发展阶段。明、清以前的史学主要目的只是为了记叙历史,最流行的史学理论无非"寓褒贬,别善恶"的春秋笔法。唐代刘知幾的《史通》也只是对收集史料、鉴别史料与写史等问题提出一些看法。到明、清两代,情况开始发生了变化,特别是以黄宗羲为首的浙东学派①的出现,已经将史学提高成为与经学同等地位的历史哲学。由此,章学诚提出"六经皆史"的观点,周太谷更明确地说"儒者知命,可由《易》而知也,亦可由史而知也"(《周氏遗书》卷八)。这一史观的出现,无疑将中国古代史学以史鉴道的自觉性大大地提升了。

　　　　黄宗羲对中国古代史学的重大贡献是,十分注重史学家在治史中的能动作用:一是要求史学家通过自己的缜密思维以确保史学研究的客观性,即真实地还原历史的本来面目;二是要求史学家在史学的客观研究中应当有自己的主观是非判断,即不仅要"寓褒贬于史",还得对历史事件作出史家自己的评价;三是还要求史学家以饱满的情感写出可读可传的历史事件。正是这样新颖的史学主体论,促使他写出了著名的《明儒学案》。此书开创了中国编写学术思想史的先河,标志着中国学术史体裁的主要形式——学案体的完全成熟。

　　正是基于这样的历史哲学观,这一时期史籍巨著继续涌现。明代最大的一部史书,是二十四史中多达二百一十卷的《元史》。由宋濂等人奉敕而修,以元代十三朝"实录"为据,保存了许多原始史料,尤以天文、历史、地理、河渠四方面的材料最为珍贵。这一时期由谷应泰所撰的《明史纪事本末》六十卷和谈迁所撰的《国榷》一百零四卷,也是研究明代历史的主要参考文献。尤其是《国榷》的作者谈迁鉴于经史官员垄断了明历代实录,很多地方忌讳失实,而各家编年史书又多肤浅伪陋,他寻访到各种资料,广征博采,不仅大量辑录了明天启、崇祯及南明弘光史事。相传明亡后,他甚至亲自到北京访问遗老,举凡青娥阿监、白头宫女都成为他邀访的对象。谈迁历时 20 余年终于写成了这部洋洋巨著,其所载明朝万历以后明与后金的史实,为他书所不及。

　　清代官修的正史是《明史》。《明史》三百三十二卷,由张廷玉等奉敕而撰。

---

　　① 浙东学派,本指宋代吕祖谦、叶适、陈亮诸人因学术主张相同或相近而形成的学术派别,因为他们共同主张"治经史以致用",又因他们都是浙东人,故称"浙东学派"。明末清初黄宗羲、万斯大、万斯同、全祖望以及稍后的章学诚、邵晋涵、杭世骏等人均主张"尊经证史""通经致用",章学诚更是提出了"六经皆史"的观点,他们也同为浙江东部人,因而被称为史学理论的"浙东学派"。

其中本纪二十四卷,志七十五卷,表十三卷,列传二百二十卷。另有目录四卷。成书后,张廷玉在其《上明史表》中说:"冠百王而首出,因革可征百世之常;迈千祀以前驱,政教远追千古而上矣。"后世学者在论及"二十四史"时,几乎都认同这样的评价,即除"前四史"外,以《隋书》与《明史》为最精当,而《明史》又更胜《隋书》一筹。《明史》所以能达到这样的水平,主要是因为从开馆修史到最后定稿,历时90余年,不仅时间足够,而且史料丰富,选取从容。王鸿绪所撰《明史稿》三百一十卷,也是这一时期的重要史书,其书共计十六本纪分十九卷,十五志分七十七卷,三表分九卷,一百七十三列传分二百零五卷,又目录三卷。张廷玉在奉敕所撰的《明史》最后定稿时,多以其史料为蓝本。

清代所编的编年史主要有《续资治通鉴》二百二十卷,由毕沅主编。《续资治通鉴》为宋、元两代的编年史,历时20年编成。因朝廷的支持再加以编者的用心与专心,其书在续修史籍中成为不可多得的杰作。该书上起宋太祖建隆元年(960年)与《资治通鉴》相衔接,下迄元顺帝至正三十年(1370年),宋、辽、金元四朝史事并重。张之洞评价此书时说:"宋、元、明人续《通鉴》者甚多,有此皆可废。"(张之洞:《书目答问》)

这一时期的浙东学派在史学方面作出卓绝成就的,除黄宗羲以及参与修撰《明史》的万斯同外,还有章学诚、全祖望等人。章学诚一生著述甚多,后人曾编成《章氏遗书》多卷,其中最能代表章氏学术思想的是《文史通义》和《校雠通义》二书。在《文史通义》中章学诚的史学理论核心是"六经皆史"说。他在《书教》《诗教》篇中认为《书》《诗》之教就是强调史的作用。在《原道》中他认为"道"就是客观规律,在《原学》中他又认为"学"就是如何评议和运用"道"。在《博约》中他提出了史学治学的基本方法。在他看来,因为历史是无数的偶然的客观存在,故需要博;从中归纳出来的规律就是通,是约,由博返约,就掌握了客观规律;再以此规律来认识处理客观社会历史,就是以约制博。可见,在章学诚的思想中,史学已经完全上升为历史哲学的层次。这也就意味着以重道为基本文化特质的中华传统文化立场,在以史为鉴的史学领域里得以完全地彰显。

浙东学派的另一代表人物是全祖望。全祖望博闻强记,尤好史籍,相传在翰林院时借读《永乐大典》一天能读二十卷。他曾经七校《水经注》,三注《困学纪闻》,在史料校订方面贡献甚大。全祖望曾经因黄宗羲《宋元学案》书稿未完,以十年之力为之续成一百卷,从而使该书成为研究宋元学术思想的重要资料。他所著的《鲒埼亭集》,收明清之际碑传甚多,也极富史料价值。

清代史学继浙东学派而起的是考史派。考史派也可以说是浙东学派的发展。浙东学派主张"尊经证史以致用"，而"证史致用"则必先求其真。这就必然要走上考史的道路。清代乾隆、嘉庆以来，考史一派人才辈出，但以钱大昕、王鸣盛、赵翼等人为杰出代表。钱大昕有《廿二史考异》一百卷。这里所谓的廿二史，即是指从二十四史中除去《旧五代史》和《明史》。钱大昕于此二史外，对古代史皆有考订。《廿二史考异》也因此而成为当时考证史学的重要著作。此外，他的《疑年录》《三史拾遗》《宋辽金元四史朔闰考》《通鉴注辨正》《金石文字跋尾》等，也是颇有见地的史料学著作。考史学派的另一代表人物王鸣盛与钱大昕同乡、同年，又是钱大昕的妹夫。与钱大昕《廿二史考异》相类似，王鸣盛也有《十七史商榷》一百卷。所谓"十七史"，实际上就是上起《史记》，下迄五代的十九部正史，因从宋人习惯，称为十七史。所谓"商榷"，即校勘本文，考证史实。因此《十七史商榷》，对研究正史具有重要的参考价值。赵翼在史学考证方面的贡献则主要体现在其所著的《廿二史劄记》三十六卷。[①]该书对重要史事、史制，多溯源归流，旁征博引，且评其得失。尤其对那些有关一代兴衰变革的重大历史事件的评述，特别给后人以启迪。

明清之际的古代史学发展也还体现在地理志的成就方面。清代地理志成就，应首推顾祖禹的《读史方舆纪要》。该书一百三十卷，是顾祖禹闭户著书，积三十年之功编撰而成。内容是据正史考订地理，举凡山川形势险要，古今战争攻守成败，因果得失，无不详尽叙述。此外，该书对交通变迁，城市兴废，漕运情况，也略加论述，并附有作者自己的见地。该书是一本不可多得的历史地理名著，成为后人治史地之学必不可或缺的参考书。这一时期有关海外地理志的著作，则首推魏源的《海国图志》，共一百卷。这是一部从介绍西方国家历史地理的角度出发，探索富国强兵，阐发作者政治理想的巨著。林则徐在广州主持禁烟期间，为了更精准了解西方国家的历史与现状，曾让幕僚把英国人慕瑞所著的《世界地理大全》翻译出来，亲自加以润色、编辑，撰成《四洲志》一书。但此书过于简略。1841 年林则徐在镇江与魏源相见，乃郑重委托其编撰《海国图志》。魏源在此书中主张学习西方之长，"师夷之长技以制夷"，建议设船厂，置炮船，加强海防，抵抗外侮。在中国历史上，此书堪称国人认识西方的第一部系统著述。它使长期处在闭塞状态下的国人耳目为之一新。

---

① 赵翼所著的《廿二史记》中所谓廿二史，与钱大昕的《廿二史考异》不同，它实际上是包括了《史记》至《明史》的全部二十四史，因《旧唐书》和《旧五代史》在当时尚未被清朝统治者正式承认为正史，故未计入数内，所以当时只称廿二史。

魏源编纂的《海国图志》1843 初刊为五十卷,主要介绍海国夷情;1847 年到 1848 年增补为六十卷,增加了海外各国政治文化和西方科学技术的介绍;1852 年又扩展至一百卷,增加了各国政治体制的介绍。里面还配有七十多卷不同国家的地图和洋枪洋炮、火车、水雷等高科技的制作技巧和介绍。也就是说,这本书是一套比较完整的世界百科全书。但非常遗憾的是,《海国图志》出版后,在清政府眼中它不过是一本"崇洋"的书籍而已,根本没有受到应有的重视,反而在日本成为维新志士的启蒙读物。

方志的成就也是这一时期史学的一个亮点。作为史学的一个分支,方志之学从古就有,其性质是兼有历史、地理两个方面的区域史书。在唐代就有张旭的《吴郡志》,宋代有梁克家的《三山志》等。但方志成为一种专门之学,则是清代史学大师章学诚的贡献。章学诚认为方志是国史之重要组成部分,他不但在《文史通义》中提出"修志十要",而且自己亲自动手修志。除全国性的方志外,方志又分"通志"(省志)"州志"与"府志""县志"三级。章学诚除主修了全国性的方志《大清一统志》外,还主修过《湖北通志》《和州志》《永清县志》三志,给人们留下了一套完整的修志理论与范本。正是由于章学诚等人的不懈努力,清代成为修志成就最大的朝代。所修方志体例谨严,种类齐全,数量甚多。比如清初修成的《大清一统志》达五百卷之多。可见,修志学发展到清代,可说是已达到高峰。清代全国各省、府、州县都开馆修志,基本上做到了县县有志。有些地区甚至还有乡志、镇志、山志、水志、寺志等。从清代的方志成就也可以折射出中国古代史学在这一时期发展的辉煌成就。也正是从这个意义上我们可以说,中国古代史学无论就其修史制度、治史方法,还是史学人才的出现等方面在这一时期都已达到了它发展的高峰时期。

二、中国古代史学的伟大成就

中国古代史学成就极为辉煌,诸种体裁的史学著作可谓应有尽有。而且,这些不同体裁的史学著作既各有渊源,自成系统,又互相补充,彼此相互印证,共同汇成了波澜壮阔的古代历史文化长河。面对着中国古代史学的伟大成就,梁启超曾断言:"中国于各种学问中,惟史学为最发达,史学在世界各国中,惟中国为最发达。"(《中国历史研究法》)西方学者李约瑟也曾这样感慨过:"中国所能提供的古代原始资料比任何其他东方国家,也确实比大多数西方国家都要丰富。譬如印度便不同,它的年表至今还是很不确切的。中国则是全世界伟大的有编纂历史传统的国家之一。"(《中国科学技术史·导论》)面对着中国古代史学灿如星辰的伟大成就,我们在这里仅就其中最有代表性的成就作一简单的介绍。

1. "史家之绝唱"的《史记》

在文史哲方面均堪称经典的《史记》,无疑首先是中国古代史学成就中首推的经典之作。因为正是它的出现标志着中国古代史学的正式形成。也因此,其作者司马迁被尊称为中国古代的"史学之父"。

《史记》在中国史学发展中的重要性集中体现在它在把握了极其宏丰的历史资料的基础上,以实事求是的态度创作了我国第一部规模宏伟的通史。在司马迁以前,我国虽然已经有了《春秋》《左传》《国语》《战国策》等极为重要的历史文献。但这些著作都只记载着某个时期或是某些地方的历史,还不是从古至今包容全面的通史。只是到了司马迁《史记》的出现,我们文化史上才有了一部真正的通史。《史记》叙述了中国古代自黄帝以来 3000 余年发展的历史,其内容既成系统,又极为丰富。它共计一百三十篇,526500 多字,不论从详实的史料内容上还是洋洋洒洒的字数上,都可以说是一部空前未有的史学巨作。

史记虽从黄帝写起,但是严谨的司马迁对于难以凭信的远古记载,实事求是地采取阙疑的态度。比如他就曾说:"唐虞以上,不可记已"(《史记》卷一二八《龟策列传》);"神农以前吾不知已"(《史记》卷一二九《货殖列传》)。由此,他在全书中采取了详近略远的编撰原则。单就他叙述历代王朝的史实而论,五帝合为一纪;夏、殷、周三代也只各成一纪;到了秦代,既有《秦本纪》,又有《秦始皇本纪》;到汉代,便从高祖至武帝,每人各为一纪。同样,他在十表中,三代称世表,十二诸侯称年表,秦楚之际便称月表。这都体现出他时代越远的记载越简略,时代越近的记载越翔实的写作原则。正是有缘于此,班固谈到《史记》时,特别指出"其言秦汉详矣"(《汉书》卷六二《司马迁传》)。从中可见司马迁对待历史科学严谨和实事求是的精神。

《史记》的另一个伟大成就是为我国史书开创了纪传体的新体裁。《史记》一百三十篇,分为十二"本纪"(近似于政治史)、十"表"(近似于年表)、八"书"(近似于社会制度史)、三十"世家"(近似于国别史和人物传记)、七十"列传"(近似于人物传记和民族史)。本纪、表、书、世家和列传就是南宋史学家郑樵所说的"五体",它开了中国史书纪传体的先河。虽然司马迁所用的五种体例也有其渊源,而非他所独创,但把这五种体例综合成为一种新的史书形式,这确为司马迁所首创。清代著名的史学家赵翼在论及司马迁《史记》的这一功绩时曾这样说过:"司马迁参酌古今,发凡起例,创为全史,本纪以序帝王,世家以记侯国,十表以系时事,八书以详制度,列传以志人物。然后一代君政事,贤否得失,总汇于一编之中。自此例一定,历代作史者,遂不能出其范围,信史家之极则也。"(《廿二史劄记》卷一《各史例目异同》)可见,纪传体的创立是司马迁对中国古代史学的巨大贡献。《史记》之后,纪传体的史学体裁便成为中国古代史学的主要体裁。

值得一提的是,司马迁的史学观还具有一定的人民性。《史记》记载的当然主要是属于帝王将相等统治阶级的事迹与人物传记,但司马迁的笔触并不只局限在这些。他在列传中,还记述了不少游侠、刺客、货殖等下层社会的人物。尤其难能可贵的是,他敢于直书被封建统治阶级视为"叛逆"的人物,比如把秦末农民起义的领袖陈胜也列入世家。对陈胜不仅有佣耕垄上时"苟富贵,无相忘""燕雀安知鸿鹄之志哉"之类栩栩如生的细致描写,而且记录其于大泽乡率众揭竿而起时的豪言壮语,可谓呼之欲出:"且壮士不死则已,死即举大名耳,王侯将相宁有种乎!"(《史记·陈涉世家》)这显然是以极大的热情歌颂了下层人民对封建专制统治的反抗精神。

值得特别指出的是,《史记》中折射出的历史观颇为进步。司马迁在《史记》里不以成败论英雄,为楚汉争雄中败北的项羽写下了本纪,并给了他以极高的评价。比如在司马迁笔下我们可以读到他对项羽如此赞美的文字:"分裂天下而封王侯,政由羽出,号为霸王。"(《史记·项羽本纪》)而且,司马迁还从同情广大被压迫人民出发,一方面歌颂了许多反抗封建统治的英雄人物,另一方面,他也敢于揭发和抨击那些强暴的统治者及其大小爪牙的各种罪行。比如他在《平準书》中说汉武帝穷兵黩武,卖官鬻爵;在《封禅书》中说汉武帝迷信神仙,劳民伤财。他因为痛恨专制统治的严刑峻法,于是专列一章《酷吏列传》给予了揭露;他怜恤劳动人民为徭役所累,故在《蒙恬列传》中指责蒙恬"阿意兴功";如此等等。可见,司马迁在叙述各种人物活动的历史时,是有所褒贬,也有所爱憎的。这种褒贬和爱憎在一定程度上是与当时广大被压迫人民的思想感情联结在一起的。这显然是《史记》富有人民性的表现。即此一点就如鲁迅所说，它已成"史家之绝唱"（《汉文学史纲要》），后代史家之作几乎无法望其项背。

《史记》在中国史学史及整个文化史上的贡献还是多方面的。鲁迅先生在提及《史记》时曾称其为"无韵之《离骚》"（《汉文学史纲要》）。可见，即使从文学的角度看，《史记》也有值得推崇的地方，从一定意义上甚至可以说，《史记》不仅是一部伟大的历史著作，而且也是一部伟大的文学作品。司马迁在撰写人物传记的时候，根据自己对于人物的理解和认识，善于选择素材，加以剪裁和组织，通过生动的故事情节和简洁的语言，深刻地刻画出人物的性格，从而反映出社会的真实生活面貌。比如在《淮阴侯列传》里写韩信少时忍辱胯下，在《留侯世家》里写张良亡匿下，为圯上老人进履等，都是在一些小事件上经以细致传神的描写，从而加强了人物的真实性。至于《项羽本纪》里写项羽的鸿门宴和垓下之围等，都是著名的有细节、有场面、有冲突的故事，为后世所熟知。这也许就是司马迁的许多人物传记，区别于后来一些历史著作的人物传记而富有文学性的一个最大特色之所在。

2. 贯通古今的编年史杰作《资治通鉴》

编年体作为中国古代史书的最主要体裁之一，其特点是以时间为线索记叙历史。从《春秋》开始，各诸侯国都曾有按年记事的编年史，这些编年史大抵以"春秋"命名。[①] 编年史的著作在《春秋》之后，还有《汉纪》与《后汉纪》问世，但它们都是以断代为基本格局。这一局面直到北宋司马光主持编撰的《资治通鉴》的出现才得以改观。

司马光的《资治通鉴》上起战国下终五代，按年记载，上下贯通，剪裁得当，内容宏丰，成为继《史记》之后包容年代最长的通史之一。《资治通鉴》也因此成为中国古代史学史上又一划时代的巨著。鉴于司马光的巨大成就，后人把他同汉代的司马迁相提并论，视为中国古代史学史上的两位巨匠，并称为"两司马"。

《资治通鉴》作为中国古代史学的又一鸿篇巨制，其成就无疑是多方面的。这个成就首先在于它既改变了汉唐以来以纪传体独居史学垄断地位的局面，又革新了自春秋以来编年史的叙事方法。由于纪传体如刘知幾所说的"既举大略，又备细事"，故自《史记》以后，汉唐年间一直是史书的正统叙事方式。但纪传体也有如刘知幾所说的，"同为一事，分在数篇，断续相离，事后屡出"（《史

---

① 在古代汉语中"春秋"一语即作岁月、流年解。史书以"春秋"命名，事实上即是编年之意。

通》卷二《二体》)的弊端。这种叙事不集中、不连贯,前后重复以及时间概念不明确的缺点也比较突出。正因为如此,"正史"卷帙浩繁而传习的人却很少。司马光就曾不无忧虑地说:"《春秋》之后,《史记》至《五代史》,一千五百卷,诸生历年莫能尽其篇第,毕世不暇举其大略,厌烦趋易,行将泯绝。"(《通鉴外纪后序》)正是在这种情况下,司马光发愤编写一部新的史书。他对这部史书的编写要求一是求简,二是求通,用以取代繁杂的汉唐以来的正史。《资治通鉴》正是因此而成为中国古代编年史的杰作。关于《资治通鉴》在这方面的贡献,清代学者浦起龙曾这样说过:"弃编年而行纪传,史体偏缺者五百余年,至宋司马氏光始有《通鉴》之作,而后史家二体到今两行。坠绪复续,厥功伟哉。"(《史通通释·古今正史·按语》)可见,一度衰落的编年体史书,正是因《资治通鉴》的出现才又蓬勃兴起。

《资治通鉴》作为编年史的杰作其贡献还表现在革新了叙事的方式。关于叙事之于史学的重要性,刘知幾说过:"夫史之称美者,以叙事为先。"(《史通》卷六《叙事》)叙事对编年史来说,也有一个由简到繁、由低到高的发展过程。这个过程大致可以归纳为:草创于《春秋》,形成于《左传》《汉纪》,完善于《资治通鉴》。因为《资治通鉴》虽然编年纪事,但绝不是简单地按年月编排,形成流水账式的记载;它往往采用灵活叙事的各种方法把一些事件的前因后果和背景材料较为集中地予以叙述,从而使编年史的写作达到了一个新的高度。以著名的赤壁之战为例,在司马光之前不曾有过一部书对赤壁之战有过完整性的描写。一些零星的资料散见于范晔的《后汉书》、陈寿的《三国志》、韦昭的《吴书》等书中,仅《三国志》就散见于"武帝纪""刘璋传""先主传""诸葛亮传""吴主权传""周瑜传""鲁肃传""程普传""黄盖传"等。正是司马光将这些散见的资料收集起来,甄别删削,加工润色,于是才有了赤壁之战的经典名篇。

概括地说,《资治通鉴》叙事时主要采取了下列几种新的方法:一是提纲法。编年史记事不像纪传体史书都有篇题,因而非读完事件全文不易掌握问题,这是编年史书的一个欠缺。司马光对此采取了"先提其纲,后原其详"的方法,这样就使得叙事眉目清楚,为学者提供了很大的便利。后来朱熹的《通鉴纲目》更在这一基础上创造了大书为纲、分注为目的纲目体新体裁。二是追叙法。编年史记事,只记当年之事,因此对事件的起因往往难以明其原委。司马光对此改进为于叙述本事前,用"初""先是"等笔法以追溯它的由来,使事件的始末一览而知。后来袁枢在这一基础上编写《通鉴纪事本末》,创造了纪事本末的新体裁。三是连类法。凡叙述到历史事件的有关当事人时,《资治通鉴》

对于有关的或同类的事和人，往往连同予以记载，这是一种既便于集中描述，又可避免遗漏的叙述方法。四是带叙法。史书必载人物，但编年史多不详其邑里世系，使读史者颇费稽考。司马光于行文中凡遇最初出现的人物都载明邑里或世系。比如记载"文帝前四年，以御史大夫阳武张苍为丞相"（《资治通鉴》卷十四）。这就标明了张苍是阳武人。这种叙事法在编年史中显得颇为新颖独特。

可见，尽管编年史由于体例的限制很难达到如纪传史那样"大端"与"细事"并举无遗，但司马光运用各种叙事方法采纪传之长，补编年之短，使《资治通鉴》的编写达到了更加完善的地步。由此，宋神宗曾经称赞《资治通鉴》说："前代未尝有此书，过荀悦《汉纪》远矣。"（《续资治通鉴》卷八七）显然，这番话并非溢美之词，而是对《资治通鉴》作出的精当评价。

司马光的《资治通鉴》在中国古代史学史上还有一个重要的贡献，就是它建立了比较完备的史料考异制度。众所周知，史书的编撰过程中，史料异同真伪的辨别显然是至关重要的。司马迁作《史记》，曾提出"考信于六艺"的原则，故他对于那些荒诞不经的史料不予采用，表现出史家处理史料的慎重态度。杜佑《通典》中有不少专门考订史料真伪的注释。这些都可视为司马光《资治通鉴》考异法的前导，但《资治通鉴》的考异法却远远超过了前人的成就。在主持编撰《资治通鉴》的过程中，司马光运用史料固然比较重视"正史"、实录等官修的史书，但他和宋真宗时所修《册府元龟》的取材原则又有不同。《册府元龟》唯取六经子史，不录小说。司马光却认为："实录、正史未必皆可据，杂史小说未必皆无凭。"（《与范内翰祖禹论修书帖》）由此，他在《资治通鉴》中大量采用了"正史"、实录以外的资料。正因为司马光要求采用广泛的史料，在编写《资治通鉴》时有时一件史事往往要求用好几种材料参照写成。这就必然要遇到记载的异同与史实的真伪问题。为了弄清事实，决定取舍，司马光提出了独特的考异方法："先注所舍者云某书云云，今按某书证验云云，或无证验，则以事推理之云云，今从某书为定；若无以考其虚实是非者，则云今两从之。"（《司马文正公传家集》卷六三《贻范梦得》）现存《资治通鉴考异》三十卷中的条文，大体上都是按照这个公式写的。而且，《考异》的条文，繁简不一，根据情况而定，有的条文不过寥寥数字。比如卷二汉灵帝光和六年"张角置三十六方"条说："袁《纪》作坊，今从范《书》"，非常简单。有的条文则字数多达 2500 多字。这足以说明《资治通鉴》在对待史料问题上的认真严谨态度。

还值得一提的是，《资治通鉴》首创了编年史的目录法。史书目录始于西汉,但仅限于纪传体的史书,至于编年史从来就没有目录。因为编年史按年纪事,头绪繁多,详略不一,不如纪传史事有专篇,篇有定名,易为篇目。但目录的用处,在于有利读者寻检相关内容。编年史既无目录,寻检自然就极为不便。大部头的编年史其寻检就更为困难。司马光意识到一点,因此在修编此书的同时,又编写了《资治通鉴目录》三十卷。这个目录和纪传史的目录不同,它在目录的上方,首载岁阳、岁名以纪年,又在目录的中间,仿司马迁年表,略举事目。又撮书中精要之语,散于其间,具有《资治通鉴》节本的作用。最后则在目录的下方,标注卷数,使寻检者知某事在某年,某年在某卷,以便于查阅。司马光用年表之法,创编年史目录之体,无疑是其在历史编纂学方面的一个创新。

3. 纪事本末体之经典《通鉴纪事本末》

自从司马光编撰《资治通鉴》以后,宋代学者在其影响下从事编年体历史著述的很多,如李焘撰《续资治通鉴长编》,李心传撰《建炎以来系年要录》,朱熹撰《通鉴纲目》,虽都卓有所成,但毕竟无法超越《资治通鉴》。只有袁枢所撰的《通鉴纪事本末》对史书的编纂,另辟蹊径,是一部具有创新性的著作。其创新性集中体现在他于纪传、编年以外,创造了第三种史书体裁,即纪事本末体。这是以历史事件为中心的一种史书新体裁。

众所周知,中国是一个历史极为悠久的国家,同时又是一个历史典籍非常丰富的国家。后人要想获得系统的历史知识,面对那些汗牛充栋的典籍,往往会无从下手。其实,《资治通鉴》对于各种繁杂的史书来说,已然简化很多,但是它仍然是一部拥有三百五十四卷(包括目录三十卷、考异三十卷)的大部头著作。据说,《资治通鉴》修成后,司马光希望编撰者以外的人再审看一遍,但令他大失所望的是只有一个名叫王胜之的借去翻阅了一遍,别的人面对这部巨著,有的只翻了几卷,有的甚至只看了目录就望而却步了。司马光显然也意识到这一点,故晚年曾试图把《资治通鉴》再简化一番,但终因年事已高,心力不济,没能够完成这一心愿。正是在这样的历史背景下,袁枢摘举《资治通鉴》中的重要史实,分类编辑而成了《通鉴纪事本末》四十二卷。这对卷帙浩繁的《资治通鉴》来说,无疑有了极大的简化,为学者和一般读者读史提供了很大的便利。

袁枢根据《资治通鉴》记载的重要史实,以事件为中心,按照《通鉴》原来的年次,分类编辑,共汇编集了二百三十九个事目。其事件始于《三家分晋》,终于《世宗征淮南》,记述了1300多年的史事,共四十二卷。袁枢跟司马光一样,始终恪守"专取关国家兴衰,系生民休戚,善可为法,恶可为戒"(《进资治通鉴表》)的原则。尤其值得推崇的是,他在编立标题,抄录史料时,对于灾异、符瑞、图谶、占卜、鬼怪等绝少加以采用,即使稍有涉及,也是作为警示作用而加以援引。这种反对天命、神学,而重视社会现实的史观,在当时无疑是相当进步的。当参知政事龚茂良得到《通鉴纪事本末》一书时,立即推荐给宋孝宗。宋孝宗阅读后情不自禁地赞叹说:"治道尽在是矣。"(《宋史·袁枢传》)后来孝宗还传谕摹印十部,以赐太子等人,命其熟读此书。

袁枢所编的《通鉴纪事本末》的容量,由于比《资治通鉴》为少,而且以事为纲,眉目清楚,旨趣明白。因此可以说它是中国古代一部简明精粹的历史教科书,它在传播历史知识方面,尤其在以史为鉴的治理实践中,曾经起到了非常积极的影响作用。但如果从中国古代史学发展的角度来看,这部书的主要价值还在于它为中国史书的编纂创立了一种新的体裁。关于这一点,《四库全书总目提要》曾这样分析过:"古之史策,编年而已,周以前无异轨也。司马迁作《史记》,遂有纪传一体,唐以前亦无异轨也。至宋袁枢以《通鉴》旧文,每事为篇,各排比其次第,而详叙其始终,命曰纪事本末,遂又有此一体。"这就是说,唐以前中国史书只有编年体和纪传体这样两种体裁,它们虽然都各有优点,但是"纪传之法,或一事而复见数篇,宾主莫辨;编年之法,或一事而隔越数卷,首尾难稽"。袁枢于纪传、编年之外另创纪事本末一体,这较好地解决了纪传与编年体之不足。袁枢的这一创新之举于古代史学的传承与发展而言,可谓功莫大焉。

这也就是说,倘若从古代史学的视阈而论,以袁枢《通鉴纪事本末》为标志,从此古代史书编撰出现了编年、纪传、纪事本末三足鼎立的新格局。在此之前,以"时"为中心的编年体和以"人"为中心的纪传体虽然各有千秋,但检索不便则是它们的共同缺点。袁枢创立的以"事"为中心的纪事本末体裁,恰好弥补了编年与纪传体的不足。这种体裁,以清代著名史学家章学诚的话说是:"因事命篇,不为常格";"文省于纪传,事豁于编年。"(《文史通义·书教下》)尤其难能可贵的是,袁枢的《通鉴纪事本末》是最接近于现代史书的编撰体裁。自袁枢创立此体之后,如《宋史纪事本末》《元史纪事本末》等接踵而起的代有其人。从中我们也可感受到袁枢所编的《通鉴纪事本末》对于历史编纂学的独特贡献。

4. 史学理论的巨著《史通》

中国古代史学的辉煌成就还体现在史学理论方面。唐代著名的史学理论家刘知幾编撰的《史通》二十卷,其内容广泛,不仅论及史书编撰、史学准则、史学史、史学流派等问题,而且还特别评论了史书编撰中的体例、书法、史料、行文和史家修养等史学理论的重要问题。正是有据于此,刘知幾所著的《史通》一书被视为对唐以前史学理论之系统而全面的总结,它标志着中国古代史学理论的正式确立。

《史通》对于中国古代史学文化的影响,首先体现在它进步的历史观上。《史通》明确反对命定论的错误历史观。刘知幾认为,天道和人事是截然不同的两种现象,不能混为一谈。历史上许多兴亡成败的事情,主要是由于人事的原因,跟天命没有什么关系。在刘知幾之前,天命论史观曾颇为流行。比如司马迁在评论魏国灭亡时曾说过这样一段话:"说者皆曰,魏以不用信陵君,故国削弱至于亡。余以为不然。天方令秦平海内,其业未成,魏虽得阿衡之徒,曷益乎?"(《史记·魏世家》)司马迁在这里流露出是天命让秦统一中国的想法。刘知幾在《史通》中对司马迁的这一说法则不以为然。他说:"夫论成败者,固当以人事为主,必推命而言,则其理悖矣。"(《史通》卷十六《杂说上》)他还从历史上许多兴亡的事实中指出国家的兴亡往往在于国君有否才德:"夫推命而论兴灭,委运而忘褒贬,以之垂诫,不其惑乎?"(《史通》卷十六《杂说上》)可见,刘知幾认为历史属于"人事"范围,不能用命定论来解释。这显然是非常卓越的见解。

刘知幾《史通》中的进步历史观还体现在他的历史进化论的观点上。刘知幾认为历史是变化的,"古往今来,质文递变"(《史通》卷一《六家》),因而每个时代都有其不同的历史特征。他在《模拟篇》中曾精辟地指出:"世异则事异,事异则备异。必以先王之道,持今世之人,此韩子所以著《五蠹》之篇,称宋人有守株之说也。"由此,《史通》在谈到历史发展的情况时,往往用所谓"远古"(或上代)、"中古"(或中世)和"近古"(或近代)的概念来表示特定的历史阶段。刘知幾当然不可能对社会历史发展阶段问题作出科学的说明,但是他对历史阶段的这种看法,并非全凭臆想,而是以一定的客观史实为依据的。这也非常难能可贵。

特别值得一提的是,刘知幾在《史通》中不但认为历史是变化的,是有其演变之阶段性的,而且指出这种变化的产生是由于"古今不同,势使之然"。关于什么是"势"的问题,刘知幾在《史通》的"烦省"篇中根据古今史书详略不均为例证作了阐释。他说:"当春秋之时,诸侯力争,各闭境相拒,关梁不通",故《春秋》一书记载不详。在西汉全国统一的局面下,"华夏毕闻,远近无隔",故《汉书》的记载远比《春秋》为详。东汉经济文化的发展，超过西汉，故《后汉书》的记载又比《汉书》为详。这就说明史书的详略决定于历史发展的客观条件。这个以经济发展形式表现出来的社会必然性就是"势"。在《史通》中呈现出来的这种历史形势决定论的观点，虽不能完全说明历史发展的真正原因，但刘知幾认为历史的演变决定于客观形势，而不取决于人们的主观意志，尤其不取决于天之命或君主之意志的观点，在当时盛行以"天命论""君主决定论"等观念解释历史的语境下，无疑有着独特而显著的进步意义。

《史通》的重要历史文化价值，还在于它在史料学和史学编纂学方面的独特贡献。刘知幾的《史通》在史料学上的贡献首先表现在对于史料的分类上。《史通》在《杂述》篇中，把史书分为"正史"和"外传"两大类，又分"外传"为偏记、小录、逸事、琐言、郡书、家史、别传、杂记、地理书、都邑簿等十个门类。值得注意的是，他所说的正史，并不限于纪传体的史书，同时也包括编年体的史书，不仅指《史记》以下的诸史，而且包括《春秋》以上的群经。在《杂述》篇中，他还提到《吕氏春秋》《淮南子》《抱朴子》等诸子著作。以他的话说就是"多以叙事为宗，举而论之，抑亦史之杂也。"（《史通》卷三十四《杂述》）可见，正是《史通》在中国古代史学中开始把子书也归入了史类，这就扩大了史学的范围，为治史者开辟了更广阔的研究途径。

《史通》对史料学的贡献还体现在提出了史料的"博采"和"善择"相统一的原则。刘知幾认为："盖珍裘以众腋成温，广厦以众材合构。自古探穴藏山之士，怀铅握椠之客，何尝不征求异说，采摭群言，然后能成一家，传诸不朽。"（《史通》卷五《采撰》）这就是说，搜集史料应力求广泛，孤陋寡闻，决不能成史家不朽之业。但仅搜集众多的史料还是不够的，还必须对于史料的真伪加以考辨，去粗取精，去伪存真。为此，刘知幾不但对于"偏记小说"不敢轻信，对于"正史"的史料价值，也采取分析与批判的态度。也正是有缘于此，他主张对于《尚书》《春秋》以及《史记》以下的各朝正史莫不采取"博采"与"善择"相统一的方法。刘知幾曾这样说道："假有学穷千载，书总五车，见良直而不觉其善，逢牴牾而不知其失，葛洪所谓藏书之箱箧，《五经》之主人。而夫子有云：虽多亦安用为？其斯之谓也。"（《史通》卷十八《杂说下》）

在历史编纂学的贡献方面，刘知幾在《史通》中首先总结了旧史的体例，把唐以前的史书分为六家。他说："诸史之作，不恒厥体，权而为论，其流有六：一曰《尚书》家，二曰《春秋》家，三曰《左传》家，四曰《国语》家，五曰《史记》家，六曰《汉书》家。"（《史通》卷一《六家》）在刘知幾看来，《尚书》的内容登载了古代统治者的号令训诰,是记言的史体;《春秋》的内容依年月编次统治者的行事和诸侯国间的交涉,是记事的史体;《国语》分国记事是国别史体;《史记》是通史体例;《汉书》是断代史体例。这六种史体,又可归为最基本的两种体裁:编年与纪传。所以刘知幾在《史通》中曾以《二体》篇加以阐述:《春秋》《左传》属于编年体,《史记》《汉书》属于纪传体。刘知幾在《史通》中对于这两种体裁的得失,还作了精辟的分析:在他看来,"备载其事"是编年史之优点,而"包举大端"则是纪传体的长处。由此,刘知幾认为编年、纪传各有优劣,后世史家治学不可偏废。

不仅如此。《史通》还探讨了编写历史的文风问题。在《言语》《浮词》《叙事》《模拟》各篇中,刘知幾着重批判了史文中模仿和浮华的不良风气。他反对史文中模拟古人的做法,主张从精神实质上学习古人的长处,不要从文字外表上生搬硬套。由此《史通》主张,历史记载应该采用当代语言,即所谓方言世语。这显然是很有创造性的见解。也正由于主张史书中的方言世语,故《史通》明确反对以文代史、追求辞藻华丽的修史方法。《史通》中的这一主张显然对后来的史学发展也产生了积极而深远的影响。

三、中华优秀史学传统的现代传承

中华民族不仅有着悠久的历史,而且在这个悠久历史的发展中还形成了独特的历史文化传统。这一历史文化传统,既作为中华传统文化的一个重要组成部分,对整个传统文化产生重要的影响作用,又反过来受传统文化中以儒家为"道统"的整个古代文化的规范与制约。正是在这个双向作用的过程中,中国古代史学形成了自己的独特传统及文化性格。我们今天认识和了解这一独特的历史文化传统,将有助于弘扬光大其中的优秀内容,从而真正做到以史为鉴、古为今用。

1. 古代史学在中华传统文化中的地位

史学传统在整个中华传统文化中的地位是非常重要的。这种重要性在中国古代"经史并重"的传统中被集中地彰显出来。自孔子整理《春秋》以来,中华文明史上,诞生了数以百计如司马迁、班固、司马光、刘知幾那样的史家和以《史记》《资治通鉴》《汉书》《史通》等为代表的浩如烟海的史籍。关于史学在中国古代的发达程度,德国哲学家黑格尔在其《历史哲学》中曾经感叹道:"中国

'历史作家'的层出不穷，继续不断，实为任何民族所不及。"①的确，中国古代史学在历代统治者的倡导下，通过诸多史家的一代又一代的努力，在中华文化发展史上留下了一份举世罕见、内容宏丰、理论精善的珍贵遗产。这是一座我们在开掘传统文化的现代价值时值得特别关注和珍惜的瑰丽宝库。

中国古代史学在整个传统文化中的地位，具体体现在中国古代传统的经、史、子、集的学术顺序上。从《隋书·经籍志》开始一直到清朝编撰的《四库全书总目》，史书在整个古代学术思想典籍中一直位居第二。这一基本事实足可看到史学在传统文化中的地位。中国是世界文明古国，正因为它有着悠久的历史和灿烂的文化。这一悠久的历史和灿烂的文化，在很大程度上恰恰是通过历代的史家记录才保存下来的。从这个意义上可以说，史学及其史籍作为社会历史的一种再现形态，具有记录、整理与整合一个民族乃至整个人类的文化创造、文化积累和文化发展的职能。流传至今的中国历史文化典籍，比如"二十四史"就涵盖了中国文化的方方面面。史学之所以具有这样的职能，不仅是因为文化的任何一个门类本身都有其发生、发展的历史，如哲学史、文学史、宗教史、科技史、教育史等，而且这些文化门类，如文学、艺术、宗教、科技、教育等，也同整个社会的历史发生着密切关系，都须在历史的研究中加以阐述，才可以被深刻地理解和把握。从这个意义上完全可以说，如果不了解中国古代历史，不研读中国古代的基本史籍，就无法了解整个中华传统文化，对中华优秀传统文化的继承与创新，更是无从谈起。

同样，如果不了解中华传统文化的基本特征和发生发展的规律，也就无法理解中国古代史学的基本文化传统。中国古代史学传统与中国整个传统文化的这种内在关系，经典地体现在儒学与史学的内在关联上。为此，深入理解作为中国文化之"道统"的儒学，是我们理解中国古代史学发生、发展的历史，从而正确把握中国古代史学所形成的独特文化传统的关键。

中国古代史学从一开始就在儒学的指导之下。孔子整理的《春秋》虽然记录的是当时鲁国的历史，但正如有学者指出的那样："严格说起来，《春秋》也不能算是史学著作，它只是孔子以鲁国为资料，用来表示自己政见的书。"②其实，这正反映了中国古代史学与儒家思想的内在一致性。继孔子《春秋》而起，最早出现的史学名著是《左传》《国语》《战国策》。《左传》本身就属于儒家的经

① 黑格尔：《历史哲学》，王造时译，上海书店出版社2001版，第161页。
② 刘蕙孙：《中国文化史述》，文化艺术出版社1997年版，第155页。

传。《左传》具有纪事本末的性质,它按《春秋》的编年线索,补充叙述《春秋》中未详的史实。在当时思想界怀疑天道、重视人事的形势下,《左传》并不逆这个思想潮流而动,去宣扬商周时代的天道观,而是想把天道和人事糅合在一起,着重从人事去解释历史的变化。这是《左传》受到儒家重视的根本原因。

西汉在专门研究儒家经典的经学盛行后,其史学更是在儒学指导下才得以蓬勃发展的。先是贾谊撰《过秦论》,指出秦朝灭亡的原因是由于"仁义不施",以至于"百姓怨望而海内畔矣"。他在总结秦、汉历史时得出结论:"自古至于今,与民为仇者,有迟有速,而民必胜之。"(《新书·大政上》)贾谊秉承孔子以来的传统,以史论政,对古代史学的发展产生了重要的影响。司马迁的《史记》更是深受儒学的影响。司马迁写史的目的,就是要"稽其成败兴坏之理""述往事,思来者。"(《汉书·司马迁传》)可见,司马迁的治史态度与孔子是一脉相承的。

东汉班固著《汉书》百篇,创纪传体断代史,成为后世正史之宗。《汉书》贬秦朝,鄙视历史上陈胜、项羽等建立的政权和非帝系的人物,独尊儒家和六经,思想内容不及《史记》博大,且神学色彩较为浓厚。但它记事从实,论势讲时,关注民心,对统治者不施仁政的不人道罪恶颇有揭露。从这个意义上说,它也是孔孟仁政思想影响下的产物。重要的还在于,儒家的这一仁政道统一直被后世史家所信奉和守持。

司马光主持编撰的《资治通鉴》从其编撰的目的在于"鉴于往事,有资于治道",同样可以看出儒学对其的影响。《资治通鉴》在全书中反复强调儒家礼教的要义,宣扬君主仁政之道之于治国理政的重要性。也因此,此书在记载国家的盛衰过程中,记衰世的篇幅往往超过记盛世,其中以相当篇幅记载了百姓的悲欢休戚,末世统治者的作恶致乱,人民的苦难与怨愤及其他们揭竿而起的起义,颇寓微言大义。

　　特别值得一提的是,司马光秉承了儒家"以德配天"的理念,以史为鉴对君主提出了仁、明、武之"三德"规范。在司马光看来,君主仅靠世袭上位是不够的,还要修成"三德"才可成为治国安邦的明君。"三德"中所谓的仁即修政治、养百姓、利万物;明即知道义、识安危、辨是非;武即孔武有力、意志坚定、笃行不息。在他看来,"三者备则国治国强,阙一则衰,阙二则危,皆无一焉则亡。"(《续资治通鉴长编》卷拾补卷一)这一思想显然是非常难能可贵的。

　　清代乾隆年间，朝廷诏定《史记》《汉书》《后汉书》《三国志》《晋书》《宋书》《南齐书》《梁书》《陈书》《魏书》《北齐书》《周书》《隋书》《南史》《北史》《旧唐书》《新唐书》《旧五代史》《新五代史》《宋史》《辽史》《金史》《元史》《明史》等二十四部纪传体为正史。"二十四史"从《后汉书》《三国志》到《明史》，皆步《汉书》后尘，无一不是以儒家经典的义理作为是非取舍的标准和遵奉的原则，以服务于明君儒吏治国理政的统治秩序。

　　对于儒学与史学的这一内在关联性，章学诚曾经通过对"六经皆史"命题所做新的解释予以了阐发。章学诚的其著作《文史通义》中认为，不是经包含了史，而是史包含了经。因为在他看来，中国古代的史籍史论无一不是在儒家经典指导和规范之下而成就的。而且，这些史籍史论所要达到的目的，无非是仁义立身、仁政治世之类的教化。

　　从以上考察可以看到，自汉代到清代中国史学虽然从儒家的经学中分了出来，但始终与儒学保持着密切的联系。也就是说，儒学的特点规范了中国古代史学的基本精神面貌：比如儒学重政务、重人事，故中国史学重要的成果如《史记》《资治通鉴》等也表现为强烈的资政性，具有高度的社会认知价值。又比如儒学重伦理、重道德，故中国史学也以行使历史裁判为职责，许多虽无功绩但能立德的人物往往在列传中居于首要地位，身为平民的孝子、烈女也能在青史上留名。还比如儒学的尊中庸、贵和合、重礼教等传统，也无不在中国古代史学著述中留下了深刻的烙印。这些传统对于中华文明的发展和中华民族之民族精神的形成，显然产生了深远的历史影响。

　　2. 传承优秀的古代史学文化传统

　　在中国古代史学漫长的发展过程中，逐渐形成了许多优秀的史学文化传统，它是古代史学家们德、才、学、识的集中表现。为此，我们所说的批判地继承古代的史学文化遗产，不仅要研读古代史家所积累的史学研究成果，还应从中梳理和总结出体现在史学家身上的优秀的史学文化传统。概括地说，中国古代史学所体现的优秀文化传统主要包括如下几方面的内容。

　　其一是以史为鉴的经世致用精神。中国古代史学家所追求的治史理想目标可以用"学兼天人，会通古今"这样八个字来描述。[①] 正是由此，中国古代有代表性的史家及其著述，一般都具有宏大的历史视野。他们往往用包容古今的气势来阐述历史的发展过程，探究历史的前因后果。比如司马迁撰《史记》

---

　　① 　张岱年、方克立主编：《中国文化概论》（修订本），北京师范大学出版社 2004 年版，第 20 页。

时就提出"究天人之际,通古今之变,成一家之言"的著史宗旨。汉以后不论是通史家,抑或是断代史家,在他们的著作里,也都力图展示其学兼天人和会通古今的恢宏气象。班固的《汉书》是这样,司马光的《资治通鉴》更是如此。而且,史学家们"学兼天人,会通古今"的目的恰恰在于以史为鉴。正是在鉴古知今,以史鉴道的指导思想下,中国古代史家注重当代史的研究。也由此,详今略古,注重当代便成为我国史学的一贯传统。比如司马迁撰《史记》一百三十篇,写了3000年的历史,其中有关汉代史的内容则超过半数。在史学发展中的"实录""国史"更直接就是当代史。清代屡兴文字狱,致使一些学者不敢谈论现实问题,而把精力集中在古典文献的整理和考订上。但即便是如此,这一时期还是有不少著名史家重视对近现代史的研究和相关撰著。比如浙东史学的几位大家黄宗羲、万斯同、章学诚等,在近现代史的研究中都有丰硕的研究成果问世。

在古代史学发展中,以史为鉴、以史鉴道的研究宗旨必然意味着注重史学研究的古为今用原则。早在史学诞生之时,史书中就已有了借古鉴今的初步意识。比如《尚书·召诰》说:"不可不鉴于有夏,亦不可不鉴于有殷。"《诗经》上也有"殷鉴不远,在夏后之世"(《诗经·大雅·荡》)的诗句。随着尔后史学的发展,以史为鉴、古为今用成了一个重要的史学传统。比如唐初的统治阶级就十分注重以史为鉴、借古鉴今。据史书记载,贞观十年(636年),房玄龄、魏徵等修五代史成,唐太宗大为高兴。他说:"朕睹前代史书,彰善瘅恶,足为将来之戒。"(《册府元龟》卷五五四《国史部·恩奖》)据此,唐太宗还提出了以古为镜的思想。他曾对大臣魏徵说自己有三面镜子:"以铜为镜,可以正衣冠;以古为镜,可以知兴替;以人为镜,可以明得失。"(《旧唐书·魏徵传》)这里说的"以古为镜"就是古为今用,借古鉴今,就是发挥史学的经世作用。这一思想也同样凸现于《资治通鉴》中。司马光主持编撰《资治通鉴》的目的就是给帝王"周览",从中鉴戒得失。故此,在编撰过程中,司马光和他的同道"专取关国家盛衰,系生民休戚,善可为法、恶可为戒者,为编年一书"。书写成后宋神宗特赐名为《资治通鉴》,这更是明确强调了以史为鉴、借古鉴今的作用。

　　据《走进毛泽东的最后岁月》一书记载,在毛泽东晚年生活中其床头总放着一套《资治通鉴》。这是一部被他读"破"了的书。有不少页都用透明胶贴住,这部书上不知留下了他多少阅读的印迹。其中有一段时间,毛泽东读《资治通鉴》入了迷,常常一读就是半天。毛泽东读书时那种全神贯注的神态,让护士孟锦云留下了永远难忘的印象。有一天，毛泽东吃过午饭，他微笑着看着小孟，然后指着他桌子上放着的《资治通鉴》问道："小孟，你知道这部书我读了多少遍？"不等小孟回答，毛泽东便又接着说："17 遍！每读一遍都获益匪浅，一部难得的好书！"①

在中国古代史学发展史上，历史学家几乎都如《资治通鉴》编纂者那样对国家治乱兴衰给予极大关注，表现出饱满而深沉的务实情怀。这种务实情怀，大多以经世致用为其出发点和归宿。这一传统显然源自儒家。孟子论及孔子作《春秋》时就曾这样说过："世道衰微，邪说暴行有作，臣弑其君者有之，子弑其父者有之。孔子惧，作《春秋》。"（《孟子·滕文公下》）孟子在这里强调孔子作《春秋》所具有的以史为鉴、以史鉴道的目的性，其呈现的正是强调史学为现实服务的儒家历史观。也就是后代史家学者所强调的经世致用、知行合一的治史之道。

其二是追求德、识、才、学并举的史学人格。中国古代史学的发达固然得益于儒学向来注重"经史并重"的文化传统，但显然也与历代史学家们自觉追求德、识、才、学并举的理想人格有关。也就是说，中国古代史学之所以兴旺发达，也同史家十分注重自身德性和学识修养分不开。正是由此，我们断言史家重视德、识、才、学之修养，构成中国古代史学又一优秀文化传统。

从中国古代史学发展来看，关于人格修养问题史家历来都十分关注，他们在总结、评论前人的史学成果时，也同时就史家修养作了评论。比如班固评论司马迁《史记》时说："自刘向、扬雄，博极群书，皆称迁有良史之才，服其善序事理，辨而不华，质而不俚。其文直，其事核，不虚美，不隐恶，故谓之实录。"（《汉书·司马迁传》）这里既肯定《史记》是部"实录"，又高度评价了司马迁的历史责任感，肯定他有"良史之才"。再比如《隋书·经籍志》史部后序说："夫史官者，必求博闻强识、疏通知远之士，使居其位，百官众职，咸所贰焉。是故前言往行，无不识也；天文地理，无不察也；人事之纪，无不达也。"可见，在作者看来，作为一名史家学识上要"博闻强识"，见识上要"疏通知远"。

从理论上系统而全面地提出史家修养问题的是唐代的刘知幾。刘知幾认为，史家必须兼有史才、史学、史识"三长"。刘知幾所谓的"史才"，是指修史的才能，具体地说是指历史编纂和文字表达方面的才华和能力；所谓"史学"，具体地说是指占有史料和掌握历史知识，要能搜集、鉴别和运用史料，要有广博

---

① 郭金荣：《走进毛泽东的最后岁月》，中共党史出版社 2009 年版，第 75 页。

丰富的知识，还要深思明辨，择善而从；所谓"史识"，是指史家的历史见识、见解、眼光、胆识，即观点和笔法，其中特别重要的是"善恶必书"的直笔精神。后来清代的章学诚肯定了"三长"理论，又补充了"史德"。章学诚把"史德"解释为"著书者之心术"。在章学诚看来"盖欲为良史者，当慎辨于天人之际，尽其天而不益以人也。尽其天而不益以人，虽未能至，苟允知之，亦足以称著书者之心术矣。"(《文史通义·史德》)可见，在古代史学的发展进程中，德、才、学、识从来就构成对史家素质的全面要求，也是历代史家的理想人格追求和社会评论史家之良莠的基本标准。

特别值得指出的是，在中国重礼教、崇道德的儒家文化熏陶下，史家向来以修身立德为己任，史书中往往以表彰忠臣孝子为要务。比如司马迁评说《春秋》"采善贬恶，推三代之德，褒周室"，是"礼义之大宗"(《史记·太史公自序》)，这便是从伦理道德上评论的。司马迁自己写《史记》，也遵循其父的教诲，着重表彰贤明君主和功臣世家贤大夫的功名与德行。他选择和评论历史人物的功业和品德的标准正是儒家的君臣父子之义。班固撰《汉书》，更是对儒家礼教留下了这样的赞叹："故象天地而制礼乐，所以通神明，立人伦，正情性，节万事者也。"(《汉书·礼乐志》)这种推崇礼教、以德为本的治史传统到了唐代刘知幾总结史学功用，讨论史家史才、史学、史识"三长"等问题时仍被十分看重。

在追求德、识、才、学并举的史学人格方面，著名历史学家陈寅恪先生堪称20世纪学界的楷模。他晚年著成八十余万言的《柳如是别传》，就是最好的例证。柳如是幼年被卖予官宦人家，后沦落青楼。其人不仅貌美，还善诗会曲，能书擅画，行风流纵诞，志不羁陋俗，敢追求人生幸福，且明于民族大义，远胜时官腐儒，是中国历史上少有的奇女子。陈寅恪对柳如是评价极高，认为她是"民族独立之精神"的象征，写作时为之"感泣不能自已"。学界评论他"以废残之躯，衰颓之年乃呕心沥血为柳如是'发潜德之幽光'，决非时流所能及"。[①]

我们几乎可以说，中国古代史家没有不尊道崇德，没有不宣扬纲常名教的，而宋明史学则较前代尤甚。比如司马光的《资治通鉴》、欧阳修的《新五代史》和朱熹的《通鉴纲目》等都体现着儒家重伦理尊纲常的文化立场。中国古

---

① 胡守为主编：《陈寅恪与20世纪中国学术》，浙江人民出版社2000年版，第126页。

代史学的这一传统固然由此不可避免地带有诸如"三纲"①"三从"②之类的封建糟粕,但这一注重伦理道德之教化功能的史学文化传统,对于我们今天落实立德树人这一育人宗旨,进行爱国主义、家国情怀,以及孝悌忠信、礼义廉耻等传统美德教育,无疑有着积极的引领与熏陶作用。

其三是以求实为荣、曲笔为耻的治史态度。从中国古代史学发展看,秉笔直书从来是我国古代史学的一个优良传统。自最初的史官开始,我国古代史家历来把秉笔直书视为持大义、别善恶的神圣事业和崇高美德。由此,他们以直书为荣,曲笔为耻;他们为了直书,不畏风险,甚至不怕坐牢,不怕杀头,表现了中国古代史家人格上的高风亮节。

早在中国史学开始兴起之时,秉笔直书就成为史家的崇高美德并受到称赞。尽管孔子作《春秋》开了曲笔、隐笔之先河,但那个时代真正的史家却是以直笔为基本治史态度的。比如《左传》就记述了齐国太史南史氏直书不惜以死殉职的故事:"太史书曰'崔杼弑其君',崔子杀之。其弟嗣书而死者二人。其弟又书,乃舍之。南史氏闻太史尽死,执简以往,闻既书矣,乃还。"(《左传·襄公二十五年》)重要的在于,这种秉笔直书的精神自此一直成为后世史家遵循的一个传统。

刘知幾在《史通》中,甚至专门写了《直书》《曲笔》的专篇,来总结唐以前史家直书的优良传统。比如他极为推崇三国时期的史家韦昭和北魏史家崔浩。韦昭在主撰《吴书》时,当朝权贵孙皓要求为父作"纪",韦昭不从。北魏崔浩主修魏史,无所阿容,甚至因此而遭杀害。这种直书精神一直被正直的史官与史家所自觉效仿。比如贞观年间,褚遂良负责记录太宗言行。太宗欲索取过目,褚遂良以"不闻帝王躬自观史"为由加以拒绝。太宗便问他:"朕有不善,卿必记之耶?"褚遂良答道:"臣职当载笔,君举必记。"(《旧唐书·褚遂良传》)又比如,《贞观政要》的作者吴兢曾参与《则天皇后实录》的撰写,他曾如实记载了魏元忠事件的原委。宰相张说感到此事于己不利,想让史官"删削数字",吴兢义正词严斥之道:"若取人情,何名为直笔!"还比如,《通鉴纪事本末》的作者袁枢任国史院编修期间,负责修《宋史》之列传部分。北宋奸相章惇的子孙以同乡

---

① "纲"的原意是系渔网的总绳,要想将渔网收起,提总绳即可,即所谓的纲举目张。正是由此,古人说:"引其纲,万目皆张。"(《吕氏春秋·离俗览·用民》)后来它引申为总的伦理规范,如董仲舒倡导的三纲五常。三纲,即君为臣纲,父为子纲,夫为妻纲。

② "三从"与"四德"并提,是中国古代对女子的行为规范。"三从"是指未嫁从父、出嫁从夫、夫死从子,"四德"是指妇德、妇言、妇容、妇功。

之谊请托袁枢对章惇的传记多加文饰。袁枢当即拒绝:"吾为史官,书法不隐,宁负乡人,不可负天下后世公议!"(《宋史·袁枢传》)

　　秉笔直书不仅体现在不畏权贵、秉笔直书方面,也还体现在反对天命或轮回之类的迷信方面。比如欧阳修在《新五代史》的编撰时就坚持人事胜于天命的立场:"盛衰之理,虽曰天命,岂非人事哉! 原庄宗之所以得天下,与其所以失之者,可以知之矣。"(《伶官传序》)也就是说,这位后唐庄宗皇帝李存勖得天下是因为励精图治,失天下是因为功成名就之后安于享乐,尤其宠幸伶人不理朝政。得失之间并无天命在主宰。这一反对以往史籍里经常出现的诸如祥瑞、灾象之天意的做法,"在中国古代史书编撰上,是一个富有进步意义的创举"。①

　　毋庸讳言的是,治史中的曲笔也是中国古代史学发展中的一个客观存在。《史通》的作者刘知幾曾剖析了它的种种表现,或者以实为虚,以是为非,或者虚美讳饰,任意褒贬。造成曲笔的原因,主要是史家为当权者的威势所慑。刘知幾感慨道:古来唯闻以直笔见诛,不闻以曲词获罪,"世事如此,而责史臣不能申其强项之风,励其匪躬之节,盖亦难矣!"(《史通·直书》)但即便如此,曲笔也不可能成为史家的公然之举。而且,任何得计于一时的曲笔作史,终究要被后来的正直史家所揭露。正是有缘于此,秉笔直书精神千百年来才始终成为史家秉承的优秀传统,从而成为中国史学文化的主流。

　　3. 学习古代历史的现代意义

　　恩格斯曾经这样论及历史的重要性:"历史就是我们的一切。我们比其他任何一个先前的哲学学派,甚至比黑格尔,都更重视历史。"②就中国古代历史而论,我们学习它除了有利于我们以史为鉴进一步了解中华传统文化外,也还有利于我们增进学识和德性修养。借用当下执政的中国共产党人在党史学习中的提法,那就是学史明理、学史增信、学史崇德、学史力行。

　　对于我们现代人而言,学习中国古代历史首先能让我们增长见识,明白道理。这些见识作为我们知识结构中的一个重要组成部分是必不可少的,尤其

---

① 陈光崇:《中国史学史论丛》,辽宁人民出版社 1984 年版,第 129 页。
② 恩格斯:《英国状况——评托马斯·卡莱尔的〈过去和现在〉》,载《马克思恩格斯全集》(第三卷),人民出版社 2002 年版,第 520 页。

是作为中国人如果我们对自己祖国的历史一无所知，那简直是不可思议的。我们正是在对中国古代历史的学习中，得以了解我们国家何以称"中国"，何以称"炎黄子孙"，孔子何以被尊为"至圣先师"；我们也是通过对古代史的学习知道秦始皇是如何统一中国的，楚汉的刘邦与项羽是如何争霸中原的，曹操、刘备、孙权是如何三足鼎立的，唐朝的贞观之治和开元盛世是怎样开创的，康乾盛世是如何出现的，以及郑成功又是如何收复台湾的；我们也是通过对中国古代史的学习，知晓了"仓颉造字""助纣为虐""胡服骑射""合纵连横""天人感应""绿林好汉""挟天子以令诸侯""垂帘听政""变法维新"等词有着什么典故，蕴含着什么意义，如此等等。

而且，我们也只有学习历史，才能更深刻地认识现实。比如，对我们的祖国——"中国"的认识，只有通过对整个古代史的学习才能有较为深入和完整的理解。通过对古代历史的学习，我们知道"中国"这个词在不同时代和场合有着不同的含义。在古代它基本上是一个地域的概念。远古时代的国，规模其实很小，若干人口聚居的邑就构成了国。中心邑称为都，其余的称为鄙，鄙的耕作地带称郊。郊之外，还有一个相当广阔的未开垦地带叫野。如果国与国毗邻，则各国对野的利用权就加以划定。这样，国界就包括郊野在内。在古代中国辽阔的土地上，这样的国曾经是很多的。故古籍上常有"古者四海之内，分为万国"（《战国策·赵策》）；"古有万国"（《荀子·富国》）等说法。后来出现了一些中心国家，如夏、商、周三代所建立的国家。这时的"中国"就是指这些国家。从秦开始终于出现了统一的国家。中华民族的多民族国家已然形成，疆域也已基本奠定。在尔后漫长的发展历程中，虽也曾出现过一些分裂时期，但终究是"分久必合"，至宋、元、明、清，一个统一的多民族国家完全形成。故 19 世纪中叶以后，这一时期西方各国对我国的入侵，已完全是一种侵略行径，其性质与古代"蛮夷戎狄"的争城夺地完全不一样。

同样，我们也正是从历史的学习中培植起诸如爱国主义之类的情怀。我们生于斯、长于斯的这片土地如果从炎黄二帝算起，已有 5000 多年的历史，我们的列祖列宗，"筚路蓝缕，以启山林"（《左传·宣公十二年》），把广袤的国土开发出来。从秦开始一直到明清，它一直处于一个统一的、中央集权的政权统治之下，各族人民之间的经济、文化交流频繁，并安居乐业。我们的疆域国界，至清朝时已基本奠定：它西跨葱岭，西北达巴尔喀什湖北岸，北接西伯利亚，东北至黑龙江以北的外兴安岭和库页岛，东临太平洋，东南到台湾及其附近岛屿，南包括南海诸岛。各族人民结成一个密不可分的整体，世世代代生活在这片广袤而富饶的土地上。

对中国古代历史的学习也还能使我们在做人的德性方面有所增益。也就是说,我们通过对古代那些仁人志士、俊才伟杰身上所体现出来的崇高德性的了解,在被感动的基础上便能生出自觉地敬仰和学习其德性与人品的志向。比如,通过中国古代历史的学习和了解,我们知道古代的爱国主义思想主要体现在精忠报国这一基本道德追求上。如我们所熟知的岳飞浴血奋战,抗击外侮无疑正是精忠报国的具体表现。此外,通过学习历史,我们也知道精忠报国还体现在为维护民族团结、国家安全而不惜牺牲个人利益方面。如苏武出使匈奴,张骞出使西域,他们虽历经险阻,但始终不屈不挠,为国为民作出了杰出的贡献。精忠报国的思想也还大量地体现在许许多多忧国忧民、改革弊政的志士仁人身上。从屈原到范仲淹、王安石,从包拯到海瑞,他们关心国家的治乱和人民的疾苦,尽心尽责报效国家和人民,这都是精忠报国思想的生动体现。显然,这些志士仁人身上体现的精忠报国思想对于我们今天确立爱国主义的情怀,无疑是非常有借鉴和启迪意义的。

不仅如此。对中国古代史的学习也还有助于我们拥有追求真、善、美之理想的理想主义情怀。比如从中国古代历史的发展来看,中国古代"大道之行也,天下为公"(《礼运·大同》)这一"大同"①社会的理想,一直是中国古代贤明的统治者与志士仁人追求的理想社会模式。这一大同理想由孔子最早提出。孔子面对春秋时期诸侯纷争的现实状况,出于强烈的社会责任感和道德使命感,以"仁爱"学说来游说各路诸侯,他一面谴责诸侯之争,一面疾呼仁政,试图建立一个没有战争、没有仇恨、没有人压迫人的理想社会。孔子认为,这个社会在古时候的尧、舜、周公时代曾出现过,这个社会的一个基本特征就是"大同"。这就是后来儒家向往的"大同"社会的缘起。孔子依照"天下为公"的最高理想,把和平美好的社会模式寄托于一个王道礼治的社会。

近代以来,随着西学的传入,人们的文化视野开阔了。出于批判现实社会、提供理想社会模式的需要,儒家的这一"大同"理想又被重新提起,并被赋予了新的思想内容。比如维新派领袖康有为曾发表《大同书》,基本沿用了儒

---

① "大同"的意思是指人与人之间社会地位的平等,指整个社会就犹如一个大家庭那样和谐。这个社会理想在儒家的经典著作《礼记·礼运》中有具体的描绘:"大道之行也,天下为公。选贤与能,讲信修睦。故人不独亲其亲,不独子其子,使老有所终,壮有所用,幼有所长,矜寡孤独废疾者皆有所养,男有分,女有归。货恶其弃于地,不必藏于己,力恶其不出于身也,不必为己。是故谋闭而不兴,盗窃乱贼而不作。故外户而不闭,是谓大同。"

家经典中的"大同"模式来设计社会改良的理想方案。但他所论述的"大同"理想，其内涵已有根本变化，其中不仅吸收了西方近代的社会思潮，而且加入了西方社会经济生活和科技实力的内容。这一"大同"理想在当时对促进社会的变革曾起到了积极的推动作用。孙中山甚至把"天下为公"的大同社会看成是体现自由、平等、博爱精神的最理想模式，曾多次亲自手书"天下为公"四字以勉励革命同志。

可见，屡见于史籍的"大同"理想虽然反映的是小农经济条件下人们的乌托邦思想，但却鼓舞了一代又一代的志士仁人为这一美好社会的实现而努力奋斗。从这一点上讲，中国古代圣贤所提出的这一理想无疑有其值得充分肯定的地方。学习和了解这一"大同"理想及其历史上许多为这一理想的实现而孜孜奋斗、精进不已的志士仁人的历史事迹，对于我们确立理想主义的生命情怀显然是很有激励意义的。这也可以说是学习历史所具有的现代意义的又一个具体例证。

进入新时代的中国共产党对这一大同理想依然给予了充分的肯定。比如在党的十九大报告的最后，就曾援引过"大道之行也，天下为公"这一经典名句。[1]　这正折射出有着深厚历史感的中国共产党人的气度与胸怀。我们想借此昭告这个世界：这一大同理想既契合了全世界共产党人坚守的《共产党宣言》的基本立场，又体现和彰显了中国历代志士仁人崇高的天下观；它既是当代中国马克思主义的宣言书和行动纲领，又是解决诸如霸凌主义、国家利己主义盛行这一全球问题的中国方案、中国路径和中国智慧。

---

[1]　《党的十九大文件汇编》，党建读物出版社 2017 年版，第 48 页。

第 5 章

大道至简:中华优秀传统文化中的哲学传统

[题记]曾断言中国古代没有哲学的诸多西方学者显然不懂中国哲人
"大道至简"一语内蕴的哲理。中国古代只是没有黑格尔式的哲学,
自先秦以来的中国哲学传统恰恰不以思辨乃至晦涩的范式或概念为
存在形式。而这正是中国古代哲学的优秀传统之所在。

在中华传统文化中,中国古代哲学是中华民族智慧的理性积淀,代表了中
华民族理论思维的最高水平。与此同时,中国古代哲学还是整个传统文化的
核心要素,它起着世界观与方法论的引领和制约作用。中华传统文化的诸形
态如文学、史学、宗教、伦理、艺术、教育、科学技术等无一不受到哲学观念的影
响、规范和制约。因此整理和开掘中国古代哲学的文化遗产,不仅有助于我们
提高整个民族的理论思维能力和智慧水平,也有助于更深入地了解和把握诸
种传统文化形态的内在本质和发展规律,从而更好地开掘其现代价值。

一、中国古代哲学的历史演进

从中国古代哲学发生和发展的历史来考察,中国古代哲学与源自古希腊
罗马的西方哲学一样,可谓源远流长。在商周时期,最早的一批思想家便对天
人关系问题以及宇宙的生成等哲学问题作了初步的探讨。此后,从孔子到王
夫之,在这两千多年的历史发展长河中,出现了许许多多的哲学家和哲学流

派。对这样一部内容宏丰的哲学发展史，我们可以从逻辑的角度，大致划分为
如下几个阶段。

1．中国古代哲学的萌芽

中国古代哲学在原始社会已开始萌芽。远古时期流传的神话如盘古开天
地、女娲补天、后羿射日等，不仅体现了中华民族从一开始便具有的改天换地
的宏大气魄，而且也折射出古人对天人关系的最初思考。

商周是中国古代奴隶制的鼎盛时期。奴隶主贵族为了维护自己的统治，
除了强化国家机器外，还利用原始的诸如对天命的崇拜心理，将自己视为天命
的代表。比如《尚书·召诰》中称："有夏服（受）天命。"《诗经·商颂》中认为：
"帝立子生商。"《尚书·康诰》中称："天乃大命文王。"与此同时，在统治者周围
还集中了一些号称懂占卜、解梦、看相等术数，从而能够窥测天意的人。这些
"术数"当然以迷信为主，但由于也包含了一些朴素的自然知识，体现了古人最
初的理性思维萌芽，可以认为是古代最初的哲学思维形式。这一哲学思维的
最重要成果就是《易经》的问世。[①]

从《易经》一书所记载的内容来看，它是一本占卜以问天地鬼神之意的书。
但正是这样一部占卜的书，却蕴含着极为丰富的哲学思想。这些思想集中体
现在它的八卦说上。《易经》从人们生产生活实践中经常接触的自然物中提取
了八种东西作为最基本的存在，它们分别是天（乾☰）、地（坤☷）、雷（震☳）、火
（离☲）、风（巽☴）、泽（兑☱）、水（坎☵）、山（艮☶）。在这八种基本自然物中，
天地又是最基本的存在。天地犹如父母，产生出雷、火、风、泽、水、山六个子
女。这显然是一种极为朴素的有关万物生成的唯物主义观念，它比西方哲学
史上流行的神创说要进步得多。

《易经》还根据八个基本的卦，两个一组，错综搭配，继而产生六十四卦。
《易经》认为可以根据这些不同的搭配来预测一件事情的吉与凶。所谓的吉卦
就是在这种两两搭配中能变化的卦，而凶卦则是静止不变的卦。比如泰卦，其
卦象为䷊，这个卦象地（☷）在上，天（☰）在下，而实际上应当天在上、地在下。
由于天属阳，地属阴，阳气必上升，阴气必下沉，这样就会发生交感变化，故为
吉卦。与此相对的否卦，其卦象正好相反：䷋，天本来就在上，地本来就在下，

---

①　对于《易经》的确切成书年代及作者向来众说纷纭。据《史记》记载，《易经》源于殷周之际。虽
然伏羲作八卦之说未必可信，但周文王演为六十四卦，则是西汉以前学术界公认的说法。故《易经》通
常又称《周易》。

故此卦不可能发生交感变化。由于没有变化发展,故是凶卦。可见,根据《易经》中八卦的基本原则,只有变化发展的事物才是有前途的,是吉的;停滞不变化,就是没前途,就是凶的。这种朴素的辩证法思想出现在公元前12世纪,显然是非常难能可贵的。正是鉴于《易经》的这一理论成就,著名的中国哲学史专家冯契先生认为,"《易经》虽然是一部供卜筮用的迷信书,却含有原始的阴阳说和朴素的辩证法思想,是古代哲学思维的开始"①。

除了《易经》之外,这一时期代表着中国古代哲学萌芽的还有《尚书·洪范》中提出的"五行"说。《洪范》中有这样一段记载:"一曰水,二曰火,三曰木,四曰金,五曰土。水曰润下,火曰炎上,木曰曲直,金曰从革,土爱稼穑。润下作咸,炎上作苦,曲直作酸,从革作辛,稼穑作甘。"可见,与古希腊哲学一样,中国古代哲人也在自觉地思考万物的"始基"。水、火、木、金、土这五种最基本的物质被古人认为是构成世界不可缺少的最基本元素。

用"五行"来概括世界的种种复杂现象,是在当时的农牧业、手工业生产活动的基础上,在对金、木、水、火、土这五种物质性质有了比较深入的观察和了解之后,对客观物质世界作出的理性概括。它同样体现了古代哲人对世界本质的最初的理论思考。

2. 中国古代哲学的奠基与形成

春秋战国时期是中国古代哲学的奠基和全面形成时期。如果说春秋时期以孔子、老子、墨子为代表的儒、道、墨三家思想的形成,标志着中国古代哲学奠基的话,那么战国时期百家争鸣时代的到来,包括儒、墨、道、法、名、阴阳、纵横、农、杂诸子百家的出现,则意味着中国古代哲学的全面成熟。

春秋时期,一方面由于奴隶阶级与奴隶主阶级的对抗事件不断发生,使自命秉天行事的周王朝统治根基开始动摇并瓦解;另一方面,由于生产实践的推动,春秋时期的天文历法、数学、农业等领域的科学技术知识都有了比较系统的发展。正是在这样的历史条件下,这一时期不仅出现了反对神秘天命论的思潮,而且也开始对商周时期的以《易经》为代表的朴素辩证法思想和"五行"说的朴素唯物论思想进行了新的阐发。

这一时期的无神论思潮主要表现在对诸如占星等迷信活动产生了怀疑。据史籍记载,郑国占星家裨灶预言郑国将发生大火,人们劝子产按照裨灶的

---

① 冯契:《中国古代哲学的逻辑发展》(上),载《冯契文集》(增订版)(第四卷),华东师范大学出版社2016年版,第56页。

话,用玉器禳祭,以避免火灾。子产却回答说:"天道远,人道迩,非所及也。何以知之?"(《左传·昭公十八年》)这一时期的唯物主义思想家们还进一步发展了殷周以来的"五行"说。西周末年史伯就说:"以土与金、木、水、火杂,以成百物。"(《国语·郑语》)春秋时宋国的子罕也说:"天生五材,民并用之,废一不可。"(《左传·襄公二十七年》)这里指的五材就是金、木、水、火、土。他们认为这些元素都是自然而生的,这五种物质不仅为黎民百姓生活所需,而且万物都是由这五种物质元素构成的。

　　这一时期的辩证法思想也得到了丰富和发展。春秋时代社会的急剧变化,促使人们的世界观反映出更多辩证法的观念。约与子产同时的晋国大夫史墨就认为:"社稷无常奉,君臣无常位,自古以然。故《诗》曰:'高岸为谷,深谷为陵'。"(《左传》昭公三十二年)西周末年的史伯则最早提出了"和"与"同"的哲学范畴。他说:"和实生物,同则不继,以他平他谓之和。""若以同裨同,尽乃弃矣。"(《国语·郑语》)后来的齐国大夫晏婴对"和"与"同"的范畴作了进一步的阐发。他认为"和"是集合许多不同的对立因素而成的统一,而"同"则是简单的同一。他比喻说,"和"如羹汤,鱼、肉,加上各种佐料,用一定的火力烹调,使各种味道调和,才会好吃。他又以音乐为例:必须有清浊、大小、短长、疾徐、哀乐、刚柔、迟速、高下、出入、周疏等,声音才能"相济"从而组成乐曲。简单的同一就不行。由此,他得出结论:"若以水济水,谁能食之? 若琴瑟之专一,谁能听之?"(《左传·昭公二十年》)晏婴还将"和"与"同"观念运用到君臣关系上,认为君臣之间应该是"和",而不是简单的"同"。这些哲学思想显然是非常难能可贵的。

　　这一时期标志着中国古代哲学奠基的主要理论成就是以孔子为代表的儒家学说、以老子为代表的道家学说和以墨子为代表的墨家学说的创立。

　　置身于由奴隶制向封建制转变的春秋时代,孔子作为从奴隶主贵族中分离出来的士阶层的代表,面对"礼崩乐坏""天下大乱"的时局,创立了正名复礼为主要内容的儒家学说。他正名复礼的哲学思想以"仁"为核心,并"一以贯之"(《论语·里仁》)。孔子曾这样解释仁:"夫仁者己欲立而立人,己欲达而达人,能近取譬,可谓仁之方也矣。"(《论语·雍也》)冯契先生认为,在这里孔子实际上规定了"仁"的两个原则:一是人道(仁爱)原则,即肯定人的尊严,主张人和人之间要互相尊重,建立爱和信任的关系;二是理性原则,即肯定人同此心,心同此理,每个人的理性都能判断是非、善恶,故"能近取譬"。① 孔子以"仁"为基本范畴,建立起他的哲学思想体系,从而为后来两千余年的儒学发展奠定了基础。

孔子还从仁知统一的角度提出了他的认识论思想。在他看来,"未知,焉得仁?"(《论语·公冶长》)这就是说,"知"是"仁"的必要条件,对伦理关系没有正确的认识,就不可能有自觉的仁义道德。故"仁"与"知"是统一的。由此,孔子在认识论上提出了不少合理的见解。比如"知之为知之,不知为不知,是知也"(《论语·为政》)。这里事实上涉及认识过程中"知"与"不知"的矛盾。在他看来,自知"不知",也是一种"知",并且是进一步求知的开始。他又提出了"子绝四:毋意,毋必,毋固,毋我。"(《论语·子罕》)意即不要有私意,不要强加于人,不要固执,不要自以为是。这在认识论上初步提出了反对主观主义的原则。特别有意义的是,孔子的仁知统一观,即认为认识论就是伦理学,使得他的认识论命题都具有伦理学意义。比如从认识内容来说,"知"主要是"知人";"学"主要是"学以致其道";"思"主要是"言思忠,事思敬,见得思义"(《论语·季氏》)等。同样,认识过程也是德性培养的过程:"知"代替"不知",克服"意、必、固、我",也就是人的美德被培养起来的过程。这种观点不仅与古希腊苏格拉底的"美德即知识"观点具有不约而同的相似性,而且主张"学而时习之"(《论语·学而》)的孔子显然比苏格拉底更赋予了这一理论实践性。

孔子创立的儒家哲学还把善与美也统一了。这集中体现在"里仁为美"(《论语·里仁》)的命题上。孔子另一句语录"君子成人之美,不成人之恶"(《论语·颜渊》),说的也是类似的观点。后来的孟子发展了孔子的这一思想,主张"充实之谓美"(《孟子·尽心下》),这无疑是把美德的内心充盈视为美好:"充实善信,使之不虚,是为美人,美德之人也。"(赵岐:《孟子章句》卷六)这显然比之西方哲学要更早深刻洞察了美之本质。事实上,西方美学的创始人鲍姆嘉登把美学定义为 Aesthetic② 时,他忽视了一个最根本的东西,即美还必须

---

① 冯契:《中国古代哲学的逻辑发展》(上),载《冯契文集》(增订版)(第四卷),华东师范大学出版社 2016 年版,第 73-74 页。

② Aesthetic 的原意指感性、感觉、形象。西方哲学这样来解读美的本质,固然看到了美具有感性的、令人愉悦的外在形象,但是它显然忽视了美更本质的一个内在规定,即美还是因善而形成的一种悦人的内心情感体验。正是由此,我们说动物也有感觉,但动物没有审美体验。就这一点而论,中国古代哲学美善合一的观点显然非常难能可贵。

是一种善。

墨子是先秦时期声望仅次于孔子的重要思想家。他所创立的墨家学派一开始就是作为儒家的对立面而出现的。故冯友兰说："墨子：孔子的第一个反对者。"①如果说孔子的哲学思想具有贵族的色彩，那么墨子则可以说是平民哲学家，"孔子之正名复礼，本贵族之见地而言之也。墨子之天志、兼爱，本平民之见地而言之也。"②据史籍记载，在当时，儒、墨并称为"显学"，可见其影响之大。而且，儒墨两家的争论几乎贯穿于整个战国时代。

与孔子主张"仁"不同，墨子学说的思想核心是"兼爱"。墨子认为，儒家虽然也讲仁爱，但这种仁爱是有限制和差异的。比如孔子就有"君子"与"小人"（即平民、奴隶）的区分。墨子反对儒家这种有限制有差异的爱，而主张对天下人都应有一种兼爱之心。用他的话说，每个人爱别人犹如爱自己，就能人人相爱，从而社会就能达到和谐的状态。"夫爱人者，人必从而爱之；利人者，人必从而利之。"（《墨子·兼爱中》）墨子认为这才是真正的仁和义。从"兼爱"的基本观点出发，墨子公开反对当时诸侯的兼并战争，竭力主张"非攻"。而且，难能可贵的是，墨子并不是无条件地反对一切战争。在他看来，那些能解救百姓于水火之中的战争，比如周武王讨伐残暴的商纣王的战争就是正义的战争。这种战争当然是值得肯定的。在社会历史观上，墨子从"兼爱"的基本观点出发，还提出了"尚贤"（即推举贤能的人任国君和大臣）、"非乐"（即反对奢华排场）、"节用"（即节省使用和减少浪费）等主张。这些主张无疑都是进步的，但在当时的历史条件下它们又不免流于空想。

老子是道家学派的创始人，其学说与主张积极入世的孔子儒学、墨子墨学正好相反，他推崇隐世无为的处世哲学。故司马迁说："老子，隐君子也。"（《史记·老子韩非列传》）胡适在其《中国哲学大纲》中认为"老子是最先发现'道'的人"③。这一判断自然是基于对"道"作哲学范畴而论的，因为在老子之前文献中诸如天道、人道一类具体概念就已经流传。从《老子》一书看，老子关于道的哲学思想主要体现在"自然""无为""无名"和"反者，道之动"（《老子》四十章）这样一些著名的命题中。在天道与人道的关系上，老子认为"无为"是根本。因为天道自然，它本来就是"道常无为而无不为"（《老子》三十七章），因而

①　冯友兰：《中国哲学简史》，涂又光译，北京大学出版社 2013 年版，第 50 页。

②　钱穆：《国学概论》，商务印书馆 1997 年版，第 46 页。

③　胡适：《中国哲学史大纲》，上海古籍出版社 1997 年版，第 40 页。

人之"德"作为对"道"的遵循,也必须无为。这里的逻辑是:"人法地,地法天,天法道,道法自然。"(《老子》二十五章)在那个盛行天命观的时代,老子的天道自然观对天道所做的唯物主义解释,并由此明确地提出"莫之命"的观点:"道之尊,德之贵,夫莫之命而常自然"(《老子》五十一章),这无疑是异常深刻的。但老子又由此把天道与人道完全相等同,主张"不为而成",显然又有消极的倾向。

在认识论的名实关系问题上,老子主张无名。《老子》开篇就说:"道可道,非常道;名可名,非常名。"(《老子》一章)他认为语言和概念,无法表达恒常的"道"和"名"。故老子又说:"道常无名。"(《老子》三十二章)那么,如何才能把握道呢?老子主张:"致虚极,守静笃;万物并作,吾以观复。"(《老子》十六章)这就是说,要把心灵虚寂到极点,坚守清静无为,纵然外界事物纷繁复杂,我只静观道之反复并由此而悟道。老子在这里显然既否认了感性经验,他主张的是一种神秘的内心体验的认知方法。

老子的辩证法思想集中体现在他"反者,道之动"(《老子》四十章)的命题上。老子认为,"道"虽不能用普通的概念、语言加以表达,但却可以采取"正言若反"(《老子》七十八章)的方式去把握。比如"大直若屈,大巧若拙,大辩若讷"(《老子》四十五章);"生而不有,为而不恃,功成而弗居"(《老子》二章);"曲则全,枉则直,洼则盈,敝则新"(《老子》二十二章)等等。老子还列举了有无、难易、长短、高下、先后、善恶、美丑、智愚、损益、荣辱等多种矛盾的运动,来论证自己的这一思想:"有无相生,难易相成,长短相刑(形),高下相倾,音声相和,先后相隋(随)。"(《老子》二章)就是说,矛盾对立的双方互相联系,互相转化,才是大道运行的规律,这就是所谓"反者,道之动"(《老子》四十章)的基本含义。老子对事物运动、变化、发展的普遍性及其方向一定是走向对立面的趋势的揭示,显然是非常深刻的。

继孔子、墨子、老子之后,战国时期出现了诸子百家蜂起,诸多思想展开自由争鸣的学术繁荣时期。这是中国古代哲学发展的一个黄金时代。几乎可以说,中国哲学的一些基本内容都在这一时期得到了探讨。也因此,我们把这一时期理解为中国古代哲学的全面形成时期。

战国时期出现的百家争鸣这样一个学术发展的黄金时期,有其特定的历史条件。当时新兴的封建制度在各诸侯国先后确立。随后,地主阶级运用政权力量进行变法,进一步打击奴隶主势力,以巩固和发展封建制。比如在战国初年,魏文侯任用李悝在魏国变法。接着吴起在楚国变法。稍后,齐威王任用孙膑、田忌等人，韩昭侯任用申不害，也进行了一系列的改革。规模最大的是战国中期秦国的商鞅变法。新兴地主阶级的变法运动，在思想理论上必然有强烈的反映。围绕着社会制度变革中的许多问题，各个阶级阶层、各政治集团、各学术派别都纷纷提出了自己的见解和主张。同时，改革的胜利促进了生产力的发展和科学文化的繁荣。这就使得开始于春秋末期的百家争鸣在战国中、后期达到了高潮。当时齐国首都临淄的稷下成为诸多士人百家争鸣的一个集中场所。[①]

在稷下的学者中，聚集有不少法家学者。由于他们直接为统治者的变法作理论论证，故其影响也特别大。这一时期的法家思想主要体现在《管子》一书中。《管子》特别强调了法治对统治阶级的重要性："圣君任法而不任智，任数而不任说，任公而不任私，任大道而不任小物，然后身佚而天下治。"（《管子·任法》）这就是说，高明的君主治国，依靠法制而不依靠个人才智，依靠术数而不依靠说教，凭公正而不讲私利，信任"大道"而不管琐碎小事。这样就可以"垂拱而天下治"。《管子》还为"法"提供了天道观的哲学论证："天覆万物，制寒暑，行日月，次星辰，天之常也；治之以理，终而复始。主牧万民，治天下，莅百官，主之常也；治之以法，终而复始。"（《管子·形势解》）"法"由于缘于天道，所以在人道方面具有最高的权威："法者天下之仪也，所以决疑而明是非也，百姓所悬命也。"（《管子·禁藏》）特别值得一提的是，《管子》还看到了经济对政治的重要意义，认为"凡治国之道，必先富民"（《管子·治国》）。

以子思和孟子为代表的儒家也是这一时期百家争鸣中的重要一家。孔子之孙子思作《中庸》，把孔子的"中庸"思想作了进一步的阐发。他所理解的中庸之道就是"君子素其位而行，不愿乎其外：素富贵，行乎富贵；素贫贱，行乎贫贱；素夷狄，行乎夷狄；素患难，行乎患难"（《礼记·中庸》）。这就是说，君子总是安于素常所处的地位而为其所当为，并不企慕自己本分外的东西。

授业于子思门下的孟子则发展了孔子的仁义学说。《孟子》中曾有如下的一则著名的对话："孟子见梁惠王。王曰：'叟！不远千里而来，亦将有以利吾国乎？'孟子对曰：'王！何必曰利！亦有仁义而已矣。'"（《孟子·梁惠王上》）正是以仁义观为核心，孟子提出了他著名的"人性本善"和"善养吾浩然之气"的理论。人性问题是百家争鸣中的一个重要问题，法家主张性恶说："民之性，

[①]　当时齐国的国君在首都临淄的稷下给学者们以优厚的物质条件，以及政治方面的某些待遇，让他们著书立说，自由争辩。史称稷下学宫。临淄也因此在当时云集了不同思想倾向的各国学者，成为全国的学术文化中心。在存续 150 多年后，稷下学宫因秦灭齐而最终湮没在历史长河中。

饥而求食,劳而求佚,苦则索乐,辱则求荣,此民之情也。"(《商君书·算地》)可见,在法家看来,人本来就有趋乐避苦、好逸恶劳这样一些情欲。依据这一观点,统治者应利用赏罚手段来实行统治。故法家认为人生来并无道德,只有凭借政治权力和法律规范的强制,才能使人为善而不为恶。孟子则与法家不同,明确主张人性是善的,人天生有"善端":"恻隐之心,仁之端也;羞恶之心,义之端也;辞让之心,礼之端也;是非之心,智之端也。人之有是四端也,犹其有四体也。"(《孟子·公孙丑上》)由此,孟子认为做学问就在于把一颗因物欲而被放逐了的善良本心找回来:"学问之道无他,求其放心而已矣。"(《孟子·告子上》)也由此,孟子进而探讨了如何才能做到回归善良本性,造就自觉的自由人格问题。他以自己为例,在强调了"尚志"(《孟子·尽心上》)的前提后,主要提出了如下两方面的后天努力:"我知言,我善养吾浩然之气。"(《孟子·公孙丑上》)孟子在这里实际上提出了理性自觉与意志坚定对理想人格塑造的重要性。冯契先生曾高度推崇孟子的这一思想,他认为:"孟子这种高度推崇理性的自觉与意志的坚定的理论,对培养民族正气起了积极作用。"[①]

老子开创的道家学派在这一时期则发生了分化,一部分成为黄老之学,与法家相结合,为新兴起主阶级的统治服务;另一部分继续做"隐士",与当权的封建统治者采取不合作的态度。庄子便是后一学派的代表。

庄子继承了老子的基本思想并作了进一步的阐发。在天人之辩上,庄子用自然无为的原则来反对人为,在他看来:"牛马四足,是谓天;络马首,穿牛鼻,是谓人。故曰:无以人灭天,无以故灭命,无以得殉名。"(《庄子·秋水》)庄子认为处世的最高境界是达到"有人之形,无人之情"(《庄子·德充符》)的境地。庄子的这种人道观以自然为原则,认为真正的自由(自得、自适)在于任其自然(天性),而具备了理想人格的人就是无条件地与自然合一的"至人"(《庄子·逍遥游》)。在名实之辩上,庄子对"名"能否把握"实"作了相对主义和怀疑论的回答。在他看来,作为认识对象的"道未始有"(《庄子·齐物论》),即天道是无限的,而"言非吹也,言者有言;其所言者,特未定也"(《庄子·齐物论》)。这意思是说,说话似乎不是吹风,说话的人总说出了一些话来,但他所说出的话,并不是定论,这和风又有什么区别呢?由此,他最终的结论是:"吾生也有涯,而知也无涯。以有涯随无涯,殆已。"(《庄子·养生主》)

---

① 冯契:《中国古代哲学的逻辑发展》(上),载《冯契文集》(增订版)(第四卷),华东师范大学出版社2016年版,第157页。

　　庄子还善以寓言说理。比如邯郸学步的寓言："且子独不闻夫寿陵余子之学行于邯郸与？未得国能，又失其故行矣，直匍匐而归耳！"（《庄子·秋水》）庄子说燕国寿陵的小子到赵国的邯郸去学习走路，结果既未能学会赵国人走路的样子，又忘记了他原来是如何走路的，最终只得爬着回去了。这个寓言无非强调的是老子"道法自然"（《老子》二十五章）的思想，即每个人有每个人自身的自然，刻意去学别人则是一种不自然。

随着百家争鸣的展开和理论思维的发展，在战国时期还出现了"名辩"思潮。一些学者被称为"名家""辩者"，其主要代表人物是惠施和公孙龙。名家特别注意对逻辑问题的研究。惠施、公孙龙及其门徒的许多命题从哲学思维的角度看，的确在诡辩论的形式下揭示了事物及思维活动的矛盾本性。由此，在名实之辩中有许多积极的理论成果积淀下来。比如惠施的"合同异"（《庄子·秋水》）命题就认为个性不同的万物从共性而言都是"大同"的，揭示了共性与个性的矛盾。又比如公孙龙的"白马非马"（《公孙龙子·白马论》）命题，则更是对个别与一般的相互关系的形象揭示，只不过他不恰当地夸大了个别与一般的区别，最终导致了诡辩。

墨家在这一时期也依然是"显学"之一。墨子去世后，墨家分化成几个学派，哲学史上统称他们为后期墨家。了解其主要思想的著作则是《墨经》。后期墨家不仅与名家等不同学派进行过争论，其内部不同派别之间也进行了争论。后期墨家思想除了发展墨子的"兼爱"与"兼相爱，交相利"（《墨子·兼爱中》）功利主义思想外，还主要体现在名实之辩上提出的"举，拟实也"（《墨经上》）的以名举实观，强调概念要符合它所代表的客观事物。在天人之辩上，则形成了朴素唯物主义的自然观。特别值得一提的是，后期墨家认为，存在着物质世界的极微质点——"端"。当时按惠施一派的思辨，"一尺之棰，日取其半，万世不竭"（《庄子·天下》）。这就是说，物体可以无限分割。而《墨经》作者则认为有不可分割的物质粒子，即"端"："非半弗斫，则不动，说在端。"（《墨经下》）这可以说是有中国特色的古代原子论思想。

　　中国哲学史上的百家争鸣除了"争鸣"外，也有兼容并蓄的一面。遗憾的是这一点常被学界所忽视。就以儒法两家而论，在义理方面固然分歧颇多，但相互认可并汲取者也不少。比如法家思想的先驱管仲"省刑罚，薄赋敛，则民富"（《管子·小匡》）的思想，不仅后来的晏子将其概括为"以民为本"(《晏子春秋·内篇》),孔子、孟子更是对这一思想赞赏有加。重要的还在于,管仲这一民富、民本的思想还直接成为儒家仁道哲学在仁政论域里的核心范式。正是因此,哲学史家往往称管仲是民本思想的首倡者,而孔子与孟子则是民本思想的奠定者。①

至战国后期,百家争鸣进入了总结阶段,其标志是荀子及韩非子哲学思想的出现。至此可以说,中国古代哲学由奠基而走向全面形成的思想历程已基本完成。

荀子作为战国时期杰出的哲学家,他生活的时代正是全国统一的封建政权即将形成的前夕。当时社会生产力和科学都有了新的发展,新兴地主阶级正处在上升时期,对改造自然和改造旧社会制度充满了积极进取的精神。荀子的哲学思想正反映了这一时代精神。

在天人关系问题上,荀子提出"明于天人之分"的思想。他认为"天行有常,不为尧存,不为桀亡"(《荀子·天论》)。这就是说自然界有它自己的客观规律,不以社会政治的好坏为转移。荀子的这一思想,是与西周以来宗教唯心主义的天命、鬼神思想针锋相对的。自西周以来,孔子、孟子承认"天命",墨子也有"天志"说,这事实上就是认可了天有意志,天能主宰社会人事。为此,荀子批判道:"知命者不怨天。"(《荀子·荣辱》)在认识论上,荀子也提出了极为可贵的思想,他既强调耳、目、鼻、口、形等感觉器官(天官)在认识中的重要性,又强调"心"(天君)在理性思维中的重要性:"心居中虚,以治五官"(《荀子·天论》)。尤其是在知行之辩中,荀子明确提出了学用一致的原则,他说:"知之不若行之,学至于行之而止矣。"(《荀子·儒效》)这里已包含了"行"高于"知"的见解。在人性的善恶之辩问题上,荀子主张人性本恶的观点,并以此来反对先天的道德观。在他看来,人的先天之性是由人的生理需求决定的,是不学即会的本能。而礼义道德等社会规范,却不是与生俱来的,是在人们受到教育之后才形成的。荀子的这一思想反对了孟子先天的"性善"说,指出人的道德属性是社会环境与教育的结果。这无疑是更加合理的见解。可见,荀子的思想经过了对先秦以来诸家学说的系统总结,已标志着先秦哲学的成熟,并对后来的两汉哲学乃至整个中国古代哲学产生了深远的影响。

这一时期代表着中国古代哲学全面形成的还有集法家思想之大成的韩非

---

① 方立天等编:《中国古代著名哲学家评传》(续编一),齐鲁书社1982年版,第29页。

的思想。韩非总结了商鞅、申不害、慎到三家的思想,克服了他们学说中片面的地方,提出了法、术、势相结合的观点。这一观点是在新的历史条件下对前期法家思想的发展。"法"是指成文法令,"术"是指国君根据"法"控制官僚的手段,"势"是指权力。韩非认为国君依靠权力推行法令,并用权术防止奸究发生。把法、术、势三个要素有机地结合为一整体,构成了韩非政治哲学的要义。

此外,韩非在天人之辩的问题上发展了老子、荀子等人的思想,首次提出了"道"与"理",即事物的普遍规律与特殊规律的关系问题。韩非认为:"物有理……万物各异理而道尽稽万物之理。"(《解老》)可见,它主张一般规律寓于特殊规律之中。这是对先秦天道观的新发展。在认识论方面他提出了"重验"(《八经》)的唯物主义认识论命题。这可以被认为是对先秦哲学名实之辩的一个新的总结。

3. 中国古代哲学的成熟与嬗变

公元前 221 年,秦灭六国,结束了诸侯国割据的局面,建立了中国历史上第一个统一的中央集权制国家。这是春秋以来社会发展的必然趋势。但由于秦王朝所推行的主要是器同量、行同伦、车同轨、书同文的政治大一统策略,因而这一时期在哲学思想上并无多大建树。到了汉武帝时,秦末农民起义以来的割据局面已基本结束,中央集权进一步加强。与此同时,北伐匈奴又取得了空前的胜利。这一切都意味着西汉封建社会发展到了鼎盛时期。经济文化的发展,推动汉武帝采纳了董仲舒"独尊儒术"的文化政策,从而开始了中国古代哲学在西汉的新发展。

作为西汉时期最重要的哲学家,董仲舒在天人之辩问题上提出了"道之大原出于天,天不变,道亦不变"(《汉书·董仲舒传》)的著名命题。董仲舒把"天"视为宇宙间最高的主宰:"天者,百神之大君也"(《春秋繁露·郊祭》),认为天是至高无上的神。而且,在他看来,由于人和天具有相同的气质和情感,因此天人可以感应。特别是君主代天治理人民,君主的政治好坏,天是知道的:"天人相与之际,甚可畏也。国家将有失道之败,而天乃出灾害以谴告之;不知自省,又出怪异以警惧之;尚不知变,而伤败乃至。"(《汉书·董仲舒传》)在名实之辩上,董仲舒发展了孔子以名正实的认识论思想。在他看来,"名者,大理之首章也。录其首章之意,以窥其中之事,则是非可知,逆顺自署,其几通于天地矣"(《春秋繁露·深察名号》)。在董仲舒看来,封建的纲常名教是宇宙间的最高原则。名成为一切事物的依据和标准,而事物只是名的体现,只要掌握了名,则事物的是非、逆顺就可以判断了。在人性善恶问题上,董仲舒则提出了著名的"性三品"说。他认为人性可分为三类,第一类是情欲很少,不教而能善的,这叫"圣人之性";第二类是情欲很多,虽教也难为善,只能为恶,这叫"斗筲之性";第三类是虽有情欲,但可以为善亦可以为恶的,这叫"中民之性"(《实性》)。董仲舒的"性三品"说是对性善性恶之辩的一个精细化的发展,对后世影响颇大。

> 值得一提的是,董仲舒之后的哲人们对其评价出现了巨大的反差。肯定其人其学者如刘向、何晏、二程、朱熹、司马光认为董仲舒不仅是"群儒首",而且是胜过伊尹、管仲的相国之才。司马光甚至作诗悬于堂上,以勉励自己:"吾爱董仲舒,穷经守幽独。所居虽有园,三年不游目。邪说远去耳,圣言饱满腹。发策登汉庭,百家始消伏。"(《司马文公集·读书堂》)持否定意见者如柳宗元、叶适、颜元则认为其说"乃无用之虚语""其言诋乱后代"。中国哲学史界对其评价也是见仁见智。①

董仲舒之后最有影响的哲学家是东汉时期的王充。王充不仅批判了董仲舒以来的天人感应论,而且在政治思想上明确反对把孔子偶像化。他在《论衡》中写了著名的《问孔》《刺孟》等篇,敢于对孔孟之道提出怀疑和批判。王充的这一"抱革新之思想,出其独见,以与习俗时风相抗衡"②的精神,之所以历来备受哲学史家所推崇,恰是因为他给了经学盛行、儒术独尊之汉代哲学的沉闷局面以耳目一新之感。

在王充看来,自从汉武帝定儒家为一尊之后,造成"世儒学者好信师而是古,以为圣贤所言皆无非"(《论衡·问孔》)的盲从风气。王充对此极力反对。在宇宙论上,王充提出了唯物主义的元气自然论,即认为天地和自然界包括人在内的万物都是元气自然构成的,而元气是自然界原始的物质基础。王充依据其元气自然论还对当时盛行的社会迷信,如卜筮、祭祀以及善恶报应等进行了批判,他指出"论祭祀,祭祀无补,论巫祝,巫祝无力;竟在人不在鬼,在德不在祀"(《论衡·解除》)。据此,王充认为人事的好坏全靠人为,企图以祭祀、巫祝的办法获得福佑注定是徒劳的。在认识论问题上,王充提出注重效验的唯物主义认识论。他认为人要获得知识,首先必须由人的感官与外界事物接触,

---

① 方立天等:《中国古代著名哲学家评传》(第二卷),齐鲁书社1980年版,第45-46页。
② 钱穆:《国学概论》,商务印书馆1997年版,第122页。

即"须任耳目以定情实""如无闻见,则无所状"(《论衡·实知》),他认为这是认识的最根本的条件,就是圣人也不例外。

王充用元气自然论反对当时董仲舒确立的宗教神学目的论,他的这一勇敢精神,给后来的唯物主义者以极大的影响。南北朝时杰出的无神论者范缜,就是王充学说的直接继承人。范缜以后,比如张载、王夫之、戴震等人,都在不同的历史时期发扬了他的无神论精神。著名的历史学家范文澜评价说:"王充跳出古文经学派的圈子,单身和朝廷支持下的妖妄思想作坚决的斗争,这种豪杰气概,不仅在东汉是唯一的,就在整个封建时代也是稀有的。"①

自东汉末年的黄巾军起义开始,中国社会进入了长达数百年的分裂与战乱时期。曹操父子在镇压农民起义的过程中发展自己的势力,建立了曹氏政权——魏。但这个王朝后来却被以司马懿父子为代表的司马氏家族所篡夺。在这个过程中,统治阶级内部几大集团你争我斗,致使许多参与政事的名士因言谈无忌或观点不合而相继招致杀身之祸。这一残酷的现实直接导致当时的知识分子以不问世事、清淡玄学为时尚,以图安身保命。这就是魏晋玄学产生的社会历史背景。

当时的玄学思想家极为推崇《易经》《老子》和《庄子》这三部著作。因为这些著作中所体现出来的神秘主义观点和自然无为、不辨是非的相对主义观点很能满足这一时期知识分子的精神需求。在魏晋时期这三部书成为贤士名流的时尚书目,号称"三玄"。

魏晋玄学以王弼的"贵无"说最为著名。据史书记载,王弼十余岁时就喜好老子的思想,且能言善辩。王弼的著述很多,但基本上是围绕着老子的思想进行阐发。在宇宙论上,王弼主张"以无为本",他认为老子的"道"可以用一个字来概括,那就是"无"。天地万物都是因"无"而"有"的,故"无"是最重要的东西,用他的话说就是:"道者,无之称也;无不通也,无不由也。"(《论语释疑》)在认识论的名实之辩(言意之辩)中,王弼也推崇道家的无名论而主张"言不尽意"。在他看来,只有"忘象(实)"才能"得意"(《周易注》),这使他的认识论走向了某种程度的神秘主义。这一时期与王弼在"贵无"立场上持相同观点的还有郭象、何晏等人。

但与王弼、郭象等"贵无"派不同,这一时期也出现了"崇有"派,其主要代表人物是裴頠。裴頠论证了"无"不能生"有"的道理:"济有者皆有也。"(《崇有

① 范文澜:《中国通史》(第二卷),人民出版社 1978 年版,第 299 页。

论》)另一哲学家欧阳建则以"言尽意论"反对王弼等人的"言不尽意论"。他认为,名与物、言与意(理)既有相随的一面,又有"名逐物而迁,言因理而变"(《言尽意论》)的一面,但这决不能成为言不尽意的理由。这可以说是名实之辩上的唯物主义立场。

魏晋南北朝时期最值得一提的是范缜的无神论思想。范缜针对当时盛行的佛教神学思想,在《神灭论》等文中集中批判了佛教哲学主张的神不灭论。范缜认为:"神即形也,形即神也。是以形存即神存,形谢即神灭也。"(《神灭论》)他把这种形神关系叫做"形神不二"或形神"不得相异"。范缜这种形神一元论的观点在当时显然是非常可贵的。[①] 范缜也批判了佛教的因果报应说。据《梁书》和《南史》的《范缜传》记载,当范缜还在齐朝做官时,与齐竟陵王萧子良有一场关于因果报应问题的激烈辩论。萧子良质问范缜:你不相信因果报应,那么世界上为什么有人富贵,有人贫贱,有人享福,有人受苦呢?范缜运用元气自然论的偶然论去反驳说:生就好像树上的花,有些花瓣被风吹落到厅堂上,飘落在席上、坐垫上;也有些花瓣被风吹落到厕所里,这完全是偶然的,没有什么因果报应。像你,生在皇室,享受富贵,就像飘落在席上、坐垫上的花瓣一样;像我,一生不幸,就像飘落在厕所里的花瓣一样。由此,范缜认为人的富贵贫贱,只不过是遭遇不同,绝不能将其作为因果报应的根据。

隋唐时期还是佛教哲学的迅速发展时期。佛教自汉明帝时传入,至隋唐其内部形成了各种不同的派别和理论,如天台宗、华严宗、禅宗等。它们把从印度传入的佛教学说进一步中国化,作了许多独创性的理论发挥。隋唐佛教哲学继承南北朝佛教主张的佛性论,大力宣传人人可以成佛,教人放弃对现实社会的不满和反抗。由于它在思想上和政治上都是积极维护当时的封建统治的,因而各宗派都得到了统治者的支持。佛教在发达的寺院经济等物质条件支持下,深入城乡各处,并利用文学、戏曲等形式在广大城乡展开对其教义的宣传。于是,佛教在当时甚至成为颇有影响力的一种文化形态。当然,统治者与此同时也提倡道教和儒家学说。比如唐太宗一方面依然把孔子的思想奉为正统,但是另一方面,对佛教和道教也相当认同。后来的唐玄宗还把儒家的《孝经》、佛教的《金刚经》和道教的《老子》以御注的方式颁行天下。可见,儒道佛哲学在这一时期成了统治者最为推崇的文化形态。

---

① 因为这种形神一元论的观点克服了先秦以来某些唯物主义哲学家把"神"当作某种特殊物质的理论缺陷。因为把精神说成是物质,如"气""精气",很容易导致精神可以脱离身体而存在的结论,从而给"神不灭"论者在逻辑上有隙可钻。

《西游记》里唐僧西天取经的故事就发生在唐太宗时期。公元627年玄奘法师决意去佛教的发源地印度求取真经。历经近一年的千辛万苦终于到了印度。据史籍记载,公元642年在印度曲女城,由两位国王主持,为玄奘举行了一次盛大的佛教辩论会。在十八天的会期中,到会的人近万名,却没有一人能辩赢玄奘。可见,玄奘在佛学方面的造诣,在当时的印度也是首屈一指的。在印度读经与游历十六年后回到长安,自此玄奘奉旨翻译带回来的佛经,并按照唐太宗的嘱咐,口述了《大唐西域记》以记载异域的所见所闻。

中国古代哲学发展至宋元明时期则到了它的全面成熟时期。最具代表性的理论成就无疑是宋明理学的出现。宋明理学以儒学为主体,积极汲取佛学、道学的思想营养而渐渐形成其宏大而精致的理论体系。重要的还在于,“理学是思辨性的儒学”①,它使儒学开始摆脱了偏重于语录或故事的浅显而具有了思辨性的色彩。

宋代理学的开端者是周敦颐。周敦颐以儒学为基础,融合道学,提出“无极(无)生太极(有)”的宇宙生成论。他认为,太极能动能静,动则生阳,静则生阴;阴阳生两仪(即天地);两仪生五行,即水、火、木、金、土。阴阳二气与五行之“精”巧妙凝合,又生成男女。在变化无穷的万物中,人得天地之“秀”而为万物之灵。而人最灵秀之处恰在于守“至诚”与“主静”之道。

这一时期的二程和张载则为理学奠定了学理基础。二程即程颢和程颐,二人都曾就学于周敦颐。二程首创了“理”这一最高的哲学范畴。在他们看来,“理”作为绝对本体从而衍生出宇宙万物。二程的学说,特别是其“灭私欲则天理明矣”(《程氏遗书》卷十五)的核心观点,后来被朱熹所继承和发展,世称程朱学派。与二程同时代的张载继承了周敦颐的宇宙论思想,提出了“太虚即气”的自然观。而且,他还把气的运动变化(“气化”)看作有规律的过程,“由气化,有道之名”(《正蒙·太和》)。可见,张载所谓的“道”(即“理”)就是指气的运动变化过程的规律性,它存在于事物之中。由此,他又说“万物皆有理”,“理不在人,皆在物”(《张子语录》)。在人性善恶问题上,张载区分了人性中的天地之性与气质之性。在他看来,气质之性是恶的根源,它障蔽了天地之性的正常发展。而且,他认为气质之性不算是真正的人性,必须对气质之性加以改造才能恢复和保存天地之性。为此,他教人通过反省去体悟这种天地之性。

---

① 张立文:《宋明理学研究》,中国人民大学出版社1985年版,第80页。

后来理学的集大成者朱熹认为张载提出的"气质之性"的学说,"有功于圣门,有补于后学"(《朱子语类》卷四)。可见,正是从张载开始,古代的人性论才达到了比较精微的程度。

如果说周敦颐、二程、张载开了理学的先河,那么宋明理学至朱熹则已集其大成。朱熹在前人的基础上建立了以"理"为核心的庞大而精致的理学思想体系。朱熹讲的"理"除了有通常所理解的"道理"的含义外,更重要的是指一种至高无上的存在物。在朱熹看来,正是由这种根本的存在物派生出世界上的万事万物。以他自己的话来说就是"理也者,形而上之道也,生物之本也"(《朱文公文集·答黄道夫书》)。朱熹认为"理"这个东西不仅是世界最根本的存在,而且正是由于这个最根本的存在才产生出其他的东西。朱熹称这种现象为"理一分殊"(《朱子语类》卷三)。朱熹理学思想的另一个重要内容是把"天理"和"人欲"对立起来。在朱熹看来,人的内心欲望是非常可怕的,它总会导致各种丑恶的事情发生。正是由此,朱熹认为一个人做学问最重要的事情就是用"天理"去消除"人欲":"学者须是革尽人欲,复尽天理,方始为学。"(《朱子语类》卷十三)这无疑具有禁欲主义的色彩。但朱熹在论述"存理灭欲"的修养方法时,还提出了一些有积极意义的思想。比如他提出了"穷理"的修养功夫。所谓"穷理"就是探求"所以然"。因为在朱熹看来,一个人只有知晓了道理,才可能自觉地去践行。也因此,在知行关系问题上,朱熹主张知先行后:"先知得,方行得""论先后,知为先;论轻重,行为重。"(《朱子语类》卷九)

朱熹理学思想中一个特别值得一提的是他对儒家《论语》《孟子》《大学》《中庸》所作的注释。这些注释本不仅他自己认为是其最重要的著述,而且也于公元1313年时被元仁宗皇帝颁布为科举考试的规定书目。明清两朝继续沿用这一做法,一直至废除科举制为止。朱熹理学思想的影响力由此可见一斑。

然而,与朱熹理学非常强调神秘而客观的"理"的作用不同,与朱熹同时代的陆九渊却反对这一观点。在陆九渊看来,宇宙的最重要的东西不是"理"而是"心"。陆九渊认为,宇宙万物中,唯有人心最为重要。由此,他认为哲学的使命即是要教人"自存本心"(《象山先生全集》卷三二)。也就是说,无论是做学问还是做人,内省反思,从而发掘自己内心的善良心性是最重要的。一旦做到了这一点,人就到达了大彻大悟的境界。可见,陆九渊确立的心学基本原则是心即理。正因为"心即理",所以只要内心做功就能懂得做人的道理。

宋淳熙二年(1175年)六月,吕祖谦为了调和朱熹"理学"和陆九渊"心学"之间的理论分歧，使两人的哲学观点"会归于一"，于是出面邀请陆九龄、陆九渊兄弟前来与朱熹见面。双方就各自的哲学观点展开了激烈的辩论。朱熹强调"格物致知"，主张多读书，多观察事物，然后得出令人信服的结论。陆氏兄弟则从"心即理"出发，认为格物就是体认本心，心明则万事万物的道理自然贯通，不必多读书，也不必忙于考察外界事物。双方各执己见，互不相让，争论长达三天之久。这就是著名的"鹅湖之会"。这场鹅湖之会是古代哲学史上一次具有典范意义的辩论会，因发生在鹅湖书院而得名。

"心学"在中国古代思想史上通常又被称为"陆王心学"，其中的"王"就是心学的另一个代表人物王阳明。作为明代最具影响力的哲人，王阳明不仅是我国古代心学思想的集大成者，也是一个颇有作为的政治家、军事家。王阳明的心学主要体现在他"去私欲""求本心"和"致良知"的学说上。王阳明认为，现实中的人往往因为私欲的蒙蔽而远离了天理与良知，倘若能找回良知，实践良知，就能克服蒙蔽，寻回天理。由此，他强调为人处世的根本在于找本心、觅良知，而不是朱熹讲的"明事理"。在他看来，"心外无物""心外无理"（《传习录》中）。王阳明强调的本心，即是良知，它是一种天赋的道德判断能力。

王阳明认为，在日常生活中每一个人都以他自己的身体躯壳为"我"，并和一切别的东西对立起来，这就是"私"。一个人的身体是"私"的根本。人有了私欲，他的本心就会被私欲所遮蔽，就像空中有浮云，太阳的光辉就要被遮蔽一样。但浮云终究不能完全遮蔽太阳的光辉，私欲也不能完全遮蔽"本心"的清明。清明"本心"的最重要表现就是每人都有分别善恶的能力。这是每一个人不需学习就有的能力。这种认识能力，就被称为"良知"或"良能"。而且，在他看来人和其他动物的分别就在于人能以良知、良能区别善恶，能作道德理性的判断。王阳明认为，只要充分发扬人的这种良知良能天赋，只要专心致志、一丝不苟地从内心做功，自然便可成圣或成贤。正如我们在尔后的哲学史上看到的那样，阳明心学在强调人须注重内心修养方面产生了积极而深远的影响。

从明中叶开始，中国古代哲学开始进入了它的嬗变时期。这一嬗变时期的出现有其深刻的社会历史背景。明中期以后，一方面是封建统治集团极端腐败，阶级矛盾日趋尖锐，明末 100 多年间农民起义接连不断地发生；另一方面则是明中叶以来出现的资本主义因素的不断发展，并在思想领域里留下了深刻的影响。于是，明末出现了以李贽为代表的一批反封建礼教的进步思想家。

自汉代的董仲舒提出"独尊儒术"以来,经朱熹理学、陆王心学的发展,孔孟之道一直是中国古代社会唯一的正统之学。在这期间,除了极少数如王充那样学者提出过疑惑或批评外,从整体而论几乎没有时代对这一正统之学提出疑问或批判。这一局面直到明末终于得以改观。倡导"童心说"的李贽公开以异端自居,对传统的孔孟之道中的教条和假道学进行了大胆的揭露和批判。他明确主张不能以孔子的是非为是非。李贽还把他的批判推及整个经学、道学。他在《焚书》等文章中说:所谓的经典,无非是那些迂腐的门徒,懵懵懂懂地记忆孔孟的学说,有头无尾,得后遗前,然后各随其所见而胡乱写到书上。后来的读书人不能细察真相,就以为出自圣人之口,奉为丝毫不可加以怀疑的经典。其实,其中大半不是圣人的言论,即使是出自圣人之口的,也不过是针对具体问题而发,就像因病发药、随时处方一样,怎么能当作万世不变的真理呢?

代表着中国古代哲学嬗变的另一个重要标志是明末清初兴起的启蒙思潮。明清之际,封建社会已走向它的晚期。资本主义萌芽和城市市民阶层开始出现,阶级矛盾、民族矛盾进一步激化。这些矛盾聚集在一起,造成了激烈的社会动荡,刺激着思想文化界。这就如同春秋战国时期一样,各种思想在这一时期纷纷出现,大放异彩,形成带有启蒙色彩的新思潮。代表着这一启蒙思潮的思想家主要有黄宗羲、顾炎武、王夫之。

黄宗羲在自己学说中无情揭露和猛烈抨击了封建专制制度,认为封建君主的专制统治是"天下大害"。他认为,封建君主在争夺天下的时候,残暴地屠杀人民,夺得天下以后,又残酷地压榨人民,因而人民仇视君主是理所当然的。与此同时,他还认为君主制定的法律只是君主的一家之法,人民没有义务遵守,因而必须制定天下之法来取代君主的一家之法。为此他主张"公天下""分君权"(《明夷待访录·原君》)。为了更深刻地揭露君主制的封建本性,黄宗羲还提出了"以天下为主,君为客"(《明夷待访录·原君》)的著名启蒙观点。"黄宗羲这一观点显然是中国古代民本思想和无君论的继承和发扬,但它的深刻意义则在于启示人们去思考封建社会政治制度建构的不合理性,进而打破它,改变它。"①

顾炎武也是这一时期反封建的斗士。在政治方面,他批判君主专制,反对

---

① 李明友:《一本万殊:黄宗羲的哲学与哲学史观》,人民出版社1994年版,第277页。

"独治",主张"众治"。他认为"亡国"和"亡天下"是有区别的,亡国是改朝换代,只是君和臣的事;亡天下则是关系到民族存亡的大事。为此,他认为:"保国者,其君其臣、肉食者谋之;保天下者,匹夫之贱,与有责焉耳矣!"(《日知录·正始》)在治学方面,他反对空谈,反对脱离实际的心学,提倡经世致用的知行合一说,并由此认为不论是研究古代的或当今的事物,都应考虑到现实社会的需要。顾炎武在这里事实上是对宋明理学空谈心性这一弊端进行批判。

王夫之不仅在哲学上继承和发展了中国古代朴素唯物主义和辩证法的优秀传统,而且还以这一哲学世界观和方法论为依据,提出了许多极具启蒙意义的进步思想。王夫之认为"尽天地之间,无不是气,即无不是理也"(《读四书大全说》卷十),在他看来"气"是物质实体,而"理"则为客观规律。这显然是对朱熹以及陆王心学的批判。王夫之也继承和发展了中国古代朴素辩证法的思想。他以"絪蕴生化"来说明"气"变化日新的辩证性质:"以气化言之,阴阳各成其象,则相为对。刚柔寒温生杀必相反而相为仇,乃其究也。"(《张治正蒙注》)而且,王夫之在道器关系中反对将"道"做神秘主义的理解,他特别强调:"天下惟器而已矣""无其器则无其道"(《周易外传》卷五)。他由这一道器关系还建立其历史进化论的理论:"气化日新、生生不息"是社会历史的必然,那些"终古不易"的"道"是不存在的(《张子正蒙注》)。也是由此,王夫之认为董仲舒所谓的"天不变,道亦不变"的观点是荒谬的。在知行问题上,王夫之认为认识离不开实践,必须坚持践行为先的观点。他举例说,要学会下棋,单靠看棋谱是不行的,须得亲自和人对弈,才能逐步精通它。理学唯心主义只讲棋谱之理,而不讲对弈练习,在他看来显然是片面的。王夫之还在自己的学说中激烈反对封建君主专制。他认为,如果君主不以"天下之公",只以一己私利而获罪天下百姓,就必须革除其君位。他还认为,天下的土地并非帝王的私有财产,应该归耕者所有。王夫之的这些启蒙学说后来直接成为中国近代民主革命的理论先导。

正是从这个意义上,我们有理由断言王夫之的哲学思想达到了中国古代朴素唯物论、辩证法和历史观发展的最高阶段。这一学说既可视为中国古代哲学历史演进的终结,也可视为中国传统哲学由古代向近代转变的理论前导。事实上,我们很容易在中国近代哲学的历史进程中看到王夫之留下的深刻痕迹。王夫之的哲学思想作为中国古代哲学优秀传统的积淀和彰显,其天道观、知行论、历史观、启蒙思想等正呈现出超越时空的影响力。

二、中国古代哲学探讨的主要问题

哲学作为研究世界观的理论,主要涉及人与自然、人与社会和人与自身这三个向度及其衍生出来的诸多辩证关系。中国古代哲学以其独有的民族语言和思辨范畴探讨了这些基本关系,其内容主要包括天人之辩、动静(常变)之辩、知行之辩、名实之辩、形神之辩、善恶之辩、义利之辩、欲理(道)之辩、心物之辩、有无之辩、人我(群己)之辩、生死之辩等。[①] 而且,中国古代哲学在深入探讨这些最基本关系的基础上,还形成了比较稳定或达成民族共识的价值取向,由此生成了中华民族最深层的精神文化传统。

1. 作为人与自然关系的天人之辩

中国古代哲学从其基本论题看,首先是一种天人之辩的学问。所谓天人之辩简单地说就是探讨自然和人的关系问题。中国古代哲学虽然形态各异,派别林立,对"天"和"人"的理解存在着这样或那样的分歧,然而却从来不脱离人道去孤立地探索天道,也从来不脱离天道孤立地来探讨人道,而是从天人的统一性角度,探讨天与人、主体与客体、自然与社会之内在的相互关系。哲人们力图通过这种探讨去寻找一种带有普遍性、规律性的法则,来指导人们改造自然、治理社会以及完善人类自身的实践活动。

天人之辩作为中国古代哲学中最古老的问题之一,可以追溯到原始社会的自然崇拜。在先民眼中,头顶上的浩浩苍天,阴晴无据、喜怒无常,但却威力无比。它可以使高山为谷,大河干枯;它可以借狂风暴雨、地震、泥石流来无情地吞噬人的生命。人在大自然面前往往会感到自己的存在微不足道。先民们对自然之天的神化和崇拜,就这样必然地产生了。这种对天地自然的崇拜,从远古至殷周时代一直占据主导地位。在古人看来,天既是百神之君、万物之主,更是社会政治、道德规范的制定者。国君只有"以德配天"(《尚书·周书》),才能保证其对疆土及其臣民的绝对统治权力;相反,若违背天道,必然遭到天的摈弃。比如殷商的纣王昏庸残忍,殷商很快崩溃;周文王崇尚德教,任人唯贤,爱民如子,因而周朝必然取代殷商。这种政权的更迭被认为是天的意

---

① 鉴于善恶、义利、欲理、心物、有无、人我、生死之辩将在"第6章:中华优秀传统文化中的伦理道德传统"中进行探讨,我们在这里仅就天人、动静(常变)、知行、名实、形神关系等问题进行逻辑梳理。

志。这就正如《诗经》所言:"天生烝民,有物有则;民之秉彝,好是懿德。"(《诗经·大雅》)

春秋战国时期是社会大变革、大动荡时期。在思想领域里出现了百家争鸣的局面。原有的带有神秘色彩的天人合一思想开始解体,先哲们为适应社会大变革的要求,对天人关系作了新的理解。比如以注释《周易》为宗旨的《易传》对天人关系的理解,就既承袭了传统的天人合一观,又摒弃了其神秘主义的色彩。《易传》的作者认为:有天地,然后有万物;有万物,然后有男女。可见,人和万物一样是秉受了天地之大德而生,因而天人在本质上是一致的。人只要做到"与天地合其德,与日月合其明,与四时合其序,与鬼神合其吉凶,先天而天弗违,后天而奉天时"(《易传·文言》),就可以把握天道,获得自由。从表象上看,《易传》似乎在重复殷周以来的天命思想,但其实《易传》的"天"已不再是带有宗教色彩的、居人之上的存在,而是可以感觉到、可以认识到阴阳变化之理的自然存在;"人"也不是只知畏惧,绝对服从于天的附庸,而是可以与客体之天并驾齐驱的主体存在。显然,在《易传》中,天的神秘权威在下降,人的主体地位在提升。

如果说《易传》是从自然客体的视阈来论证天人合一的话,那么子思和孟子则立足于人的主体来论证这一问题。子思哲学的基本概念是"诚"。子思认为,诚不仅是人的一种笃厚信实的品格,而且也是天的一种品格。在子思看来,人的这种品格来源于天。由此,天人在"诚"的基础上是完全统一的。"诚者,天之道也;诚之者,人之道也。"(《礼记·中庸》)子思这一理论从思维方式上看,与传统的天人合一学说并无差别,它独出心裁之处在于不像《易经》那样先申明天道,然后通达人道,而是以人道来规范天道,反过来又以天道来说明人道。

孟子也讲"诚",但他更重视"心"。孟子认为代表人的思维器官和功能的"心",是由天赋予的,人的本性与天的本性是相一致的。由此,他和子思一样,认为认识天道不需要与外在的客观事物相接触,只要充分地认识"心"即可。以他的话说就是:"尽其心者,知其性也;知其性,则知天矣。"(《孟子·尽心上》)孟子所谓的"尽心",就是尽力发挥人心的作用;"知性",就是通过发挥人心的作用,自我反省,理解、体认人的本性;"知天",就是说只要理解了人的本性,也就通晓了"天道"。可见,在孟子那里天道与人道在人的心性中也达到了统一。

《易传》侧重于自然,子思、孟子侧重于人心,二者虽然有很大差异,但殊途而同归,即他们在天人之辩上都已离开了宗教神学的解释,而在自然与社会的现实基础上阐发了天人合一的理论。但在子思与孟子的学说中,有一个致命的缺陷,这就是没有意识到人的能动性的发挥要受到种种客观、自然条件的制约。道家的代表人物庄子,有鉴于儒家子思、孟子天人之辩中对人的主观能动性的夸大,提出了"天与人不相胜"(《庄子·大宗师》)的思想来加以修正。在庄子看来,天是有规律的,人必须遵循这一自然规律。人不能干预天,如果干预天就如在日月光照之下却举起火把,在大雨滂沱之时去浇灌田园那样可笑(《庄子·逍遥游》)。庄子认为,天人一致的根本就是要求人顺从自然,能与自然保持和谐,才能达到"天地与我并生,而万物与我为一"(《庄子·齐物论》)的境界。

庄子洞察先秦儒家天人之辩的弊端,在老子天道观的基础上重提尊重天道、尊重规律。这无疑是难能可贵的。然而,庄子又走向了另一个极端,即否定和扼杀了人的主观能动性。因此,他受到了尔后荀子的批评。荀子从思维方法论上分析了庄子的理论偏差在于"蔽于天而不知人"。与此相反,荀子认为子思、孟子等人则"蔽于人而不知天"(《荀子·解蔽》)。荀子弃其所"蔽",扬其所"见",提出了"明于天人之分""制天命而用之"(《荀子·天论》)的著名命题。他把天理解为客观存在的自然界,理解为日月星辰、山川草木、阴阳风雨、四时变化等的存在。荀子在此基础上,又提出天的运行有其自身的规律,这种规律并不随着社会治乱、人的好恶而改变:"天行有常,不为尧存,不为桀亡。"(《荀子·天论》)由此,荀子从两方面总结了天和人的关系,一方面是"天人相分",即自然之天与人各有自己的职分或特殊规律,不能相互取代。另一方面是"天人相参",人在自然面前不是消极的、被动的,不能一味地等待天的恩赐,盲目地顺从、听命于天,而应该充分发挥人的聪明才智。

可见,荀子既重视天人相分,又倡导天人相参;既尊重自然法则,又强调人为作用。从当时看,无论是在深度还是在广度上,都达到了相当高的水平,成为中国古代哲学天人之辩中最有价值的思想遗产。

秦汉大一统的封建中央集权制的确立,使这一时代的天人之辩呈现为一种新的理论形态。董仲舒天人感应的神学目的论正是适应了历史发展的这一进程应运而生的。董仲舒继承了先秦的阴阳五行学说,又吸取了当时自然科学的声音共鸣、机械共振及生物学的同类相应等成就,提出"同类相应""同类相动"的哲学命题,并以此为据推导出"天人之际,合而为一"(《春秋繁露·深察名号》)的结论,构建了一套以神学目的论为基础的天人之说。董仲舒首先恢复了天的至高无上的绝对地位。他把天和人作了详细比较，主张人是天的副本。按照他的看法，天与人相副；天有四时，人有四肢。由人组成的社会也不例外，也是取法于天，如天有阴阳尊卑，社会有君臣、父子、夫妇；天有五行相生相克，人间有父子等五伦相生相养关系，如此等等。由此，董仲舒又提出灾异说，认为天会降下灾异，对那些违背天道的人进行"谴告"及相应的惩罚。

董仲舒的天人感应和神学目的论，给汉代封建大一统的局面提供了一种新的统治之道。从哲学思维发展来看，他使用了类比方法，将天人作了详尽的具体的类比，力图以定量的分析取代整体的模糊论述，这也是哲学思维的一大进步。然而，它毕竟具有浓重的神学色彩，包含有许多主观臆断、任意比附的内容，这是与真理相悖的。正是由此，这一理论理所当然地遭到了一些进步思想家的批判。东汉的王充就是一个杰出的代表。王充继承了道家的思想学说，把董仲舒歪曲了的天还原为自然。他指出，天与人异体，各有着自己运动变化的规律，不相感应，"人不晓天所为，天安能知人所行？"（《论衡·变虚》）"夫人不能以行感天，天亦不随行而应人。"（《论衡·明雩》）尤为可贵的是，王充还概括了大量的科学事实和实践经验，揭露了天人感应的虚妄性和欺骗性。比如他以阴阳观念说明雷电的产生，抨击了神学家所谓雷电乃天怒的无稽谎言。

在隋唐时期，以柳宗元和刘禹锡为代表的哲人，沿着王充所开辟的道路对天人关系作了带有创造性的论证，把先秦之后的天人之辩推进到一个更高的阶段。柳宗元在《天说》《天对》与《答刘禹锡天论书》中，系统地阐发了自己的天人关系理论。他与有神论者针锋相对，把天看作元气，是物质性的存在，它没有意志，更不会对人赏罚。在他看来，人的功祸是由自己造成的，与天无关："功者自功，祸者自祸""生殖与灾荒，其事各行，不相干预。"（《答刘禹锡天论书》）柳宗元的观点被同时代的刘禹锡继承和发展。刘禹锡在《天论》等著述中把历史上的天人之辩分为两大派，一派是"拘于昭昭者"（指天有意志），主张天人相互影响。这一派他称为"阴骘之说"。另一派是"泥于冥冥者"（指天无意志），主张天与人实相异，这一派他称为"自然之说"。他指责"阴骘之说"是诬妄，而对"自然之说"基本上持肯定的态度。但是他又认为以前的"自然之说"，比如荀子、王充等人，还没有完全认清自然与社会、天与人的本质差别和内在联系，往往是强调了自然的规律性、绝对性，却轻视或抹杀了人类社会的特殊性和人的主观能动性，或者是强调了社会的特殊规律性和人的主观能动性，而忽略了自然规律的制约性。刘禹锡把自己的天人关系理论归结为"交相胜，还相用"(《天论》)。所谓"交相胜",是指天人各有自己的职能、作用,在不同的条件下可以相互制胜;所谓"还相用"是指天人虽有区别,但又相互联系、相互作用。可见,刘禹锡对天人之辩问题的解决实际上是把天人关系看作一种既相互对立又相互统一的辩证关系,从而使中国古代天人之说所提出的问题得到了比较合理的解决。

至宋明时期,理学家们以高度抽象的概念,来规范和解释人与自然的关系,把天人之辩纳入其理学体系中。比如程朱派就主张天人是一体、一道、一理,"天即人,人即天"(《朱子语类》卷十七)。他们认为天人本无二,故不必言合。可见,程朱的天人观强调了天人的同一性,把天人统一于理、道上。与程朱一派不同,陆王派则把天人归结为一心。陆九渊提出,"宇宙即是吾心,吾心即是宇宙"(《年谱》,《陆九渊集》卷三十六)。王阳明也认为:"人者,天地万物之心也;心者,天地万物之主也。心即天,言心,则天地万物皆举之矣。"(《王文成公全书》卷六,《答季明德》)于是,在陆王那里天人是在心的基础上达到了统一。可见,无论是程朱还是陆王,他们的天人合一论都高扬了人的主观能动性、自觉性,这是这一学说的长处。但他们所理解的天人合一,终极目标是要求人对含有社会伦理意义的天理的绝对服从。由此,他们明确提出"存天理,灭人欲"之类的口号。这使得他们的天人之学实质上最后导致的是对人性的束缚与摧残。

这一时期与程朱理学不同,对天人关系进行新探索的也大有人在,张载就是一个代表人物。张载继承了中国古代传统的天人相分和天人交相胜的思想。他明确区分了天人:"天地之雷霆草木,人莫能为之,人之陶冶舟车,天地亦莫为之。"(《性理拾遗》)特别值得推崇的是,张载虽然主张天人相分,但没有忽视天人相合。他从宇宙论高度对此加以论证:天地是万物和人的父母,人处天地之间,天地之气构成了人的身体,塑造了人的性格与气质。天地之性,就是人之性,人性是对天道的体现。由此,张载得出的结论是:"天地之塞,吾其体;天地之帅,吾其性;民吾同胞,物吾与也。"(《西铭》)这一把天道与人道统一起来的思想,尤其是主张置身天地之间的人类是我的同胞,万物是我的朋友的思想对后世的影响极大。可以说,张载的天人观无论在理论深度上还是涉及的内容上,都对前人有所突破。

明清之际的王夫之以当时的自然科学成就为基础,以张载的天人之学为出发点,从传统的天人之辩中吸收营养,把中国古代的天人之辩理论推向了高峰。在他看来,天人作为一对矛盾既有分又有合,表现为合中有分,分中有合。

王夫之用"天人异用"说明"合中有分";用"一人天""体之不二"说明"分中有合"。对这一论点王夫之从两方面进行了论证:其一,从人的来源看,人秉受天之和气而生,天道造就了人性,人属于自然界的一部分,因而人和自然有相合的可能。由于人性与天道本来就无间隔,因而人的任务就是由认识人性进而认识天道,达到"以性合道,以道事天"(《张子正蒙注》)。其二,从人改造自然的角度看,人们可以根据对自然之天的认识,发挥人的主观能动性,可以改造和利用天。他使用了"竭"这个概念,在他看来:"可竭者,天也;竭之者,人也。"(《续春秋左氏传博议》卷下)可见,王夫之所谓的"竭"就是指人认识、改造自然的能力。"可竭"是指天是能够被认识和改造的。由此,他得出人可以"胜天""裁天""造为"的结论。按照王夫之的看法,主观与客观、主体与客体、理论与实践本来就是统一的。人的使命就在于达到对这种统一的高度自觉,并且时时处处自觉地维护二者的统一。王夫之对天人关系的总结和新的论证,恢复了人在自然界中应有的地位,对于人的理性觉醒和解放有着重要意义。正是由此,我们可以说王夫之的天人理论标志着我国古代的天人之辩的理论总结。

中国古代哲学推崇的天人合一观,最直接的理论贡献无疑是在处理人与自然关系问题上确立起尊重与敬畏自然的文化传统。正是这一传统使得中国哲学从来没有西方所谓的人类中心主义与非人类中心主义的二元对立,而是基于天人合一、天人和谐的一元论立场,睿智且谨慎地处理好人与自然环境的关系问题。众所周知,人类在进入 21 世纪之后以气候变暖问题为核心的环境困境日益凸显其严重性。事实上,汤因比生前在展望行将到来的 21 世纪时,曾对环境问题给出了最严厉的警告:"人类的力量影响到环境,已经达到了会导致人类自我灭亡的程度,这种情况似已确定无疑。如果人类为了满足贪欲而继续使用这些力量,必将自取灭亡。"①也许从这一视阈而论,中国古代哲学在天人之辩中的优秀传统可为全球解决日益严峻的环境问题提供中国智慧。

在天人之辩中儒家自孔子起就主张敬畏天道:"巍巍乎! 唯天为大,唯尧则之。"(《论语・泰伯》)孔子甚至提出过"钓而不纲,弋不射宿"(《论语・述而》)的具体规范。这个思想深刻地影响了后世。从孟子"斧斤以时入山林"(《孟子・梁惠王上》)的告诫,荀子提出"山林泽梁,以时禁发"(《荀子・王制》)的法度设计,再到朱熹所说的:"物,

① 汤因比、池田大作:《展望 21 世纪——汤因比与池田大作对话录》,荀春生等译,国际文化出版公司 1999 年版,第 38 页。

谓禽兽草木;爱,谓取之有时,用之有节"(《孟子集注》卷十三),再到张载"民吾同胞,物吾与也"(《西铭》)的命题均体现了儒家对待自然万物一以贯之的慎取立场。今天的人类在人类中心主义及消费主义等错误思潮的影响下,显然忘记了儒家的这一立场。

不仅如此。中国古代天人之辩所提供的天人合一、天人和谐观念几乎贯穿、渗透到中国文化的一切领域。比如中国的文学艺术就以此为依据进行审美创造。从《诗经》的比兴,《离骚》的香草美人之喻,杜甫的"感时花溅泪,恨别鸟惊心"(《春望》),一直到毛泽东诗词中"天高云淡,望断南飞雁"(《清平乐·六盘山》)描绘,堪称情景交融,天人一体。中国绘画书法艺术更是推崇"外师造化"的技法,借以达到物我合一、天人合一之境界。事实上,中国古代的建筑、医学、气功、武术等的传承与发展方面也无一不以天人合一作为其哲学基础。这显然是中国哲学天人之辩优秀传统之现代意义的又一明证。

2. 作为运动与静止关系的动静(常变)之辩

运动与静止的关系问题是辩证法的基本问题之一,它在中国古代哲学中以"常"与"变"的范畴被讨论和探究。"常"有恒久、常则、常住、不变等意义,因而和"静"相通。"变",有更、改、易、动、化、权等意思,指变易、变化,故"变"和"动"之意相通。正是由此,动静之辩也可称常变之辩。

老子是先秦时代朴素辩证法思想最为丰富的哲学家。在动静(常变)之辩中,他有鉴于"社稷无常奉,君臣无常位"(《左传·昭公三十二年》)的社会历史现象,有鉴于"金玉满堂,莫之能守"(《老子》九章)的贫富贵贱的变化,从而作出了其哲学概括:天地万物都在不断地运动变化,世界上没有永恒不变的东西。即所谓的"反者,道之动"(《老子》四十章)。而且,在老子看来,一切事物的发展都要向它的反面变化,这种变化是道的必然运动。老子还认为,所谓万物向反面转化,就是事物的动到了极点而转向静的方面。由此,他说:"万物并作,吾以观其复。夫物芸芸,各复归其根。归根曰静。是谓复命。复命曰常。"(《老子》十六章)。在中国哲学史上,老子第一个把常和变、动和静作为一对范畴来考察,具有重大的理论意义。而且,他的动静(常变)观对后世的影响是深刻而久远的。

先秦时代论述动与变最深刻、最丰富的著作是《周易大传》。这部著作着重从变化的原理出发,阐发了一套"变化日新"的重变哲学,其中又以《系辞传》和《序卦传》最具代表性。在《周易大传》的作者看来,变化对宇宙、社会、人生具有重要意义:"穷则变,变则通,通则久。"(《系辞传下》)可见,唯有变化,宇宙才可以不穷而久。《周易大传》还把变化的本质理解为"日新":"盛德大业至矣哉。富有之谓大业,日新之谓盛德,生生之谓易。"(《系辞传上》)可见,在这种发展观看来,天地阴阳与万物都是新陈代谢,生生不已的。这也是《易经》内蕴的"易"即"变易"之道的意思。这一见解显然十分精彩。

战国中期以后,思想界出现了一股名辩思潮。《庄子·天下篇》中保存了战国后期辩者学说中的一些著名命题,它们体现了辩者的运动与静止观。比如"轮不辗地""飞鸟之影未尝动也""镞矢之疾,而有不行、不止之时"。从上述命题来看,辩者的动静观无疑是深刻的,含有丰富的辩证法思想。

这一时期在动静观上取得较高理论成就的是庄子和荀子。《庄子》一书继承了《老子》"反者,道之动"(《老子》四十章)的思想,十分强调世界万物的变化不居:"道无终始,物有死生,不恃其成;一虚一盈,不位乎其形。年不可举,时不可止;消息盈虚,终则有始。是所以语大义之方,论万物之理也。物之生也,若骤若驰,无动而不变,无时而不移。"(《庄子·秋水》)也因此,《庄子》强调运动的绝对性:"方生方死,方死方生;方可方不可,方不可方可"(《庄子·齐物论》)。《庄子》认识到宇宙万物变动不居,这含有丰富的辩证法思想因素,但是它否定相对静止显然又是错误的。

荀子的动静、常变观虽然不是其哲学观中最出彩的部分,但也值得一提。他反对天命、反对鬼神迷信,他提出"天行有常,不为尧存,不为桀亡"(《荀子·天论》)的命题。可见他肯定了自然界运行的规律性,这一规律不因人世间统治者的好坏而发生改变。荀子还对天地自然的运动变异现象作出合理的解释:"星坠木鸣,国人皆恐。曰:是何也。曰:无何也,是天地之变,阴阳之化,物之罕至者也。"(《荀子·天论》)而且,荀子还对事物运动变化的积累过程有比较深刻的认识,他提出了"尽小者大,积微者著"(《荀子·大略》)的命题。这意思是说,尽量容纳小的就可变成大的;积累微细的就可变为显著的。由此,他强调了量变之"积"对于事物质变的意义:"积土成山,风雨兴焉;积水成渊,蛟龙生焉;积善成德,而神明自得,圣心备焉。"(《荀子·劝学》)其中显然已包含有量变与质变关系的思想萌芽。正是由此我们说它是对古代变化观的一个重要理论贡献。

董仲舒是在中国封建统治制度开始巩固的时代,竭力为中央集权与专制提供理论根据的哲学家。他的哲学也十分重视常变观念。他承认变化是有规律的:"天之道,有序而时,有度而节,变而有常。"(《春秋繁露·天容》)亦即是说,万物无时不息地在变化,这个变化有其常则。常则的内容是"应天之变"。由此,董仲舒说:"汤受命而正,应天变夏。"(《夏秋繁露·三代改制质文》)可见,他把历史上的重大变革,说成是顺应天意的结果。这一方面是承认变,另一方面又把变的根据归于神秘的天意。故他又说:"道之大原出于天,天不变,道亦不变。"(《汉书·董仲舒传》)就动与静、常与变的关系把握上,董仲舒着重讲"天不变,道亦不变",这一哲学观反映了统一的封建政权确立以后,统治阶级维护和巩固封建制度在意识形态方面的内在需要。故毛泽东批判说:"在中国,则有'天不变,道亦不变'的形而上学思想,曾经长期地为腐朽了的封建统治阶级所拥护。"①

　　魏晋时期的王弼继承和发展了老子和《周易》的动静观,以思辨的形式进一步阐发了动静关系问题,从而为其"以无为本"的本体论作了理论上的论证。王弼认为,天地万物之间运动变化是表象,静止不变才是根本:"凡动息则静,静非对动者也;语息则默,默非对语者也。然则天地虽大,富有万物,雷动风行,运化万变,寂然至无是其本矣。"(《周易·复卦注》)由此,王弼提出了他的主静说:"夫静为躁君,安为动主。故安者,上之所处也;静者,可久之道也。"(《周易·恒卦注》)也就是说,静安是躁动的主宰,只有以静制动,实行无为而治,才能保持统治的长治久安。董仲舒、王弼等人这一过度推崇不变的哲学观,其消极影响是显而易见的,它不仅使得统治者缺乏除旧更新的变革精神,也极易在民族性格中生成安逸、守旧、不思进取之类的弊病。

　　这一时期与董仲舒、王弼等人推崇常则、主张静安的观点迥然不同的是佛教哲学宣称的"无常"观。佛教自汉代传入中国以后,至隋唐之际有了很大的发展。其宣称的教义也渐渐为世人所熟悉。佛教将"诸行无常""诸法无我"和"涅槃寂静"称为"三法印"。可见,无常论是其最基本的教义之一。当年佛陀言说《金刚经》时总结此经主旨,于最后留下一偈:"一切有为法,如梦幻泡影,如露亦如电,应作如是观。"(《金刚经·应化非真》)这里以梦境、幻觉、泡沫、倒影、露水、闪电等来揭示形相世界由真实向虚妄的变化。这其实也是空观大千世界的意蕴之所在,阐释的就是无常、流变、轮回的道理。佛教认为,人只有确立了"无常"的念想,才可以解除痛苦。这也即是《涅槃经》中所说的:"一切众生迹中,象迹为上;是无常想亦复如是,于诸想中最为第一。"可以肯定地说,无常论作为古代哲学动静(常变)之辩的一个结论,"是一种卓越的辩证观念,是

---

　　① 毛泽东:《矛盾论》,载《毛泽东选集》(第二卷),人民出版社 1991 年版,第 301 页。

佛教在理论上最重要、最有意义的贡献"①。但由于佛教的无常论最终要论证的是归于寂静的所谓涅槃境界。这显然又带有宗教神秘主义的色彩。

宋明理学的动静、常变观首推的自然是北宋理学家张载的相关理论。张载从气一元论的角度对先秦的动静（常变）理论进行了阐发。他认为构成万物的气和由气生成的万物都是不断变化的，而且变化是有规律的。由此，他认为："天地之气，虽聚散、攻取百涂，然其为理也顺而不妄。"（《正蒙·太和篇》）张载还殚精竭虑地研究了气化过程的阶段和形式的问题，开创性地在中国哲学史上提出了"变"和"化"这两种运动形态："变，言其著；化，言其渐"（《横渠易说·上经·乾》）。张载在动静观上还提出如下一则命题："动而不穷，则往且来。"（《正蒙·乾称篇》）可见，在他看来，运动是无穷的，往而必来是永恒的。这可以说已初步地接触到了运动守恒的观念，具有重要的理论价值。

被列宁誉为"中国 11 世纪改革家"②的王安石，为了给自己的变法革新主张作论证，修正了董仲舒的"天不变，道亦不变"的观点，积极宣传"尚变"论。他认为"尚变者，天道也"（《临川先生文集》卷六二《河图洛书义》）。在他看来，自然界和人类社会都在不断变化之中，因为一切皆变，故人们应当崇尚变化、推动变化。王安石还深入研究变化的内容，首创"新故相除"的观点："有阴有阳，新故相除者，天也；有处有辨，新故相除者，人也。"（《杨龟山先生集·字说辩》引《王氏字说》）

值得一提的是，在动静（常变）之辩中，宋明理学家也大都崇尚变化。程颢就认为运动是天地万物的基本原则，在他看来"'生生之谓易'，是天之所以为是也，天只是以生为道"（《河南程氏遗书·卷二》）。程颐也说："天地之化，一息不留；疑其速也，然寒暑之变甚渐。"（《河南程氏外书》卷第十一）而且，他认为变化是事物的根本之道："凡天地所生之物，虽山岳之坚厚，未有能不变者也，故恒非一定之谓也，一定则不能恒矣。唯随时变易，乃常道也。"（《周易程氏传》卷第三）特别重要的是，在动与静关系的问题上，程颐认为动是更重要和更根本的："消长相因，天之理也。""一阳复于下，乃天地生物之心也。先儒皆以静为见天地之心，盖不知动之端乃天地之心也。非知道者，孰能识之？"（《周易程氏传》卷第二）

理学的集大成者朱熹继承和发挥了张载和二程的动静学说，丰富了具有

①　方立天：《佛教哲学》（增订本），中国人民大学出版社 1991 年版，127 页。
②　列宁：《修改工人政党的土地纲领》，载《列宁全集》（第十二卷），人民出版社 1987 年版，第 226 页注释二。

理学色彩的动静理论,其主要内容有以下两个方面:其一,他认为理主动静。朱熹在宇宙论上持"理生万物"说,与此相应,在动静观上提出了"理有动静,故气有动静"(《朱文公文集》卷五十六《答郑子上》)的命题;其二,朱熹提出了"渐化"和"顿变"的学说。朱熹继承张载的思想,认为事物的变化有两种形式:"形是渐化,变是顿变。"(《朱子语类》卷七十一)特别值得一提的是,在朱熹看来,由于阴阳二气渐消渐盛,事物要经过渐化才达到顿变。而且,朱熹还认为渐化和顿变是互相转化的。他以刚柔为例这样说道:"刚柔变化,刚了化,化了柔,柔了变,变便是刚,亦循环不已。"(《朱子语类》卷七十四)由此,在朱熹看来刚柔互转,变化也互转,世界的一切均循环不已。

明末清初的王夫之,继承《周易》、张载等人的思想,进一步吸取了当时自然科学的成果和总结大动荡时期的社会新变化,对中国古代动静(常变)之辩作出了历史性的总结。其学说主要体现在他的"太虚本动"的理论上。王夫之首先认为运动是客观事物的运动,物质和运动是不可分割的:"太虚者,本动者也。"(《周易外传》卷六)"动静者乃阴阳之动静。"(《张子正蒙注》)以这样一种"本动"的理论为出发点,王夫之继而又探讨了动与静的辩证关系。他认为在事物发展变化的全过程中,运动和静止是互相包含、互相渗透的:"动静互涵,以为万变之宗。"(《周易外传·震》)王夫之还比较科学地揭示了运动是绝对的,静止是相对的原理:"静者静动,非不动也。"(《思问录·内篇》)这就是说,动静都是动,静者是静动,根本不存在"废然之静"。这种把静止看作运动的另一种表现形态的思想,无疑是相当了不起的。

也是基于"太虚本动"的思想,王夫之还继承和发挥了《周易》的"日新之谓盛德"的思想,揭示了运动变化的基本过程和基本趋势:"天地之德不易,而天地之化日新。"(《思问录·外篇》)特别值得肯定的是,王夫之还以其天才的理论思维能力在一定程度上猜测到了运动守恒规律的存在:"是故有往来而无死生。往者屈也,来者伸也,则有屈伸而无增减。屈者固有其屈以求伸,岂消灭而必无之谓哉!"(《周易外传》卷六)可见,在王夫之看来,天地万物的运动变化只有"往来"而无"生死",即运动既没有创生也没有消亡。王夫之还以水为例这样说过:"如水唯一体,则寒可为冰,热可为汤,于冰汤之异,足知水之常体。"(《张子正蒙注·太和篇》)在这里,王夫之用中国哲学特有的语言论述了运动守恒规律的基本内容。这无疑是中华民族值得引以为豪的理论思维硕果。[①]

可见，中国古代哲学的动静（常变）之辩中虽然也有"天不变，道亦不变"的形而上学观，但占主导地位的还是崇尚变易、推陈出新的文化传统。这一传统以《易经》的变易之道和《老子》的"反者，道之动"为两大基本思想渊源，它在几千年的历史发展长河中，既成为中华民族基本的宇宙观、世界观，也成为我们民族生存与发展的智慧之道。我们几乎可以断言，中华民族能够历经几千年的发展，而始终自强不息，很大程度上正是得益于世界观、社会历史观和人生观上这种崇尚变易、与时俱进的优秀文化传统。

3. 作为概念与客观实在关系的名实之辩

在中国古代哲人思考、探究的诸多问题中，作为认识论与逻辑学的一个重要问题，名实之辩自先秦以来就已有之。"名"指名称或概念；"实"则指实在，即名称或概念所指谓的客观事物。先秦时期，"名"和"实"之所以构成中国古代哲学的又一对重要范畴是有着特定的历史语境的。春秋末期社会动荡，"礼崩乐坏"，旧事物趋于崩溃，新事物不断诞生，旧名被废弃，新名不断涌现。于是，诸如名存实亡、名实不符之类的现象十分普遍与突出。老子与孔子的名实观正是企图回应当时的时代之问而形成的。

老子认为名与言不足以表述宇宙万物的本性。《老子》开宗明义写道："道可道，非常道；名可名，非常名。"（《老子》一章）这就是说，用概念表述的道和名，并不是恒常的道和名。老子的结论是"道常无名"（《老子》三十二章）；"道是无名之朴"（《老子》三十七章）。在老子看来，"道"既然是人们的感觉经验和理性思维所不能把握的，只有去掉名言，才可以真正理解和把握道。用他的话说就是："知者不言，言者不知。"（《老子》五十六章）应当承认，老子认为"道"作为宇宙万物的本体及其发展规律，是感觉所不能把握的，也是难以用概念名称模写的，这看到了人们感觉经验和理性思维的局限性，有一定的合理性。但是他显然过分夸大了这一局限性，以致完全否定感觉和概念的重要作用，这就只能导向神秘的直觉主义。老子的这一无名学说对于后来的庄子及魏晋玄学家都有极大的影响。

---

① 能量守恒和转化定律被公认为是法国的笛卡儿于公元 1644 年在其《哲学原理》中最先提出。但笛卡儿不仅是主张"物质实体"和"精神实体"同时独立存在的二元论者，而且他还把运动形态归结为单一的机械运动。王夫之却不同，他是在"物质不灭"的一元论的基础上肯定运动守恒规律。而且，王夫之并不否认运动形态的多样性。这一运动观在古代无疑是相当深刻的。

在名实关系上,与老子的无名论不同,孔子则提出了正名的主张。他认为:"名不正,则言不顺;言不顺,则事不成;事不成,则礼乐不兴;礼乐不兴,则刑罚不中,刑罚不中,则民无所措手足。"(《论语·子路》)由这段引文可见,孔子的正名着重于道德方面内涵的开掘。正是由此,他往往给传统的名词加进道德的涵义。《论语·颜渊》篇中曾有这样一段著名的记载:"子张问:'士何如斯可谓之达矣?'子曰:'何哉,尔所谓达者?'子张对曰:'在邦必闻,在家必闻。'子曰:'是闻也,非达也。夫达也者,质直而好义,察言而观色,虑以下人。在邦必达,在家必达。夫闻也者,色取仁而行违,居之不疑。在邦必闻,在家必闻。'"可见,子张认为"闻"与"达"是无区别的同义词,也没有道德涵义,孔子则把闻达之名加以区分,指出"达"是真诚,"闻"是虚伪,两者一善一恶,泾渭分明,而且都具有道德涵义。孔子关于正名的言论虽然不多,但对后世影响却很大。后来荀子、董仲舒的名实观,无疑都受到了孔子正名说的启发。

墨家创始人墨子在名实之辩问题上也作出了重要的贡献。这主要体现在他"以名取实"的思想上。墨子认为,"皓者白也,黔者黑也,虽明目者无以易之。兼白黑,使瞽取焉,不能知也。故我曰:瞽者不知白黑者,非以其名也,以其取也"(《墨子·贵义》)。可见,墨子的名实观,充分地表明了他的朴素唯物主义认识论的立场。墨子的这一思想亦为后期墨家所继承和发展。

先秦时期在名实之辩问题上的主要理论成就还体现在名家的学说中。以公孙龙、惠施为代表的名家在名与实的关系问题上也作出了重要的理论建树。公孙龙说:"夫名,实谓也。知此(名)非此(实)也,知此(实)之不在此(位)也,则不谓也;知彼(名)之非彼(实)也,知彼(实)之不在彼(位)也,则不谓也。"(《公孙龙子·名实论》)这就是说,名是用来称谓实的,名必须符合实。如果一个名所称谓的不是它所称谓的那个实,或者它所称谓的那个实已经发生变化,不在其位,就不能再称那个名了。显然,相比于孔子的"以名正实"观,这是对名实关系更为合理的看法。

此外,公孙龙还在《白马论》中,应用正名的原则,阐述了概念与概念之间的关系。这主要表现在"白马非马"这个著名命题上。"白马非马"据传原来是战国时宋国的稷下辩士首先提出的命题。公孙龙对这个命题作了深入论证,从逻辑上区分了外延和内涵的不同,从哲学上揭示了一般概念与个别概念的区别:"求马,黄、黑马皆可致;求白马,黄、黑马不可致。使白马乃马也,是所求一也。"(《公孙龙子·白马论》)当然,公孙龙在指出了"名"的一般与个别的区别的同时,由于看不到两者的联系,故又难免陷于诡辩论的谬误。

　　战国时期道家最具影响力的代表人物庄子在名实之辩问题上明确反对儒、墨的正名观，反对他们的正名治国理论。也因此，庄子从多方面否定名言概念的作用。在庄子看来，无形的"道"是不可名言的："道不可言，言而非也。知形形之不形乎。道不当名。"（《庄子·知北游》）而道之所以不可言、不当名，在庄子看来一方面是因为变化的万物是难以名言的："化其万物而不知其禅之者，焉知其所终？焉知其所始？正而待之而已耳。"（《庄子·山木》）另一方面也因为语言概念自身也是不确定的："夫言，非吹也，言者有言，其所言者，特未定也。"（《庄子·齐物论》）可见，在名实关系问题上，庄子尖锐地提出了名言概念能否反映与把握道的问题，一定程度上揭露了人的思维中抽象和具体、静止和运动、有限和无限的矛盾，揭示了名言概念的局限性。这是有认知价值的。但庄子以道的无形性、事物的流变性和名言的相对性，否定名言概念的作用，否定名实之间有可能达到的同一性，陷入了相对主义与怀疑论，这无疑又是片面的。

　　　　《庄子·秋水》记载了一桩古代哲学史上非常有名的公案：庄子与惠子游于濠梁之上。庄子曰："儵鱼出游从容，是鱼之乐也！"惠子曰："子非鱼，安知鱼之乐？"庄子曰："子非我，安知我不知鱼之乐？"惠子曰："我非子，固不知子矣；子固非鱼也，子之不知鱼之乐，全矣。"庄子曰："请循其本，子曰汝安知鱼乐云者，既已知吾知之而问我。我知之濠上也。"以名实之辩的视阈而论，两位哲人在这里涉及的问题就是：人能否用"名"来确认鱼之乐否之"实"？

　　后期墨家继承和发展了墨子"取实予名"的思想，在名实之辩上作出了新的理论贡献。这一理论贡献主要体现在如下两个方面：其一是"以名举实"的思想。《墨子·小取》篇明确提出"以名举实"的命题，由此阐发了名称、概念如何准确地表述客观实在的思想："举，拟实也"（《墨子·经说上》）；"举，告以之名，举彼实也。"（《墨子·经说上》）这即是说，"名"是对"实"的反映，从逻辑上讲一定是先有其"实"而后才有其"名"。其二是区分了名的不同形态。后期墨家根据外延的大小，把"名"区分为三种："名：物，达也；有实必待之名也。命之马，类也；若实也者，必以是名也。命之臧，私也；是命也，止于是实也。"（《墨子·经说上》）这里讲的达名，通于一切的名，即最高的类概念，是最普遍最一般的概念。凡是客观存在（"有实"），必得这个名称。如"物"就是达名。类名是指一类具体事物所共有的名，即一般的类概念、普通概念，如"马"。私名则是指某一个体的名称,不是概念。因为它专指某一特定事物,不得移称于其他事物。可见,这里所讲的"达、类、私",即名的普遍、特殊、个别三个层次的不同形态。

战国末期的荀子认为"正名"是治理国家的重要措施,因此他继承孔子的正名思想,吸取墨家逻辑学方面的成果,作《正名》篇,成为先秦时代正名学说的集大成者和总结者。荀子的《正名》篇对"名实"之辩作了全面的阐发,提出了"制名以指实"的著名论点。关于正名的目的和作用,荀子作了明确的论述:"异形离心交喻,异物名实玄纽。贵贱不明、同异不别。如是,则志必有不喻之患,而事必有困废之祸。故知者为之分别制名以指实,上以明贵贱,下以辨同异……此所为有名也。"(《荀子·正名》)这就是说,世界上事物各不相同,如果对不同的事物没有确定的名,就会出现社会等级贵贱不明、事物同异不分的情况。这样,人们的思想不能交流,从而产生彼此互不了解的弊病,做事也会遇到困阻而失败。因此他认为必须分辨事物,制定名称以表达客观事物,力求用名的统一、名实的相符,从而使贵贱、同异都有明确的区分和辨别。可见,荀子的"制名"说一方面是使"民莫敢托为奇辞以乱正名"(《荀子·正名》),以巩固社会的等级名分制度;另一方面他也认为"名闻而实喻,名之用也""名定而实辨,道行而志通"(《荀子·正名》),这里强调的是,正名同时也是沟通和交流思想之工具的观点。荀子能够这样理解名与实关系的本质显然是非常合理的。

正是鉴于名在社会生活中的如上重要性,荀子在名实之辩中对于如何才能"制名以指实"的问题作了较为详尽的理论探讨。这些理论探讨主要体现在如下几方面:其一是关于"名"是什么和"名"的形成问题。荀子说:"名也者,所以期累实也。"(《荀子·正名》)这里指的"期累实"是指对大量的事物加以概括。荀子还认为名的形成和发展是一个"循旧作新"的过程:"若有王者起,必将有循于旧名,有作于新名。"(《荀子·正名》)这是符合人类思维发展进程和认识之辩证法的。其二是提出了"制名之枢要"的思想。这也即提出了制名的要领和原则。其中最重要的是"约定俗成"的原则。一个实用什么去名,荀子认为:"名无固宜,约之以命,约定俗成,谓之宜,异于约则谓之不宜。名无固实,约之以命实,约定俗成,谓之实名。"(《荀子·正名》)可见,在荀子看来,名不但是由实决定的,而且还是社会历史和风俗习惯的产物。其三是荀子还对于"蔽于辞而不知实"(《荀子·解蔽》)的"三惑"进行了批判。所谓"三惑",在荀子看来,一是"用名以乱名"(《荀子·正名》),比如墨家的"圣人不爱己""杀盗非杀人"的命题,荀子认为"己"是人,"盗"也是人,墨家是改变"己"和"盗"的含义以乱"己"和"盗"的名。这对于强调概念的确定性和一贯性有重要启迪。二是"用实以乱名"(《荀子·正名》)。比如惠施的"山渊平"的观点,荀子认为山和渊只在特殊情况下才是平的,一般情况总是山高渊低,惠施是以个别的事实来否定和混淆概念的确切含义。三是"用名以乱实"(《荀子·正名》)。比如"有牛马非马也"的命题,荀子认为牛马包括了马,"牛马非马"的说法是用牛马与马的"名"的不同来混淆事实。可见,荀子通过对名实关系的多方面论证,对我国古代哲学中的认识论和逻辑学作出了杰出的理论贡献。

西汉时的儒家代表人物董仲舒在名实之辩问题上继承和发展孔子的正名思想。他一方面把它和天意联系起来而趋于神秘化,另一方面又把它和政治伦理更密切地结合起来而趋于政治化,从而在长期的封建社会中发挥了深刻的影响作用。在名是怎样形成的问题上,董仲舒认为:"名号之正,取之天地,天地为名号之大义也。"(《春秋繁露·深察名号》)这显然是一种神秘主义的概念生成说。

在董仲舒看来,正名的作用在于"正名以明义也。"(《春秋繁露·天地阴阳》)由此,董仲舒认为"治国之端,在正名。"(《春秋繁露·玉英》)因为名是天意的表达,治国之要必须体察天意。治国理政要做到替天行道,就应首先抓住正名这个关键。为了正名,董仲舒主张要做好"深察名号"的功夫。他说:"治天下之端,在审辨大;辨大之端,在深察名号。"(《春秋繁露·深察名号》)可见,董仲舒的正名思想是直接为政治服务的。

汉代后期统治阶层腐败衰朽,"名实不符"。比如一些举荐出来以备皇帝任用的"茂才""孝廉""方正"等,实际上缺德无才,与其名号背道而驰,出现了史书上所谓的"盛名之下,其实难副"(《后汉书》卷六一《黄琼传》)的状况。正是在这样的历史背景下,汉末哲学家、文学家徐幹作《中论》,提出了"综核名实"的理论:"名者,所以名实也。实立而名从之,非名立而实从之也。"(《中论·考伪》)而且,徐幹还十分重视名与言的证验:"事莫贵乎有验,言莫弃乎无征。言之未有益也,不言未有损也。"(《中论·贵验》)在他看来,验而无证的言说,是无益的空谈。

到了魏晋时期,玄学的奠基人王弼则继承了道家的思想极力贬低名与言的作用。他认为宇宙的本体"道"是不可言和不可名的。故他宣传"忘言忘象"的无名论主张。王弼首先继承了老子的观点,认为"道"是"不可道,不可名"的(《老子》一章注),因为"名"有局限:"名则有所分,形则有所止。虽极其大,必有不周;虽盛其美,必有患忧。"(《老子》三十八章注)王弼还用《庄子·外物》篇的"得意忘言"思想来解释《易传》的言、象、意三者的关系,提出了其"得意忘象忘言"的理论:"然则,忘象者,乃得意者也;忘言者,乃得象者也。得意在忘象,得象在忘言。"(《周易略例·明象》)于是,在王弼看来最后的结论只能是,"忘言"才能"得象","忘象"才能"得意"。就是说"忘言"与"忘象"是"得意"的条件,要"得意"必须"忘言"与"忘象"。王弼的这一观点,看到了言象不能表达天地万物及其变化的复杂性、丰富性,看到了语言、物象和义理三者的差别,这无疑是正确的。但是,他却走到另一极端,主张忘言忘象以求意,实际上是提倡神秘的直观认知论,以此去体认宇宙本体之"无"。这无疑又是片面的。正是由此,王弼的这一思想后来遭到欧阳建的批判。欧阳建在他的《言尽意论》中明确反对"言不尽意"的学说。这在当时玄学贵无论盛行的时代无疑是一个了不起的进步。

在名实之辩问题上,佛教的相关学说值得特别予以梳理和讨论。佛教认为:"凡所有相,皆是虚妄;若见诸相非相,即见如来。"(《金刚经·如理实见品》)也即是说,人只有放下了对一切形相的执着,才可以觉悟成佛。佛教般若①学说进一步认为,并没有真实的表象及其反映形相的概念。由此,佛教宣传"无相"说。在佛家看来语言文字是妄相,它只是佛陀进行教化时方便诠释义理的工具。也正由于此,对于《佛经》上的语言文字也决不能执着黏滞。这即是佛家所谓善权(即方便)。可见,佛教从根本上说是否认名言和客观存在的。在名实关系问题上,可谓一种空名实论。

然而,佛教传入中国以后,僧人往往视《佛经》为圣典,字字句句都是绝对真理,如同金科玉律,神圣不可侵犯。这样日积月累就形成了死守《佛经》文句、依语滞文的学风。东晋时著名佛家哲人竺道生,曾跟随般若学者鸠摩罗什学习多年,深得般若学"无相""善权"的玄奥,并吸取中国道家和玄学家的思维和语言,认为研习佛法决不能执着于佛经上的语言文字。他反复强调"慧解"是探求佛道的根本方法。所谓慧解,就是"若忘筌取鱼,始可与言道矣"(《高僧传》卷七《竺道生传》)。可见在竺道生看来,就好比捕鱼后要忘却工具"筌"一样,只有那些在把握佛理后能舍弃经文之语言文字的人,才可以和他谈论佛教的道理。与竺道生相似,东晋时期另一佛教哲学家僧肇,也强调万物都是不真的。所谓不真就是"假号"("假名"),即万物都只是人们命名的假号。在他看

---

① "般若"一词源于古代印度梵文的音译,其意思作"智慧"解。当时的般若学之所以主张"无相""善权",就是因为在他们看来,智慧是无法用语言文字来表达的。也是由此,禅宗有"不立文字"的教义流传后世。

来,佛教的智慧(般若)应是无名的。可见,他宣传的同样也是一种否认客观事物又否认语言概念的真实性的空名实观。佛家这一视名实为空相的世界观,与道家的无名论一起对古代哲学名实之辩的影响是形成了轻概念、重直觉或顿悟的认识论传统。

唐以后中国传统的名实之辩已不再引起哲人们普遍的关注。但值得一提的是唐代史学家刘知幾。他把正名论应用于史学研究,提出了名号、观点都要符合历史事实的基本观点。他认为:"夫名以定体,为实之宾,苟失其途,有乖至理。"(《史通・题目》)由此,他认为史实是基础,考名立号都要详加审察。"苟立诡名,不依故实",那就必然违反"史论立言,理当雅正"(《史通・称谓》)的原则。所以在他看来,古今称谓各有不同,其中的称谓是否恰当,其标准即名实称谓是否相允。刘知幾在史学方面的杰出成就显然也得益于他这一正确的名实观。

名实之辩在明末清初特定的社会历史背景下,又再次被哲学家们所论及。明末清初的思想家傅山,为了反对当时盛行的道统理学,独开"子学"研究的先例,著《读子》多卷,其中在注释《墨子》等著作中多有论及名实关系,阐发了"实在,斯名在"(《墨子・大取篇释》)的名实观。方以智则批评了先秦时代庄子在名实之辩上的无名论错误。他指出,庄子的思想"不过以无吓有,以不可知吓一切知见"(《药地炮庄・秋水篇评》)。他还批评《庄子》一书的内容,"其名与事,半真半假;其旨则所谓'神鬼、神帝','生天生地',惟心所造;其理则'自古以固存'者矣。"(《药地炮庄・大宗师篇评》)

如果说荀子的正名论是先秦名实之辩的一个总结的话,那么,中国古代的名实之辩至王夫之达到了一个更高的历史阶段总结。王夫之比较深刻而全面地阐述了名与实的辩证关系,对古代名实理论作出了新的贡献。这一理论贡献主要表现在如下两个方面:其一,王夫之强调了"名从实起"的思想。他在注解张载讲的"谓之天""谓之地""谓之人"等时说:"'谓之'云者,天、地、人亦皆人为之名,而无实不能有名。"(《张子正蒙注》)这就是说,"天""地""人"都是人起的名,但又是实的反映,没有实就不能有名,故他说"名从实起"(《思问录・外篇》)。其二,王夫之在强调"名从实起"之原则的同时也肯定了名的作用。他说:"名之与实,岂相离而可偏废者乎? 名之与实,形之与象,声之与响也。"(《尚书引义》)可见,他认为名与实是不能分离也不能偏废的。正是由此出发,王夫之主张"名待实以彰,而实亦由名而立"(《尚书引义》)。这即是说,名虽然由实而生,但是产生了名以后,名又可立实,即人们按照名的意义去做,使自己的行为("实")符合名的要求。比如做君主的,要按照君这个"名"的标准与规定去做,使自己的行动符合君这个"名"的要求。这就是立名以致实。王夫之认为,乱名可以乱实,正名则可以正实,名对实有重要的反作用。这显然是关于名与实关系问题上一种非常辩证的观点。

由此,王夫之还对"知实而不知名"和"知名而不知实"两种错误倾向进行了批判。一方面,他批判"知实而不知名"的倾向时说:"目击而遇之,有其成象,而不能成为名。如是者,于体非茫然也,而不给于用。无以名之,斯无以用之也。"(《知性论》)在他看来,人们的认识倘若只停留在感性经验阶段,不能形成概念,这就只能直观地了解具体事物,而不能通过概念总结认识成果,从而发挥认识对实践的指导作用。另一方面,他又对"知名而不知实"的倾向进行了批判:"习闻而识之,谓有名之必有实,而究不能得其实。如是者,执名以起用,而芒(茫)然于其体,虽有用,固异体之用,非其用也。"(《知性论》)这就是说,根据一些"习闻"来制名,以为有了名必有与之相应的实,这终究是不能得其实的。对于具体事物没有真切的认识,即使有了名词概念,在使用时也必然要张冠李戴,实际上并不能真正地发挥名的作用。

如果要对中国古代哲学的名实之辩问题作一总结,那么我们可以说,中国古代哲学关于"名"的作用,在理解上始终有两种不同的主张:一种是重视名的作用,其中名家和墨家以及后来的王夫之都极为重视名,强调名对实的反映作用。儒家也重视名的作用,但它把名的作用纳入名分、道德和政治的范围,从而使哲学色彩淡化,政治色彩增强,限制和束缚了对名的理论研究;另一种是道家和佛家则都贬低甚至否定名言的作用。老子、庄子主张无名论,玄学家王弼和佛学家竺道生、僧肇也都认为,得意就应忘言,不能停留在名言上。由于道家和佛家都注重追求精神性、观念性的本体,而这种本体是语言所难以真实表达的,这就必然会不同程度地导向直觉主义和神秘主义。

4. 作为认知与践行关系的知行之辩

在中国传统哲学中,"知"属于认识问题,"行"则大致相当于实践问题。就知行的关系而论,中国古代哲人对知行合一的原则几乎没有分歧,不同观点的争论主要是从知行的难易、知行的先后、知行的轻重、知行的分合这样几个角度进行探讨的。哲人们提出了诸如知易行难或知难行易、知先行后或行先知后、知轻行重或知重行轻、知行相合或知行相分、知行兼举与知行相资等不同的观点或见解。

中国古代哲学中最早出现的关于知行关系的论述,是知易行难说。此说

出于《尚书》。该书记载了殷高宗武丁与他的大臣傅说的一段对话。其中傅说
提出了如下一则命题："非知之艰，行之惟艰。"（《尚书·说命中》）及至后来，
《尚书》成了儒家的重要经典之一，这一知易行难说自然就对中国哲学乃至整
个思想文化界产生了巨大影响。在知易行难的观点看来，认识一件事情、懂得
一个道理，并不困难；难就难在能否将它落实到实际行动中去。这显然是一种
朴素的却又极其可贵的知行观。

在古代哲学史上，第一个自觉探讨知行关系问题的哲学家无疑是孔子。
孔子非常强调知行合一、言行一致。他说，古人之所以说话谨慎，就是因为"耻
躬之不逮也"（《论语·里仁》）。也即是说，古之圣贤最怕的事是说了之后却做
不到。由此，孔子教导人们说话务必慎重，切记不要说大话，真正的君子从来
都是"耻其言之过其行"（《论语·宪问》）。可见，孔子主张少说多做，说到做
到，"讷于言而敏于行"（《论语·里仁》），"言之必可行"（《论语·子路》）。而
且，孔子还把能否做到言行一致，视为在道德上划分"君子"与"小人"的重要标
准。孔子的这一知行观，显然有其认识论上的积极意义。

孔子之后，荀子比较集中地就知行关系问题作了探讨。重视行是荀子认
识论思想的一个鲜明而又重要的特点。与孔子相类似，荀子所说的行主要指
的是人的德行或道德活动，但有时也不限于道德活动，而泛指人的一切有目的
的活动。荀子十分强调行是获得知的基础。他说："不登高山，不知天之高也；
不临深溪，不知地之厚也。"（《荀子·劝学》）荀子还认识到，人们如果长期从事
某一专门的实践活动，经验积累得多了，知识就会变得很丰富，从而成为各种
专家。比如，"人积耨耕而为农夫，积斫削而为工匠，积反（贩）货而为商贾，积
礼义而为君子"（《荀子·儒效》）。特别值得一提的是，荀子还强调了行比知更
为重要的观点："不闻不若闻之，闻之不若见之，见之不若知之，知之不若行之。
学至于行而止矣。"（《荀子·儒效》）可见，在荀子看来，无论是作为间接知识的
"闻"，直接感性知识的"见"，还是作为理性知识的"知"，它们都比不上"行"的
重要。荀子之所以强调行比知更为重要，是因为他主张知要具体落实到行，即
行乃知的目的。在荀子的许多论述中，他固然申明学习的重要性，但是他更重
视学以致用："君子之学也，入乎耳，著乎心，布乎四体，形乎动静；端而言，蠕而
动，一可以为法则。"（《荀子·劝学》）这种不尚空谈、崇尚践行的思想充分体现
了处于上升时期的新兴地主阶级朝气蓬勃的进取精神。

古代哲学知行之辩中诸如知行合一，重践行的观点在神学目的论和谶纬
神学盛行、学风日趋虚浮的汉代，发挥了它的疾虚、反浮、务实的作用，并借此

使古代的知行学说得到了进一步的发展。王充在批判神学家认为圣人"神而先知""生而知之"的先验论时,针锋相对地指出人的知识与技能皆来源于后天的实践,而不单是靠人的天资敏巧:"齐都世刺绣,恒女无不能;襄邑俗织锦,钝妇无不巧。"(《论衡·程材》)王充在这里是举例说,齐都那个地方世代都从事刺绣,一般女子都会;襄邑那个地方有织锦的习俗,就连天资愚钝的妇女也都是这方面的巧手。正是由此出发,他尖锐地指出:"方今论事,不谓希更,而曰材不敏;不曰未尝为,而曰知不达,失其实也。"(《论衡·程材》)可见,在王充看来,材无不敏,知无不达,关键看其是否亲自参加实践。实践经验越丰富,知识与技能自然就会越高明。

特别值得指出的是,针对经学盛行之后的儒生专以背诵儒经为要事,学界学风日趋浮泛虚妄的现状,王充进一步重申了学用结合、知实统一的原则。他提出"凡贵通者,贵其能用之也"(《论衡·超奇》)的重要论断,明确主张博通的目的乃是为了应用。由此,他辛辣地嘲讽那些只会诵读诗书,而不会实际运用的人为"虽千篇以上,鹦鹉能言之类也"(《论衡·超奇》)。

宋代以后,知行之辩问题的探讨进入了一个新的发展阶段。知行关系成为当时哲学家十分关注和热烈争论的一个重要认识论问题,其范围甚至超过了一般认识论领域,而与国家、社会的治乱兴衰紧密地联系在一起。宋至明清之际,在知行关系学说方面卓有造就或影响深远的,主要有朱熹、王廷相、王夫之以及颜元等人。

两宋时期,提出较为系统而完整知行关系学说者当首推理学家朱熹。朱熹详细研究了知行关系问题,建立起以知先行后、行重知轻、知行相须互发三大主要论点为核心的知行理论。朱熹认为:"论先后,知为先;论轻重,行为重。"(《朱子语类》卷九)与孔子、荀子一样,他所说的"知"和"行",主要是指对伦理道德的认识和践履。这一伦理化了的知行观,包含有"行"当以"知"作指导和"行"是"知"的目的这样两层意思。不仅如此,朱熹还较多地探讨了知行间的相互联结、相互依赖、相互作用与相互促进的关系。在朱熹看来,"知行常相须,如目无足不行,足无目不见"(《朱子语类》卷九)。在说明知行相互依赖、不可分割、不可偏废的基础上,朱熹进一步论述了二者相互发明、相互促进的关系。他说:"知之愈明,则行之愈笃;行之愈笃,则知之益明。"(《朱子语类》卷十四)显然,朱熹的知行理论在相当程度上深化了中国古代哲学对知行辩证关系的把握。这一思想亦为陆王心学一派的理学家所接受。

明代中叶,在批判程朱、陆王两派流弊的基础上,王廷相发展了知行关系说。他尖锐地指出，程朱、陆王两派的学者，或者是"徒为泛然讲说"（指程朱一派），或者是"务为虚静以守其心"（指陆王一派），他们的共同弊端就在"不于实践处用功、人事上体验"（《与薛君采》）。在王廷相看来，这种脱离行、脱离实践与践履而讲知是不合常理的，尤其是不于行中求知，人为地使知与行处于相互脱离的状态是不可能真正解决知行矛盾的。为此，他十分强调"行""实历""履事"在认识中的重要作用。这显然是王廷相在知行之辩上的突出理论贡献之所在。正是在此基础上，王廷相强调指出，真知来自实际的经历，来自躬行践履，即所谓"讲得一事即行一事，行得一事即知一事，所谓真知矣"（《与薛君采》）。由此，他鲜明地指出了"知行兼举"的主张："学之术二，曰致知，曰履事。兼之者上也。"（《慎言·小宗》）

明清之际的王夫之在总结前人知行之辩理论成果的基础上，系统清算了知行关系问题上理学家们的种种谬说，并在这一基础上建立起以行先知后、行可兼知、"知行相资以为用、并进而有功"（《读四书大全说》卷四）为基本命题的知行统一学说，达到了中国古代哲学知行观的最高水平。

王夫之认为，程朱的知先行后说，要人们知了之后方去行，实际上是割裂了知行间的相互联结，其结果必然是"困学者于知见之中""先知以废行"（《尚书引义》）；而王阳明"一念发动处，便即是行了"（《传习录》下）的知行合一说，表面上看到了知行的统一和行的重要性，实则是混淆了知行的区别，以知为行，"销行以归知"（《尚书引义》）。他们殊途同归，都是在脱离行而讲知。王夫之在这个批判的基础上，提出了自己的知行观。这一知行观主要包括如下几方面的内容。

其一，王夫之通过重新注解《尚书》"知易行难"说，明确提出了"行先知后"这一著名命题。对《尚书》里"非知之艰，行之惟艰"这一古老命题，王夫之阐发道："艰者先，先难也；非艰者后，后获也。"（《尚书引义》）可见，在王夫之看来，行与知相比，行较艰难，知更容易；艰难的总在先，容易的总在后。故应是先有行，而后产生知。由此，他得出结论说："君子之学，未尝离行以为知，必矣！"（《尚书引义》）在中国古代哲学史上，王夫之第一个明确提出并详细论证了行先知后说。这无疑把古代知行之辩中对知与行之关系的认知向前推进了重要的一步。

其二，在行先知后说的基础上，王夫之又提出了"行可兼知，而知不可兼行"的观点。在王夫之看来，这是因为"知以行为功"，"行不以知为功"；"行可有知之效"，而"知不可有行之效"（《尚书引义》）。这即是说，行包含了知，行可以获得并体现知；而知并不包含行，知了不去行，自然没有行。这就好比一个人去做某事，这本身就说明他对此事是有所知的；但一个人知道某事，却并不能就此断定他必能做此事。由此他断言："知有不统行，而行必统知。"（《读四书大全说》卷六）。这一观点也是对前人知行关系说的超越与创新。

其三，在强调行先知后、行可兼知的基础与前提下，王夫之也充分注意到了知对行的反作用，以及知行间的相资并进关系。在他看来，就认识的基础来源来说，行是先于知的；但就认识的功能和作用来讲，知又是可以指导行的。王夫之认为，知对行的这种反作用，在于它能够掌握事物之理，预测时机之变，从而指导人们采取正确的行动。因此他对知行合一的理解是知行须"终始不相离"（《读四书大全说》卷三），它们既相区别，又相资互用，"并进而有功"（《读四书大全说》卷四）。而且，在他看来正是通过这种相资互用而又并进有功的不断循环往复，知行都将进入一个更高的境地。这一思想显然非常难能可贵。

继王夫之之后值得一提的是颜元的知行观。颜元为反对程朱、陆王的"虚学"而力倡"实学"，进一步强调了行在认识中的决定性作用。为匡正时弊，颜元对"格物致知"这一古老命题赋予新解，阐发了自己对于知行关系问题的看法。他认为，致知的根本方法在于一个"习"字。由此，重习重行成了颜元的学术宗旨，他曾改其"思古斋"为"习斋"借以表达心志。颜元所谓的习行，就是主张反复实习、不断践行。为反对当时死读经书，空谈心性，虚浮之实的学风，颜元甚至主张："为学为教，用力于讲读者一、二，加工于习行者八、九"（《四存编·存学编》卷一）；"吾辈只向习行上做工夫，不可向言语文字上着力"（《言行录》卷下）。颜元的"习行论"的确有忽视知对行的指导作用，以及轻视书本知识的狭隘经验论倾向，但在当时的历史条件下，其积极意义无疑更加重要。

　　从知行之辩的哲学史考察来看，古代哲人推崇知行合一的传统无疑是非常优秀的。但是，"熟知并非真知"。现实生活中的人们依然难免犯极端主义的错误。比如中国共产党人在对待十月革命传入的马克思主义理论，就曾长期存在着教条主义（本本主义）与经验主义的偏颇。就知行关系而论，出现了重知轻行和重行轻知的两种倾向性。正是基于这一历史语境，毛泽东于1937年写就了《实践论》一书。从此书的副标题"论认识和实践的关系——知和行的关系"来看，即可得知它是立足马克思主义的实践观，通过对古代哲学知行关系的一个新概括与新总结来引领中国革命的伟大实践。

如果要对中国古代的知行之辩作一简单的总结,那么我们可以说知行统一的观点构成了中国古代哲学在这一问题上的一个基本传统。这一传统既体现在作为先秦哲学之总结的荀子的知行观上,也同样体现在作为整个古代哲学之总结的王夫之的知行观上。也因此,知行相须、崇尚践行的知行合一观既成为中国传统的治学之道,也成为人们安身立命、为人处世的实践理性原则。这一传统不仅对中国的影响极其深远,而且也成为后来马克思实践唯物主义哲学进入中国能够得以迅速传播的重要文化缘由。

5. 作为身与心关系的形神之辩

形神之辩,也即身心之辩,它所涉及的问题是人的身体与人的意识、思维和精神的关系问题。在中外哲学史上它都是人类认识自我时必然要探究的一个重要问题。在中国古代,形神、身心关系的探讨也可谓源远流长。

最初的形神之辩体现在古人灵魂不死的观念上。这一观念可以追溯到原始社会。考古学的发现佐证了先民的这种原初意识。比如半坡遗址的墓地大部分尸体头朝西,仰卧伸展,折射出先民存在的"灵魂生活于西方冥界"的观念。这种灵魂不死的观念,正如恩格斯指出的那样:是由于"在远古时代,人们还完全不知道自己身体的构造,并且受梦中景象的影响,于是就产生了一种观念:他们的思维和感觉不是他们身体的活动,而是一种独特的、寓于这个身体之中而在人死亡时就离开身体的灵魂的活动。从这个时候起,人们不得不思考这个灵魂对外部世界的关系。既然灵魂在人死时离开肉体继续活着,那么就没有任何理由去设想它本身还会死亡;这样就产生了灵魂不死的观念……"[①]先民对鬼魂不自觉的、朦胧的理解和想象,后来渐渐发展成为自觉的认识。他们往往把错觉、传闻当作事实,加以夸张、渲染,把人死后变为鬼魂描绘得活灵活现。墨子在《明鬼》篇中甚至列举了大量事实说明人死后鬼魂存在,并具有超人的能力:周宣王无辜杀死大臣杜伯。三年后周宣王在圃田大会诸侯,时值中午,杜伯驾乘白马素车,头戴红色衣冠,手拿朱红色的弓箭,射死周宣王。《墨子》书中所信奉的鬼魂观念,正是先民对形神关系非理性思考的必然反映。

然而,脱离肉体的灵魂是否存在毕竟无法被直接证明。因而在中国古代很早就出现了一批怀疑灵魂、鬼神的哲人。比如在《管子》的作者看来,人的生

---

① 恩格斯:《路德维希·费尔巴哈和德国古典哲学的终结》,载《马克思恩格斯选集》(第四卷),人民出版社 1995 年版,第 223-224 页。

命是由形体与精神结合而成的,其中天出精气而构成精神,地出粗气而生成形体。所以在形神关系中,是先有了气构成形体,然后有了生命,才有了思想意识(《管子·内业》)。这种思想虽然十分原始朴素,但却难能可贵。因为它认识到了人的形体与精神是相互依赖的,看到了形体决定精神,从而否定了先民灵魂不死的观念。当然,《管子》对形神之辩问题的解决又是形神二元论的。

《管子》的思想在荀子那里得以继承和发展。荀子明确提出了"形具而神生"的命题。他认为人的好恶、喜怒、哀乐等精神活动,是人的生理功能,分别依附于人的耳、鼻、目、口、形等生理器官。由此,他的结论是"形则神,神则能化矣"(《荀子·不苟》)。荀子强调精神对形体的依赖,这显然比《管子》形神之说有所进步。荀子在形神之辩问题上的理论贡献还在于他敢于怀疑人死后必为鬼的传统观点。在他看来,鬼神产生于人的错觉。他曾举例说,有一个叫涓蜀梁的人,此人愚蠢而又事事恐惧。有一天在月光下走路,看到了自己的影子,以为是伏在地上的鬼,抬头看见自己的头发,又以为是站立的妖怪,于是转身疾跑。回到家中,由于极度害怕竟气绝身亡。两千多年前的荀子,能够把鬼神视为人的错觉,实际上已把鬼神看成人的主观意识的虚幻产物。这无疑正确揭示了鬼神观念产生的认识根源。

秦汉之际,自然科学的发展尤其是天文学、医学取得了很大成就,推动了人们对于形神问题的深入思考。先哲们凭借自然科学所提供的材料,围绕着生死问题,对形神关系进行了新的探索。比如《礼记》①就主张人的精神是一种精气,人死后,这种精气离散归于天,人形体埋在地下成为土。因此如果有"鬼"的话,这个"鬼"不是人们通常所说的活灵活现的鬼魂,而是指人的形体死后腐烂归于土,所谓"鬼",即是"归"。如果说有"神"的话,也不是那种具有超人智慧的主宰力量,而是一种精气,这种精气在人死后散逸于天空中。《礼记》剥离了鬼魂概念的迷信外衣,把它还原为土或气。这表明了《礼记》对这一问题的思考已大大地前进了一步。

这一时期在形神之辩问题上,《淮南子》的形神理论特别值得一提。《淮南子》继承《管子》的思想,主张人的精神是秉受苍天的清阳之气,形体是秉受了大地的重浊之气而成。因而人是先有形体,然后才有性命,有性命然后才有精神:"夫性命者与形俱出其宗,形备而性成,性命成而好憎生矣。"(《原道训》)

_____

① 《礼记》系西汉学者戴圣对秦汉以前的礼仪著作加以辑录,编纂而成,共四十九篇。它阐述的思想包括社会、政治、伦理、哲学、宗教等各个方面,其中《大学》《中庸》《礼运》等篇于后世广为流传,成为汉以后古代士人案头常备之书。

正是在这一理解的基础上，《淮南子》进而提出了构成生命的三要素说，即形、神、气。形，就是人的形体，是生命的基础；气，是人的气血，它是充实生命的东西；神，就是精神，是生命这一有机体的机能。三者在生命中相互联系，共同作用。如果三者中有一"失位"发生问题，其他均会受到伤害。在《淮南子》的作者看来，诸如残废、泄气、愚昧正是三者不守位而造成的。

东汉哲人桓谭，继续着《淮南子》的思路，以形象的比喻对形神问题作了生动的说明。他借用烛与火之喻，论述了精神对形体的依赖关系："精神居于形体，犹火燃烛矣"；火依赖于烛才能燃烧，如果没有烛，"火亦不能独行于虚空"（《新论·祛蔽》）。由此，他认为人死气绝，自然形神俱灭。这也就是说，人的精神不能离开人的形体而独立存在。

桓谭之后的王充，从理论思维的高度进一步对这一问题作了系统的论证。他从气、形、知三者关系入手，再度肯定了智慧、精神不能离开形体而独立存在的基本事实。在他看来，人所以有智慧是因为人体中有含五常之气的五脏。"五脏不伤，则人智慧；五脏有病，则人荒忽；荒忽则愚疾矣。"（《论衡·论死》）进而他把形体比作烛，精气比作火，智慧比作火的光辉，"人之死，犹火之灭也。火灭而耀不照，人死而智不慧"（《论衡·论死》）。相反，如果说人死而有知，就好像说火灭后而有光一样荒谬。由此，他得出如下结论：气、形是人精神现象的基础，"形须气而成，气须形而知"；"天下无独燃之火"，世间没有"无体独知之精"（《论衡·论死》）。同时，王充又以自然常识和事实效验证明了人死不为鬼的事实：所谓夜鬼哭，那只不过是风吹出的声音。因为人用口喉才能发音，人死后口喉早已腐烂，又怎么会发出声音呢？

在形神之辩问题上，王充的理论贡献在于他明确提出神以形为基础的思想，并以此为据否定了精神独存和鬼神迷信。但他仍然把人的精神看作气，在思维水平上，对《管子》以来的形神二元说还没有根本性的突破。正因为如此，一些有神论者甚至对王充的思想加以利用和篡改，特别是利用烛火之喻的漏洞来论证精神不灭。比如南北朝时期的僧人慧远。在慧远看来，"火之传于薪，犹神之传于形，火之传异薪，犹神之传异形"（《沙门不敬王者论》，《弘明集》卷五）。这就是说，火可以从此薪传到彼薪，永远不熄灭，而神也可以从此形传到彼形。可见，精神是永远不灭的。

面对慧远的结论，一大批哲人纷纷就形神之辩问题著书立说，展开了与佛教神不灭论的理论论战。在这个过程中真正动摇了神不灭理论基础的是范缜。范缜在总结前人形神关系之理论得失的基础上，针对当时流行的神不灭论专门写了《神灭论》一书。据史籍记载,此书一出,"朝野喧哗,上下皆惊",笃信佛教的梁武帝甚至亲自出马,率僧侣权贵 60 多人围攻范缜。范缜面对强大的论敌,"辩摧众口,日服千人"(僧祐:《弘明集》卷九)。范缜的《神灭论》继承了传统的无神论思想,特别继承了"形神相资"的观点,全面论述了"形神相即"的思想:"神即形也,形即神也。是以形存则神存,形谢则神灭也。"(《神灭论》)范缜在此基础上还揭示了精神活动的实质,认为精神是由物质形体派生出来的,是物质形体的作用之所在。由此,他总结说:"形者,神之质;神质,形之用。是则形称其质,神言其用;形之与神,不得相异也。"(《神灭论》)可见,在范缜看来,形神的关系是体用的关系,二者是不可分割的。也正是有缘于此,他得出"形神二体一"(《神灭论》)的结论。范缜从体用角度论证形神关系,把二者看作统一体的两个方面,这就克服了形神二元论的弊端。这在古代形神关系的认识史上具有十分重要的解蔽意义。

但是佛教徒对范缜形神为一的观点频频发难。他们认为既然形神名称不同,怎么可能为一。范缜则以比喻的形式给予了回击。他以刀刃比喻形体,以刀刃的锋利比喻精神,从而说明锋利乃为刀刃所派生的道理。锋利与刀刃虽名称不同,即"利之名非刃也,刃之名非利也",但二者绝对不可分,即"舍利无刃,舍刃无利"(《神灭论》)。范缜以刀刃和刀的锋利,生动地说明了形与神不相离的关系,这比用薪火说明形神关系显然进了一步。范缜的神灭论思想也因此成为中国古代形神之辩理论的一座丰碑,它在中国古代无神论发展史上占有后人难以企及的重要地位。

到了宋明时期,一些哲学家对于形神问题的研究角度发生了变化。他们中的大多数人不再对神灭与神不灭问题感兴趣,而是侧重从精神的本源角度研究这一问题。周敦颐就认为,先有形体,后有人的精神。他说:"惟人也得其秀而最灵,形既生矣,神发知矣,五性感动而善恶分,万事出矣。"(《太极图说》)可见,在周敦颐看来,人的产生是由于阴阳二气和五行凝结而成。人的形体是由阴气形成,人的精神是由阳气形成。朱熹在解释周敦颐这一思想时,也坚持了形先神后的观点。他认为:"人生初间是先有气,既成形,是魄在先……既有形,后方有精神知觉。"(《朱子语类》卷三)周敦颐与朱熹以形体为本,以精神为形体之产物的思想,有一定的合理性。但他们以所谓先后来论述形与神的关系其实并不恰当。

明清之际在形神之辩上最有建树的是王夫之。在王夫之看来,人的认识是由于形、神、物三者相遇而产生的。王夫之所说的形是指人的感觉器官,它有感知的能力；神是指人的精神现象和思维活动；物是指外界客观事物，是认识的对象。形神作为产生认识的条件，相互依存，不可分离。而且，王夫之认为形神二者皆由气而生，"气以成形""聚而为神"（《张子正蒙注》）。王夫之这一形神皆是气的观点是对张载思想的直接继承。不过，王夫之更为重视"神"的作用，"形为神用则灵，神为形用则妄。"（《张子正蒙注》）而且，他也用气聚与气散来解释神鬼现象："阴阳相感，聚而生人物者为神；合于人物之身，用久则神随形敝，敝而不足以存，复散而合于纲缊者为鬼。"（《张子正蒙注》）可见，所谓鬼神即归伸之谐音，气归去、散去，即为鬼；气伸展、聚合，即为神。可以肯定地说，王夫之在气一元论的基础上提出形神不二、相互关联的主张，这是对中国古代形神理论的丰富和发展。但必须指出的是，王夫之及他以前的如范缜等思想家阐发的形神理论，提出形谢神灭、形神相资、形质神用的观点，固然对于形神关系的认知进步和反对佛教神不灭论有重要意义，然而他们都有一个共同的缺陷，即强调了"形神不相离"的一面，却没能够看到"形神相异"的一面①，因而也就不能科学地揭示形与神、身与心的内在本质。

古代哲人将"形神不相离"混同于"形神不相异"的一个重要原因也许是中国古代缺乏人体解剖学的知识。比如古人一直把"心"视为意识、思维和精神的器官。这种误解一直延续了几千年，直到明代才开始纠正。伟大的医学家李时珍，根据多年的医学实践经验，在《本草纲目》中首次明确指出人脑是"元神之府"和"神灵所集"的观点。同时代的医学家金正希在《本草备要》中也提出"人之记忆皆在脑中"的命题。这一思想在清代王清任那里得到进一步的发展，从而才真正解决了人脑是思维器官这一在形神之辩中必须首先解决的根本问题。② 在王清任看来，人大脑的产生是由于饮食生血气，长肌肉，其中"精汁之清者化为髓"，并沿着背骨而上行进入脑胪而成为脑髓。他认为脑髓是人的意识和精神产生的基础，意识和精神首先通过感官，然后由大脑加工综合而产生。

王清任正确揭示了大脑是思想的器官，从而科学地解决了意识和精神产生的问题。这是中国形神、身心关系理论发展过程的一次质的飞跃。从这个时候起，中国古代形神、身心之辩这一古老的问题才得到较为圆满的解决。这

---

① 张岱年：《中国哲学大纲》，中国社会科学出版社 1982 年版，第 160 页。

② 据史书记载，王清任为弄清心为何物，多次进行人体解剖，详尽地观察了心脏及与心脏相连的主动脉、静脉的位置，并绘成脏腑图。在此基础上他提出了"脑髓论"。根据这一"脑髓论"，他认为传统之见把心看作思维器官是错误的，由此他得出了"灵机、记忆不在心在脑"（《脑髓论》）的科学判断。

同时也就为马克思主义基于辩证唯物论基础上的形神（身心）观的传入奠定了思想史的基础。

三、中华优秀哲学传统的继承与创新

中国古代哲学在自己发展的历程中通过天人、动静、名实、知行、形神（身心）等关系的探讨所形成的基本认知结论和价值倾向，不仅对整个古代传统文化产生了极为重要的影响和规范作用，还作为民族精神最基础性的因素，支撑着中华民族过去、现在与将来的发展。"中华民族屹立于世界东方 5000 多年，必有其延续发展的精神动力，这就是中国古代哲学所包含的优秀传统。"①我们要了解、学习传统文化并试图开掘这一文化所内含的现代价值，就必须对中国古代哲学对传统文化的影响作一整体的把握。这个把握不仅有助于我们从普遍一般的层面解读中华传统文化的精神内蕴，而且也是我们对传统文化进行批判继承与创新发展的重要前提。

1. 天人合一的理想境界

如果总结一下中国古代哲学在天人之辩中关于天人关系的理论，那么也许可以说发端于《周易大传》的天人合一思想是一个基本的传统。《象传》说："天地交泰，后以裁成天地之道，辅相天地之宜，以左右民。"这里提出了辅相天地的思想。《文言传》说："先天而天弗违，后天而奉天时。"这里所谓的先天即引导自然，这里所谓后天即随顺自然。亦即是说在自然变化未萌之先加以引导，在自然变化既成之后注意适应，做到天不违人，人亦不违天，即天人合一、相互协调。

这显然是中国古代哲学追求的最高理想。而且，《周易大传》在历史上是以孔子所著的名义而产生影响的，所以这种天人合一与和谐的思想在中国文化史上一直居于主导地位。董仲舒、朱熹等人均继承了这一传统。后来的王夫之提出"相天"之说，更是对这一天人合一的理论作了具体的发挥，他说："语相天之大业，则必举而归之于圣人。乃其弗能相天与，则任天而已矣。鱼亡泳游，禽之翔集，皆其任天者也。人弗敢以圣自尸，抑岂曰同禽鱼之化哉？……可竭者天也，竭之者人也。人有可竭之成能，故天之所死，犹将生之；天之所

---

① 张岱年：《中国伦理思想研究》，上海人民出版社 1989 年版，第 11 页。

愚，犹将哲之；天之所无，犹将有之；天之所乱，犹将治之。"(《续春秋左氏传博议》)传统的观点认为"相天"是圣人的大业，普通人虽非圣人，但也与禽鱼等动物有所不同，因而增加自然所没有的，改变自然所已有的，这正是人的作用。王夫之的"相天"之说可谓古代哲学思想中"辅相天地"说的发挥。

尤其值得一提的是，在中国古代哲学中，虽然也有"天人相分"乃至人对天不必敬畏之类思想的存在，但作为一种主导文化，强调天人相辅相成、和谐统一的天人合一命题，无疑构成传统文化的"道统"思想。而且，这一传统是儒道合流的，老庄为代表的道家讲的自然之天与孔孟为代表的儒家讲的德性之天，在天人合一的基点上是相融相通的。

在中国哲人看来，天地自然与人是一有机整体。由此，人应"上下与天地同流"(《孟子·尽心上》)，即天、地、人三才相生共存。而且，在古人看来，天地自然及万物皆为有情之存在，即所谓"天地含情，万物化生"(《列子·天瑞》)。以天人合一的立场来看，人与自然应处情景交融之中，同时体悟造物之生意，陶冶性情。比如庄子的"观鱼之乐"(《庄子·秋水》)，苏轼的"其身与竹化"(《书晁补之所藏与可画竹三首》)，辛弃疾的"我见青山多妩媚，料青山见我应如是"(《贺新郎》)等。天地自然还有至善之美德。故孟子说："诚者，天之道也；思诚者，人之道也。"(《孟子·离娄上》)天地自然有真实无欺之德，人也应效仿天地生成同样的德性。事实上，古人之所以视天地自然为至善，恰是因为它表现了承载和化生万物之德："天无私覆也，地无私载也，日月无私独也，四时无私行也，行其德而万物得遂长焉。"(《吕氏春秋·无私》)

在西方传统中，自古希腊哲学以来，都是把自然作为人类认知和行为的对象。特别是从 16 世纪开始发展起来的机械唯物主义自然观，经过培根集其大成，更是提出了"知识就是力量""人定胜天""做自然的立法者"等勘天思想。可见，中西文化在天人关系问题上有着完全不同的传统。西方哲学家对天人关系的理解基本是建立在人与自然相对立的基础之上的，他们往往以一种功利的眼光去对待、了解和认识自然。中国传统哲学对自然的看法是建立在人与自然相统一的基础之上。在古代哲人看来，天地自然不是我身外的知识或功利活动的对象，而是与我自身统一为一体的存在。自我生命以及人生至善至美的价值理想，尽可以随宇宙生命的大化流行而得到表现与安顿。

于是，在中国传统哲学中，天地自然既是道德的领地，又是艺术的王国，圣人的使命便是"原天地之美而达万物之理"(《庄子·知北游》)；"淡然无极而众美从之，此天地之道，圣人之德也"(《庄子·刻意》)。正因为天地自然的一切现象都含有道德审美价值,故古人的自然价值观内含着对自然的道德与审美的价值追求。古代哲学的这一传统对中国传统人生价值观的构建、文化的传承以及文学与艺术的发展产生了极其广泛的影响。

其一,就人生方面说,正因为在古代哲人眼中天地自然有道德的含义,有至善至美的价值,故人生应与天地自然相应,与日月星辰、江河湖海和谐。比如张载就说:"天地之塞吾其体,天地之帅吾其性,民吾同胞,物吾与也"(《西铭》);朱熹也说:"天地以生物为心者也,而人物之生,又各得夫天地之心以为心者也。故语心之德,虽其总摄贯通、无所不备,然一言以蔽之,则曰仁而已矣"(《仁说》);王阳明更是主张:"仁人之心,以天地万物为一体,欣合和畅,原无间隔"(《答顾东桥书》),等等。他们在这里所强调的无非是"与天地合其德,与日月合其明,与四时合其序"(《易传·文言传》),这样人类才能领略自然宇宙的生物气象,感悟到天地的仁爱与博大,使人的生命趋于至善,使人的精神得以提升。这种人生与自然相和谐的天人合一境界,一直成为中华传统文化所追求的至善至美之理想人格目标。

> 中国哲学史家钱穆曾发表如下断言:中国文化中的天人合一思想可对世界、对人类的未来求生存作出最主要的贡献。他是这样论证这一观点的:"中国人是把'天'与'人'和合起来看。中国人认为'天命'就表露在'人生'上……西方人常把'天命'与'人生'划分为二。这就需要另有天命的宗教信仰来作为他们讨论人生的前提。"[①]在钱穆看来,中国古代以天人和合语境下的天命、天道为人生信仰,要比欧洲人的上帝或别的民族的神的信仰更易让世界人类文化融合为一,使各民族和平并存。

其二,就文学与艺术方面说,这一天人合一的哲学理想决定了文学艺术所追求的境界也以天人合一、情景合一为其最高理想。它以有情的宇宙为基础,力求人的创作与这个有情的宇宙相交流与融合,从而把人的感情渗透到自然景物之中,达到主客交融、物我合一、天人无隔的境界。比如陶渊明的"采菊东篱下,悠然见南山"(《饮酒》);李白的"君不见,黄河之水天上来,奔流到海不复回"(《将进酒》);元好问的"寒波澹澹起,白鸟悠悠下"(《颍亭留别》)等著名诗

---

① 钱穆:中国文化对人类未来可有的贡献,载刘梦溪主编:《中国文化》,中华书局(香港)有限公司 1991 年版,第 4 页。

句，以及王羲之《兰亭集序》里"天朗气清，惠风和畅。仰观宇宙之大，俯察品类之盛，所以游目骋怀，足以极视听之娱，信可乐也"等文字，都是中国古代文学创作中"天人合一"的典型。王国维曾称之为"无我之境，以物观物，故不知何者为我，何者为物"（《人间词话》）。文学如此，中国的艺术更是如此。以绘画为例，中国古代的艺术家就非常强调："凡画山水，是要得山水性情，……自然心情即我情，心情即我性，而落笔不生软矣……自然水情即我情，水性即我性，而落笔不板滞矣。"（唐志契：《绘事微言》）这种"得山水性情"及"水情即我情，水性即我性"的说法，即主客、情景、天人、物我的合一，也即盎然生命与自然生机的契合与同趣。

　　其三，就中国古代的科学技术在近代开始落后于西方的情形来说，也是因为受到了中国哲学天人合一思想的影响。由于中国传统哲学对自然宇宙的看法，采取的是一种审美与道德的价值取向，而不是一种对客观自然的认知态度。因而人与自然以情相感、以心相通，只能产生两相和谐的精神境界。也就是说，在天地自然中涵养人生的德性，激发文学与艺术的灵感，而不可能产生科学知识。这就导致中西哲学两个迥然相异的文化传统：西方科学的发展是认识和控制自然，而中国科学发展是认识和控制自我心性。做学问被片面地理解为只做内心的功课，比如孟子就说："学问之道无他，求其放心而已矣。"（《孟子·告子上》）朱熹也说："学者须是革尽人欲，复尽天理，方始为学。"（《朱子语类》卷四）为此，哲学史家冯友兰曾这样批评道："中国哲学家不需要科学的确实性，因为他们希望知道的只是他们自己；同样的，他们不需要科学的力量，因为他们希望征服的只是他们自己……那么科学还有什么用呢？"[1]可见，古代天人合一的文化传统也有其固有的弊端，它显然不利于科学技术的发展。

　　但就科学技术在当今的发展而论，中国古代这一天人合一的思想却又有了祛除时弊的启迪作用。它启迪世人，人类应该始终清醒地认识到人来自自然界且又依赖于自然界。由此，人类以"理性的机巧"（黑格尔语）[2]如科学技术之类的手段来实现对自然的改造时，恰恰要以遵循自然为基本法则，它应该促进人与自然界之间的和谐相处与协调发展，而不会因反自然的行为而最终导致自然界的报复。正是有缘于此，英国学者李约瑟曾经非常推崇道家哲学中的天人合一之思想。他认为道家哲学的实质就是不做反自然的事，不做反

---

①　冯友兰：《三松堂学术文集》，北京大学出版社 1984 年版，第 161 页。
②　黑格尔：《小逻辑》，贺麟译，商务印书馆 1980 年版，第 394 页。

常或不合事物本性的事,不做违反自然规律而注定要失败的事。① 特别值得指出的是,李约瑟是在人类还过度迷信科学技术力量的时代,敏锐地借助中国古代哲学的智慧提出了这一"不做反自然事"之忠告的。当今世界生态环境日益恶化,环境问题已成为全球问题,这可以说是人类反自然行为所导致的恶果。这也许就是为什么今天许多西方学者为自然生态问题所困扰时开始把目光投向中国古代智慧的根本原由。

2. 知行合一的安身立命之道

在知行问题上尽管哲人们提出了诸多的命题和学说,并进行了一些不同观点的论争,但作为一种根本的安身立命之道,追求知行合一可以说是中国古代哲学的一个基本传统。

知行合一作为先哲所推崇的一种安身立命之本,也曾被形象地称作"读万卷书,行万里路"。在先哲们看来,要求知自然要"读万卷书",即广博地学习前人所积累的知识,特别是研习圣贤之说。这实质上要求的是通过博览群书获得间接知识,因而它注定是一个人闭门苦读的过程。比如孔子年轻时读书就极其刻苦勤奋。显然,求知从"博览群书"开始,实不失为合理之举。因为以个人有限的精力,万事之理是不必也不可能亲身一一发现与经历的。由此之故,明智之举就是通过博览群书把前辈时贤已然有的知识、学说纳入自己的胸中,并在学习、研究、借鉴、评说前人学说的基础上,有心得、有见解,有创新,从而自成一家之言。

但古代哲人们同时又认为,做学问仅读书是不够的。博览群书之后,还必须进入"行万里路"的践行阶段。由于这是一个遍游各地,亲见亲历亲行的过程,故在古代哲人那里常被称为"游学"。事实上,游学在中国古代已早就成为读书人的传统。比如孔子曾周游列国,力图以遂其志;孟子闭门读书多年之后周游各国,成为当时有名的游士;墨子、荀子也曾四处游学,见识与智慧不断得以精进。汉代的司马迁更是在苦读十年之后,背起行囊遍游天下,竟久不思归。在古人看来,游学的益处不仅在于可亲见亲历,增长见识,而且可以在游历中将自己的知识和学说施之于"行"。孔子、墨子、孟子、荀子之所以游说列国,就是为了极力劝说君主采用自己的政治伦理学说,以使自己的政治抱负在济世救民的实践中得以施展。司马迁的游学四方积累的学识,更是为后来编纂《史记》时解决了诸多的疑惑。可见,游学既可获得新知识,又可验证学来的

---

① 李约瑟:《道家与道教》,余仲珏译,台北大同出版事业公司 1972 年版,第 185 页。

间接知识，更重要的是还有机会在实际生活中推行自己的见解与学说。无怪乎古人要特别强调"行万里路"了。

需要指出的是，在中国古代哲人那里，知行合一中的"知"除了一般的读书求知之外，更重要的还特指德性之知。这就是说，这种"知"更多的不是向外求诸自然的科学认知，而是向内心深处做功的德性之知。古代哲人强调读圣贤书的缘由也正在于此。因为圣贤之所以成为圣贤恰恰是他们先有对德性之知的自觉，然后化知识为美德，成为德性崇高之人。天下士人读圣贤书就是为了追求如圣贤那样的至善境界。但是，唯因为这是德性之知，故必须注重求诸内心，即善于做内心的反省和领悟的功课之后，德性之知才可以转化为德行。知行合一才得以实现。这就恰如孟子说的："尽其心者，知其性也；知其性则知天矣。"（《孟子·尽心上》）事实上，"尽心—知性—知天"，这既成为孟子道德哲学的公式，也是他的理论思维模式。在这个模式中，"心"是第一要素，它既是认识的主体，也是认识的客体。正是由此，注重"心"的作用，加强"心"的修养，几乎成为传统认识论知行合一观的最重要和最永恒的主题。在宋明理学那里更是把"德性之知"或"心性之学"发挥到了极致。

这也就是说，在中国哲学那里"心"对"道"的认知、体悟、践行，便成为知行合一的最基本内容。这不仅是中国哲学没有西方哲学那样严格意义上的本体论、知识论的一个重要缘由，更是中国哲学必然衍生出诸如重人生、重伦理、重日常生活等特征的学理依据。辜鸿铭在《东西文明异同论》的演讲中曾指出过这一点："在中国，真正的人生哲学被称为'道'。'道'的内容，就是教人怎样才能正当地生活，人怎样才能过上人的生活。"①

知行合一的哲学传统对中国文化的影响还集中体现在"内圣外王"的做人理想方面。"内圣外王"是儒家推崇的最理想的做人方式，这里讲的"内圣"就是指在内心修养上要学习古代的圣贤，这主要是学与知的过程；"外王"则是指以自己修养所达到的内心德性去推己及人，进而在躬身践行中推广至整个社会，使全社会都达到"王道"的理想境界。可见，"外王"主要表现为践行的过程。这一人生理想的实现方式显然是《大学》中推崇的"修身、齐家、治国、平天下"之说的另一种版本。

体现知行合一的这一"内圣外王"的做人范式，最早在孔子那里称修己安人："修己以安人""修己以安百姓"（《论语·宪问》）。孔子在与子路对话时告

---

① 辜鸿铭：《中国人的精神》（修订版），黄兴涛等译，中国人民大学出版社 2023 年版，第 149 页。

诉对方,不仅要自己修养,而且要推广到天下百姓,使天下百姓也能拥有德性、安居乐业。这是一个由修己(内圣)到安人(外王)的过程。孟子则比较注重"内圣":"天下之本在国,国之本在家,家之本在身。"(《孟子·离娄上》)这就是说,如果每一个人都能修身养性,那么就能达到太平盛世。比较明确提出"内圣外王"思想的是北宋的张载。他指出,做人必须做到"吾内"与"吾外"的统一。在他看来,一个人可以通过学习而使自己培养出圣贤那样的气质,这是"吾内"的过程;但人生仅有这个过程还不完整,还应该像古代的尧舜那样积极入世、济世安民,这就是"吾外"的过程。他在讲述自己的伟大志向时就曾这样豪迈地说过:"为天地立心,为生民立命,为往圣继绝学,为万世开太平。"(《西铭》)

　　一生都在倡导与践行知行合一的王阳明,其在立德、立功、立言方面曾被誉为"数千百年一人"(毛奇龄:《王文成传本》卷二)。究其成功之道无非是悟得"知者行之始,行者知之成"的人生道理。他曾经批评朱熹"论先后知为先,论轻重行为重"之说的弊端在于将知行二分。也是因此,王阳明强调事上磨炼的心学功夫。《传习录》曾有如下问对。问:"静时亦觉意思好,才遇事便不同。如何?"先生曰:"是徒知静养,而不用克己工夫也。如此,临事便要倾倒。人须在事上磨,方立得住,方能'静亦定,动亦定'。"现代人之所以发出"听了这么多的道理,还是过不好这一生"的感慨,显然是没有悟出阳明心学的这一道理。

中国古代哲人提出并倡导的这一"内圣外王"的做人理想,其积极之处在于它把人的修养与国家、社会的发展统一起来了。因而在知行合一的基础上,它必然倡导的是一种刚健有为、自强不息的入世践行精神。儒家的这一"内圣外王"的做人方式几千年来已深深积淀在我们民族的精神意识中,至今仍对中国人的人生理想追求产生着积极而深远的影响。

但需要指出的是,中国古代哲学在知行合一中强调的德性之知,强调在心性方面做功的传统也有其消极的一面,它甚至是整个中国文化内倾性格和泛道德主义产生的认识论原因。从知识论角度来看,这种"以心统物"的认识论会直接导致对自然和社会知识的忽视,它只强调心的作用,主张知识之源皆在本心,无疑就取消了知识论所必需的主体对外在客体反映这一基本条件。由这种认识方法所得到的认识,往往是模糊的而非清晰的,整体的而非分析的,直观的而非逻辑的,伦理的而非科学的。这可以说是中国古代没有形成严格意义上的知识论的文化根源,也是中国近代科学技术落后的又一个重要原因。这显然又是我们开掘古代哲学之现代价值时所必须予以扬弃的传统文化糟粕。

3. 践形的实践理性态度

在形神之辩中,中国古代哲学自佛教传入后虽也有神不灭说,但却并没有像西方哲学史那样不仅发展成形形色色的灵魂说,也没有形成严缜的关于灵魂可以永生和不朽的宗教哲学。正因为如此,哲学史家张岱年曾有这样的断言:"关于不朽,中国哲学中讨论不多。不朽的问题,是西洋哲学及印度哲学所特重的;而中国哲学则对之不甚注意。这也是中国哲学的一个特色。中国哲学所以不注重不朽问题,主要是因为中国哲学离宗教最远,对于有宗教意义的问题,认为无足重视。关于不朽,中国哲学多从影响贡献来说,而不从灵魂永存来说。"①

正是有缘于此,如果要对中国古代形神之辩的传统作一个总结,那么我们也许可以说,作为中国古代哲学一大传统的是践形说。在这个"践形"的理论立场看来,追求虚无缥缈的神不灭、灵魂永存的所谓神道是不明智的,人生所应有的现实理性态度是重人道、重践形。这一践形理论作为形神关系问题上的一种新主张,以王夫之、颜元、戴震等人为代表。

王夫之通过对传统的知行、心行、形神之辩的总结,批判了重知不知行、重心不重物、重神不重形的错误倾向,在此基础上他提出了自己的践形主张:"形之所成斯有性,情之所显惟其形。故曰:形色天性也,惟圣人然后可以践形。"(《周易外传》)可见,践形的理论在王夫之这里就意味着人生必须发展形体各方面的机能,使其各得其所。他抵制并批评了不重践形的虚妄之学。王夫之曾以道家的庄子和佛家的释氏为例予以了驳斥:庄子说"堕肢体黜聪明",释氏称身体为臭皮囊,然而王夫之则认为离开了形体去求道,这个道只不过是空幻的存在而已。在王夫之看来,形体与道是一致的。但宋明理学因受老庄及佛学思想的影响,对此道理却没能了悟。由此,王夫之这样总结道:"形者性之凝,色者才之撰也。故曰汤武身之也。谓即身而道在也。道恶乎察?察于天地。性恶乎著?著于形色。有形斯以谓之身,形无有不善,身无有不善,故汤武身之而圣。……性焉安焉者,践其形而已矣。"(《尚书引义》)

---

① 张岱年:《中国哲学大纲》,中国社会科学出版社 1982 年版,第 485 页。

颜元与戴震等人继承了王夫之的这一践形理论。在颜元看来,人生之道在于充分发挥形体固有之功能:"内笃敬而外肃容,人之本体也,静时践其形也。六艺习而百事当,性之良能也,动时践其形也。矩行而上下通,心之万物皆备也,同天下践其形也。"(《年谱》)这就是说,居处恭谨而严肃,为静时践形;习行六艺而百事皆宜,为动时践形;实行普遍之道于天下,而与天地同流,乃是践形之最高境界。正是由此,在颜元看来践形是唯一的生活准则,所谓"神圣之极,皆自践其形也"(《存学编》卷二)。戴震则从达情遂欲的角度强调践形的重要性与必要性。在他看来,"天下必无舍生养之道而得存者。凡事为皆有于欲,无欲则无为矣。有欲而后有为,有为而归于至当不可易之谓理。无欲无为,又焉有理?老庄释氏主于无欲无为,故不言理;圣人务在有欲有为之咸得理。是故君子亦无私而已矣,不贵无欲。"(《孟子字义疏证》)

正是基于这样的践形理论,才形成了中华传统文化对人生不朽的独特看法。这个不朽不是从神不灭或灵魂永存的角度探讨的,而是从践形中的实践理性角度追求的。事实上,从中国古代关于不朽的典型理论"三不朽"说来看,强调的正是这样一个实践理性的态度:"太上有立德,其次有立功,其次有立言:虽久不废,此之谓不朽。"(《左传·襄公二十四年》)

以中国古代哲人的理解,"立德""立功""立言"之三不朽中,"德"指的是个人道德品格方面的价值,比如屈原、岳飞、包公、文天祥一类的人,忠信精诚,品格高尚,既使当时的人们景仰敬爱,更使千百年后的人们怀念崇敬,这便是立德的不朽。"功"就是指为国家为百姓建功立业,比如秦皇、汉武、唐宗、宋祖,一代天骄成吉思汗,他们开辟中华疆域新天地,为历史谱写了新纪元,从而为子孙后代造福,这是立功的不朽。"言"则是指言论著作,比如《唐诗》《宋词》收录的如李白、杜甫、苏东坡、辛弃疾等作品,以及写《史记》的司马迁,写《红楼梦》的曹雪芹,这是立言的不朽。可见,中国传统哲学主张的这种不朽,不问人死后灵魂能否存在,只问他的人格、他的思想、他的事业有没有永久存在的价值。也是因此,古代哲人眼中所谓的不朽就是通过践行的创造活动给后人留下了物质或精神财富,从而被后人所景仰,所效仿,所怀念。一个人生命的价值也就在这个践形的实践理性途径中得到了最后也是最高、最完美的体现。

如果进一步分析,我们就可以看到,这一从不追求灵魂不灭而只崇尚践形的人生哲学态度,对中国文化产生的影响至少彰显在如下几个方面。

其一,在德性的践形方面,在这种人生哲学的影响下,中华传统文化形成了崇尚君子之道和不惜杀身成仁、舍生取义的民族精神。在中国古代思想史上孔子最早探讨了这一君子之道。"君子"原是指西周宗法制度下的贵族，但孔子赋予了它道德的意义。孔子以仁义方面的德行为标准提出了君子与小人之别。在他看来，君子即指那些践行仁义、品德高尚的人，不管他原来属于哪个社会阶层，只要恪守仁义者就是君子。这也就是孔子"君子喻于义，小人喻于利"（《论语·里仁》）一语的本义之所在。也是在这个君子之道的恪守方面，孔子讨论了人生的富贵与贫贱问题，"富与贵是人之所欲也，不以其道得之，不处也；贫与贱是人之所恶也，不以其道去之，不去也"（《论语·里仁》）。由此，孔子的结论是："不义且富且贵，于我如浮云。"（《论语·述而》）

在孔子看来，更重要的还在于君子认为在必要时，为践形道义即使牺牲个人的生命也在所不惜："志士仁人，无求生以害仁，有杀身以成仁。"（《论语·卫灵公》）孟子直接继承了孔子的这一思想，提出了"舍生取义"的主张。他曾有这样一段被广为传诵的名言："鱼，我所欲也，熊掌，亦我所欲也；二者不可得兼，舍鱼而取熊掌者也。生，亦我所欲也，义，亦我所欲也；二者不可得兼，舍生而取义者也。"（《孟子·告子上》）显然，这一杀身成仁、舍生取义的思想直接孕育了中国历史上志士仁人那种"可杀而不可辱"的崇高精神。而且，孟子还专门论述过君子的具体人格范式，这就是"富贵不能淫，贫贱不能移，威武不能屈"（《孟子·滕文公下》）的大丈夫人格境界，"不淫""不移""不屈"也是以对仁义之道的坚守来衡量的。孔孟主张践形道义的立场，包括坚守操行、高风亮节、见义勇为，甚至视死如归，不惜以生命来维护道德尊严等崇高的内容。我们所熟知的苏武、岳飞、文天祥、史可法等英雄人物正是这种舍生取义的生动典范。尤其是从文天祥的《正气歌》里，我们更是可以深切地感受到一个坚贞不屈的灵魂是如何因道义的充塞而使生命拥有一股浩然正气的。

中华民族文化中所推崇的这种践形道义的浩然正气对中华民族产生了强烈的精神感召作用，尤其是在外敌入侵、民族危亡之际，总有无数的志士仁人挺身而出不惜成为殉道者。他们以自己的生命和鲜血，谱写出一曲曲"惊天地，泣鬼神"的"正气歌"。它构成了中华民族最宝贵的精神财富。

其二，在功名的践形方面，在这种人生哲学的影响下，中华传统文化从来推崇大丈夫生当有所作为的人生态度。这可以说是一种经世致用的人生态度。孔子就曾说过："君子疾没世而名不称焉。"（《论语·卫灵公》）孟子也说："如欲平治天下，当今之世舍我其谁也？"（《孟子·公孙丑下》）其在践行功名方面的豪迈之气可谓跃然字里行间。然而，宋明理学因受道佛两家的影响，专注于返身向内，注重"革尽人欲，复尽天理"（《朱子语类》卷四），曾使这一人生哲学传统走向了变异。但从明末清初开始,思想家们对宋明理学空谈性理,把哲学变成一味地封闭在内心世界里做功的心性之学,提出了尖锐的批评。这一批评的一个重要武器就是他们在发掘先秦儒家积极入世的传统时提出了"经世致用"①的思想主张。作为明清之际思想界的一种主导意识,经世致用强调的是寻求治国济民的实践途径。

正是基于这一历史语境,明清时期的一批启蒙思想家纷纷倡导经世之学。顾炎武提出了"博学于文,行己有耻"的为学主张,认为做学问既要"博学"也要"知耻",尤其应耻于做八股,耻于空谈性命(《与友人论学书》)。他对自己就曾提出过这样的要求,"凡文不关于六经之旨、当务之务者,一切不为"(《日知录》卷一)。另一位启蒙思想家颜元则不仅提出"学"与"习"两者务必统一,而且还认为"习"才是做人为学之要义的思想(《朱子语类评》),以此来提倡经世致用之学风。事实上,从古代哲学史看,明清思想家倡导经世致用的学风,致力于创新,注重调查研究,提出了解决当时社会弊端的各种方案,大大地改变了宋明以来思想界空谈心性的风气,其积极影响一直持续至今。中国共产党人倡导的理论联系实际的学风,并将其列为党的三大优良传统之一,可以说是对这一优秀文化传统的直接继承。

其三,在精神的践形方面,在这种人生哲学的影响下,中华传统文化形成了悠久的"君子谋道不谋食"(《论语·卫灵公》),即安贫乐道的幸福观。中华传统文化中的这一安贫乐道观由孔子最早提出。孔子教导他的弟子"君子食无求饱,居无求安"(《论语·学而》);"发愤忘食,乐以忘忧"(《论语·述而》)。可见,在孔子看来人生最重要的不是追求富贵而是探求天下之道,一旦找到了这种"道",那么,一个人无论处于什么样的境遇,都不会怨天尤人,而是能够非常快乐地生活。事实上,孔子自己的一生就是安贫乐道的一生。他以"仁"这个根本之道去游说各国诸侯,虽然得不到赏识和重用,但他却无怨无悔。当跟随他的弟子不免有些怨言时,孔子耐心地以安贫乐道之理给予谆谆教诲,从而重新激发起弟子们的信心。孔子所推崇的这一安贫乐道的生活方式,在他的著名弟子颜回那里也得到了最经典的体现,"一箪食,一瓢饮,在陋巷,人不堪其忧,回也不改其乐"(《论语·雍也》)。后人用"孔颜之乐"来概括孔子、颜回的这种安贫乐道的生活方式。

---

① "经"在古文中有"管理""治理"之意。故经世致用的意思是说,一个人的治理天下之才必须在具体的治国安邦践行过程中才能发挥出作用。

庄子也有"君子通于道之谓通,穷于道之谓穷"(《庄子·让王》)的名言流传后世。这表明在心物之辩中道家与儒家的立场几乎一致。现代汉语习惯把"贫穷"并提。其实,在古代哲人那里,"贫"是物质上的匮乏,"穷"是精神上的困顿。这种精神困顿最主要的体现就是不知"道"。以中国古代哲学的价值立场看来,做人的核心价值就是对天道与人道之基本规律进行把握,一旦晓得并认可了"道"并孜孜践行,那么人生的快乐也就在其中了。

中国古代哲学所推崇的这种"安贫乐道"的人生幸福论,荀子曾这样总结道:"君子乐得其道,小人乐得其欲。"(《荀子·乐论》)这就是说,君子把快乐理解成对道的把握和遵循,而小人则把物质欲望的满足看成是快乐的。可见,古代哲人的"乐道"是一种认知和精神层面上的幸福感受。一旦拥有这种感受,哪怕物质生活再清贫,也能体验人生的快乐。

"寻孔颜之乐",过一种安贫乐道的生活,也因此成为中国历代志士仁人的精神追求。比如周敦颐就曾这样论及颜回:"夫富贵,人所爱也,颜子不爱不求,而乐乎贫者,独何心哉?天地间有至贵至爱可求,而异乎彼者,见其大而忘其小焉尔。见其大则心泰,心泰则无不足。"(《通书·颜子》)可见,富贵是人之所爱,颜回却不爱不求,这是因为在颜回看来对道的遵循比之富贵有更大的价值。可见,"道"作为一种强大的精神支柱可以使人产生一种很充实很平静的快乐感。周敦颐的一生也是践行孔颜之乐的一生,他从不追求本分以外的物质享受,也不为个人名利蝇营狗苟,为官时的俸禄经常用来接济他人。这是因为在周敦颐看来,人生的快乐就是在内心保持一种充实且平和的状态。正是因为"乐道"是对精神世界的一种追求,而非物质欲望的满足,我们就应该明了并认可快乐与追求豪车名宅、美女佳肴无关。置身过度推崇物质与财富以及享乐主义的当今时代,古代哲学崇尚的这种幸福观显然对我们有着清明而清晰的指引意义。

五四期间,应其弟子胡适邀请来中国讲学的美国学者杜威曾很决断地认为:"中国哲学偏于人事,所以没有什么高超的思想。西方哲学偏于自然,所以有玄妙的学说。"[①]我们有足够的理由质疑杜威的论断。事实上,中国古代哲学在自己历史发展的长河中所形成与积淀的对人生、人事层面的思想成果不仅高超而且丰盈。重要的还在于,从哲学的本性而论其本质上是人学。它是让人如何安身立命之道。正是有缘于此,我们说中国古代哲学没有西方哲

---

①　杜威:《哲学史》,杨玉成编译,北京出版社 2010 年版,第 5 页。

学意义上的本体论探究,也缺乏知识论层面的学理积累,而这恰恰契合了哲学的本性。也就是说,注重人生、偏于人事既是中国古代哲学的显著特点,更是其优秀传统彰显之所在。也正是基于这一语境,我们也许可以深刻理解冯友兰先生晚年的一则断言:"中国哲学将来要大放异彩!"①

① 宗璞:《旧事与新说:我的父亲冯友兰》,新星出版社 2010 年版,第 25 页。

第6章

由道而德：中华优秀传统文化中的伦理道德传统

[题记]注重人生、长于伦理一直是中国传统文化的一个基本价值取向。也许正是这一源自先秦的文化特质，使得中华传统文化不仅最关注人生问题，而且在对人生问题的关注中尤其推崇德性的塑造与伦理价值的实现。

伦理道德作为社会生活秩序和自我人生规范的自觉理性约定，很早就构成中华传统文化中不可或缺的组成部分。正是在这一早熟的伦理型文化的规范和影响下，中国古代的各种文化形态，如哲学、文学、艺术、美学、宗教、史学、教育等都有"尚德"的传统。而这一优秀传统又熏陶与生成了中华民族勤劳、勇敢、善良的民族品性与民族形象。因此置身"德治"的重要性日益彰显，"立德树人"成为育人之本的现时代，批判地整理和系统地开掘中国古代自周公制定《周礼》时起便有深厚积淀的伦理道德传统，对于我们今天加强伦理道德修养，充实自我心性，从而为中国式现代化的实现提供德性与德行方面的保障，无疑有着重要的现实意义。

一、中国古代伦理文化的历史演进

在中国古代道德作为人对天道与人道的一种自觉遵循，伦理作为人性对自身本能自觉设立的一种理性规范①,至少在西周时期已经出现并得到重视。当时的西周统治者以殷商的灭亡为前车之鉴,明确提出"以德配天""敬德保民"的思想,这也可以说是中国古代文化"德治"传统的历史先河。从这个时候起,中国古代伦理道德思想犹如一条川流不息的历史长河绵延至今。我们大致可以把中国古代伦理道德思想的发展历程划分为三个历史阶段。

1. 中国古代伦理文化的全面产生

在远古的夸父逐日、女娲补天、精卫填海等神话传说中我们无疑可以感受到先民们敢于超越生物学方面诸如自私、利己、贪欲、好色等天性,勇于自我牺牲的伦理情怀。这就如辜鸿铭说的那样:"在人类社会的初始阶段,人们不得不利用物质力量来压抑和克制其内心的情欲,这样,原始人群就不得不受制于纯粹的物质力。但随着文明的进步,人类逐渐发现,在征服与控制人类情欲方面,还有一种比物质力量更加强大和更加有效的力量,名之曰'道德力'。"②基于对现存的远古神话传说,以及原始部落的考古发掘等资料的梳理与研究,我们有理由认为,中华先民是世界上诸多古老民族中最早认识到"道德力"的族群之一。

也许正是这一对"道德力"的信心,古人对自私、利己的种群天性开始了最初的约束。"孝"无疑就是在这样的历史语境中最初产生的伦理规范之一。它要求血亲关系中的子女学会战胜自私与利己之性,培植起爱父母的德性。据中国伦理史家沈善洪教授考证,"至西周,周代金文、《周书》《诗经》等著作中都有大量关于孝的记载,证明当时孝的观念已经产生和流行"③。的确,在《诗经》里就有描述行孝的诗:"父兮生我,母兮鞠我。拊我畜我,长我育我。顾我复我,出入腹我。欲报之德,昊天罔极。"(《诗经·小雅·蓼莪》)也有描写追孝的诗:"成王之孚,下土之式。永言孝思,孝思维则。媚兹一人,应侯顺德。永言孝思,昭哉嗣服。"(《诗经·大雅·下武》)

正是有据于此,我们可以断言大约于商周时期,中国古代伦理道德的萌芽便开始出现了。如果说西周时期诸如周公"以德配天""敬德保民"等命题的提

① 在古汉语中,"道"与"路"相通,"德"与"得"相通。故朱熹说:"道者,人之所共由;德者,己之所独得。"(《朱子语类》卷六)可见,从语义学上解释"道德"就是人对必然之则的一种内心悟得。"伦理"一词也有类似的意思:"伦者,类也。""理,琢玉也。"(许慎:《说文解字》)可见,"伦理"是指人作为类的存在而对行为规范思维加工提升的理性过程。

② 辜鸿铭:《中国人的精神》(修订版),黄兴涛等译,中国人民大学出版社,2023年版,第2页。

③ 沈善洪、王凤贤:《中国伦理学说史》(上),浙江人民出版社1985年版,第56页

出，以及《周礼》的制定、颁布与实施；出土的青铜器铭文里有了"正德""懿德""先王德""元德""秉德""明德""秉明德"等字眼的大量出现；《诗经》里那些关于行孝的质朴而优美的文字描述等，还只为中国古代伦理思想的产生奠定大略基础的话，那么至春秋战国时期诸子蜂起、百家争鸣的出现，则表明中国传统伦理道德思想已全面产生。当时百家争鸣中的一些最主要学派几乎都提出了各自的伦理道德学说。而代表着中国古代伦理道德思想的主要有：以"仁"为最高道德准则的儒家，以"礼"为最高准则的法家，以"义"为最高道德准则的墨家和以"道"为最高道德准则的道家。

儒家的创始人孔子通过对殷周时期文化典籍的学习与整理，创立了儒家以仁学为核心的伦理道德思想体系。这个以仁为核心的人道观直接与殷周时期的天道观相对立。在孔子那里，"仁"不是从神秘的天道中推衍出来的，而是从人的内心中萌生的。以孔子的话说就是"为仁由己"（《论语·颜渊》）。从这个前提出发，孔子提出了仁的内涵是"仁者，爱人"（《论语·颜渊》），仁的基本原则是"己欲立而立人，己欲达而达人"（《论语·雍也》）。如果说"周公'制礼作乐'是从外在规范（天道）的角度确定了道德的重要性……孔子主张的'仁'，那是一种内心自觉服从'礼'之规训的学说"①。可见，孔子这一"仁"学思想的提出是中国古代伦理道德思想由自发走向自觉的基本标志之一。②

> 仁德被视为儒家伦理的"基德"。儒家正是由此而展开其余的伦理规范的。从说文解字的视阈来看，仁者，二人也。故其基本含义即要求君子在爱自己的同时，还要爱他人。故儒家说"仁者爱人"（《孟子·离娄下》），而不说"仁者爱己"。这是因为爱己乃天性（动物性），爱人则是后天培植的德性（社会性）。而且，"仁者爱人"有一个由近到远的顺序：孝是爱父母，悌是爱兄弟姐妹，忠是爱许多他人构成的组织、集体或国家，信是爱所有与己打交道的陌生人……就这样，儒家的仁德便由爱父母的孝出发，衍生到最后爱天下的"四海之内，皆兄弟也"（《论语·颜渊》）之博爱。

继孔子之后，战国时期的孟子进一步发展了儒家的仁学思想。孟子从性善论出发直接论证了仁、义、礼、智这些道德之于人的充分必要性。孟子伦理

---

① 杨念群：《问道：一部全新的中国思想史》，重庆出版社 2024 年版，第 12 页。
② 张岱年、方克立主编：《中国文化概论》（修订版），北京师范大学出版社 2004 年版，第 221 页。

观的一个独创之处是明确提出了人与动物的区别在于有否道德的思想。他认为："人之所以异于禽兽者几希,庶民去之,君子存之。"(《孟子·离娄下》)可见,在他看来人和动物的区别之处甚少,唯有对仁、义、礼、智的自觉意识使人成为人。由此,这些人生而有之的道德观念是人所必须用心持有,并不断将其发扬光大的。而且,孟子还从发挥人的主观能动性的方面论述了"尽心知性"(《孟子·尽心上》);"养心莫善于寡欲"(《孟子·尽心下》);"养浩然之气"(《孟子·公孙丑上》)等道德修养功夫,使孔子的仁学思想更趋完整。众所周知,有亚圣之誉的孟子因其伦理道德学说作为儒家伦理思想的发展和完善的重要环节,在思想史上形成了自汉以后被奉为正统的孔孟之道。

与儒家不同,以墨子为代表的墨家则以"义"为最高的伦理道德原则。墨子认为:"万事莫贵于义。"(《墨子·贵义》)儒家也讲"义",但在孔孟的伦理道德思想中"义"只是"仁"的一个必然延伸,亦即所谓的"居仁由义,大人之事备矣。"(《孟子·尽心上》)可见,在儒家那里"义"是受"仁"所规定的。但墨子却赋予了"义"以独特的内涵。在墨子看来,这个"义"的基本原则就是"兼相爱,交相利"(《墨子·兼爱中》)。墨子认为这个"兼爱"原则不仅是人与人之间交往的基本伦理立场,也是国与国之间所必须遵循的基本伦理原则。正是从这样一个"兼爱"的立场出发,墨子还提出了"非攻""尚贤""互利"等一系列伦理主张。墨子的这一思想经墨家学派的大肆宣扬和自我践行而成为先秦的"显学"之一。这一学派的思想影响虽然后来衰落了,但其中的许多合理成分还是被吸取到儒家思想中,从而对中国古代的伦理道德思想产生了深远的影响。

以管仲为代表的早期法家则把"礼"作为最基本的伦理道德原则。管仲把"礼、义、廉、耻"定为国之"四维":"国有四维,一维绝则倾,二维绝则危,三维绝则覆,四维绝则灭。倾可正也,危可安也,覆可起也,灭不可复错也。何谓四维?一曰礼,二曰义,三曰廉,四曰耻。"(《管子·牧民》)可见,管仲把"礼"置于"四维"之首。作为儒家代表人物的孔孟也讲"礼",但他们更多地把"礼"理解成内心那由仁义而衍生的自觉规范,比如孔子就说:"一日克己复礼,天下归仁焉。"(《论语·颜渊》)但法家则把"礼"理解为外在的法度。正因为管子学派以外在的规范制度来解释"礼",故这个"礼"的规范在尔后的法家学派那里便被法律化了,被称为"礼法"。因为既然"礼"是一种外在的规范,那么它既可以用伦理教化来维护,也可以用法的手段来实现。后来在韩非子的理论中,伦理道德教化甚至被视为亡国之术,在他看来一切的社会秩序唯有靠国家暴力机器——"法"来维护。当然,由于秦朝崇法度的治理失败,这种极端崇法的理论主张在秦亡之后逐渐被历代统治阶级和思想家所摒弃，绵延几千年的依然是孔孟之道所推崇的强调道德教化的德治主义传统。

以老子、庄子为代表的道家学派则提出了"道"的最高伦理道德原则。老子认为："孔德之容，惟道是从。"（《老子》二十一章）在老子看来，"道"作为宇宙万事万物包括人事在内的一切存在的最高和最普遍的规律，是人所必须遵循的必然之则。而"道"的本质是无为："道常无为，而无不为。"（《老子》三十七章）因而作为对"道"的一种自觉遵循，人的德性也应崇尚无知、无欲、无为。老子的《老子》阐述的学理逻辑正是这样一个由"道"而"德"的过程。庄子进一步发展了这个以"道"为最高行为准则的道家理论。庄子认为，在人生中恶固不可为，善也无须为，因为一个人为善要为名所累，为恶则为刑所累，因而真正的境界是"至人无己，神人无功，圣人无名"（《庄子·逍遥游》）。从老庄的这些论述中可以发现，道家学派主张的其实是一种以无道德为最高道德的理论。这种理论固然有揭露封建专制统治者讲仁义所固有的虚伪的一面，但道家学派因此而否定一切道德规范存在之必要性的做法，无疑又走向了另一个极端。它在后来的伦理思想史上甚至成为一些时期或一些人奉行道德相对主义、虚无主义的借口。

诸子百家中除了儒、墨、法、道四家外，其他的一些如农家、兵家、名家、阴阳家等都对伦理道德问题进行了或多或少的探讨，并提出了一些很有价值的命题与思想。战国末期以吕不韦为代表的杂家则在《吕氏春秋》一书中对先秦各家伦理论作了一定程度的综合。可见，我们有足够的理由把这一时期视为中国古代伦理文化传统的全面形成时期。

2. 中国古代伦理文化的发展与完备

统一了中国的秦王朝由于过于强调"以法为教""以吏为师"，企图以单纯的暴力机器来维护其统治，结果亡以暴政。这无疑给随之而起的汉统治者一个深刻的历史教训。不仅如此，它几乎构成了整个封建社会的历代统治者在治国理政方面一个非常深刻的前车之鉴。也是因此，以伦理教化为主，以律法惩治为辅，几乎成为古代中国所有盛世王朝治理之道的不二法门。

一生都关注伦理教化之道，推崇德育之功的毛泽东曾借贾谊的《过秦论》之语以"仁义不施"四字总结过秦亡的教训：一次，毛泽东在读《旧唐书》中的"朱敬则传"，对其评价秦始皇统一六国之后，依然沿袭严刑酷吏而没有"易之以宽泰，润之以淳和"的评语非常认可，在提

　　笔写了"仁义不施"的读史体会后,称赞朱敬则是有大智慧的政治家、历史家。①

　　正是在这样的历史语境下,董仲舒提出了"独尊儒术",倡导以儒家仁义道德来教化天下的主张,自然深受西汉统治者的欣赏。中国古代伦理道德思想的发展也由此而进入了一个新的历史阶段。也是从这个时候起,注重德性修养,主张以仁义之术来教化天下的儒家思想开始被定为一尊。自此,儒家思想成为封建社会正统之学而绵延几千年,其伦理道德观深刻地影响了中华民族的民族精神及国民心态。

　　因倡导"罢黜百家,独尊儒术"而被汉武帝首肯的董仲舒,在伦理道德观上继承了儒家重视道德教化的传统。他沿袭了孟子的基本观点,从人与物的本质区别出发把"仁义"视为人的本性:"天地之性人为贵,明于天性,知自贵于物;知自贵于物,然后知仁谊。"(《汉书·董仲舒传》)进而董仲舒又把仁、义、礼、智、信列为"五常"之道,把它与"君为臣纲,父为子纲,夫为妻纲"并提,成为中国古代社会处理人与人之间关系的最基本道德原则和规范。董仲舒的思想对其后的整个古代伦理思想史和中国古代的道德实践都产生了极为广泛而深远的影响。

　　然而,"三纲五常"的道德规范从它确立的时候起就是充满内在矛盾的。因为"三纲"的要求破坏了人与人之间在道德生活中的平等,即便是统治阶级内部的平等也因"三纲"的规范而被削弱了。显然,比之于孔子讲"仁者,爱人"的思想,比之于墨子讲"兼爱"的原则,董仲舒确定的这一伦理纲常理论有着更多无法克服的矛盾。于是,为了克服这个矛盾,董仲舒只得借助于天的神秘意志。"王者,承天意以从事。"(《汉书·董仲舒传》)由此,他提出自己一个著名的论断:"道之大原出于天,天不变,道亦不变。"(《汉书·董仲舒传》)

　　但这一神秘的天意理论被东汉的王充予以了深刻的批判。王充在《论衡》一书中以自然主义的立场否定了天人感应之"天":"天地合气,物偶自生矣。夫耕耘播种,故为之也,及其成与不熟,偶自然也。"(《论衡·物势》)。由此,他认为人能利用自然,辅助"自然之化",这就犹如农夫耕种,至于成与不成是因为自然力的作用而非所谓的天意。王充的批判不仅使董仲舒借天命来为伦理纲常合理化的做法受到了质疑,而且他还追根溯源直接对孔孟之道及其伦理思想进行了质疑,写就了《问孔》《刺孟》等篇章。这也就为尔后魏晋玄学的兴

---

① 陈晋:《毛泽东与文艺传统》,中央文献出版社1992年版,第59页。

起提供了某种理论先导。

"有晋中兴，玄风独振。"(《宋书·谢灵运传》)以何晏、王弼、向秀、嵇康等人为代表的魏晋玄学思潮的出现，是对儒家伦理纲常的一次否定。这一思潮以推崇老庄之学为旗帜，他们一方面反对仁义之教，否定"三纲五常"而倡导无君论，具有反叛儒家道德的异端倾向；另一方面则推崇自然人性，倡导任其自为的自然主义人生观。在这种人生观的主导下，一些人甚至主张恣情纵欲，及时行乐。比如在《列子·杨朱》①的作者看来："人之生也奚为哉？奚乐哉？为美厚尔，为声色尔"；"生民之不得休息，为四事故：一为寿，二为名，三为位，四为货。有此四者，畏鬼、畏人、畏威、畏刑，此之谓遁人也。可杀可活，制命在外。不逆命，何羡寿？不矜贵，何羡名？不要势，何羡位？不贪富，何羡货？此之谓顺民也。"可见，在他们看来，人们之所以不敢及时行乐的四个主要原因：一是怕放纵声色犬马的欲望，有折阳寿；二是怕纵欲会因违反伦理纲常而名声不好；三是在位之人会怕名声不佳或臭名远扬而位子不保；四是怕花天酒地的生活会花银子太多，从而耗尽家财。可是，在一些魏晋名士看来，身体、名声、地位、钱财等均为身外之事，只要顺乎自然的欲望本性，伦理纲常等完全可以不顾及。从儒学的"道统"来看，这显然已走向了否定一切道德规范之约束的纵欲主义。

继玄学之后，源于印度的佛学理论也在南北朝时开始流行。佛学主张空观大千世界。因为这个世界的本相为空，即所谓的"色即是空，空即是色"(《般若心经》)。故看空、放下、出世而入涅槃便成为佛家倡导的人生归宿。正是有缘于此，佛家主张禁欲主义的人生观，并由此而宣称人生苦海无边，宣扬善恶因果、灵魂三世轮回等教义。佛学在对生命之多欲导致人生之苦的精致分析、善恶的因果报应的定数之揭示等问题上，对这一时期伦理道德的发展无疑有许多的启迪之处。但由于它倡导的是一种神学禁欲主义，而且竭力主张个人的出世修行，这就决定了佛学伦理不可能成为积极维护当时社会等级秩序的伦理形态。于是，以孔孟之道为核心的儒学伦理的复兴又成为某种历史的必然。

南北朝时期的葛洪开始对玄学思潮进行了批判。他尖锐地批判了魏晋玄学思潮中"唯贵自然"的论调，反对"放达"的人生态度。他明确指出，如果按照

---

①　《列子》有《杨朱》等八篇留传后世。但从其反映的思想观念而言，完全是西晋时期门阀士族阶级的处世态度，故不可能是先秦杨朱的作品。学界认为现存的《列子》一书应当是晋人伪托之作。

《列子·杨朱》的观点去为人处世和安身立命，那么社会就将"风颓教沮"。针对当时追求"通达"的人生时尚，他针锋相对地提出："夫古人所谓通、达者，谓通于道德，达于仁义耳，岂谓通乎褒黩而达于淫邪哉！"（《抱朴子·刺骄》）因此他大声疾呼社会要恢复仁、义、忠、孝之类的道德规范。可见，身为道士的葛洪的这些思想却为儒学的复兴廓清了玄学思潮的迷障。

真正开儒学伦理思想复兴之先河的是唐代的韩愈。韩愈认为当时社会上存在的诸多时弊都是因为人们不重视"先王之道"而导致的，而释（佛）、道之说流行又加剧了这种社会弊端。为此，他著文大肆宣扬恢复儒家的"道统"。他曾这样阐述自己的这一主张："何道也？曰：斯吾所谓道也，非向所谓老与佛之道也，尧以是传之舜，舜以是传之禹，禹以是传之汤，汤以是传之文武周公，文武周公传之孔子，孔子传之孟轲。"（《原道》）由此，他不仅要求文学创作"文以载道"，而且要求世人处处遵循儒家学说为代表的先王之道。韩愈虽然没有给儒家的伦理道德思想提供太多新的东西，更不可能从佛学以及魏晋玄学思潮中合理地汲取有益的成分来丰富自己的伦理思想，但他毕竟在佛学与玄学流行的时代为宋明理学的出现开了思想先河。

儒家伦理道德思想的全面复兴自然是由宋明理学家来完成的。从宋代到明中叶，是我国封建社会继盛唐之后的又一个繁荣昌盛时期，也是中国古代伦理道德思想进一步完善与发展的时期。它的标志就是宋明理学的创立。有学者将开始于周敦颐的宋明理学定义为"恢复儒家道统的新儒学"[①]。事实上，宋明理学不仅全面复兴了孔孟之道的儒学精义，而且还糅合了佛学、玄学思想中的一些合理因素，建构了一个庞大而精致的伦理道德思想体系。

在《中国伦理学说史》一书中，作者沈善洪、王凤贤教授高度评价周敦颐在伦理思想史上具有承前启后的重要作用。这个作用具体体现为周敦颐不仅将思孟（子思、孟子）之学体系化与思辨化，赋予了伦理学的本体论依据，而且还为后来二程（程颢、程颐），尤其是朱熹的理学体系构建提供了最重要的理论与方法论路径。整个理学发展虽然有不同派别之分，但基本沿着这一方向推进。也是因此之故，在洋洋洒洒的六十五章中，两位作者唯独以"道德哲学"概述其思想。[②]

---

①　张立文：《宋明理学研究》，中国人民大学出版社 1985 年版，第 93 页。

②　沈善洪、王凤贤：《中国伦理学说史》（下卷），浙江人民出版社 1988 年版，第 29-33 页。

　　宋明理学发端于周敦颐等人，在二程、张载那里基本形成了完整的理论体系，至朱熹时则集为大成。宋明理学内部又有着不同的学派。在北宋时便有张载的"关学"与程颢、程颐的"洛学"之分①，在尔后的发展中又形成了强调"天理"为本位的程朱派（二程与朱熹）和强调"心即理"的陆王派（陆九渊与王阳明）的分歧与争论。当然，作为宋明理学的这些主要代表人物，他们在阐发理学的不同方面虽各有特色，但在基本的伦理道德观上又是趋于一致的。

　　其一，宋明理学家均将"理"置于至高无上的地位，认为人的一切修养，都是围绕"理"而展开的。周敦颐从太极的演化而导出天道与人道的一致性，认为"仁与义"是基本的"立人之道"。二程和朱熹则从佛教的有关理论中汲取营养，明确以"天理"的概念取代周敦颐的"天道"。这个"天理"的内容即是仁、义、礼、智。他们认为，依据天人合一的模式，人必须按照天理行事，故仁、义、礼、智等又是人所必须遵循的道德规范。只是陆王学派的理学家不同意由"天理"推及人道的做法，在他们看来，"发明本心""内心做功"便可明了天理之本身。这是一个洗心涤妄向内心反省觉悟的过程。王阳明因此而提出致"良知"的主张，"夫良知即是道，良知之在人心，不但圣贤，虽常人亦无不如此。若无有物欲牵蔽，但循着良知发用流行将去，即无不是道"（《答陆原静书》）。他认为省察克治"破心中贼"和在行事上磨炼是致良知的主要方法。在王阳明看来，致良知以明心中之理，之所以如此重要，是因为良知是人别于动物的最根本之处。他认为，良知不仅是人的道德观念的来源，而且也是人进行道德判断的根据。

　　其二，宋明理学在道德修养问题上都奉行"格物""致知""诚意""正心""修身""齐家""治国平天下"的修养模式。这一理论最早见于《大学》："古之欲明明德于天下者，先治其国；欲治其国者，先齐其家；欲齐其家者，先修其身；欲修其身者，先正其心；欲正其心者，先诚其意；欲诚其意者，先致其知；致知在格物。物格而后知至，知至而后意诚，意诚而后心正，心正而后身修，身修而后家齐，家齐而后国治，国治而后天下平。"唐朝的韩愈为反对佛、道之学率先在《原道》中对这一思想作了阐发。宋明理学家则从不同的角度对这一德性修养模式进行了新的开掘。朱熹在其所著的《大学章句》中，把《大学》提出的"明明德""亲民""止于至善"三者称为"大学之纲领"，把"格物""致知""诚意""正心"

───────────────

　　① 关学之称源于其创始人张载是关中人，故简称"关学"。同理，"洛学"是因为程颢、程颐是洛阳人而得其名。

"修身""齐家""治国""平天下"八项称为"大学之条目"。① 王阳明也对《大学》这一修养功夫给予了新的阐发:"故夫为大人之学者,亦惟去其私欲之蔽,以明其明德,复其天地万物一体之本然而已耳。"(《大学问》)可见,程朱一派比较注重穷理和格物致知等学问思辨的作用以"明明德",而陆王一派则比较侧重于从"吾心"中正心诚意以"明明德"。

其三,宋明理学在阐述欲理之辩的立场时,几乎都主张"存理灭欲"说。这一"存理灭欲"说之所以成为理学家们的一致主张,那是因为理学家们对人欲有可能引发的败德行为有着共同的看法。比如朱熹认为:"圣贤千言万语,只是教人明天理,灭人欲。"(《朱子语类》卷十二)王阳明同样认为:"是故苟无私欲之蔽,则虽小人之心,而其一体之仁犹大人也;一有私欲之蔽,则虽大人之心,而其分隔隘陋犹小人矣。"(《大学问》)由此,王阳明断言:"圣人述六经,只是正人心,只是要存天理,去人欲。"(《传习录》上卷)理学家们指的这个"欲"具体地说就是好货、好色、好名等私欲,由于它的存在必然影响人的德性修养,因此宋明理学家几乎都一致主张必须革尽人欲,才能真正做到"修身""齐家""治国平天下"。正因为"去人欲"对于德性修养具有如此重大的意义,故宋明理学家甚至不惜以宣扬"饿死事小,失节事大"(《河南程氏遗书》)之类的禁欲主义的手段来灭戒人欲。这显然是有违人性的道德说教。

"饿死事小,失节事大"一语最早见于程颐的《河南程氏遗书》。原文如下:"或有孤孀贫穷无托者,可再嫁否?"曰:"只是后世怕寒饿死,故有是说。然饿死事极小,失节事极大。"后来的朱熹显然很认可这一观点。他在致友人陈师中的一封信中援引了程颐的这句话:"昔伊川先生尝论此事,以为饿死事小,失节事大,自世俗观之,诚为迂阔,然自知经识理之君子观之,当有以知其不可易也。"(《与陈师中书》)这里有句"自世俗观之"的话值得我们关注。这事实上意味着,理学当时虽然在学术领域里影响不小,然在世俗层面上却没有太多的约束力。至少朱熹极力规劝陈师中欲改嫁之妹不可改嫁这事终究是无功而返。

---

① 后儒称之为"三纲领八条目",简称"三纲八目"。"三纲"与"八目"是一个统一体,表现为一个完整的德性修养过程。以修身为本,格物、致知、诚意、正心、修身,即其内在的德智修养,也即是大学三纲领中"明明德"的功夫。齐家、治国、平天下为修养者外发的事业完成,即是第二纲领"亲民"的发扬。物格、知至、意诚、心正、身修、家齐、国治、天下平,表示每一阶段调整得恰到好处的状态,即是第三纲领"止于至善"境界的完成。

　　如果说春秋战国时期的百家争鸣是中国古代伦理道德思想的全面产生时期，那么自秦汉以来至宋明理学的创立，则意味着中国古代伦理道德思想体系进入其全面成熟和完善时期。这一时期以儒家孔孟之道为"道统"的伦理思想在经历汉代"独尊儒术"的肯定阶段，又经历了魏晋玄学和佛学传入的否定之后，在宋明理学这里重新获得肯定。这否定之后的肯定显然已不再是先秦孔孟和汉代董仲舒之伦理思想的简单回归，而是包容了对佛、道等其他学派思想于其之中的对孔孟之道的继承与发展。

　　以朱熹为代表的宋明理学在中国古代伦理文化史上的地位正是由此而奠定的。蔡元培曾于《中国伦理学史》中这样评价说："宋之有晦庵（朱熹号晦庵），犹周之有孔子，皆吾族道德之集成者出。"[①]也正是从这个意义上可以说，以宋明理学的出现为标志，中国古代传统的伦理道德思想体系已趋成熟和完备。宋明理学尽管有着过于拘泥于性命义理，忽视经世致用以及带有某种禁欲主义色彩等弊端，但它毕竟在糅合了儒道佛诸家思想的基础上，为中国古代伦理道德思想的发展拓展了新的领域，在心性等问题上的研究也达到了新的深度和广度。因此宋明理学留给中国古代伦理思想宝库的遗产无疑是极其丰富的。

3. 中国古代伦理文化的批判总结

　　明末清初在中国古代社会发展史上是一个"天崩地解"的大动荡时期。这一时期的封建社会已从它的巅峰状态跌落下来，开始表现出停滞、衰落的征兆。以宋明理学为代表的封建道德在达到了成熟而完备的形态之后开始走上了它的终结之路。这既是思想史发展的辩证规律，更是由历史发展的严峻现实所决定的。在这一历史阶段最值得一提的是市民社会开始产生，资本主义萌芽也随之大量出现，这一方面瓦解了封建专制的统治，另一方面促使了启蒙思想意识的产生。在反对封建专制主义和理学教条为主要特征的启蒙思潮中，新的伦理道德观占据着重要的地位。这一时期的启蒙思想家虽然在具体观点上各有所偏重，但作为宋明理学之批判者身份出现的他们，无一例外地把矛头指向以理学为代表的封建专制主义的伦理道德观，从而为中国古代伦理思想史的画卷添上了亮丽的一笔。

　　明末思想家李贽可谓对宋明理学发难的第一人。李贽从王阳明的心学出发，又摒弃了王学道德良知之心而代之以"真心""童心"。他以童心论为依据，

---

　　①　蔡元培：《中国伦理学史》，上海古籍出版社 2005 年版，第 120 页。

反对宋明理学把天理与人欲对立起来的主张。在他看来，人欲恰恰是绝对纯真且源于本心的东西。由此，他甚至断言"吃饭穿衣，即是人伦物理"（《焚书·答邓石阳书》）。

及至明末清初的黄宗羲、王夫之、顾炎武等人，则开始对作为整个封建伦理核心的"三纲五常"理论进行猛烈抨击。黄宗羲明确提出反对封建的君主专制。在他看来："为天下之大害者，君而已矣。"（《明夷待访录》）与此同时，他又积极倡导"务得于己，不求合于人"（《南雷文案·恽仲升文集序》）的学问之道和人生价值观，在伦理思想史上最早倡导了个性的解放。顾炎武则明确区分了传统伦理道德"忠"之规范要求中的"保国"与"保天下"的不同含义，他反对封建君主制国家，但认为"保天下者，匹夫之贱与有责焉"（《日知录》卷十三）。由此，他倡导"天下兴亡，匹夫有责"的爱国主义道德观。他还对当时统治阶级的荒淫无耻给予了猛烈的抨击，他痛心疾首地指出"士大夫之无耻是同耻"（《日知录》卷十三）。也由此，他主张把"廉耻"作为道德修养的一个中心环节。

王夫之作为中国古代最杰出思想家之一，从某种意义上说对整个秦汉以来的古代思想发展作了批判性的总结。在伦理思想观方面，他明确反对宋明理学"存理灭欲"说，主张天理寓于人欲之中："天理原不舍人欲而别为体。"（《周易内传》卷四上）"人欲之各得，即天理之大同。"（《读四书大全说》卷四）。但他并不主张纵欲，特别是反对放纵"私欲"，而主张发扬"公欲"。他这样写道："人欲之大公，即天理之至正矣。"（《读四书大全说》卷三）"私欲净尽，天理流行，则公矣。"（《思问录·内篇》）与此同时，他也批判和揭露了自秦汉以来确立的伦理道德维护皇帝"一姓之私""一家之法"的封建专制主义本质。为此他主张"以论天下者，必循天下之公，天下非一姓之私也"（《读通鉴论·叙论》）。由此，他和顾炎武一样也崇尚"以身任天下"的爱国主义道德情怀。

明末清初的这一启蒙思潮启迪和影响了继之而起的许多进步思想家。戴震就是其中的一位。作为清代最杰出的启蒙学者，戴震深刻地批判了宋明理学之"道"与"理"的虚妄性。他明确指出："气化流行，生生不息，是故谓之道"；"就事物言，非事物之外别有理义也。"（《孟子字义疏证》）戴震还批判了宋明理学空谈义理的虚伪性。他尖锐地指出，宋明理学的所谓天理只是尊者、长者、贵者之理："尊者以理责卑，长者以理责幼，贵者以理责贱，虽失谓之顺；卑者、幼者、贱者以理争之，虽得谓之逆。"（《孟子字义疏证》）由此，他对宋明理学家的天理、人欲理论也进行了猛烈的抨击。他明确主张天理就是自然，人欲是人的自然本性,天理和人欲不是对立而是一致的。他认为:"欲,其物;理,其则也";"凡事为皆有于欲,无欲则无为矣。有欲而后有为,有为而归于至当不可易之谓理。无欲无为,又焉有理?"(《孟子字义疏证》)正是在批判宋明理学的专制主义与禁欲主义的基础上,戴震提出了"归于自然,适完其自然"(《原善》)的新道德观。

可见,中国古代伦理道德思想的发展至明末清初,一方面表现出盛极而衰,走向终极没落的历史必然性;另一方面又由于市民社会的产生和资本主义因素的萌生,催生了启蒙思想家对这一封建伦理纲常的批判,以及在这一批判基础上提出了许多颇具启蒙意义的新伦理观。启蒙思想家的新伦理显然为其后康有为、严复、梁启超、谭嗣同等为代表的改良主义在道德观上"冲决君主之网罗""冲决伦常之网罗"(谭嗣同:《仁学》)和以孙中山为代表的革命的民主主义者的道德革命开了先河。中国古代伦理道德思想的历史发展也从此开始了向近现代的艰难演进。

二、中国古代伦理文化传统的主要内容

面对卷帙浩繁的伦理思想史资料,我们将以历史与逻辑相统一的方法,对中国伦理思想的内容作一简略的逻辑归纳。这种逻辑归纳无疑是可行的,因为如果认真研究一下中国伦理思想史,就可以发现它的许多思想、命题、范畴作为德性之知的矛盾运动,其探讨几乎是亘古及今的。这就正如冯契先生指出过的那样:"用历史与逻辑的方法相结合来考察哲学史,就可以看到,哲学史体现了认识的矛盾运动:哲学家们所争论的问题就是矛盾,某个矛盾产生、发展解决了,另一个新的矛盾又产生、经过发展得到解决……这是一个在循环往复中前进的过程。"[①]这个认识的矛盾运动就为逻辑考察奠定了思想史的基础。

由此,我们可以将中国古代伦理道德探究的内容归纳为这样几个问题:其一,作为古代伦理学理论出发点的人性善恶问题;其二,作为古代伦理学理论归宿的道德理想人格(成人之道)造就问题;其三,我国古代伦理思想中的义

---

① 冯契:《中国古代哲学的逻辑发展》(上),载《冯契文集》(增订版)(第四卷),华东师范大学出版社 2016 年版,第 14 页。

利、欲理(道)、心物、有无、人我、志功、死生之辩问题。

1. 作为伦理学起点的善恶之辩

伦理学的出发点问题,实质上可以归结为人性是否需要道德规范的问题。也就是说,伦理学研究的逻辑起点是人性问题。正是由此,人性善恶问题的探讨在中国古代伦理思想中才占有重要的地位。我们甚至可以说,在中国伦理思想发展史上没有一个问题曾经那样引起思想家们如此广泛的讨论和争议,并产生了如此众多的学说。而且,无论是性善论、性恶论,抑或性不善不恶论、性有善有恶论,从逻辑上它们都构成伦理思想家们建构自己道德理论的出发点,并从中引申出伦理道德的必要性和重要性,从而提出修身、齐家、治国、平天下的人生理想。

性善论。孔子最早探讨人性问题。他认为"性相近也,习相远也。"(《论语·阳货》)可见,他是把先天的"性"与后天的"学"相对应而提出来的。孔子认为人的天性是相似的,但这相近之性究竟是"善"是"恶",孔子未做具体的回答。

孔子以后,孟子明确提出了性善说。在孟子看来,人性中生来就有仁义礼智四端,这是人的天性所先天固有,而非后天所习就的。由此,孟子断言:"恻隐之心,人皆有之;羞恶之心,人皆有之;恭敬之心,人皆有之;是非之心,人皆有之。恻隐之心,仁也;羞恶之心,义也;恭敬之心,礼也;是非之心,智也。仁义礼智,非由外铄我也,我固有之也。"(《孟子·告子上》)孟子还对人天性为善的思想进行了具体的论证:"今人乍见孺子将入于井,皆有怵惕恻隐之心,非所以内交于孺子之父母也,非所以要誉于乡党朋友也,非恶其声而然也。由是观之,无恻隐之心,非人也;无羞恶之心,非人也;无辞让之心,非人也;无是非之心,非人也……人之有是四端也,犹其有四体也。"(《孟子·公孙丑上》)

但问题在于,对孟子这个性善说的论证"今人乍见孺子将入于井"也会有反证。也就是说,在现实的道德生活实践中,肯定也会有人不生恻隐之心。孟子可能也意识到这一点,故他对性善说又作了如下两点重要的补充:其一,仁义礼智仅是"善端"。也就是说,在孟子看来,仁义礼智虽为天性,但这种天性只处于萌芽状态,因而必须弘扬光大,否则人就会失去这种"善端"。正是由此,他说"凡有四端于我者,皆知扩而充之矣。若火之始燃、泉之始达,苟能充之,是以保四海,苟不充之,不足以事父母。"(《孟子·公孙丑上》)其二,人区别于动物之处极少,"人之所以异于禽兽者几希,庶民去之,君子存之。"(《孟子·离娄下》)"人之有道也,饱食、暖衣,逸居而无教,则近于禽兽。"(《孟子·滕文公上》)由此,规范、制约与超越动物性(兽性)的伦理道德就是必不可少的。于是，主张性善论的孟子通过这一补充，同样认为后天的道德教化是充分必要的。

从社会治理的视阈而论，西方文化以人性本恶为理论依据，对人作自私好利的"经济人"设定，所以形成了一系列严密的外在控制手段，这种控制以权威、强制、督促乃至惩罚为手段。与此相反，以儒家为代表的东方文化则从人性本善出发，对人作"道德人"的设定，并由此形成了以道德教化启迪良知为主要实施手段的社会控制之道。在儒家看来，这种社会管理之道不仅治标而且治本，因而是社会管理与控制的根本之道。正如我们看到的那样，中国传统的性善说构成了汉代以来历代统治者"德治"思路的理论基础。这个思路与西方传统的性恶论背景下的"法治"之道形成了鲜明的反差。

性恶论。和孟子相反，同为儒者的荀子则明确主张人性本恶。他认为人之天性是好利多欲的，人性中并无孟子所称的仁义礼智。荀子说："孟子曰：人之学者，其性善。曰：是不然。是不及知人之性，而不察乎人之性伪之分者也。凡性者天之就也，不可学不可事；礼义者圣人之所生也，人之所学而能所事而成者也。"（《荀子·性恶》）可见，荀子认为仁义礼智是后天形成的，是"圣人之所生"，而人性本身是"天之就也"。在他看来，这种"天之就"的性只能是恶而不是善："人之性恶，其善者伪也，今人之性，生而有好利焉，顺是故争夺生而辞让亡焉；生而有疾恶焉，顺是故残贼生而忠信亡焉；生而有耳目之欲，有好声色焉，顺是故淫乱生而礼义文理亡焉。……故必将有师法之化礼义之道，然后出辞让，合于文理而归于治，用此观之，然则人之性恶明矣，其善者伪也。"（《荀子·性恶》）荀子还进一步论证人的这种恶之本性的生理根据："若夫目好色，耳好声，口好味，心好利，骨体肤理好愉佚，是皆生于人之情性者也；感而自然，不待事而后生之者也。"（《荀子·性恶》）

但是，与孟子殊途同归的是，荀子得出的结论也是人必须接受道德教化。以他的话说是要"有师法之化，礼义之道"（《荀子·性恶》）。而且，荀子这一从性恶论出发推出自己的伦理教化思想比孟子性善论更为直截了当："故圣人化性而起伪，伪起而生礼义，礼义生而制法度；然则礼义法度者是圣人之所生也。"（《荀子·性恶》）正是从"化性起伪"的基本观点出发，荀子和孟子一样认为，人人皆可成为圣人，"涂（途）之人百姓，积善而全尽，谓之圣人；彼求之而后得，为之而后成；积之而后高，尽之而后圣。故圣人也者，人之所积也"（《荀子·儒效》）。

可见，从荀子"化性起伪"的基本思想看，虽然孟子言性善，荀子言性恶；孟子主张人性须扩充,荀子认为人性需改造;孟荀两人有"善""恶"之分,但最终却殊途同归,合而为一,即都建立了如何使人成为君子和圣贤的伦理道德理论。孟子和荀子分别在性善论和性恶论基础上建立起来的道德伦理学说,对以后的中国伦理思想史产生了极大的影响。

性无善恶论。除了孟子的性善论和荀子性恶论之外,一些思想家还提出了性无善恶论。我们从逻辑上可以对这种理论作进一步的划分:一是性无善无恶说;二是性超善恶说。

明确提出性无善无恶学说的是和孟子同时代的思想家告子。在告子看来,性既非善也非恶,而是无善恶。告子认为性之善恶皆后天形成,所以他主张"性无善无不善也"(《孟子·告子上》)。告子还作了一个极有说服力的比喻:"性,犹杞柳也,义,犹杯棬也。以人性为仁义,犹以杞柳为杯棬。性犹湍水也,决诸东方则东流决诸西方则西流。人性之无分于善不善也,犹水之无分于东西也。"(《孟子·告子上》)由此,告子有"食色,性也"(《孟子·告子上》)之说。可见,在告子看来食色等性是人天生就有的,故无所谓善恶。告子这个思想无疑是深刻的,并具有一定的启蒙意义。因为无论是孟子还是荀子,他们都把"食色"等视为人性中"恶"的存在。孟子斥之为"禽兽之性",荀子贬之为"淫乱之性",唯有告子摈弃了这种错误观点。

而且,更重要的还在于,由于主张性无善无恶,告子也就必然承认后天的伦理纲常教育是必要的,因为"为善固需教诲,为恶亦待诱导"。可见,没有道德教化的社会和自我人性,势必如决堤之水而不可理喻。正是基于这样的理解,告子也是主张对人性进行抑恶扬善的道德教化的。

孟子的"好辩"在与告子就人性本善抑或无善无恶中呈现得淋漓尽致。据《孟子·告子上》篇记载:告子认为,人性之无善恶就犹如水无所谓东西。于是,孟子反问道:"水的确无所谓向东流或西流,但是难道它也无所谓向上流或向下流吗?人性向善就像水往低处流是一样的道理。人性没有不善良的,水没有不向下流的。自然,如果水受拍打而飞溅起来,能使它高过人的额头;想方设法迫使它倒行,甚至还能使它流上山岗。这难道是水的本性吗?显然不是,这是外在的环境因素迫使它如此的。人之善良本性的改变也同样如此……"孟子如上一番话说得告子竟无言以对。

北宋的王安石也认为性本无善无恶。他为了论证自己观点的正确性,在理论上区分了情与性："诸子之所言,皆吾所谓情也,习也,非性也,……古者有不谓喜怒爱恶欲情者乎? 喜怒爱恶欲而善,然后从而命之曰仁也义也,喜怒爱恶欲而不善,然后从而命之曰不仁不义也。故曰:有情然后善恶形焉。然则善恶者,情之成名而已矣。"(《原性》)可见,王安石的结论是情可言善恶,而性则无善恶;道德规范的教化正是针对情之善恶而制定的。与王安石同时代的大文豪苏轼也持性无善无恶说。他认为:"夫善恶者,性之所能之,而非性之所能有也,且夫言性者,安以其善恶为哉?"(《扬雄论》)此外,清代思想家龚自珍也推崇告子性无善恶的学说。在龚自珍看来,唯有告子"知性",但告子却未能进一步阐发这一思想。有鉴于此,龚自珍著《阐告子》一文对告子的人性无善恶思想予以继承与弘扬。

性超善恶的观点是战国时期的道家提出来的思想。道家认为性是无法用善恶来言说的,因为性是超善恶的东西。这一思想是和道家崇尚自然、反对"人为"的哲学思想相一致的。在道家看来,性乃自然之物,而善恶则皆是"人为",故两者不能相杂而论。

如果作点理论上的归纳,那么我们可以说,道家性超善恶的思想主要包括如下一些基本观点:其一,人性本身圆满,无须仁义之善,因此顺从人性之自然本性即是至高至善的境界。道家认为,"性"乃"德"之显现,而"德"又是人对宇宙自然之"道"的顺应和领悟,并无善恶之分,"彼民有常性,织而衣,耕而食,是谓同行;一而不党,命曰天放。……毁道德以为仁义,圣人之过也"(《庄子·马蹄》)。可见,在道家看来,善恶与人性无关,人之本性乃"道德",即自然的存在。其二,仁义抑或情欲皆非人之本性。《庄子》中有这样一段文字:"请问仁义人之性邪? ……夫子亦放德而行,循道而趋,已至矣! 又何偈偈乎揭仁义?"(《庄子·天道》)道家同样否认了情欲为人之性的观点。比如庄子就明确否认"嗜欲好恶"作为人之本性。而且,在他看来,"其嗜欲深者,其天机浅。"(《庄子·大宗师》)其三,人之本性并无仁义礼智这些人为东西的存在。庄子显然反感儒家推崇的仁义礼智这些美德。为此,他做过如下的论证:"说仁邪? 是乱于德也;说义邪? 是悖于理也;说礼邪? 是相于技也;说乐邪? 是相于淫也;说圣邪? 是相于艺也;说知邪? 是相于疵也。"(《庄子·在宥》)庄子之所以这样评说儒家的德性理论,那是因为在他看来人之本性是超善恶的。在他看来,为达到"至人""真人"之本性,应提倡无善无恶的道德。可见,在道家看来,性乃自然之物,而善恶则皆属人为,故两者风马牛不相及。

性有善有恶论。性有善有恶论是调和性善论与性恶论的一种理论,但在理论上又作了进一步的阐发,并且提出了许多新颖独到的观点。如果要作归纳整理的话,那么,按照性有善有恶论之具体不同的含义,又可将其区分为如下几种不同的观点。

其一是性兼善恶说。性兼善恶说的观点始于战国时代的世硕。① 汉代的王充曾提到过这个理论:"周人世硕,以为人性有善有恶;举人之善性,养而致之则善长;性恶,养而致之则恶长……故世子作养书一篇。"(《论衡·本性》)对性兼善恶说作了充分论述的是汉代的董仲舒。他这样认为:"性,质也……故性比于禾,善比于米,米出于禾中,而禾未可全为米也;善出于性中,而性未可全为善也。善与米,人之所继天而成于外,非在天所为之内也。"(《春秋繁露·深察名号》)西汉末年的扬雄论人性,更是明确主张善恶皆为人性:"人之性也,善恶混。修其善则为善人,修其恶则为恶人。"(《法言·修身》)所以他认为真实的人性中一定兼含善恶,两者相杂,而非只有善或只有恶。在此基础上,扬雄也提出了自己的伦理教化思想:"学者,所以修性也。视听言貌思,性所有也。学则正,否则邪。"而所学的结果,扬雄认为无非"天下有三门:由于情欲,入自禽门;由于礼义,入自人门;由于独智,入自圣门"(《法言·修身》)。事实上,这正是扬雄所理解的人生道德修养和德性生成的三种具体境界。

其二是性有善有恶说。性有善有恶说的理论观点显然是新颖的。以前的思想家论人性,无论是言性善或性恶,言性无善无恶或性超善恶,还是言性兼善恶诸说,皆以为人人同一无二,一切人之本性都是齐等划一的。但是性有善有恶说的理论则对此提出异议,认为人性并非人人等同,而是呈现为一些人性善,另一些人则性不善。

这一思想也源于战国时代:"或曰:有性善有性不善,是故以尧为君有象,以瞽叟为父而有舜。"(《孟子·告子上》)这种认为有人性善、有人性非善的观点,实际上把人性分为二品。这个思想到东汉则发展成性三品说。这种理论把人之性划分三种类型,即上、中、下三品。东汉的思想家王充最早明确提出性三品说。他作为唯物主义的"气"一元论者,认为人性是禀受元气自然而成的,"禀气有厚泊,故性有善恶也"(《论衡·本性》)。他把这种厚泊分为三种:中人以上者(性善者)、中人以下者(性恶者)和中人(性善恶混者)。

性三品说至唐代的韩愈已发展成更为完备的理论。这主要体现在韩愈提

---

① 世硕这个人物,因年代久远,尤其是文献资料欠缺,后人已无法详考其人其事。从王充在《论衡》里专门讨论他的观点看,可以推断世硕在先秦应该是一位比较有名的学者。可以相互印证的是,在《汉书·艺文志》里也有"《世子》二十一篇"的记载。

出了将人性划分为上中下的性三品与情三品的理论："性也者，与生俱生者也；情也者，接于物而生者也。性之品有三，而其所以为性者五；情之品有三，而其所以为情者七。曰：何也？曰：性之品有上中下三，上焉者，善焉而已矣；中焉者，可导而上下也；下焉者，恶焉而已矣。其所以为性者五：曰仁、曰礼、曰信、曰义、曰智。上焉者之于五也，主于一而行于四。中焉者之于五也，一不少有焉，则少反焉，其于四也混。下焉者之于五也，反于一而悖于四。性之于情，视其品。情之品有上中下三，其所以为情者七：曰喜、曰怒、曰哀、曰惧、曰爱、曰恶、曰欲。上焉者之于七也，动而处中。中焉者之于七也，有所甚，有所亡，然而求合其中者也。下焉者之于七也，亡与甚，直情而行者也。"（《原性》）由此，韩愈同样认为虽然上中下三品之性不可改变，但通过德性教育，上品之性"就学而愈明"，下品之性"畏威而寡罪"，亦即"上者可教而下者可制"。可见，韩愈也同样强调了道德教化的必要性和重要性。

其三性善情恶说。性善情恶说是性有善有恶观点的一种特殊表现方式。这种观点认为人性中性是善的而情则是恶的，但由于情又构成性之要素，故从根本上讲性是有善有恶的。唐代的李翱最先提出了性善情恶说。在他看来，性本至善，一切不善皆源于情："人之所以为圣人者，性也；人之所以感其性者，情也。喜、怒、哀、惧、爱、恶、欲七者，皆情之所为也。情既昏，性斯匿矣，非情之过也。七者循环而交来，故性不能充也。……情不作，性斯充矣。"（《复性书》）李翱还作过如下的比喻：性如清澈之水，情如泥沙，虽浑沌不清但性乃未失，只要静处而不动，善于内心做功，泥沙自沉，水复清澈。这就是"复性"的过程。所以他认为人性都有一个从"情之所昏"复归到"自睹其性"的过程。这个过程就是道德的自我教育和修身养性的过程。由此，李翱也强调了道德教化对人性向善的重要性。

从对中国古代伦理学家对人性问题的如上归纳中可以发现，在人性善恶之争中，古代思想家们并非为论性而论性，而是为了在人性论的基础上探讨德性培植与伦理教化的可能性及出发点问题。也因此，我们发现在人性问题上诸子各家尽管众说纷纭，但其理论指归却是一致的，这就是强调礼义等道德教化的必要性、可能性与重要性。正是从这个意义上我们说，人性论问题既构成了中国古代伦理学的出发点问题，也成为我国古代文化重伦理教化传统形成的人本学根据。

重要的还在于，这一以性善论为道统的传统伦理文化，直接塑造了中华民族善良这一带有标识性质的民族特性。而且，这一善良品德的培植从蒙学阶段便被灌输。诸如"人之初,性本善"(《三字经》)"见人善,即思齐"(《弟子规》)之类的做人道理,在中国人的孩提时代就成为普遍性的德性之知。千百年来,这一善良特性作为民族文化基因世代相传,从未中断过。罗素当初曾经担心因为西学东渐的缘故,善良的中国人会被坚信人性本恶的西方文化同化:"中国的思想体系有一个而且仅有的一个缺点是,它不能帮助中国对抗穷兵黩武的国家。如果整个世界都像中国,整个世界就会幸福;但是只要其他国家崇尚武力,那么已不再闭关自守的中国人,如果要保持自己国家的独立完整,将不得不在民众程度上去模仿我们的罪恶行径。"①历史证明,罗素的担心是多余的。事实上,崛起的中国正以和平、发展、公平、正义、民主、自由这一全人类共同价值观的积极践行,促进各国人民和善相处,从而不断推进人类命运共同体的构建。

2. 作为伦理学归宿的成人之道问题

理想人格的问题在中国古代被称为成人之道。在道德实践领域里,它可归结为道德行为主体所追求的道德理想的实现问题。任何一种道德理论,归根到底要描绘出一种理想人格的模式和风范,从而为实现这样一个理想人格而展开自己的整个理论学说体系。中国古代哲学注重人生问题的探讨,而这个探讨的中心问题几乎可以说就是理想人格(成人之道)问题,即"人生至道"的目标建构、追求与实现问题。从先秦时代起,几乎所有的思想家都建构了各自关于成人之道的学说。我们在这里只对其中最具有代表性和影响力的理论作一简单的逻辑考察。

"仁义"的理想人格。这是儒家推崇的人生至道境界。这一道德理想由孔子最先提出,然后经过孟子、董仲舒、朱熹等人的阐发,在中国历史上形成了一套非常完备的对民族人格与品性产生最大影响的人格理论。

孔子最早确立了仁义理想人格的基本内涵。孔子把"仁"的内涵规定为:"夫仁者己欲立而立人,己欲达而达人,能近取譬,可谓仁之施矣。"(《论语·雍也》)孔子在《论语》里多次论及"仁"的话题。但以"夫仁者"起句这是唯一的一处。正如有学者解读的那样,这是孔子极为庄重地对"仁"所下的一个定义。②这一定义内含的伦理意蕴从字面上"仁者,二人"即可感知,"二人"之谓即肯定自己的同时,也要肯定他人的尊严,主张人与人之间的尊重与友爱。故不仅

①　罗素:《罗素论中西文化》,杨发庭等译,北京出版社 2010 年版,第 13 页。
②　张云和:《论语道论》,大众文艺出版社 2010 年版,第 13 页。

"己欲立而立人,己欲达而达人",而且"己所不欲,勿施于人"(《论语·颜渊》)。正是这个对他者的爱成为儒家最基本的伦理立场,从而使"仁"德成为儒家伦理的核心范畴,也是儒家理想人格塑造的基本规定。

　　林语堂先生当年给西方人介绍孔子学说中"仁"的确切内涵时用了 real man 一词,他解释说:"孔子哲学的精义,我觉得是在他认定'人的标准是人'这一点上。设非如此,则整个儿一套儒家学说就完全破产,也毫无实行的价值了。"①林语堂的解读与翻译是对的。事实上,在古代汉语中"仁"与"人"不仅意思一样,发音也相同。林语堂坚信儒家"以仁成人"的中国文化立场,对消弭从社会达尔文主义(Social Darwinism)来解读人之本质这一西方文化的弊端,对超越"人对人像狼"之类的丛林法则具有强烈的现实针对性。

正是基于对"仁者,人也""仁者,二人"这样的理解,孔子在《论语》中对仁的具体表现做了很多的罗列:比如说仁是爱人:"樊迟问仁,子曰爱人"(《论语·颜渊》);仁是克己:"颜渊问仁,子曰:克己复礼为仁,一日克己复礼,天下归仁焉。为仁由己,而由人乎哉? 颜渊曰:请问其由! 子曰:非礼勿视,非礼勿听,非礼勿言,非礼勿动。"(《论语·颜渊》)仁是能爱憎分明:"惟仁者,能好人,能恶人"(《论语·里仁》);仁是勇敢:"子曰:仁者必有勇"(《论语·宪问》);仁是刚毅内秀:"刚毅木讷,近仁"(《论语·子路》)、"巧言令色,鲜矣仁"(《论语·学而》);仁是不怕牺牲:"志士仁人,无求生以害仁,有杀身以成仁"(《论语·卫灵公》);如此等等。可见,在孔子那里"仁"具有极多的表现形式,而其中的基本原则就是:"己欲立而立人,己欲达而达人。"(《论语·雍也》)这是"仁"的基本的原则和标准。

　　特别值得推崇的是,在孔子那里"仁"还是一种人生的快乐体验。这一境界依据"仁者,二人"的伦理逻辑,可表现为两个向度:其一是对待"仁者,二人"之我,儒家伦理要求超越利己之心,不患得患失,从而体悟"仁者不忧"(《论语·子罕》)的快乐;其二是对待"仁者,二人"之他人,儒家伦理要求有利他主义的情操,体悟助人为乐与"君子成人之美"(《论语·颜渊》)的快乐。而且,孔子还强调了这一审美境界不玄远也不神秘:"仁远乎哉? 我欲仁,斯仁至矣。"(《论语·述而》)

---

① 林语堂:《中国哲人的智慧》,中国广播电视出版社 1991 年版,第 11 页。

　　孟子直接继承了孔子的仁学思想,但他更注重从仁义并举的角度理解道德上的这一仁义理想人格。在他看来,"仁,人心也;义,人路也。舍其路而弗由,放其心而不知求,哀哉!"(《孟子·告子上》)可见,孟子讲"仁"和孔子略有区别:孔子谈"仁"注重行为,孟子则把"仁"理解为内心态度,而这种"仁"的内心态度表现在外就是"义"。故孟子认为:"人皆有所不忍,达之于其所忍,仁也。人皆有所不为,达之于其所为,义也。"(《孟子·尽心下》)由此,孔子讲"杀身成仁",孟子讲"舍生取义":"鱼,我所欲也;熊掌,亦我所欲也。二者不可得兼,舍鱼而取熊掌者也。生,亦我所欲也;义,亦我所欲也,两者不可得兼,舍生而取义者也。"(《孟子·告子上》)在这里孟子事实上已初步探讨了在道德冲突中如何造就理想人格的问题。

　　自孔孟之后,许多思想家也都对"仁义"的理想人格作过探讨,其中董仲舒在继承孔孟基本思想的基础上,还提出了一些精辟独到的观点。比如在他看来,道德上的理想人格塑造要解决的是一个"人与我"的关系:"春秋之所治,人与我也。所以治人与我者,仁与义也。以仁安人,以义正我。故仁之为言人也;义之为言我也。"(《春秋繁露·必仁且智》)可见,董仲舒认为,仁为爱,而仅爱自我非是仁,唯有同时也爱他人方为仁;义为正,而仅正他人非是义,只有同时也能正己方为义。这样,孔子"己欲立而立人,己欲达而达人"(《论语·雍也》)的人道和理性原则在这里就被进一步具体化了。

　　作为一种王者之道,儒家还特别要求统治者必须"爱人",即行仁政。这就如孟子所言:"惟仁者宜在高位。"(《孟子·离娄上》)仁政的具体内容就是孔子曾一再希望的统治者应养民、利民、富民、惠民、教民、博施于众。董仲舒甚至断言:"王者爱及四夷,霸者爱及诸侯,安者爱及封内,危者爱及旁侧,亡者爱及独身。"(《春秋繁露·仁义法》)可见,统治者所施仁爱之面的广狭,直接关系到他统治范围的广狭和统治地位稳固的程度。由此,儒家始终劝勉统治者为政施仁,"以不忍人之心,行不忍人之政"(《孟子·公孙丑上》)。它对帝王将相治理国家的积极意义在于能够起到率先垂范的作用。这就正如孔子所言:"政者,正也;子率以正,孰敢不正?"(《论语·颜渊》)"其身正,不令而行;其身不正,虽令不从。"(《论语·子路》)这些关于统治者人格塑造的教谕在中国古代历史上曾产生过积极而深远的影响。

　　"兼爱"的理想人格。这是墨家学派的道德理想。他们把"兼爱"视为道德上最高的善。这一思想为墨子最早创立,后来经过后期墨家的发扬光大,形成了在当时也极有影响的一种成人之至道理论。

正如《吕氏春秋》总结的那样："孔子贵仁，墨翟贵兼。"（《吕氏春秋·不二》）在墨子的伦理学说中，兼爱是其主张的道德之本和人生至道的理想："兼者，圣王之道也，王公大人之所以安也，万民衣食之所以足也。"（《墨子·兼爱上》）"若使天下兼相爱，爱人若爱自身，……不慈者，盗贼，战争皆亡矣。"（《墨子·兼爱上》）正是从这个意义上，可以认为孔子和墨子的理想人格思想都是充满人道主义精神的。

墨子还具体描绘了一个"兼爱"的理想社会和理想人格："天下之人皆相爱，强不执弱，众不劫寡，富不侮贫，贵不敖贱，诈不欺愚。凡天下祸篡怨恨可使毋起者，以相爱生也。"（《墨子·兼爱中》）当然，与儒家不同的是墨子又是道德问题上的功利主义者，他强调"兼相爱，交相利"，认为："爱人者，人必从而爱之。利人者，人必从而利之。恶人者，人必从而恶之。害人者，人必从而害之。此何难之有？"（《墨子·兼爱中》）可见，墨子非常强调"兼爱"则人己两利的思想。但与此同时，作为人生的一种最高理想，墨子又提出了无功利的一种"兼爱"情怀："文王之兼爱天下之博大也，譬之日月，兼照天下之无有私也。"（《墨子·兼爱下》）这种带着博爱情怀的爱犹如日月之光普照大地，而从不企望从中获得些什么私利回报的"兼爱"理想，其实也是墨子自己所躬身践行的一种理想人格。从这一点上讲，墨子的功利主义道德学说与西方的功利主义伦理观相比，显然又带有更多的利他主义特性。

后期墨家在道德理想人格方面继承了墨子"兼爱"的成人之道思想，并作了进一步的阐发。比如墨子讲"兼爱"是不分彼此和远近，在原则上是一律平等的。但在道德的现实生活中，这种一律平等而视的爱只是一种抽象的可能性。于是，与孟子同时代的后期墨家学派人物夷之对这个问题作了进一步的探讨和阐发。他说："之则以为爱无差等，施由亲始。"（《孟子·滕文公上》）可见，夷之认为虽然要讲"兼爱"，但是真正实行的时候应该从最亲近的人那里开始，比如父母和兄弟姐妹。后期墨家的其他思想家对这一问题同样进行了颇多的研究，比如他们提出的"伦列"思想："义可厚，厚之；义可薄，薄之；谓伦列。德行，君上，老长，亲戚，此皆所厚也；为长厚，不为幼薄，亲厚厚，亲薄薄，亲至，薄不至。"（《墨经》）这即是说，爱无厚薄，不分彼此，但付诸实施时可分厚薄。也就是说，"兼爱"在具体的实施过程中必然有一个秩序问题。《墨经》中的这一"伦列"思想无疑使"兼爱"的理想由抽象而变得具体了。这显然是理论上的一个进步。

由于儒家和墨家都在道德学说中强调一种爱他人的人道情怀，因而儒、墨两家在成人之道的探求和道德理想人格的建构方面常常是相通的。也因此，在儒家所勾画的"大同"理想中，可以看到渗透着墨家的"兼爱"情怀："大道之行也，天下为公。选贤与能，讲信修睦。故人不独亲其亲，不独子其子，使老有所终，壮有所用，幼有所长，矜寡孤独废疾者皆有所养。男有分，女有归。货恶其弃于地，不必藏于己，力恶其不出于身也，不必为己。是故谋闭而不兴，盗窃乱贼而不作。故外户而不闭，是谓大同。"（《礼记·礼运》）这个大同的理想社会，无疑正是儒家"仁爱"和墨家"兼爱"理想人格的具体实现。从中华民族千百年的历史发展中，我们可以发现，《礼运》的这一以"仁爱""兼爱"为基础的"天下为公"的理想，对中国历代志士贤人的道德理想人格追求发生了广泛而深远的影响。

> 1919 年 6 月 2 日，孙中山在寓所接见了复旦学生、时任市学联总干事长朱承洵等学生代表，赞扬了上海学生不计个人得失，积极声援五四运动的反帝爱国精神。同年 10 月 18 日，孙中山应复旦之邀为师生作了题为《救国之急务》的演讲。在演讲中孙中山评价五四运动"于甚短之时间，收空前之巨效"。几天之后，朱承洵再次晋谒孙中山，孙先生挥笔写下"天下为公"四字相赠。据考证，这是孙中山诸多"天下为公"题字中最早的一幅。

"无为"的理想人格。在先秦哲学中，除"仁义"与"兼爱"的理想人格理论之外，还有一个极有影响的道德理想学说，这就是道家的"无为"说。老子作为道家学派的创始人，最早勾勒了"圣人之道，为而不争"（《老子》八十一章）的"无为"人格风貌。庄子则把这一"无为"理想集其大成，从而在百家争鸣中使道家成为当时非常有影响的一个学派。也许正是从这一点而论，蔡元培在其《中国伦理学史》中把庄子认定为儒家仁义理想最坚定的反对者："儒家所揭以为道德之标帜者，曰仁义。而庄子排之最力。"[1]

事实上，在中国古代早期思想史上，其理论影响最广泛和深刻的除了孔子当推老子。因为他建立了一个以"道"为基础的博大精深的思想体系。在成人之道的探求方面，他创立了非常独特的"无为"人格理论。老子认为儒、墨在道德上注重人道，强调教化，这在他看来是不可思议的。因为人的道德无非是对天道的一种顺从："人法地，地法天，天法道，道法自然。"（《老子》二十五章）而

---

[1]　蔡元培:《中国伦理学史》,上海古籍出版社 2005 年版,第 36 页。

自然本身是无为的。但这种无为却又"天网恢恢,疏而不失"(《老子》七十四章)。故在老子看来,这种人格其实是一种无为中的有为。

为了使他的"无为"理想人格具有说服力,老子还进一步论证"有为"对人生的危害性。在他看来,"有为"总带给人许多失败和烦恼:"为者败之,执者失之,是以圣人无为故无败,无执故无失。"(《老子》六十四章)于是,在老子看来,"为学日益,为道日损,损之又损,以至于无为、无为而无不为。"(《老子》四十八章)故老子甚至声称人类应复归婴儿:"含德之厚,比于赤子""常德不离,复归于婴儿。"(《老子》二十八章)因为在老子看来,婴儿是无为的,因着这种无为,婴儿才是最有德的。为了达到这种"无为"之境,老子还探讨了基本的方法论原则:"我有三宝,持而宝之:一曰慈,二曰俭,三曰不敢为天下先。慈,故能勇;俭,故能广;不敢为天下先,故能成器长。今舍慈且勇;舍俭且广;舍后且先;死矣。"(《老子》六十七章)

可见,老子在这里宣称的是一种无道德境界的道德境界,人生所追求的成人之道被理解为"无为而无不为"。由于任何道德追求中的仁义或兼爱均属人为,因而在老子眼中,这都不是理想的人格境界。由此,老子反对仁义、智慧、孝慈、忠臣等伦理纲常,认为"大道废,有仁义;智慧出,有大伪;六亲不和,有孝慈;国家昏乱,有忠臣"(《老子》十八章)。

道家的这一源自老子的理想人格思想至庄子而集其大成,故后人合称其为"老庄理想"。庄子直接继承了老子的思想,明确认为善恶皆"有为",故对人性皆有所累:"为善无近名,为恶无近刑,缘督以为经,可以保身,可以全生,可以养亲,可以尽年。"(《庄子·养生主》)可见,庄子的观点与老子一样,因为善与恶会被"名""刑"所累,故唯有"无为"才构成道德上的最高理想境界。在庄子眼中的成人之道是:"至人无己,神人无功,圣人无名。"(《庄子·逍遥游》)而且,这种无己、无功、无名的理想人格也是庄子自己身体力行的人生最高准则。也因此我们在史籍中可以读到庄子拒聘为相的记载:"楚威王闻庄周贤,使使厚币迎之,许以为相。庄周答谓楚使者曰:千金,重利;卿相,尊位也;子独不见郊祭之牺牛乎?养食之数岁,衣以文绣,以入太庙,当是之时,虽欲为孤豚,岂可得乎?子亟去,无污我。我宁游戏污渎之中以自快,无为有国者所羁,终身不仕以快吾志焉。"(《史记·老子韩非列传》)

庄子还对"无为"进行了本体论上的证明:"天地有大美而不言,四时有明法而不议,万物有成理而不说。圣人者,原天地之美,而达万物之理。是故至人无为,大圣不作,观于天地之谓也。"(《庄子·知北游》)庄子在这一本体论的基础上,把"无为"的最高理想境界描述为天人合一的境界。要达到这种境界的一个基本原则是"惟无不忘":"忘乎物,忘乎天,其名为忘己。忘己之人,是之谓入于天。"(《庄子·天地》)在庄子看来,一旦达到这样一个"忘己入天"的境界,人在自己的人生活动中就不以物喜,不以物悲,不以物挫志,不以物伤情,"喜怒哀乐,不入于胸次。……贵在于我而不失于变。且万化而未始有极也,夫孰足以患心?"(《庄子·田子方》)在庄子的《逍遥游》等篇中,它呈现出的是一种逍遥自在、恬淡自由的人生状态。

司马迁评论庄子时说"其要本归于老子之言"(《史记·老子韩非列传》)。此言固然不虚,但就其理想人格而论,庄子在直接继承了老子"无为"理想的主要立场的同时,更作了重要的阐发与创新,尤其是"忘己入天"与"天人合一"的思想的提出,更是对道家理想人格理论的一个带有独创性的发展。

魏晋时期,无为思想又再度兴起。特别是这一时期的无为思想与玄学相结合,使"无为"的成人之道理论披上了神秘玄奥的色彩。这一期间"无为"说的推崇者主要有王弼、阮籍、嵇康、向秀、郭象等人。这些思想家不仅在理论上进一步阐发了无为的学说,而且还在自我人生实践上孜孜以求,乐此不疲,形成了后人称之为魏晋风度的人生态度与人格风范。从伦理文化的演变而论,蔡元培曾将魏晋士人的做派总体评价为"旧道德之放弃"①。

当然,魏晋时期的无为思想在总体上毕竟没能超出老庄,只是在个别问题的阐述方面提出了一些独到的见地。比如向秀和郭象在《庄子注》中提出一个"无为乃任其为"的观点。在老庄那里,"无为"的理想常被一些人理解为无己、无功、无名等无所作为,但事实上在人的生存活动中这是不可能做到的。比如老子就曾任周朝的史官,经常以史为鉴向周天子进言,庄子不仅为了生计还得去编草鞋卖,而且他拒聘为相也是一种"有为"。可见,人生的存在显然是必须"有为"的。于是,《庄子注》的作者对这个问题作了进一步的阐释:"无为者,非拱默之谓也。直各任其自为,则性命安矣。"可见,魏晋时期的道家所理解的道德理想人格的"无为",并非不为,事实上是有所为和有所不为。但由于这是一种"顺性而动"之为,故它乃属"无为"的范畴,只要不违背天道自然的本性,任何有为皆是"无为"。于是,尧舜禅让是"无为",周武征伐也属"无为"。向秀、郭象的这个思想无疑是对老庄"无为"理论的一个更有说服力的补充和完善,因而在理论上可谓一个不小的进步。

① 蔡元培:《中国伦理学史》,上海古籍出版社2005年版,第84页。

　　从"道常无为，而无不为"（《老子》八十一章）"圣人之道，为而不
争"（《老子》八十一章）等语录看，老子并非只主张无为，而是主张"无
不为"与"无为"之权衡利弊。然而，对于这一无为说，不仅一般人存
在诸多误读，甚至著名学者有时也会陷于某种片面性。比如美国学
者斯塔夫里阿诺斯就曾经这样说过："道家学说的信徒被称为道教
徒。顺从道的关键在于抛弃志向，避开荣誉和责任，在沉思冥想中回
归大自然。"①这样理解道家的无为思想显然并不准确。遗憾的是，
中外学者及普罗大众对《老子》无为人格诸如此类的误读还挺常见。

　　可以肯定的是，"老子的'无为'并不是什么都不做，并不是不为，而是含有
不妄为的意思"②。但在有无之辩的思想史进程中，老子之后的道家却过度解
读了"无为"之无的内涵，这无疑是存在偏颇的。人是有目的的存在物，因而必
然要有追求某种目的的行动，这原为人之自然本性。后世学者一味主张人应
当"无为"，恰恰违背了人这个自然之性。这就是为什么"无为"的理想人格在
带给人无为而为智慧的同时，也容易使道德主体陷于一种貌似豁达解脱，实质
却是走向宿命论之中的缘由。比如庄子就有这样的语录："得者，时也；失者，
顺也。安时而处顺，哀乐不能入也。此古之所谓悬解也。"（《庄子·大宗师》）
这显然是一种宿命论的人生观。可见，尽管道家的这一人格思想透露着某种
超越自我、"天人合一"、寻觅自由的理性自觉和主体精神，但其实质上正如有
学者指出的那样，它反映了面对强大的封建社会的压迫与桎梏而虚无避世，只
能陶醉在消极退缩的自我幻想型隐士人格的追求与慰藉之中的社会现实。③
这显然是道家的道德人格留给传统文化一个消极而应当被扬弃的东西。

　　在扬弃了道家理想人格的这一消极因素之后，我们无疑应该采取批判性
继承与创新性发展的思路激活其合理的成分。这一积极思想的一个重要智慧
启迪就是，从伦理立场的坚守方面须懂得有所不为原则的坚守。这显然有助
于我们人生避免诸如刻意而为，甚至是胆大妄为而招致的失败。罗素甚至从
人生归宿问题的思考层面肯定了老子这方面的思想："老子是这样描述道的运
行的：'生而不有，为而不恃，长而不宰。'我认为人们可以像爱思考的中国人一

　　① 斯塔夫里阿诺斯：《全球通史：从史前史到 21 世纪》（第 7 版修订版），吴象婴等译，北京大学出
版社 2005 年版，第 159 页。
　　② 陈鼓应：《老庄新论》，上海古籍出版社 1992 年版，第 29 页。
　　③ 余潇枫等：《人格之境：类伦理学引论》，浙江大学出版社 2006 年版，第 76 页。

样,从这些言辞中获得关于人生归宿的思想。必须承认中国人的人生归宿与大多数白人为自己设定的归宿截然不同。'占有'、'自恃'和'支配'是白人国家和个人热切追求的目标。"①罗素显然更倾向于老子的伦理立场。

"空灵"的理想人格。从汉代开始传入中国的佛教,"源于印度大成于中国"。如果撇开佛家三世轮回、涅槃寂静等多少带有神秘主义色彩的成分,而仅就其教义中内蕴的理想人格方面的思想作一探究,便可发现佛家的学说可以用"空灵"二字概括。

在佛家看来,小千世界、中千世界和大千世界构成"三千大千世界"②,这是世界万事万物存在之总括。如何看待这一大千世界?佛家从"色不异空,空不异色,色即是空,空即是色"(《般若心经》)的基本观点出发,认为可以用一个字来概括,这就是以"空"观之。在佛家的智慧看来,只有了悟"空"字之真谛,方能称了悟佛法。也因此,禅宗经典《坛经》中记载了这样一则著名的典故:弘忍欲求法嗣,让诸僧自取本性般若,各作偈语,以验悟性高下,从而付传衣钵。于是,上座神秀在半夜三更,在南廊下中间壁上秉烛题成一偈道:"身是菩提树,心如明镜台,时时勤拂拭,莫使有尘埃。"当时,慧能在碓房舂米,听童子唱诵此偈。就烦请童子带到南廊下,也作一偈,因慧能不识字,就请人在南廊西间壁题道:"菩提本无树,明镜亦非台,佛性常清净,何处惹尘埃。"(《坛经·行由品》)结果慧能因了悟"空"的真谛而得传承弘忍的衣钵。慧能也因此而被尊为禅宗六祖。

可见,佛家的空观说以破除世人对身外之物的贪心执迷为旨归。佛门认为,人生因着贪、嗔、痴"三毒"等诱惑而必然造下诸多的业障。在人生"三毒"中,"贪"为贪欲,"嗔"为嗔恨,"痴"为执迷不悟,不知无常、无我之理。佛陀明确告知世人:"诸受皆苦。"(《杂阿含经》卷十六)但人世间虽有无量的苦,这种无量的苦不是孤立和偶然的,而是有着它产生的缘起。其缘由就是人对身外之物的执迷不悟。只有破除这一世人常有的执迷,才能"化烦恼为菩提",就如慧能所言:"前念著境即烦恼,后念离境即菩提。"(《六祖坛经·般若品》)

佛家认为只有以"空"观之,人生才会拥有灵性。佛家一直告谕世人,人生

---

① 罗素:《罗素论中西文化》,杨发庭等译,北京出版社 2010 年版,第 89 页。

② 佛家认为,月中一昼夜即人间半月,日中一昼夜即人间一年,以一个日月系统作为一个世界的单位,累积一千个日月系列的世界名为一个小千世界,累积一千个小千世界,名为一个中千世界,累积一千个中千世界,名为一个大千世界。佛家的三千大千世界之说强调的是宇宙无垠而众生渺小的道理。它构成佛家推崇觉悟之道的重要认知前提。

如苦海无边，既然烦恼痛苦束缚人生，那么解脱之法何在？据佛经所载，解脱之道多种多样：有"三解脱""八解脱""不思念解脱""有为解脱""无为解脱"等等。虽然看去名目繁多，可是这些解脱说到底都有一个根本原理，就是看空自我，达到"无我"之境界。芸芸众生因为不懂"无我"原理，执着地在"我"字上下功夫，故名利、宠辱、贫富、得失，便就无不成为绳索缰锁，把个自我捆缚得严严实实，没有了一丝灵性。禅宗有这样一个故事：青原惟信禅师有一天登上法堂，对众门人说："老僧三十年前未曾参禅时，见山是山，见水是水。到后来参禅悟道后，见山不是山，见水不是水。而今得个休歇处，依然见山是山，见水是水。"禅师的这段话是禅宗一个有名的公案。其实，禅师在这里说的是人生悟道三境界：第一种"见山是山，见水是水"，是物我分立的境界，这是一种世俗见解，即处在世界万有事相之中，把假有当实有；第二种"见山不是山，见水不是水"，是参禅时只知自我，不知外物，即心无外物，处在一种绝对自我的境界中；第三种"依然见山是山，见水是水"是最高境界，即完全了悟了本体心性之后，空与有、内与外、相对与绝对已达到统一，即达到物我同一的真如境界。

由此，佛家认为世上芸芸众生，要是一旦悟彻"诸法无我"原理，就立时离苦得乐，脱却束缚，获大自在，使个人的精神境界得到前所未有的大升华。圣辉法师在《佛教为什么要求人们寻求'解脱'》一文中曾这样写道：没有了"我"就不会起贪心，没有了"我"就能节制自己的欲望；没有了"我"就不会把自己的快乐建立在别人的痛苦上；没有了"我"才能心地磊落，胸怀坦荡；没有了"我"才会舍身忘己地为大众服务；没有了"我"才能勇往直前，无所畏惧地走人生的路……一句话，破除了"我"，通达了"无我"，品德才会得到圆满，人格才会得到完善，精神才会得到充实，心灵才会得到净化。如果是这样，人生就无苦可言，有的只是"和平和快乐"①。佛教伦理所推崇的这一空观人格理论对古代中国，尤其是士大夫阶层曾产生过较大的影响力。而且，这一"人皆可成佛道"的成人之道思想其影响力一直绵延至近现代。

如果对中国伦理思想史上几种具有代表性的成人之道理论作一简单的评价，也许可以说，儒家推崇"仁义"的理想人格思想对中华民族的文化乃至于整个社会历史产生了最广泛而深远的影响。墨家的"兼爱"理想则在我们民族的心态和德性中积淀了诸如友爱、宽厚、平和之类的品行。道家的"无为"理想和佛家的"空观"理想，崇尚"有所不为"和"空灵"的理想人格，则主要在知识阶层

---

① 洪丕谟：《中国佛门的大智慧》，浙江人民出版社1991年版，第116-117页。

(士大夫)中拥有极多的崇仰者。道家和佛家的理想人格虽然在封建专制制度下能给人的心性以一定的自由空间,但毕竟带有比较浓厚的消极无为的特性,比之于儒家的追求仁义、崇尚刚健有为之理想人格的思想而言,其积极性显然要小得多。也因此,我们可以理解为什么儒家以仁义为核心的理想人格思想能成为一种"道统"而产生广泛而深远的影响。

　　值得欣慰的是,以儒家伦理为代表的"成人"之道作为中国智慧正引起全球学者的关注。2018 年 8 月 13 日在北京召开了第 24 届世界哲学大会。这不仅是始创于 1900 年的世界哲学大会首次在中国举办,而且还是首次以中国哲学传统作为基础学术架构的一次全球哲学盛会。这次大会的主题便是"学以成人"(Learning To Be Human)。这一主题凸显的正是古老中国的伦理智慧,即成人不是一个自然的过程,它需要学习诸如人我、义利、欲理(道)之辩中的义理,并在对这个义理的认同过程中既内化于心,又外化于行。正是由此,人才从动物(禽兽)世界里分离出来而成了人。

置身现代性困境越来越严峻的当今世界,从古老的中华优秀伦理文化中也许可以找到走出困境的切实路径。美国后现代学者格里芬在反思现代性危机时认为,个人主义是这一困境的最终渊源,"超越现代世界将意味着超越现代社会存在的个人主义、人类中心论、父权论、机械化、经济主义、消费主义、民族主义和军国主义"①。的确,当今世界充斥着的诸如人与人之间的冷漠与算计,以及政客的强权政治、商人的巧取豪夺、国家利主义的以邻为壑、恐怖主义的冷血与杀戮,凡此种种都与个人主义有着直接的因果关系。以孔子的"推己及人"、墨子的"兼相爱,交相利"为代表的中华优秀伦理文化,显然可以为困境的摆脱提供来自中国的智慧。这是一种以仁爱、兼爱为伦理纽带构建起"我"与"他者"的和谐关系,它超越丛林法则取而代之以道义法则来构建起人与人、国与国、民族与民族之间的命运共同体。

　　3. 成人之道践行的主要伦理环节

　　中国古代伦理思想的丰富性不仅体现在人性善恶这一伦理出发点的学理探究上,也不仅体现在成人之道如何建构与塑造这一伦理归宿问题上,而且还大量表现在对成人之道如何实现的各种伦理抉择的探讨中。显然,人生中存

---

① 　大卫·雷·格里芬:《后现代精神》,王成兵译,中央编译出版社 2011 年版,第 225 页。

在着许多诸如义与利、欲与理（道）、心与物、有与无、利己与利他、动机与效果（志功）、生与死之类的矛盾，这些矛盾的冲突构成道德冲突的最基本内容。如何合理地解决这些矛盾与冲突，从而实现理想人格的目标，中国古代的伦理思想家们对此也做出了极为可贵的思考与探索。

义利之辩。在中国古代伦理思想体系中，义一般指仁义道德；利则指物质利益、功利等。义利之辩是中国伦理思想史上讨论和争论最多也最激烈的问题之一。事实上，它也构成中国古代伦理思想史中探究时间最长久的一对范畴。

先秦儒家的义利观是主张义在利先。孔子最早探讨义与利的问题："子路曰：君子尚勇乎？子曰：君子义以为上。君子有勇而无义为乱，小人有勇而无义为盗。"（《论语·阳货》）由此，孔子把义与利的不同取舍作为君子与小人之别，即所谓"君子喻于义，小人喻于利"（《论语·里仁》）。孟子把孔子的这一义利观进一步发展了。他甚至强调："大人者，言不必信，行不必果，惟义所在。"（《孟子·离娄下》）据《孟子·梁惠王》篇记载，当孟子游说梁惠王时，梁惠王问他"何以利吾国"时，孟子的回答是："王何必曰利，亦有仁义而已矣。"孟子义利观的另一个重要内容是主张舍生取义的牺牲精神。孟子显然看到了义与利有时会无法兼得的客观情境，这就有一个如何抉择的价值排序问题："鱼，我所欲也；熊掌，亦我所欲也。二者不可得兼，舍鱼而取熊掌者也。生，亦我所欲也；义，亦我所欲也。二者不可得兼，舍生而取义者也。"（《孟子·告子上》）在这一段传诵千古的名言中，孟子不仅明确表达了义的价值高于利，而且主张在必要时可以舍弃生命之利去捍卫义的无上尊严。有学者曾如此评论说："这一表述正气沛然、震烁古今，以致后人把孔子的学说称为'杀身成仁'，把孟子的学说称为'舍生取义'。仁义与孔孟合而为一，磅礴于中华大地，穿流在历史长河，召唤着无数志士仁人勇往直前。"[①]

作为战国后期儒家的主要代表人物，荀子和孔孟的义利观基本一致。他从性恶论和化性起伪的理论出发，明确认为义和利皆为人所固有的两种追求，只不过其中义是第一位的，利是第二位的："义与利者，人之所以两有也，虽尧舜不能去民之欲利。然而能使其欲利不克其好义也……故义胜利为治世，利克义者为乱世。"（《荀子·大略》）也因此，荀子认为："不学问，无正义，以富利为隆，是俗人者也""惟利所在，无所不倾，若是则可谓小人矣。"（《荀子·儒

---

① 夏海：《国学要义》，中华书局 2020 年版，第 250 页。

效》)可见,荀子在义利的关系问题上比孔孟的观点要更符合人性存在的本来
面目。尤其是他既反对以义反利的片面性,又鄙视"惟利所在,无所不倾"的不
道德行为,这无疑是非常合理的。

汉代儒家的最主要代表人物董仲舒却将孔孟的义利观做了片面的阐发。
董仲舒虽然提出了以义利为人生之"两养"说:"天之生人也,使人生义与利。
利以养其体,义以养其心;心不得义不能乐,体不得利不能安。义者,心之养
也;利者,体之养也。"(《春秋繁露·身之养重于义》)但董仲舒更提出过"正其
谊不谋其利,明其道不计其功"(《汉书·董仲舒传》)的命题。虽然董仲舒的这
一义利观深得后世儒者的推崇,但在胡适看来董仲舒的这一立场并没有依循
孔子义利观的基本立场。胡适认为孔子"并不是主张'正其谊不谋其利'的人。
《论语》说'子适卫,冉有仆。子曰:庶矣哉? 冉有曰:既庶矣,又何加焉? 曰:富
之!'……'这岂不是'仓廪实而知礼节,衣食足而知荣辱'的政策吗?"①胡适的
解读无疑是对的。孔子的义利观其实是认可谋利之合理性的。否则他也不会
说:"富而可求,虽执鞭之士气,吾亦为之。"(《论语·述而》)然而,号称"宋代孔
子"的朱熹却颇为推崇董仲舒这样一个思想,认为这一"义利之说,乃儒者第一
义"(《与延平李先生书》)。

墨子则明确反对儒家的义利观,提出义利统一和并重的思想。墨子认为
义利是统一的,义即利。故一方面墨子贵义,声称"天下莫贵于义"(《墨子·贵
义》)。但另一方面,对什么是"义"的理解,他和同时代的思想家不同,主张义
即是利。比如他主张考察统治者是否仁义,就应当要"观其中国家百姓人民之
利"(《墨子·非命上》)。可见,在墨子看来,百姓人民之利乃是最高的"义"。

墨子这个义利统一的思想到了明清之际发展为义利并重的学说。由于直
接秉承儒家尚义反利思想传统的宋明理学,把义与利绝对割裂了,特别是"正
其谊不谋其利,明其道不计其功"(董仲舒语)之类的说法显然是有悖情理的。
于是,明清一大批具有启蒙思想的伦理学家,便在批判宋明理学的基础上提出
了义利并重的观点。其中的主要代表人物是颜元。他在其《四书正误》中曾这
样写道:"后儒乃云正其谊不谋其利,过矣;宋人喜闻之,以文其空疏无用之学。
予尝矫其偏,改云:正其谊以谋其利,明其道以计其功。"可以说,这一义利并
重、强调在正义明道的前提下追逐功利的思想,在当时的历史条件下显然具有
相当进步的启蒙意义。

———————

① 胡适:《中国哲学史大纲》,上海古籍出版社 1997 年版,第 85 页。

道家的态度与儒墨均不相同，既排斥利，亦摈弃义。庄子认为："死生无变于己，而况利害之端乎。"（《庄子·齐物论》）这一义利皆斥的思想源于道家崇尚自然无为的基本观点。因为义利皆属人为，故它均遭道家的排斥和鄙视。

在对上述诸种义利之辩观点的梳理中可以发现，义利统一是古代伦理思想家最认可的理想境界。当义利发生冲突时，儒家的义在利先传统对我们民族的文化心态影响最大。因为这一影响使得在我们中国的传统伦理文化中积淀了一种深沉的重义轻利的传统价值观。而且，特别值得指出的是，这样一个传统对已经习惯于市场经济条件下谋求利润最大化的现代人如何进行道德抉择显然有着积极而清明的指引意义。

欲理（道）之辩。在中国古代伦理学家那里，欲，即是指欲望、人欲；理，则是指理性的规范或理智的原则。在古人看来，人有七情六欲，但人更有着理性、理智的能力。对于是否应该满足以及如何满足人欲，这也成为古代伦理思想家们讨论的一个基本问题。这一探讨在中国古代伦理思想史上就具体表现为绵延不绝的欲理（道）之辩。

先秦儒家和墨家都主张节欲。孔子说过："七十而从心所欲，不逾矩。"（《论语·为政》）孟子则称："养心莫善于寡欲。其为人也寡欲，虽有不存焉者，寡矣。"（《孟子·尽心下》）因而在孔孟看来，人不可能无欲，但欲又是必须有节制的。这个节制的标准就是"仁义"。比如孟子就说："生，亦我所欲也；义，亦我所欲也，二者不可得兼，舍生而取义者也。"（《孟子·告子上》）

荀子显然比孔孟更倾向于承认人之欲。他反对片面去欲或寡欲，认为人的欲望只要善于节制即是合理的："虽为天子，欲不可尽；欲虽不可尽，可以近尽也；欲虽不可去，求可节也。"（《荀子·正名》）故荀子对人欲的基本伦理态度是："进则近尽，退则求节。"（《荀子·正名》）为此，荀子还论述了节欲的必要性。在他看来，每个人都追求自己个人的欲望，于是欲望与欲望之间必然产生矛盾和冲突："人生而有欲，欲而不得，不能无求，求而无度量分界，则不能不争；争则乱，乱则穷。"（《荀子·礼论》）至于如何节欲，荀子认为必须以道制欲。"以道纠欲，则乐而不乱；以欲忘道，则惑而不乐。故乐者，所以道乐也。"（《荀子·乐论》）

墨子也持节欲的观点。墨子颇重苦行。庄子就曾说墨子"生不歌，死无服"（《庄子·天下》）。但墨子从经验论出发，同样承认人的基本欲望应该满足。他曾这样说过："饥者不得食，寒者不得衣，劳者不得息。三者民之巨患也。"（《墨子·非乐上》）可见，他主张人之基本的诸如衣食之欲是必须满足的。

因而墨子节欲观所反对的是侈欲:"为其目之所美,耳之所乐,口之所甘,身体之所安,以此夸夺民衣食之财,仁者弗为也。"(《墨子·非乐上》)据史书记载,墨子及其弟子的一生正是节侈欲、重苦行的一生,其德行颇受后人的敬仰。

与儒墨两家不同,道家主张无欲。老子称:"不欲以静,天下将自正。"(《老子》三十七章)当然,老子也无法否认人从根本上讲是有欲的,故他声称"无欲"是指人应知足常乐,使欲望降低到最小的程度:"罪莫大于可欲,祸莫大于不知足,咎莫大于欲得,故知足之足,常足。"(《老子》四十六章)庄子也主张人生应当无欲。他认为:"其嗜欲深者,其天机浅。"(《庄子·大宗师》)由此,他主张:"同乎无欲,是谓素朴,素朴而民性得矣。"(《庄子·马蹄》)

值得一提的是,在中国古代也有放纵欲望的伦理观。《荀子·非十二子》中曾记载过这一主张:"纵情性,安恣睢,禽兽行。是它嚣魏牟也。"由于它嚣、魏牟其人其事已不可详考,故后人也无法确切地了解他们是如何论证放纵欲望的。到了魏晋,在"任其自为"的人生观指导下,纵欲说开始不仅在理论上得以较系统地阐述,而且在实践中被极多的人所奉行。著名的竹林七贤就曾经在"越名教而任自然"(嵇康语)的理念下,在诸如饮食男女之欲方面颇为放达洒脱。比如《晋书》记载的刘伶饮酒之事,就颇令后人不解何意乃至无语:嗜酒如命的刘伶经常乘坐一辆鹿车,怀抱一壶酒出游。他车旁还跟着一个扛着铁锹的随从。路人不解何意便问其故,刘伶一脸坦然地说:"醉死,可就地埋我!"

> 魏晋名流在欲望放达方面颇多见于史籍。比如竹林七贤之一的阮咸,是阮籍之侄,叔侄二人时人并称为"大小阮"。他曾与姑母家婢女私下要好,母亲死后,按礼姑姑要返家。但阮咸要求把婢女留下,其姑认为不符合礼教,便带婢女走了,阮咸得知借驴骑上追赶,终于把婢女追了回来。被时人所讥。还有一次,阮咸的亲友邀其赴宴,嗜酒的他不用酒杯,而是用大盆盛酒,喝得醉醺醺的。席间有人笑他如猪般贪吃。谁料阮咸不仅不恼,还就真的效仿猪的样子喝酒吃肉,可谓不亦乐乎。不久,阮咸"与豕同饮"就被传为笑谈。

继魏晋玄学思潮之后,重新恢复儒学权威的宋明理学在欲理问题上则把儒家的节欲理论发展至极端。开理学先河的周敦颐就倡导"无欲"说。他认为,孟子提倡"寡欲"还不够,而应当寡而至于无,才可以达到"圣人"的境界,"孟子曰:养心莫于寡欲。……予谓,养心不止于寡焉而存耳,盖寡焉以至于无。"(《周子全书·养心亭说》)由此,他还把孔孟的圣人教诲直接概括为一个原则:无欲。他说:"圣可学乎? 曰:可。曰:有要乎? 曰:有。请闻焉! 曰:一为要。一者,无欲也。"(《周子通书》)二程也持无欲的立场:"甚矣,欲之害人也! 人之不善,欲诱之也。诱之而弗知,则至于天理灭而不知反。"(《二程集·遗书卷二十五》)"养心莫善于寡欲,不欲则不惑。"(《二程集·遗书卷十五》)尔后的朱熹也直接继承了就周敦颐和二程在欲理关系上的立场,他明确把"理"与"欲"对立起来:"学者须是革尽人欲,复尽天理,方始为学。"(《朱子语类》十三)因为在朱熹看来,"人欲云者,正天理之反耳,谓因天理而有人欲,则可;谓人欲亦是天理,则不可。盖天理中,本无人欲;惟其流之有差,遂生出人欲来。"(《答何叔京》)由此,朱熹认为存理灭欲是一个人德性修养的最重要功夫。

朱熹等宋明理学家如此这般地主张"存天理,灭人欲"。但是,世人只要凭常识就可以知道,这个存理去欲的学说有一个悖理的地方,这就是人欲的存在是一个客观的事实,否则人之生命将不复存在。为了解决这个矛盾,朱熹只得对存理灭欲说作一个理论补充,他承认最基本的人欲乃是天理。所以,当他的学生"问饮食之间,孰为天理孰为人欲?"时,朱熹也只得答曰:"饮食者,天理也;要求美味,人欲耳。"(《朱子语类》十三)朱熹对存理去欲说的这一补充,貌似机智地完善了理论,但实质上恰恰暴露了这一"存天理,灭人欲"之伦理主张的某种虚妄性。

> 与"饮食者,天理也;要求美味,人欲耳"的说法相类似,朱熹也还有如下语录:"饮食,天理也,山珍海味,人欲也;夫妻,天理也,三妻四妾,人欲也。"(《朱子语类》卷十三)有学者认为,从上述语录看,朱熹欲理观的实质是以天理为指导,在一定程度肯定人们合理欲望的基础上,以道德理性对人的感情欲望加以节制,在正视天理与私欲之对立的语境下,做到明天理,灭私欲,把违背天理,超出当时社会正当欲望的奢求等私欲加以有效的遏止。从这一意义上我们切不可把朱熹的理欲观视为禁欲主义。①

值得一提的是,在宋明理学家中,南宋时的陆九渊反对将天理与人欲对立。在陆九渊看来理欲是一致的:"天理人欲之言,亦自不是至论。若天是理,人是欲,则是天人不同矣。"(《陆九渊集》卷三十四《语录上》)"天理人欲之分,论极有病。"(《陆九渊集》卷三十五《语录下》)这一来自理学阵营内部的思想显

---

① 李宗桂:《朱熹与中国文化》,贵州人民出版社 2001 年版,第 201 页。

然是很可贵的。同样可贵的还有来自程朱学派后学的一些学者。比如明代的罗钦顺。他就对前辈不无批评地说,人的欲望是天性所有,有其不可改变的必然性,它不是人所能去掉的:"先儒多以去人欲、遏人欲为言,盖所以防其流者不得不严,但语意似乎偏重。夫欲与喜怒哀乐,皆性之所有者。喜怒哀乐又可去乎?"(《困知记》)可见,在他看来人的欲望与喜怒哀乐一样,都是人本性中所具有的,怎么能去掉呢? 但遗憾的是,陆九渊、罗钦顺的这一天理与人欲相一致的观点并非理学的主流。

出生对宋明理学家在欲理问题上所持观点的拨乱反正,清初的王夫之明确提出了天理人欲统一的观点。他有一个著名的命题:"有是故有非,有欲斯有理。"(《周易外传》)这无疑是开了理存于欲说的先河。

理存于欲说的最著名代表是戴震。他明确地声称:"理者,存乎欲者也。""天理者,节其欲而不穷人之欲也。是故欲不可穷,非不可有。有而节之,使无过情,无不及情,可谓之非天理乎。"(《孟子字义疏证》)他还以大禹治水为例说明欲望不可堵只可疏的道理:"禹之行水也,使水由地中行;君子之于欲也,使一于道义。治水者徒恃防遏,将塞于东而逆行于西,其甚也,决防四出,泛滥不可救。自治治人,徒恃遏御其欲,亦然。"(《原善》)特别有启蒙意义的是,戴震在这个理存于欲说的基础上,深刻批判了宋明理学家存理灭欲的实质是"以理杀人":"圣人之道,使天下无不达之情;求遂其欲,而天下治。后儒不知情之至于纤微无憾是谓理;而其所谓理者,同于酷吏所谓法。酷吏以法杀人,后儒以理杀人。"(《孟子字义疏证》)由此,在戴震看来,宋明理学家即使一般不否认人的饮食男女之欲,但毕竟制欲太甚,使许多人不能达其欲而忧郁致死,而这就是"以理杀人"。

如果对欲理之辩作一简单的评述,或许可以这样认为,纵欲说、无欲说和存理灭欲说均有悖人性,因而不免失之偏颇。唯有先秦儒家的节欲说从根本上讲是比较合理的,虽然这一学说经过后来宋明理学的改造也变得有些不近情理,甚至带有浓郁的禁欲主义色彩,但那只是思想史在流变过程中出现的异化现象。特别值得一提的是,"程朱学派的理欲之辩,不仅是向人民宣扬的,而也是对贵族有权势者告诫的。程、朱曾多次向君王进谏,朱氏更进行过反对豪强的斗争"①。可见,我们不应该因此而对以孔孟为代表的节欲理论持全盘否定态度。当然,也要看到由于宋明理学的缘由,它使我们传统的伦理文化在形

---

① 张岱年:《中国伦理思想研究》,上海人民出版社 1989 年版,第 141 页。

成了超强的以理制欲之道德理性原则的同时，也不可避免地带有些许反人性的禁欲主义色彩。这无疑又是我们应该予以摈弃与超越的。

心物之辩。在中国古代伦理学家那里，心物之辩涉及的是快乐如何获得的问题。乐欲，还是乐道？也许是心物之辩最简单的追问。整体而论，中国传统伦理文化几乎一致主张超越物欲，回归内心，在对"道"的体悟和践行中体验真正的快乐。

如果化繁为简以儒道佛为中华伦理文化的最主要代表形态，那么可以说儒家在心物之辩问题上的价值立场对中华文明与文化的影响力最大。儒家的心物观在其创始人孔子那里就被奠定。可以肯定的是，就心物之辩而论，儒家并非教人要忽视甚至无视身外之物的获取。比如孔子就曾经明确地表达过"富与贵是人之所欲也"（《论语·里仁》）的思想。史书也曾记载：子路见义勇为救了人，被救者赠子路以一头牛作为酬谢，子路有些踌躇，孔子却鼓励他可以收下（《吕氏春秋·察微》）。可见，至少在先秦儒家那里，心与物是合一的。儒家只是在讨论心与物不能兼顾甚至出现冲突时，才推崇心重于物这样的价值排序与伦理抉择。

也就是说，在心物之辩中儒家推崇的是仁爱之心。最能体现儒家这一快乐观的语录就是"仁者不忧"（《论语·子罕》）。在儒家看来，仁者之所以不忧、之所以快乐是因为仁者的德行可以为人与人交往带来快乐的体验。由此，孔子还有句名言："君子坦荡荡，小人长戚戚。"（《论语·述而》）这显然是"仁者不忧"思想的另一种表达。

正是基于这样的语境，儒家认为，快乐与物质生活的富有程度无关。《论语》记载：子贡曰："贫而无谄，富而无骄，何如？"子曰："可也。未若贫而乐，富而好礼者也。"（《论语·学而》）孔子在这里明确提出"贫而乐"的伦理命题，成为儒家的一个道统而被后世儒家所继承。值得指出的是，儒家并非教人要一味地生活在贫困中。孔子就曾经明确地表达过诸如"富而可求，虽执鞭之士，吾亦为之"（《论语·述而》）的想法。儒家在这里只是告诫世人：当你不得已处在贫困的状态时，你不仅必须懂得"贫而无谄""贫而无怨"的道理，而且，还要能够拥有"贫而乐"的快乐境界。

孔子提出的"仁者不忧"的快乐思想，在当时就对儒门弟子影响极大。比如颜回就可谓孔子这一思想的践行者。《论语》记载过孔子对弟子颜回这样一段评论：子曰："贤哉，回也！一箪食，一瓢饮，在陋巷，人不堪其忧，回也不改其乐。贤哉，回也！"（《论语·雍也》）从孔子罕见地两次用了"贤哉,回也!"来评价颜回"不改其乐"之事来看,孔子显然非常认可并赞赏自己学生这一快乐观的。可见,后世将儒家的这一快乐概括为"孔颜之乐"无疑是精妙的。

也正是基于这一立场,儒家推崇"里仁为美"(《论语·里仁》),主张"充实之谓美"(《孟子·尽心下》)。在这一儒家伦理文化的熏陶下,汉语中日用而不觉的"美德"一词把美和德连用,其所要表达的意思就是:美德之所以称美德是因为它给人带来美感。事实上,这也就奠定了儒家人生美学以仁德为美的道统。美感显然是快乐感的最高表现形态。

还值得一提的是,儒家的这一心物之辩中"仁者不忧"的伦理立场,比之于西方伦理学自亚里士多德以来,一般将德性培植视为人性痛苦升华之传统要更具优越性。西方这一伦理传统可谓源远流长,绵延至今。比如汤因比在提及对人之贪欲的伦理制约时就曾这样说过:"人类能够认识到,如果致力于贪欲,它就会具有破坏性,因而导致罪恶。因此,人类也是可以做出困难的伦理上的努力,在实践中实现自我控制。"[1]汤因比在这里用"困难的"这一定语来修饰伦理努力,多少显得有些无奈。但在中国古代伦理传统中,这一困难或无奈的情绪是不存在的,取而代之的是一种"仁者不忧""里仁为美"的愉悦和审美情绪。

如果说在心物之辩中儒家推崇仁爱之心,那么道家推崇的就是自然之心。道家的创始人老子说:"人法地,地法天,天法道,道法自然。"(《老子》二十五章)可见,在老子那里"道"的最基本含义就是自然。可以肯定的是,道家"法自然"所指谓的"自然"既包括天人之辩中天地万物之自然,也包括人我之辩、心物之辩中的自我生命和人生之自然。故李泽厚先生认为:老子言"道"并不像时下哲学史所认为的那样,是对自然现象的观察、概括,它不过是借自然以明人事而已。[2] 就心物之辩而论,道家认为人是天地之间的自然存在,因此就心物关系而论,道家认为人的"心"之欲求除了要顺应与敬畏身外的天地自然之物外,还必须回归自我充分顾及自我身心关系中"身"这一特殊之物的自然。这是带有道家文化特色的心物合一之道。

依据"道法自然"的学理逻辑,道家承认心对物的合理欲求,故老子对理想

---

① 汤因比、池田大作:《展望 21 世纪——汤因比与池田大作对话录》,荀春生等译,国际文化出版公司 1999 年版,第 38 页。

② 李泽厚:《中国古代思想史论》,人民出版社 1985 年版,第 92 页。

社会有"甘其食,美其服,安其居,乐其俗"(《老子》八十章)的描述。这是道家
心物合一原则的朴素表达。但与儒家相似,道家也在心物无法合一时,主张心
高于物的立场。故老子认为人在物欲的追求过程中必须如"圣人去甚、去奢、
去泰"(《老子》二十九章)。老子在这里是主张要向悟道的圣人学习,去掉极端
的、奢侈的、过分的欲求。道家认为,在人处理心物关系问题上,生命的本能往
往会驱使自我无止境地追逐身外之物。但这一追求对身体的自然存在必然是
一种伤害,因而是自我生命的一种不自然。这种不自然通常表现为内心世界
因欲壑难填而无止境地追逐功名利禄、声色犬马之类的满足而招致祸害,即所
谓的"祸莫大于不知足,咎莫大于欲得"(《老子》四十六章)。而且,在老子看
来,这样的追逐不仅会使人的德性败坏,而且本身也会给自然的生命带来巨大
的伤害。为此,老子告诫说:"五色令人目盲,五音令人耳聋,五味令人口爽,驰
骋畋猎令人心发狂,难得之货令人行妨。"(《老子》十二章)可见,道家的心物观
教导世人必须心怀自然之心,不为外在的声、色、货、利所迷,决不贪求耳、目、
口、鼻、身等感官欲望的过分满足。也是因此,庄子提出了"至人无己,神人无
功,圣人无名"(《庄子·逍遥游》)的人生境界说。这是一种不以物喜,不以物
悲,不以物挫志,不以物伤情的逍遥之境。

正是道家在心物之辩中推崇自然心的这一文化传统,不仅向外培育了中
华民族尊重自然、顺应自然、保护自然的天人合一观,重要的还在于向内培植
了中国人为人处世心态自然的文化性格。这是中国文化特有的心物合一观。
正是这一文化的熏陶,甚至在中国人日用而不觉的一句"做人做事心态要自
然"的口头禅中,都折射着道家心物观的大智慧。

如果说在心物之辩中儒家推崇仁爱之心、道家推崇自然之心,那么佛家推
崇的就是空观之心。佛陀曾断言:"色即是空,空即是色。"(《般若心经》)这是
佛家对人和心外世界的关系的一个基本判断。它认为形形色色的大千世界其
存在的本质是缘起性空、变化无常。自然界有沧海桑田的变化,人世间也是世
事无常,甚至连自我的生命存在也是无常的,因为有一天我们终究会离开这个
世界。这样,佛家就由"诸法无常"进而得出"诸法无我"的结论。佛家正是从
"空观大千世界"的教义出发,主张在心物之辩中通过心性的觉悟以营建起空
灵的生命境界。以佛家的立场来看,人之所以感觉到生命有很多烦恼和痛苦,
一个很重要的原因是因为我们往往因着色界(即物欲世界)的诸多诱惑而生
贪、嗔、痴"三毒",从而造下诸多的业障,人生由此如坠苦海。

为此,佛家告谕世人世间虽有无量的苦,但这种无量的苦不是偶然的,而

是有它的缘起,即世人因为没有了悟无常、无我之理,从而必然对身外之物执迷不悟,人生因此就有了诸如"求不得"之类的烦恼与痛苦。从心物关系看,只有破除这一世人内心常有的对外物的执迷心,才能"离苦得乐",从而达到"烦恼即是菩提"(《坛经·宣诏品》)的理想境界。

值得指出的是,在儒道佛三家中以佛家的宗教色彩最浓。这通常使得我们对佛家智慧的认同存在诸多的顾虑。其实,这种顾虑是大可不必的。当年章太炎先生曾这样说过:"细想释迦牟尼的本意,只是求智,所以要发明一种最高的哲理出来。佛法……与其称为宗教,不如称为哲学的实证者。"①仅就佛家的心物之辩而论,我们的确可以感受到其人生哲学的实证智慧。事实上,佛家用无常这一核心范式从存在论的角度实证了身外之物占有的暂时性,并由此推导出空观心守持之必要性的学理逻辑非常彰显其合理性。佛家因"无常"而"空观"的智慧至少带给现代人如下两个层面上的启迪:一是因空观心破除了过分贪财恋物之念而使生命有了一种"在欲而无欲,居尘不染尘"的豁达与超脱;二是因空观心进而懂得无常、无我之真谛,于是既能以欢喜心感恩当下所拥有的一切,又能以平常心接受变化的发生,不追求所谓的永恒,从而生成一份"得失两由之"的淡定心。

令人欣慰的是,心物之辩中的中国智慧,尤其是主张"快乐源于心"的中国伦理文化传统,得到了诸多现代西方学者的认同甚至是赞赏。罗素就是其中颇具代表性的一位。他曾经在提及"中西文明的对比"这一话题时这样写道:"我们坚信自己的文明和生活方式优于其他国家,所以当我们遇到像中国这样的国家时,深信自己最仁慈的举动莫过于让他们全盘接受我们的文明和生活方式。我认为这是一个很深刻的错误。在我看来,一个普通的中国人,即使他非常贫穷,也比英国人快乐。"②

的确,从儒道佛心物之辩中所呈现的立场看,虽然也有一些诸如重心轻物在程度上的差异,其论证的路径也有所不同,但正如古人所言:"天下同归而殊途,一致而百虑。"(《周易·系辞下》),就总体而论三家的心物观确实殊途同归,从而在中国伦理思想史上积淀起与西方不同的文化传承。这一心物之辩的中华文化立场可以简洁地表述为:它不是心与物的二元论分割,推崇心物合一的理想人格构建与践行;当心物无法合一时,主张心高于物的价值排序与行

---

① 章太炎:论佛法与宗教、哲学以及现实之关系,载《中国哲学》(第六辑),生活·读书·新知三联书店 1981 年版,第 156 页。

② 罗素:《罗素论中西文化》,杨发庭等译,北京出版社 2010 年版,第 92 页。

动抉择。这一伦理文化传统的优越性正在当今世界得到越来越多的认同，并被积极地践行。

有无之辩。有无问题在中国古代思想史上固然首先是辩证法和认识论的范畴，但是它同时也是伦理学的范畴。有无之辩中"有"是有为、有所为的意思，"无"是无为、有所不为的意思。在古代中国，无论是儒家孔子的"君子三戒说"（《论语·季氏》），还是道家的"道常无为，而无不为"（《老子》三十七章）理论，以及禅宗的"无念为宗"（《坛经·定慧品》）的法门，凸显的均是不为、无为的伦理智慧。

人的存在无疑是要有为的。由此，中国传统的伦理文化当然也崇尚有为，比如《易经》里就讲"天行健，君子以自强不息"的道理。以孔子、孟子为代表的儒家是比较强调这一点的。孔子周游列国是有为，孟子讲"奋乎百世之上，百世之下，闻者莫不兴起也"（《孟子·尽心下》），更是崇尚有为的典范。但与此同时，儒家也讲不为、无为的道理。由此，孔子有"三畏"说："君子有三畏：畏天命，畏大人，畏圣人之言。"（《论语·季氏》）还有著名的"三戒"说："君子有三戒：少之时，血气未定，戒之在色；及其壮也，血气方刚，戒之在斗；及其老也，血气既衰，戒之在得。"（《论语·季氏》）为此，孔子还经常告诫弟子："君子无所争。"（《论语·八佾》）事实上，孟子也有类似的思想："人有不为也，而后可以有为。"（《孟子·离娄下》）

正是基于这样的立场，孔子曾经对舜无为而治的治理之道非常欣赏："无为而治者，其舜也与？夫何为哉？恭己正南面而已矣。"（《论语·卫灵公》）孔子在这里的意思是说："能够使自己没做什么就能使天下太平的人，大概只有舜吧？他做了些什么呢？他只是恭敬、端正地坐在君王的位子上罢了。"在《论语》的这一记载中，孔子对无为而治的赞赏可谓溢于言表。

当然，最体现"有所不为"这一传统伦理智慧的无疑是以老庄为代表的道家。在道家那里，这一智慧被直接概括为"无为而为"。道家学派的创始人老子最早确立了"无为"的基本思想。老子认为，人作为自然之子，应该效法天地自然。以他一句广为后人引用的话说来就是："人法地，地法天，天法道，道法自然。"（《老子》二十五章）而"道常无为，而无不为"（《老子》三十七章）。庄子发扬光大了这一无为思想，提出了"不刻意而高，无仁义而修，无功名而治"（《庄子·刻意》）的命题。道家"无为而为"命题的意思是说，在有为的地方有为，在无为的地方应当无为，有所不为才能有所为。也就是说，以道家的立场来看，有为还是无为的标准是"自然"。而自然从本质上讲是无为的，故它从来不刻意而为。比如大自然并不因为白天好就把黑夜取消了,白天和黑夜交替才是自然的;并不认为春天美好,就刻意地让春天长驻,把夏、秋、冬都取消了,而是一年四季春夏秋冬自然循环。它无为,反而让大自然一切井然有序。由此,老子说:"道常无为,而无不为。"(《老子》三十七章)自然无为,结果反而是什么都为了,四季在更替,万物在生长。人生自然也是这个道理。

从为人处世的伦理视角来考察,这一"无为"之道更是一个人坚守伦理底线,抵御身外之物诱惑的大智慧。比如韩非子在解读《老子》时举证过一个"不贪为宝"的故事。其实,这个被后世不断提及的故事最早见于《左传》:宋人或得玉,献诸子罕。子罕弗受。献玉者曰:"以示玉人,玉人以为宝也,故敢献之。"子罕曰:"我以不贪为宝;尔以玉为宝,若以与我,皆丧宝也,不若人有其宝。"(《左传·襄公十五年》)可见,子罕与晏婴一起被誉为"春秋两贤相",自有其德性方面的缘由。这个缘由就是懂得不贪不受的"无",才可成就人生诸多的"有"。

值得指出的是,不仅儒道两家推崇有所不为的伦理智慧,事实上佛家也有类似的思想。比如禅宗的六祖慧能非常重视"无念"之教。他把"无念"说成是本宗最高的宗旨:"我此法门,从上已(以)来,先立无念为宗。"(《坛经·定慧品》)在慧能看来唯有"无念"方可"无为",然后才能够修得佛法。

陆游《老学庵笔记》中记载过这样一件事情:僧人法一、宗杲为避战乱而渡江南下,两人各戴着一顶竹笠以遮风挡雨。宗杲在竹笠中藏了一枚金钗,老是放心不下,不时悄悄地查看,生怕它丢了。法一无意中看出了这里面的机巧。一次,等到宗杲去上厕所的时候,他迅速从宗杲的竹笠中找出那枚金钗,扔到江中。宗杲回来后,发现金钗不见了,急得脸色发白四处寻找,却又不敢出声。从史籍记载看,宗杲十七岁出家,熟习经文,当年与师祖酬对毫无阻滞,曾经名震京师,号佛日禅师。南渡后又号大慧禅师,有著作与语录多卷。拥有这样的大彻大悟之心,竟然还会迷恋一枚小小的金钗。这一故事说明面对世人所好的东西,要持一份清静无为的淡泊之心,需要有相当不凡的定力。这也许正是佛家推崇无念和有所不欲的缘由之所在。

其实,百姓逃难尚且懂得性命要紧,钱财可以置之度外的道理;了悟生死的高僧反倒参不破一枚金钗的"色相",终于成为佛门中一桩千古笑谈。可见,学佛修禅,说难有如登天之难,说易又易如反掌,关键在于懂得无念之真谛,并因此而明了有所不为。否则，拜佛念经不仅徒劳无功，并且往往会离佛道越来越远。当年佛陀在菩提树下成道时早就说过："大地众生皆有如来智慧德相，但因妄想执着，不能证得。"（《大方广佛华严经》卷第五十一）此语可谓一语中的。也许从这一立场看，可以把佛家的觉悟之道概括为无念、无为、自在这样三个环节。

可见，在有无之辩问题上，以儒道佛为主要代表的古代伦理观，不仅推崇"知有识无"的基本立场，而且诸如道家、佛家在有与无的价值排序中还把无视为更具智慧、更契合"道"的理性选择。一个悟道的人，通常不体现在做什么的问题上，而是体现在不做什么的定力上。正是基于这一语境，有西方学者曾把这一智慧非常精当地概括为：Do Nothing![1]

人我之辩。在中国古代哲人看来，世界上无非就两个人：一个是"我"，一个是"他人"。这个"他人"可以是我的父母、我的兄弟姐妹、我的合作伙伴，也可以是与我素不相识的陌生人。正是由此，董仲舒断言："春秋之所治，人与我也。"（《春秋繁露·必仁且智》）这就是人我之辩的缘起和基本内涵。

墨家明确主张"兼爱天下"的利他主义精神。孟子在谈到墨子时曾这样说过："墨子兼爱，摩顶放踵，利天下，为之。"（《孟子·尽心上》）这是对墨家利他主义思想最直接的具体描述。而在《庄子·天下篇》中更是对墨家所崇尚的利他主义理论主张作了如下的记载："墨子称道曰：昔者禹之湮洪水，决江河，而通四夷九州也，名川三百，支川三千，小者无数，禹亲自操橐耜……腓无胈，胫无毛，沐甚雨，栉疾风，置万国。……日夜不休，以自苦为极……虽枯槁不舍也。"可见，墨子极为推崇大禹的自我牺牲精神，并以此为效法对象。而且，他和他的弟子们在自己的生活实践中的确是以"兼爱天下"的胸怀，在"自苦为极"过程中，实现利他主义的道德理想追求的。

儒家也积极主张忧国忧民的利他主义精神。孔子一生所积极从事的社会活动，都是这样一个利他精神的具体体现。但儒家似乎不如墨家那样具有"摩顶放踵""以自苦为极"的积极进取性，而是更倾向于主张"用之则行，舍之则藏，唯我与尔有是夫"（《论语·述而》）。比如当孔子周游列国，到处碰壁后，便居家隐退，从事教学和整理古籍的活动。孟子把孔子这一"用之则行，退之则藏"的思想进一步阐发了，以他的话说就是："得志，泽加于民；不得志，修身见于世。穷则独善其身，达则兼善天下。"（《孟子·尽心上》）

---

[1]　约翰·基思·默宁翰：《无为而治》，杨可可等译，华夏出版社 2013 年版，序言。

儒家的这个思想没有墨家那样崇高与极具理想主义色彩,因而也可以说这是一种有所保留的利他主义精神,但这种"独善"与"兼善"的态度却更为现实和也更符合人生处世的原则。也因此,儒家这一"穷则独善其身,达则兼善天下"的人生态度较之墨家在尔后的中国思想史上发生了更大的影响作用。

在人我之辩的问题上,儒家尤其要求居上位者恪守修己利人之道。其中的道理很简单,因为它可以达到"正一人以正朝廷,正朝廷以正百官,正百官以正天下"的效果。故朱熹说:"天下之事,千变万化,其端无穷,而无一不本于人主之心者,此自然之理也。故人主之心正,则天下之事无一不出于正;人主之心不正,则天下之事无一得由于正。"(《朱文公文集》卷十一)从中国古代历史上看,这一修己利人之道曾成为汉文帝的人生修养原则。他不仅要求朝廷百官注重以儒术修身,而且自己也身体力行。据《资治通鉴》记载,汉文帝在位二十三年,皇宫财产却没有丝毫增加。有一次,他想建一座观景台,一听造价要一百斤黄金,相当于十户中等人家的财产,就放弃了这个计划。他自己平时身穿黑色的粗丝衣服,他宠爱的慎夫人也不穿拖曳到地上的长裙,宫室内的帷帐不准刺绣绘花。文帝晚年,社会上厚葬成风,为了反对这种坏习俗,他把自己的后事安排得很简单:不修高大的坟墓,只顺着山势挖个洞安放棺材,随葬品中一律不准使用金银铜等贵重物品,用的都是瓦器。一个帝王能这样保持修己利人之道,在中国古代历史上的确是难能可贵的。也因此汉文帝在位时可算是中国古代历史上屈指可数的最好时期之一。

依据"己所不欲,勿施于人"(《论语·颜渊》)的道理,普通老百姓也要拥有这样一个利他主义情怀。从汉代开始,中国社会一直倡导"三纲五常","三纲"讲的是君为臣纲、父为子纲、夫为妻纲。这当然是封建糟粕。但"五常"说,即主张把仁、义、礼、智、信这五常德作为黎民百姓的基本道德规范,显然是很有道理的。它倡导的其实正是一种人我之辩中的利他主义立场。

与儒墨的利他主义精神相比,杨朱及庄子在人我之辩中则颇有"为我"的思想。杨朱是战国时代人。据有限的史料记载,他的伦理思想是推崇极端个人主义的:"杨子取为我,拔一毛而利天下,不为也。"由此,孟子愤愤地斥之道:"杨氏为我,是无君也。"(《孟子·滕文公下》)依据张岱年先生的看法,先秦诸子中的庄子也颇有"为我"的思想。他认为:如果说老子既不为天下,也不为我,但庄子却颇有杨朱不为天下而为我的立场。① 庄子认为:"为善无近名,为

---

① 张岱年:《中国哲学大纲》,中国社会科学出版社1982年版,第303页。

恶无近刑,缘督以为经,可以保身,可以全生,可以养亲,可以尽年。"(《庄子·养生主》)可见,在庄子看来,"恶"固然不为,但"善"也不必为。一个人最要紧的是保身全性以尽天年。在某种意义上的确可以说:"庄子的人生论是一种以保全自身为宗旨的个人主义的人生哲理。"①

> 有学者曾将庄子定义为温和的利己主义者。② 其理由在于庄子从其自然哲学的立场出发必然将利己之心视为自然与当然的存在,再加之"人生天地之间,若白驹之过隙,忽然而已。"(《庄子·知北游》)于是,即便是做相国这样利国利民的事庄子也断然拒绝(《庄子·秋水》)。但庄子同样尊重别人的利己之心,故又主张"非彼无我"(《庄子·齐物论》),肯定彼与此之间的自然性,为此他还要求悟道之人于天地之间要懂得"爱人利物谓之仁"(《庄子·天地》)的道理。

如果对人我之辩做点总结的话,那么也许可以说,在诸家学说中只有儒墨主张的利他主义,甚至自我牺牲精神构成了我们的传统伦理的主流价值观。正是在这一伦理价值观的熏陶和规范下,中华民族形成了悠久的利他主义、自我牺牲的伦理传统。这种思想传统不仅大量地体现在如"先天下之忧而忧,后天下之乐而乐"(《岳阳楼记》)的范仲淹那样的志士仁人身上,而且也普遍体现在普通民众在生活方式上信奉"推己及人,将心比心"的生存理念上。也因此,与西方文化不同,个人主义、利己主义在中华传统伦理文化中从来是被"道统"所否定的。

志功之辩。中国伦理思想史上的志功之辩涉及的是伦理学理论中的动机与效果的关系问题。志功之辩所要探讨的问题是道德的标准问题。也就是说,是以"志"还是"功"抑或"志功合一"去评价一个人是否有德行的问题。

墨子最早提出志功问题。"鲁君谓子墨子曰:我有二子,一人者好学,一人者好分人财,孰以为太子而可? 子墨子曰:未可知也。或所为赏誉为是也,钓者之恭,非为鱼赐也,饵鼠以虫,非爱之也。吾愿主君之合其志功而观焉。"(《墨子·鲁问》)这里记载的是,鲁国的国君有两个儿子,一个好学,一个不贪财,他不知道该让谁做太子。于是,他来请教墨子,墨子告诉他:"我也无法知道。因为钓鱼的人恭顺,并不是为了给鱼以恩赐;用下了毒药的虫子喂老鼠,

---

① 朱贻庭主编:《中国传统伦理思想史》,华东师范大学出版社1989年版,第128页。
② 李林森:《读庄子 开智慧》,台北智慧大学出版公司2003年版,第57页。

并不表明喜爱老鼠。希望主君能结合他俩的主观动机和客观效果来观察他们。"可见,在墨子看来,行为评价的标准只能是"合其志功而观"。这是动机与效果统一的观点。而与此同时,当志功无法统一,或者说当功效尚未出现时,墨子则强调动机的重要性。"巫马子谓子墨子曰:子兼爱天下,未云利也,我不爱天下,未云贼也。功皆未至,子何独自是而非我哉? 子墨子曰:今有燎者于此,一人奉水将灌之,一人掺火将益之,功皆未至,子何责于二人? 巫马子曰:我是彼奉水者之意,而非掺火者之意。子墨子曰:吾亦是吾意,而非子之意也。"(《墨子·耕柱》)可见,墨子认为在"功皆未至"的情况下,则应该注重考察主体的行为动机以作善恶的评价。比如墨子这里举的例子:看见有地方不慎着火了,一个人准备用水去灭火,另一个人却准备火上浇油,虽然都还没有付诸行动,但世人责备的肯定是那个想去火上浇油的人。

孔子没有专门论述过志功问题,但他评论他人是否达到"仁"的境界时,主张志功并重,且以志为先的评价标准。孔子有时强调"功":"桓公九合诸侯,不以兵车,管仲之力也。如其仁,如其仁。"(《论语·宪问》)但是他也强调"志":"微子去之,箕子为之奴,比干谏而死。孔子曰:殷有三仁焉。"(《论语·微子》)殷商时期的这三人面对纣王的暴政,微子选择离开,箕子留下来力图劝谏,比干则因谏言而惨遭挖心之刑,三人功异但志同,故孔子均称其为仁者。这显然又是从动机中评判的。然而,有"宋代孔子"之誉的朱熹却特别推崇孔子志功之辩中的重志(动机)立场。这显然具有相当的片面性。

> 胡适对孔子的志功观曾提出过一个颇有新意的观点。他认为孔子的伦理观实质是主张动机与行为并重的。"《论语》说:'视其所以,观其所由,察其所安,人焉廋哉? 人焉廋哉?'这一章乃是孔子人生哲学很重要的学说,可惜旧注家多不曾懂得这一章的真义……这种三面都到的行为论,是极妥善无弊端的。只可惜孔子有时把第一步的动机看得很重,所以后来的儒家,便偏向动机一方面,把第二步、第三步都抛弃不顾。"①胡适把孔子这一语录中的三个关键词"所以"理解为行为之动机,"所由"理解为行为之方法,"所安"理解为行为之后体现出使其安心的品性。这的确与诸如朱熹等权威注家不同,且有相当的说服力。

---

① 胡适:《中国哲学史大纲》,上海古籍出版社 1997 年版,第 84-85 页。

孟子虽尚义反利，但并无尚志反功的观点。相反，在主张"尚志"（《孟子·尽心章句上》）的同时，他也承认"功"在道德评价中的作用。比如孟子曾盛称管仲之"功"："当今之时，万乘之国行仁政，民之悦之，犹解倒悬也。故事半古之人，功必倍之，惟此时为然。"（《孟子·公孙丑上》）孔孟这种对"功"的肯定，虽受尚义反利思想的限制，但毕竟是难能可贵的。

与孔孟相类似，这一时期理学的思想家没有专门讨论志功问题，因为理学更注重"存天理，灭人欲"的探讨。但据史籍记载，从朱熹和陈亮对汉高祖和唐太宗的不同评价中，后人还是可以发现两人分别有"重志"和"重功"之别。朱熹鄙视汉高祖和唐太宗，这主要是从"志"上予以否定的："视汉高祖唐太宗之所为而察心，果出于义耶？出于利耶？……吾恐其无一念之不出于人欲也。"（《答陈同甫》）陈亮则从"功"上肯定了汉高祖和唐太宗："汉唐之君本领非不洪大开廓，故能以其国与天地并立，而人物赖以生息。"（《答朱元晦》）从朱熹与陈亮的"重志"与"重功"之争中，可以看出两人在志功问题上是各有偏重的。显然，相比于墨子及孔子强调的志功并重的思想，这一时期理学家们的思想可以说是一种理论倒退。

从对儒墨的志功观的考察中可以发现一个基本的事实，这就是在中国传统伦理文化中有着悠久的动机与效果统一的思想传承。这样一个正确的道德评价标准观的确立，可以使我们比较有效地避免道德行为实践中功利主义的片面性。这也是中国传统伦理思想史上从来没有出现如西方曾有过的动机论和效果论各执一端情形的一个重要认识论根源。这一思想对我们今天的道德实践及其评价无疑有着积极的启迪意义。

生死之辩。生死是每一个人在其人生最后时刻都会思考的重要问题。生的价值在死那里丧失了，而死又是不可避免的。于是，如何生才能不畏死，如何死又能转换成为生，即死而不朽的问题，就很自然地在中国古代伦理思想家那里以生死之辩的论题被争论和探究。

儒家对生死问题一贯持"生则乐生，死则乐死"的态度。比如孔子对于死的问题就不太注重。曾有学生"敢问死。子曰：未知生，焉知死！"（《论语·先进》）这是一种"人事天命"的理性而务实的心态。孔子的得意门生曾子对死亡有"以死为息"的说法："曾子有疾，召门弟子曰：启予足，启予手。《诗》云战战兢兢，如临深渊，如履薄冰。而今而后，吾知免夫！小子！"（《论语·泰伯》）由于曾子把人生理解为一种谨慎勉力的重负，因而在他看来，死可以把这一切重负都免去。也由于儒家在死的问题上采取了一种较为洒脱超然的态度，故在其伦理价值原则和人生至道的追求中因为不畏死而强调"杀身以成仁"(《论语·卫灵公》)"舍生而取义"(《孟子·告子上》)的壮举。这对民族精神中生死观的熔铸无疑有积极的指引意义。

道家在生死问题上持"生死齐一"的思想。在庄子看来,生死无非是自然之变化:"死生,命也;其有夜旦之常,天也。人之有所不得与,皆物之情也。"(《庄子·大宗师》)可见,与儒家的立场相类似,庄子也认为必须对死采取超脱的态度:"夫大天载我以形,劳我以生,佚我以老,息我以死。故善吾生者,乃所以善吾死也。"(《庄子·大宗师》)尤其独特的是,庄子还提出了生死齐等的观点:"胡不直使彼,以死生为一条"(《庄子·德充符》);"孰能以无为首,以生为背,以死为民,孰知生死存之一体者?"(《庄子·大宗师》)正是由此,庄子认为对生死必须有"不知悦生,不知恶死"(《庄子·大宗师》)的洒脱超然之心境。

也是缘于这样的道理,在《庄子·外篇》中有庄子妻死,而庄子鼓盆而歌的记载:"庄子妻死,惠子吊之,庄子则方箕踞鼓盆而歌。惠子曰:与人居,长子;老,身死,不哭亦足矣!又鼓盆而歌,不亦甚乎?庄子曰:'不然。是其始死也,我独何能无概然!察其始而本无生,非徒无生也而本无形,非徒无形也而本无气。杂乎芒芴之间,变而有气,气变而有形,形变而有生,今又变而之死,是相与为春秋冬夏四时行也。人且偃然寝于巨室,而我噭噭然随而哭之,自以为不通乎命,故止也。'"(《庄子·至乐》)在这个故事里庄子的妻子死了,他却没事般地鼓盆而歌。惠子不理解,庄子的解释是:人之生死就如自然界春、夏、秋、冬的更替一样自然。在庄子看来,因死亡而悲伤是违反自然之道的。

庄子的后学直接继承了庄子的这些思想,提出了一系列颇为深刻的命题:"生之来不能却,其去不能止。"(《庄子·达生》)"生亦死之徒,死亦生之始,孰知其纪?人之生,气之聚也。聚则为生,散则为死。"(《庄子·知北游》)如此等等。庄子及道家学派对生死问题的论述一方面无疑充满了辩证法的睿智,但另一方面他们把生死视为齐一,便也否认了生之价值,这显然又失之偏颇。在这一点上儒家"未知生,焉知死"(《论语·先进》)的观点对人生无疑要更有积极意义一些。

在生死问题上,《列子·杨朱》的观点虽不入流,但在民间尤其贩夫走卒中却颇有一些现世影响,故也值得一提。作者一方面论证了生异死同的观点:"万物所异者生也,所同者死也。生则有贤愚、贵贱,是所异也;死则有臭腐、消灭,是所同也。""十年亦死,百年亦死。仁圣亦死,凶愚亦死。生则尧舜,死则腐骨;生则桀纣,死则腐骨。腐骨一矣,孰知其异?且趣当生,奚遑死后?"另一方面则提出了坦然面对死后之所遇："焚之亦可,沉之亦可,瘞之亦可,露之亦可,衣薪而弃诸沟壑亦可,衮衣绣裳而纳诸石椁亦可,唯所遇焉。"作者甚至嘲讽孔子等圣贤"生无一日之欢,死有万世之名"是不知生死之道。可见,这一"且趣当生"的观点无疑是其欲理(道)之辩立场的必然衍生。这就如沈善洪等人批评的那样:"这种生死观,既为其纵欲主义提供了依据,又是对这一命题的进一步展开。"①

可以肯定的是,作为中华优秀传统伦理文化的道统是儒家所持的立场。事实上,在生死问题上中国古代伦理思想传统还有一大特点,这就是以儒家为代表的思想家们一般不相信灵魂不死,故哲人们更倾向于探讨死后如何不朽的问题。这事实上是一个"死"如何向"生"的转化问题。

在中国古代思想史上,早在《春秋·左传》中便有"三不朽说":"太上有立德,其次有立功,其次有立言:虽久不废,此之谓不朽。"这一如何达到不朽的思想直接为尔后的思想家所继承。比如孔子说:"齐景公有马千驷,死之日,民无德而称焉。伯夷、叔齐饿于首阳之下,民到于今称之。"(《论语·季氏》)可见,在孔子看来,齐景公"有朽",而伯夷、叔齐"不朽"。孟子也从功垂千古这一意义上讲不朽:"君子创业垂统,为可继也。"(《孟子·梁惠王下》)这正是儒家强调通过立德、立功、立言或兼而有之,而使自己短暂生命走向永恒与不朽的基本含义。

其实,孔子在被明世宗朱厚熜封为"至圣先师"之前,司马迁就已经从立言的角度高度肯定了孔子的至圣伟绩:"天下君王至于贤人众矣,当时则荣,没则已焉。孔子布衣,传十余世,学者宗之。自天子王侯,中国言'六艺'者折中于夫子,可谓至圣矣!"(《史记·孔子世家》)在行文的最后,他还满含感情地写道:"高山仰止,景行行止,虽不能至,然心向往之。"可见,司马迁一方面认为那些天子王侯"当时则荣,没则已焉",另一方面又指出唯有孔子虽只是布衣之身却以《六艺》之言,名垂千古。司马迁《史记》中对孔子的这一评价,显然对彰显孔子及其思想的影响力起到了巨大的推进作用。

事实上,也正是在这个德行不朽思想的影响下,儒家对生与死有了"生则乐生,死则乐死"的积极坦然态度。同样,也是在这个思想的熏陶下,中华民族形成了一种"杀身成仁""舍生取义"的英雄主义精神。可以说,儒家这一对人之生死的基本伦理态度,就集中代表着我们中华优秀传统伦理文化在生死观

---

① 沈善洪、王凤贤:《中国伦理学说史》(上),浙江人民出版社 1985 年版,第 653 页。

上的普遍一般心态。

　　中国共产党人对儒家伦理文化推崇的不朽观不仅继承而且予以了创新,即赋予了"立德"以全新的内涵,即为人民利益而不懈奋斗与无私奉献,甚至必要时勇于自我牺牲。早在延安时期毛泽东为纪念张思德而作的《为人民服务》演讲中,就曾明确提出了这一共产党人的生死观:"人总是要死的,但死的意义有不同⋯⋯为人民利益而死,就比泰山还重。"①新中国成立之后,中国共产党无论是在广大人民群众中倡导向雷锋同志学习,还是在党内提出做焦裕禄式的好干部,其核心精神都是对古老的德性不朽之生命观的积极肯定。

这一生死问题上以不朽为伦理价值取向的心态对中华民族的文明与文化发展显然产生了极为积极的影响作用。事实上,中国古代的圣人贤者孜孜以求的莫不和这一"三不朽"相关。中华民族史上那些至今英名永存的人,比如老子、孔子、墨子、屈原、司马迁、李白、杜甫、苏轼、文天祥、李世民、成吉思汗以及严复、康有为、孙中山、毛泽东等人,无不是以其独特的创造和不懈的奋斗精神,或立德,或立功,或立言,或兼而有之,而使自己的生命永垂不朽的。中国古代的这一通过奋斗而走向不朽,因而从不追求虚无的灵魂不灭的生死观至今仍有着积极的意义,它可以激励我们为中华民族伟大复兴而励精图治,踔厉奋发,从而最终实现名垂史册、流芳千古的人生最圆满境界。

三、中华传统伦理文化优秀遗产的现代开掘

　　20 世纪初,在灾难深重的中国开始探索现代化道路时,青年毛泽东就曾有过"道德哲学在开放之时代尤要"②的论断。今天在改革开放和建设中国式现代化国家的历程中,已没有人会怀疑伦理文化建设对文化强国建设的重要作用。问题只在于我们如何建设一个既体现中国特色又彰显人类共同价值,从而能为中国式现代化的建设提供德性和心性方面保障的伦理道德体系。这个适应中国式现代化建设之要求的伦理道德思想的构建途径无疑是多向度

---

① 毛泽东:《为人民服务》,载《毛泽东选集》(第三卷),人民出版社 1991 年版,第 1004 页。
② 《毛泽东早期文稿(一九一二年六月——一九二〇年十一月)》,湖南人民出版社 2008 年版,第134 页。

的，其中一个重要的向度就是从中国传统的伦理道德思想宝库中汲取有益的营养成分。正是基于这样的理解，我们认为对中国古代传统伦理道德之现代意义的开掘具有重要的理论和实践价值。

1. 传统伦理道德的清理与开掘

鸦片战争以来的中国近代史，可以说是中华民族遭受空前挫折、蒙受巨大耻辱的历史。古老的民族在衰落、嬗变与更新的交织中谋求图强救亡之道。面对着西方列强的坚船利炮，以严复、魏源、龚自珍、林则徐等为代表的一些进步知识分子开始反思和批判封建传统文化对国家民族发展的负面影响，并初步提出了向西方学习的口号。但在这个过程中，知识界的一些人也滋生了一种全盘否定传统文化的偏激情绪。正是在这样的历史背景下，中国传统伦理道德文化自近代以来遭遇了空前的批判、冷落与否定。在一些人看来，只有抛弃了传统伦理才能重建适应现代社会的新伦理、新道德。

其实，正如我们在一些已完成现代化的国家那里所看到的那样，传统伦理与现代化不仅不是截然对立的，而且还是现代化得以实现的历史文化前提。比如在西方，基督教的新教伦理就曾成功地孕育了资本主义现代化所需要的伦理精神。同样，在置身于有中国特色的现代化建设过程中，如果我们能以审慎的、科学的态度去追溯以孔孟之道为代表的传统伦理文化发展的历史踪迹，取其精华，去其糟粕，那么我们就会发现，成为封建"道统"的儒家伦理道德固然有其封建主义的糟粕，但也不乏优秀而积极的精华成分。这些成分在几千年的文化发展积淀中，已成为中华民族的德性、智慧与力量。它维系着社会的秩序和个人心性世界的平衡。尤其是以儒家为主干的传统伦理思想中那些被称为美德的部分，更是亘古及今地对我们的历史与现实生活产生着积极而深刻的影响。

事实上，中华传统伦理文化通过以文化人、以文育人的教化与熏陶，使得中国人形成了诸多既与西方人不同，又超越了时代局限性的美德。这些美德支撑着我们民族从最初的"筚路蓝缕，以启山林"（《左传·宣公十二年》）到后来的"沐甚雨，栉疾风，置万国"（《庄子·天下》），走过了几千年的漫漫征程。当置身以中国式现代化谋求中华民族伟大复兴的当下，中华传统美德依然是我们最值得激活与珍惜的精神动力。汤因比曾经以一个历史学家的睿智阐明过这一点："今天高度评价中国的重要性，与其说是由于中国在现代史上比较短时期中取得的成就，毋宁说是由于认识到在这以前两千年间所建立的功绩和中华民族一直保持下来的美德的缘故。中华民族的美德，就是在那屈辱的世纪里,也仍在继续发挥作用。特别在现代移居世界各地的华侨的个人活动中也都体现着这种美德。"①

有学者曾把中华传统美德罗列为十大德目:一是仁爱孝悌;二是谦和好礼;三是诚信知报;四是精忠爱国;五是克己奉公;六是修己慎独;七是见利思义;八是勤俭廉正;九是笃实宽厚;十是勇毅力行。② 的确,这些以仁爱为核心而衍生的德性规范,几千年来已成为我们中华民族一以贯之的德性追求。这些美德规范的形成既是伦理思想家的精神创造,更是包括这些思想家在内的无数崇道贵德的志士仁人躬身践行的实践成果。其实,中华民族在儒家伦理规范和熏陶下形成的传统美德远不止这十条德目。比如自强不息、厚德载物的进取精神和博大胸怀;"先天下之忧而忧,后天下之乐而乐""天下兴亡、匹夫有责"的责任感和使命感;"杀身成仁""舍生取义"的气节追求;"富贵不能淫、贫贱不能移、威武不能屈"的人格操守以及重视人的现世生活与人伦关系,主张"己欲立而立人、己欲达而达人""己所不欲,勿施于人";提倡"博施于民,而能济众"等,都构成中华民族的传统美德。此外,儒家伦理文化注重道德教化和德性的自我修养,强调道德修养过程中的学、问、思、辨、行并重的修养方法,强调道德教育应因材施教、启发诱导,以及重视蒙学家教、整肃门风等思想,也都构成中国传统伦理文化中的优秀遗产,它对于我们建设有中国特色的现代伦理文化无疑有着多方面的启迪意义。

在传统伦理文化的诸形态中,家训无疑最具中国文化特色。家训,也称家诫、家约、遗命、家规等,自汉初起它便是古代伦理文化很重要的一个载体。著名的有诸葛亮的《诫子书》《章氏家训》《颜子家训》《朱子家训》等。在修齐治平的序列中,家训以齐家为目的。比如《朱子家训》就是一生研究程朱理学,主张忠孝立身、知行并进的作者朱用纯为了让后世子孙承袭家风所作。全文 524 字,文字简明易学,对仗工整,朗朗上口。其中一些警句,如"一粥一饭,当思来处不易;半丝半缕,恒念物力维艰""宜未雨而绸缪,毋临渴而掘井"等,至今仍有很好的教育意义。

---

① 汤因比、池田大作:《展望 21 世纪——汤因比与池田大作对话录》,荀春生等译,国际文化出版公司 1999 年版,第 287 页。

② 张岱年、方克立主编:《中国文化概论》(修订版),北京师范大学出版社 2004 年版,第 212-219 页。

　　当然,由于以儒家伦理为"道统"的中国传统伦理纲常毕竟是封建专制主义时代的产物,因而在建设适应现代化的新伦理文化过程中,我们不仅需要继承儒家伦理文化中的美德传统,而且也需要认清儒家伦理道德文化的负面价值,清除其消极的影响。比如儒家伦理文化中强调尊卑贵贱、远近亲疏,因而主张爱有等差的思想,以及重群体而轻个体、重义务而轻权利、重道义而轻功利的偏颇等,这些道德观念对我国的现代化建设无疑起着消极的阻碍作用。而且,特别值得指出的是,儒家伦理文化的负面价值,直到今天还在不时呈现出消极的作用,往往使我们在新伦理、新道德、新价值观建设的许多方面步履艰难。因此为了建构适应现代化的新的伦理文化,我们又必须下大力气去反对、抵制和消除传统伦理文化中消极因素的影响。这同样是我们今天在弘扬古代传统伦理文化过程中所不容忽视的重要任务。

　　由此,在对中国传统伦理道德思想的清理和开掘中,我们所必须坚持的基本原则就是:立足于中国式现代化建设的基本现实,在清理的基础上既合理吸纳又更新和超越传统伦理文化。只有这样,我们才可能真正建构起适应中国式现代化建设的新伦理文化。

　　正是基于这一对传统伦理道德文化的吸纳与超越之辩证统一的立场,我们不同意自由主义的全盘西化论的观点。这一全盘西化论的伦理思潮是从鸦片战争以后开始逐渐形成的。它肇始于鸦片战争所引发的社会危机以及西学东渐带来的传统伦理文化危机。当时由于胡适、吴稚晖、张东荪等人的大肆倡导,并借五四新文化运动之势,使全盘西化论成为颇有影响力的一种伦理价值思潮。在自由主义的全盘西化论看来,传统伦理道德完全是一张束缚人性和个性发展的无形之网,其弊端无穷。比如胡适就认为孔教的伦理纲常是"不近人情的教条",为此中国哲学的使命就是"从儒学的道德伦理和理性的枷锁中得到解放"[①]。由此,他竭力主张以美国的实用主义为基本的价值取向建构新道德。吴稚晖竭力主张以自然主义的人性来反对传统礼教,他竭力推崇"清风明月式"的吃饭人生观。[②] 张东荪更是在反对传统伦理道德的基础上建构了他那以自由主义为主要特征的所谓"综合伦理学"。[③] 这一伦理学反对儒家伦理道德中社会国家为本位的传统观点,主张以自我存在为出发点,以自我的扩充和放大为目的。可见,如果要对自由主义伦理思潮作一概括的话,那么全盘

---

①　胡适:《先秦名学史》,上海学林出版社 1983 年版,第 8-9 页

②　吴稚晖:《一个新信仰的宇宙观及人生观》(摘录),中国人民大学出版社 1961 年版,第 125 页。

③　张东荪:《伦理学纲要》,中华书局 1933 年版,自序。

否定传统伦理文化和主张道德革命须全盘西化,无疑是其共同一致的文化纲领。

值得指出的是,这一主张彻底否定传统、全盘西化的自由主义伦理思潮在20世纪80年代的"文化热"中,依然有其影响。一些学者在演讲和著述中就竭力主张"西体中用",重提全盘否定以儒家为道统的传统伦理和全盘接受西方个人主义伦理价值的主张。这种思潮割裂传统文化与新文化的血脉关系,否定文化发展的延续性,无疑有着明显的片面性。

事实上,一个民族在自己的伦理文化建构中从来是必须从传统伦理中吸纳思想养分的。也就是说,传统伦理文化作为一种渊源的东西,是任何一个继之而起的新的伦理文化所必须对接和承袭的。我们只有在这个基础上,才可能更新和超越,否则新的伦理文化就会成为无源之水、无本之木。正是有缘于此,我们认为在现时代的伦理文化建设上,必须旗帜鲜明地反对全盘否定传统文化的做法,而主张积极回溯与激活我们传统文化中的优秀成分,并立足于这个深厚的根基之上去努力开掘其适应现代化的当代意蕴。

> 中国共产党人在对待中华传统伦理文化遗产方面坚持既古为今用又推陈出新的立场。比如在延安时期刘少奇就在其《论共产党员的修养》一书中,既论述了共产主义道德的新时代内涵,又高度肯定了孟子伦理思想中的修养观:"在历史上担当'大任'起过重要作用的人物,都经历过一个艰苦的锻炼过程,这就是'必先苦其心志,劳其筋骨,饿其体肤,空乏其身,行拂乱其所为,所以动心忍性,曾益其所不能。'(《孟子·告子下》)共产党员是要担负历史上空前未有的改造世界之'大任'的,所以更必须注意在革命斗争中的锻炼与修养。"[①]

与此同时,在对待传统伦理道德遗产问题上,我们也反对以新儒家为代表的复古主义思潮。作为一个完整的伦理文化思潮,现代新儒家产生于20世纪20年代初,其产生背景是对五四新文化运动激烈反传统的一种保守的理论回应。现代新儒家反对自由主义的全盘西化论,主张以儒家的道德为本位来建构新的伦理道德学说。新儒学的主要代表人物有梁漱溟、张君劢、熊十力等人。梁漱溟在当时孔子思想受到猛烈抨击的情况下,通过对古代中国、西方和印度三大思想文化的比较分析后得出了以孔学为主干的中国思想文化最有生

---

① 刘少奇:《论共产党员的修养》,人民出版社1980年版,第39页。

命力的结论："中国文化以孔子为代表，以儒家学说为根本，以伦理为本位，它是人类文化的理想归宿，比西洋文化来得高妙。"（《东西文化及其哲学》）由此，他断言：世界未来的文化，就是中国文化的复兴。张君劢在科学与玄学的论战中，则坚持认为科学不能解决人生问题，只有儒家的心性之学才能解决人生问题，并由此而建立了以儒家伦理学说为核心的人学伦理学理论。他通过对"体用不二""理气合一"等范畴的考察，在道德形而上学的层面上建构了一个博大精致的伦理学体系，试图弘扬和阐发儒家伦理学说的现代意义。

值得指出的是，海外新一代的新儒家思潮，自 20 世纪 80 年代改革开放以来，又开始直接或间接地影响着我们对古代传统伦理文化的态度和看法。一些论者不加分析地对儒家伦理中的心性义理之学大加推崇。这种观点与全盘西化论的自由主义思潮一样，也是片面的。事实上，传统从本质上讲既是前代人同后代人在文化继承上的中介，又要靠后代人根据时代的需要进行自觉的扬弃，才能得以继承和发展。由此之故，包括儒家伦理文化在内的传统文化并没有超历史的绝对合理性，它们的合理性只存在于继之而起的后人依据现实而对其进行不断选择、不断创造和不断超越的发展之中。

　　钱穆曾经这样概述 19 世纪 20 年代东西文化之争的缘起：甲午战败后，西学派"以文学革命为旗帜""以社会道德思想一般之改进为目的""以西洋之科学与民治为趋向之标准""以实验主义的态度为下手之方法"，力图救亡图存。但这一推崇西学的主张却在"一战"爆发之后遭遇了迎头一击。西方一些学者如罗素等反而开始赞赏东方文明的优越性。这自然引起了推崇传统文化的学者们对西学派的反击。于是，便有了东西文化的激烈争论。钱穆对这一争论的评价是："不明确的精神、物质之争，无气力的东、西洋哲学之辨；盲目的守旧，失心的趋新而已。"[1]这一评价可谓精当。

我们之所以主张批判地继承和弘扬包括儒家伦理文化在内的古代优秀伦理文化传统，只是因为这个伦理传统文化中的精华部分，构成我们创造中国式现代新伦理文化的历史前提。离开了创造中国式现代化的新伦理文化这个目标指向，包括儒家伦理文化的优秀成分在内的我们民族的传统伦理文化，就会失去其合理性的现实依据。正是从这一点上讲，我们同样反对新儒家的复古

---

① 钱穆：《国学概论》，商务印书馆 1997 年版，第 363 页。

主义主张。

也就是说,在传统伦理道德的现代价值开掘问题上,我们只有立足于有中国特色的现代化建设的现实基础,既清理否定以儒家伦理为主干的传统伦理文化中的封建糟粕,又继承吸纳其中的精华成分。只有这样,我们才能既与自由主义的全盘否定论划清界限,也与复古主义的全盘肯定论分道扬镳,从而真正科学地开掘出传统伦理道德的现代价值。

2. 传统伦理道德对当今道德建设的启迪

立足于中国式现代化不断推进的实践基础之上,开掘传统伦理的现代价值,这既构成我们对传统伦理道德思想体系进行梳理、批判与激活的切入点,也成为区分其精华与糟粕,从而决定取舍的一个具体标准。

如果我们对当前中国正在进行的改革开放和现代化建设的基本社会现实作一概括的话,那么在社会的道德生活中,以商品交换为主导的市场经济与以道义为原则的社会道德建设的冲突可谓其中最基本的现实存在。理论界曾有所谓的历史进步与道德沦丧的"二律背反"来描述这一基本事实存在,一些人甚至由此而抱怨、诅咒市场经济这只"看不见的手"所带来的如拜金主义、消费主义、利己主义之类的消极后果。其实,对市场经济与现时代道德建设关系问题的思考,应该立足于这样一个不容置疑的前提之上,这就是:正如走社会主义道路是近现代中国历史的必然选择一样,建立与发展社会主义市场经济体系同样是当代中国的必由之路。因为历史已用极为沉重的经验教训,证明了我们搞现代化建设无法跨越市场经济这一具体的社会经济形态。

当然,历史与现实的考察也表明,以商品交换为基本原则的市场经济与崇信道义的伦理道德建设是有矛盾、有冲突的。马克思、恩格斯在《共产党宣言》中分析资本主义商品经济形态时曾这样指出过:"在它已经取得了统治的地方把一切封建的、宗法的和田园诗般的关系都破坏了……它使人和人之间除了赤裸裸的利害关系,除了冷酷无情的'现金交易',就再也没有任何别的联系。"①虽然我们所从事的社会主义市场经济条件下的商品经济活动,与资本主义的商品交换活动有本质的不同,但是反观当今社会生活,我们依然能感受到商品经济的某些共性。于是,我们可以发现,当前社会道德生活的现状存在一些令人忧虑的现象:一方面是传统美德以及 20 世纪 50 年代确立的社会主

---

① 马克思、恩格斯:《共产党宣言》,载《马克思恩格斯选集》(第一卷),人民出版社 1972 年版,第253 页。

义、共产主义道德规范的失范，另一方面是随着国门的再次打开，许多人对西方个人主义价值观为核心的形形色色道德理论颇有好感。正是在这样的现实背景下，不仅出现了拜金主义、消费主义、财富主义、享乐主义的价值思想；出现了坑蒙拐骗、假冒伪劣屡禁不止，黄赌毒等丑恶现象沉渣泛起的社会现实，更令人为之不安的是原本只局限于经济领域里的等价交换的商品经济原则，正被一些人演绎成基本的人生信仰和为人处世的生存方式。这正是党风、政风、社会风气出现这样或那样问题的深层伦理文化根源。

但即使如此，我们也仍然反对那种由此而否定市场经济的简单化做法。事实上，当前由商品交换和市场经济所引发的这些道德问题，正为我们现时代的道德建设提供着现实的课题与发展的契机。我们对中国传统伦理道德思想的合理吸纳正是由此而显示出其现实紧迫性的。重要的还在于，对中华文化崇道贵德、注重伦理这一传统的回望、梳理与激活，对市场经济的唯利是图本性的规范与引领，有显而易见的价值观指引。其中尤其是对儒家优秀伦理传统的坚守与创新更是具有针砭时弊之功效。

　　蔡元培在其《中国伦理学史》之绪论中曾经这样评价过儒家开创的伦理本位观："我国以儒家之伦理学为大宗。而儒家，则一切精神界之科学，悉以伦理为范围。"①这一泛伦理主义倾向自五四新文化运动以来曾一再被质疑与批判。但蔡元培却予以了明确的肯定。对后世称颂的君子"三德"——仁、智、勇，蔡元培更是将其视为孔子精神生活对现代人有伦理指引意义的三个方面。事实上，在市场经济语境下"经济人"被普遍肯定的当下，中国古代儒家重德性、重伦理之传统的继承与创新显然有助于"道德人"的理性回归。

具体而论，在建设适应市场经济和中国式现代化的伦理体系过程中，针对我们如何从传统伦理思想宝库中提取和吸纳那些精华的成分以建构我们新时代的伦理道德思想体系的问题，也许可以依据现代社会公共生活、职业生活和家庭生活这样三大领域的划分，来分别探讨传统伦理道德对公共道德、职业道德和家庭道德建设的现代启迪。

其一，传统伦理道德对公共道德建设的启迪。公共道德又简称为公德，它作为人们在社会公共生活领域里自觉遵循的行为规范原则，对社会风气的好

---

　　①　蔡元培：《中国伦理学史》，上海古籍出版社 2005 年版，第 1 页。

坏起着最直接的影响与制约作用。在中国古代伦理道德思想的发展过程中，尽管有重私德而忽视公德的倾向，但由于中华传统文化向来强调"家国同构"，强调群己合一，因而其私德规范也内在地包容了基本的公德要求。比如孔子讲的仁、智、勇"三达德"，管子讲的礼、义、廉、耻"四维"，孟子讲的仁、义、礼、智"四端"，以及董仲舒集先秦儒家之大成而提出的仁、义、礼、智、信"五常德"的理论等，其实无不内含了基本的公德规范在其中。显然，这些规范只要剔除其中的封建糟粕，经过现代改造，对我们今天市场经济条件下的公德建设无疑有着重要的现实启迪作用。

中国传统伦理道德思想对当代公德建设的价值启迪，从道德修养的方法论来考察，也还体现在诸如"慎独"境界的追求和敬畏之心的培植等方面。中国传统伦理道德非常强调培植独处时的慎独境界："君子戒慎乎其所不睹，恐惧乎其所不闻。莫见乎隐、莫显乎微，故君子慎其独也。"（《礼记·中庸》）正因如此，在中国古代有极多的诸如杨子"四知"、许衡"不食无主之梨"的道德佳话流传。

据《后汉书·杨震列传》记载：杨子名震，为东汉时人，曾于某地任太守之职。一日深夜，某人携十斤黄金来访，欲以此金鬻官。杨子严词以拒。此人心有不甘，说"夜深人静，无人知晓"，杨子答曰："天知，地知，你知，我知，有此四知，岂能言无人知晓？"此人羞愧而去。被后世誉为"杨子四知"。又据《元史·许衡传》记载：一次，元代文人许衡等人因逃避战乱而来到一片梨树下，又饥又渴的同伴们纷纷摘取梨子食用，唯有许衡端坐不动。同伴劝道："无主之梨，食之何妨？"许衡却勃然正色答曰："梨无主，而吾心岂无主焉！"许衡此举，一时被传为佳话。

在我们的公德建设中，"慎独"境界之所以重要，是因为公共生活通常是与众多陌生者相处，因而公德最需要高度的自律精神去维系。同样的道理，中国古代伦理道德观念中诸如对善恶报应持敬畏之心一类的理论，对我们自觉地遵守公德也是大有裨益的。只不过我们必须剥去其中神秘主义的外衣，而代之以科学的因果必然性观念。事实证明，对扬善惩恶的因果必然性持一份敬畏之心，通常是我们自觉拥有公德心的一个重要心理机制。

可见，在当前的公德建设中，不仅可以从传统伦理的具体德目诸如仁、义、礼、智、信这样一些规范中直接吸纳仁爱之心、见义勇为、诚信不欺等合理的思想内容，而且还可以从传统伦理的修养方法如"慎独"境界的生成和敬畏因果之心的培养等内容中启迪思路，从而使全民族形成高度自觉自律的公德意识和公德习惯。

其二，传统伦理道德对职业道德建设的启迪。职业是社会分工的结果，它是每一个人安身立命的基础。职业除了技能与专业的要求外也必然还有道德方面的特殊要求。这就是职业道德。中国古代伦理道德思想中关于职业道德的遗产也是非常丰富的。比如早在春秋时期的《尚书》中，就记载了官吏的道德规范："宽而栗，柔而立，愿而恭，乱而敬，扰而毅，直而温，简而廉，刚而塞，强而义。"在《孙子兵法》中对军人的职业道德规范则有如下的规定："将者，智、信、仁、勇、严。"对医德的记载，从春秋战国的《黄帝内经》中"疏五过""征四失"到扁鹊"随俗而变"的高尚医德，及唐代孙思邈"不得问其贵贱贫富、长幼妍媸、怨亲善友、华夷愚智"(《大医精诚》)的自我医德的制定，都表明着我国古代职业道德思想的产生几乎和社会分工的出现一样源远流长。

中国传统伦理道德对当前职业道德建设的现代启迪，首先表现在以儒家伦理道德思想为主干的传统伦理中的"义利合一"这一基本原则的现代阐发。众所周知，职业道德与社会公德有一个显著的区别之处就是，职业道德与职业的功利行为直接相关。因而如何在职业谋利行为中又遵循基本的道义原则，使谋利行为与道义行为达到内在的统一，就是职业道德建设中所必须正确处理好的一个最基本的关系问题。在这个问题上，儒家的传统道德历来主张义利合一的基本原则。这个原则的基本内涵包括如下两方面的内容：一方面是见利思义，不谋不义之财，亦即所谓的君子爱财，取之有道。以孔子的话来说就是"不义而富且贵，于我如浮云"(《论语·述而》)。另一方面则是当义与利发生冲突时，自觉地恪守义在利先的原则，在必要的情形下做到舍利取义甚至不惜舍生取义。显然，儒家的这一义利合一思想，对于我们确立市场经济条件下的正确义利观，从而有效地改变当前职业道德生活领域里某些唯利是图的不良倾向，有着极富针对性的启迪作用。如果在职业生涯中，每一个人都能够自觉地把义利合一这一原则作为职业道德的基本原则来予以坚守，那人与人之间的关系一定可以更加和谐和温馨，社会风气也会因此而得以大大改善。

2016 年创立的博鳌儒商论坛就堪称对儒家商道的现代激活与创新。这一永久会址设在中国海南博鳌的论坛之宗旨是：道创财富，德济天下。这无疑是对儒家职业伦理中义利合一之道在商业领域里的继承创新。这一论坛赢得了海内外学界与业界的高度认可。比如以"儒商与世界:共建·共赢·共享"为主题的博鳌儒商论坛 2019 年年会,就有来自美国、加拿大、澳大利亚、德国、法国、英国、瑞士、阿联酋、马来西亚、新加坡、泰国、日本、韩国,以及中国各地的专家学者和企业家代表近 2000 人出席。可谓盛况空前。

不仅如此。中国传统伦理道德思想对职业道德建设的启迪作用,还体现在许多具体的职业道德规范中。比如为政者的职业道德,孔子就曾这样说过:"政者,正也;子帅以正,孰敢不正?"(《论语·颜渊》)可见,在孔子看来,为政者对职业道德的遵循是尤为重要的,因为它直接影响社会的风气和道德风尚。孔子这一政德思想对于我们为政者形成正直、清廉、刚正、公正的职业道德无疑有着启迪意义。又比如教师的职业道德,韩愈在《师说》中曾把师德概括为"传道""授业""解惑"三个基本规范,这三个规范对于我们今天的师德建设无疑是有重要借鉴意义的。还比如医生的职业道德。中国古代医学著作在记载了丰富的医学知识的同时也记载有丰富的医学伦理规范和医德传统。如"凡为医者,性存温雅、志必谦恭、动须礼节、举乃和亲、无自妄尊、不可矫饰";"疾小不可云大,事易不可云难,贫富用心皆一,贵贱用药无别"等。古代医家对医德的这些概括同样是合理和精当的,它对当下改善不和谐的医患关系显然也有着多方面的启迪意义。

其三,传统伦理道德对家庭道德建设的启迪。由于中国古代是一个以血缘关系为纽带建立起来的宗法社会,家庭生活是社会的最基本生活方式。"中国社会的基本单位是家庭而非个人、政府或教会。"①这一特点就决定了在中国古代的伦理文化传统中向来特别注重家庭道德的建设。在古人看来,最原始的道德关系就产生于夫妇父子的家庭之中,故在儒家推崇的"五经"之一《易》中就有如下的一段经典论述:"有天地然后有万物,有万物然后有男女,有男女然后有夫妇,有夫妇然后有父子,有父子然后有君臣,有君臣然后有上下,有上下然后礼义有所措。"(《周易·序卦》)也因为这样一个缘由,儒家特别重视家庭道德的教化功能,在修身、齐家、治国平天下的"成人"之道中,"齐家"既被视为"修身"的结果,又被认为是"治国平天下"的起点。正是在这样的伦理文化背景下,中国古代形成了以慈、孝、贞、敬、悌等为核心范畴的极为丰富的家庭道德规范。

当前的家庭道德建设当然主要是从当代社会生活的要求出发,其道德规

---

① 费正清:《中国:传统与变迁》,张沛等译,世界知识出版社 2002 年版,第 15 页。

范的形成也主要是从丰富多彩的社会实践中提升而来。但与此同时，对传统家庭美德的继承和弘扬应该是一条重要的途径。而这正是传统伦理道德思想之现代意义的又一印证和体现。比如就传统美德中的慈、孝、贞、敬、悌而言，对现时代的家庭道德建设的启迪就是多方面的："慈"的道德规范在去除了"父为子纲"之类的封建因素之后，在现时代而言可以启迪父母在对子女抚养与教育时既要有一腔的关爱之心，又要遵循爱而不溺的理性原则，否则很可能会如古人告诫的那样，因爱而不智反而以爱溺爱；"孝"的道德规范在摒弃了"父母在，不远游""不孝有三，无后为大"之类的糟粕之后，在现时代而言则可启迪子女对父母，对长辈要有体贴关爱之心，敬重、理解和赡养父母与长辈；"贞"的道德规范在剔除了与人性相左的禁欲主义的色彩之后，在现时代而言，可以启迪夫妇双方在两性道德上履行忠诚、忠贞的道德义务；"敬"的道德规范在扬弃了繁文缛节的礼教成分之后，在现时代则可启迪在家庭成员中确立一种彼此平等、相互尊重、宽容和信任的基本德性规范；"悌"的道德规范在去除了"以长为尊"的不平等因素之后，对我们当今在家庭的兄弟姐妹之中形成彼此敬重、相互关爱的道德情感氛围，无疑也起到积极的启迪作用。

可以肯定地说，中国传统伦理道德思想的现代价值是极为丰富的，因而在建设有中国特色的适应现代化要求的新伦理文化过程中，我们对其开掘的工作永远不会完结。而且，对中国传统伦理文化资源的开掘也还具有相当程度的全球性价值。事实上，早在 18 世纪的法国思想家眼中，中国以儒家为代表的传统道德就具有理性的启蒙价值。比如伏尔泰就认为孔子"以德教人"的修身与治国之道比之于求助于神的启示要高明千百倍，他曾经赞美孔子"是唯一有益理智的表现者，从未使世界迷惑，而是照亮了方向"（《哲学辞典》）。孔子的"己所不欲，勿施于人"命题经伏尔泰等人的推崇，被写入法国 1789 年由制宪会议通过的《人权和公民权宣言》中，深刻地影响了西方的人权理论。事实上，这一时期的其他著名学者诸如莱布尼茨、沃尔夫、魁奈及百科全书派的狄德罗和霍尔巴赫等人都对孔子和儒家伦理思想给予了积极评价。重要的还在于，即便时至今日，孔子的影响在西方依然无处不在。比如 1993 年在美国芝加哥召开的世界宗教会议上，来自全球的不同宗教派别的 6500 名代表通过了由孔汉斯先生起草的《世界伦理宣言》，孔子的"己所不欲，勿施于人"原则再次被作为全球伦理的基石而深受与会者推崇。

尤其值得强调的是，中华优秀传统伦理文化对遏制军国主义具有特别重要的智慧指引意义。众所周知，进入 21 世纪的当今世界，死灰复燃的军国主义正带给这个世界巨大的不确定性。也就是说,我们固然要看到和平、发展、合作、共赢的历史潮流不可阻挡,世界人民的人心所向决定了人类前途终归光明。但问题的严重性在于,恃强凌弱、巧取豪夺、零和博弈等霸权、霸道、霸凌行径危害深重,和平赤字、发展赤字、安全赤字、治理赤字正日益加重,全球化语境下的当今世界正面临前所未有的挑战。世界将向何处去正成为一个普遍的时代之问。

在回应这一世界之问、时代之问的过程中,我们认为中华优秀伦理文化有着特别清晰而清明的答案。辜鸿铭曾这样论述过这一问题:"中国文明中的这种使军国主义失去必要性的道德力量,便是'良民宗教'。"①在他看来,在蒙学阶段就被培植于中国人内心的善良,构成中国人类似于西方式的宗教信仰。由此,以善良的道德为信仰的中国,从来就没有军国主义与战争存在的任何理由。无独有偶,李泽厚先生也以《论语》为例,论证过中国人在儒学文化熏陶下这种坚信善良的道德信仰是"没有人格神、没有魔法奇迹的'半宗教'"②。也正是由此,他同样得出中国文化反对战争倡导和平之天下观的结论。如果说辜鸿铭、李泽厚先生从儒家文化的激活中消解了军国主义的根基,那么陈鼓应教授也从道家的伦理中寻觅到了类似的学理依据。在他看来,道家建立在无为基础上的不争之说,"莫不是在求减损人类占有的冲动。老子所处的社会——事实上从古到今所有人类的社会,有形和无形的争夺无尽期地在进行着。而战争的残杀是有形争夺的事件中最惨烈的。"③但在西方文化中,以社会达尔文主义(俗称丛林法则)为根基的传统,一定衍生出形形色色的军国主义行径,必然无法避免战争的爆发。正是由此,世界亟待一种超越社会达尔文主义及军国主义的新文明、新文化、新伦理的构建。

这一切都使我们有理由相信,中国古代丰富的伦理文化遗产,不仅将对中国式现代化建设起到广泛而积极的促进作用,而且也将继续对世界文明与文化的发展与进步产生深远的影响。

① 辜鸿铭:《中国人的精神》(修订版),黄兴涛等译,中国人民大学出版社 2023 年版,第 3 页。

② 李泽厚:《论语今读》(中文版),生活・读书・新知三联书店 2004 年版,第 3 页。

③ 陈鼓应:《老庄新论》,上海古籍出版社 1992 年版,第 38 页。

第7章

志道游艺:中华优秀传统文化中的艺术传统

[题记]与古代文学文以载道的特征相类似,中国古代艺术也是"道"的化身,是"道"通过"理一分殊"的感性呈现方式,彰显其尊严与至善之本质的过程。它熏陶与培植了中华民族特有的审美情趣。

中华民族在悠久的历史活动中,积累了丰富的艺术审美经验,创造了瑰丽多姿的艺术作品,并由此而形成了世界上独特的艺术传统。中国古代的艺术传统与其他古代文化形态一样,有着自身独特的文化立场与理论思维方法,有着独特的审美概念和范畴,有着极富东方艺术魅力的诸多具体成就。在其中最值得称道的是道艺合一的传统,以孔子的话说即是"志于道,据于德,依于仁,游于艺"(《论语·述而》)。学习、了解和把握这样一个古代艺术文化传统,不仅有助于我们志道据德,以提升自身的艺术修养和审美能力,而且也是我们感性地了解中华优秀传统文化的一个非常重要的途径。

一、中国古代艺术的历史演进

中国古代艺术源远流长,其成就璀璨夺目。早在神话传说中就有了《葛天氏之乐》等音乐歌舞记载。学者徐复观经过对中国古代艺术精神起源的考证后甚至断言:"人类精神文化最早出现的形态,可能是原始宗教,更可能是原始艺术。"①以后随时代的变迁和历史的发展,中国古代艺术更是不断推陈出新,从未间断其发展的历史进程。从一定意义上可以说,在中华传统文化诸形态中,中国古代艺术具有最漫长的发展历程。② 在长期的发展进程中,中国传统艺术逐渐形成独特、深厚而又富有魅力的文化艺术性格,并因此在世界艺术殿堂上占有重要的位置。

1. 中国古代艺术的萌芽与诞生

中国是人类的发祥地之一,中国古代艺术的诞生时间也位于世界前列。在漫长的旧石器时代,人们的主要劳动工具是打制的石器,用其从事着采集和狩猎活动。而最初的艺术观念与艺术品就在这个过程中诞生了。马克思曾这样区分了人的劳动与动物本能活动的区别:"劳动过程结束时得到的结果,在这个过程开始时就已经在劳动者的表象中存在着,即已经观念地存在着。他不仅使自然物发生变化,同时还在自然物中实现自己的目的。"③这个"在自然物中实现自己的目的"的主要形式之一就是艺术的审美方式。

的确,有足够的考古学材料可以证明,古代先民正是在打制石器过程中逐步培养起造型技能,逐渐萌芽出艺术审美观念的。从距今约一万年前开始,中国的古代社会进入新石器时代,当时的主要劳动工具是造型规整的磨制石器。在工艺领域的突出成就则是发明了盛物的工具——陶器。这是原始先民在最初的社会分工后所创造的具有划时代意义的文化形式。它标志着古代艺术创造的开始。事实上,在新石器时代的许多文化遗址中,都发现了陶窑的遗址。陶窑中的陶器有各种类型,有彩陶、黑陶、灰陶、红陶,其中尤以彩陶最能反映古代艺术的基本风貌。

研究古代艺术史的学者们相信,作为工具的陶器与作为艺术品的陶器在先民的劳动中合而为一了,"从这种意义上说,最初工具的制造和最早艺术品的产生是同一的创造"④。黄河流域的中原地区是彩陶的发祥地。大约在新石器时代的晚期,生活在这里的先民们用手捏制陶坯,然后进行磨光处理,再

---

① 徐复观:《中国艺术精神》,春风文艺出版社 1987 年版,第 1 页。

② 学者们依据考古学的成果推断,早在 18000 年前的山顶洞人其使用的装饰品就证明了原始人具有艺术审美观念的萌芽。大约 8000 至 10000 年前出现的岩画、彩陶、玉器,则可以被视为中国艺术的开始。参见张岱年、方克立主编:《中国文化概论》(修订版),北京师范大学出版社 2004 年版,第 178 页。

③ 马克思:《资本论》(第一卷),人民出版社 1975 年版,第 202 页。

④ 邓福星:《艺术前的艺术》,山东文艺出版社 1986 年版,第 9 页。

画上彩色的图案花纹，烧成后陶底呈橙红色，显出深红、黑色、紫色的美丽花纹。这就是彩陶艺术。彩陶是新石器时代的艺术瑰宝，它的造型和纹饰广泛取材于自然和先民的生活，其图饰设计和陶器形体非常和谐。这表明先民已经能够比较自觉地运用形式美的法则了。而且，彩陶美饰的重点往往是陶器的显著部位，其对色彩的运用更是已达到比较娴熟的水平。纹饰的题材除狩猎和农业生产外，还包括巫术和先民的娱乐活动，是当时的社会生活和审美活动的真实写照。

　　艺术史专家王琪森认为制陶是"原始先民在最初的社会分工后所出现的划时代的文化活动，标志着艺术创造的开始"[①]。"仰韶文化"时期被认为是制陶最发达的时期。仰韶彩陶质地细腻，造型凝重浑厚，文化和美学内涵极为丰富。比如西安半坡的仰韶彩陶中，鱼图案纹样已非常生动，有静息、回泳、跳跃等多种姿态。属于仰韶彩陶文化的还有河南郑州大河村的太阳鸟纹饰。这是一种把太阳和变体鸟纹组合在一起的纹饰。因为在古代神话中，太阳和鸟是合为一体的。这一传说被先民非常审美地呈现于陶器之中。

　　原始社会先民的艺术审美萌芽除了体现在陶器制作外，也还体现在原始乐舞上。原始乐舞和彩陶一样属于原始艺术的范畴，它是在生产力极为低下，社会分工尚不明确，先民的精神还沉浸于幻想和神话时的产物。在我国古代原始乐舞是音乐、舞蹈、诗歌的原始综合形态，其社会作用是多方面的。它本身萌芽于生产劳动，用以调节劳动的动作与节奏，并以乐舞的形式传授狩猎或种植技艺，具有一定的认知意义。与此同时，它也是人类自身生产、自娱身心、传达感情和强健体魄的活动方式。先民的最初艺术审美意识就在这些社会活动中逐步发展起来，并使其物态形式得到不断发展。如果说彩陶从造型、色彩、图案等美术功能上开启了艺术审美意识，那么原始乐舞则通过思想感情交流而与语言、音乐一起成为古人艺术审美活动的最初形式。

　　原始乐舞和原始形态的音乐是结合在一起的。除鼓点、敲击声外，主要是有节奏的呼号。当语言尚处于期期艾艾之际是不可能有长句歌词的，故《吴越春秋》曾记载有《弹歌》一首："断竹、续竹、飞土、逐害。"这八个字概括了先民砍伐竹料，弯成弹弓，发射弹丸，猎取禽兽的全过程。其歌词天然质朴，简洁明

---

①　王琪森：《中国艺术通史》，江苏文艺出版社 1999 年版，第 21 页。

快,富于节奏感。随着原始形态"鼓"的发明,又把乐舞提高到一个新的水平。鼓的出现可远溯至旧石器时代。有学者考证,最早的鼓可能既是狩猎工具又是乐器。在新石器时代先民还发明了石磬、陶埙、骨哨、陶哨等乐器。这些乐器的发明无疑大大地提高了乐舞的艺术内涵。

我们的先民在漫长的原始社会度过了自己的童年,到了氏族社会后期,乐舞从即兴抒情发展到具有初步稳定的形式,音乐从节奏、呼号到具有简单的旋律和唱词,道具服装从纯自然形态到象征性装饰的出现。这一切都说明,在原始乐舞的发展过程中,古代艺术与审美意识已经得到不断的提高和发展。

从公元前 21 世纪建立的夏代开始,经商代到西周,属奴隶制社会。由于铜器和铁器的相继发明及推广使用,也由于社会分工的进一步扩大,社会生产力显著提高,各种手工业得到了迅速发展。由此,为礼教服务的青铜艺术,在当时的各类艺术中占有了突出的地位。一尊尊、一件件色彩斑斓、纹饰精美、造型雄浑的青铜器,凝聚了那个时代的社会风貌和审美意识,代表了奴隶制时代艺术审美文化的总特征。故这一时代又有青铜时代之称。青铜艺术是继彩陶之后我国古代艺术与审美发展之萌芽时期的又一代表之作。

青铜器是铸造而成的。铸造青铜器的范型是陶制的,它根据不同的器形制成;先画好纹饰,凡凹入的阴部用刀剔刻,凸出的部分以陶泥塑好后粘上。青铜器的陶范通常是多块组合而成的。在陶范中注入青铜液后,待冷却凝固后拆除陶范,然后再整形修琢,以使其形制完美。整个工艺过程比较复杂。特别是铸造一些大型器件时,往往要分段画纹饰、剔刻、泥塑再铸造,然后再组合。可见,在整个青铜器制造过程中,已将造型、绘画、纹饰、雕刻等融合一体。就像彩陶是原始社会文化艺术的主要载体一样,青铜器也是奴隶制时代的文化艺术的主要载体。青铜器种类繁多,主要有礼器、用器、乐器、兵器等,其中尤以礼器、用器为大宗。礼器是商、周奴隶主贵族在祭祀、征伐、朝聘、宴饮、始冠、丧葬等礼仪时所用。礼器是青铜器的重器,它往往代表着贵族的身份和等级,是奴隶制社会中权力的象征。据史籍记载,按照礼制形成的"列鼎"一组共有九、七、五、三共四级,"天子九鼎,诸侯七,大夫五,元士三。"(《公羊传·桓公二年》)用器和礼器有时是相互通用的,比如鼎就可以充当炊煮器,也是一种食器。青铜乐器主要有钟、铎、钲等。兵器则有斧、戈、矛、刀、剑等。

从艺术史的视阈而论,青铜器中的绘画尤其值得关注。这不仅因为后人能够从中直观感受古代绘画的最原始表达样态,更重要的还在于青铜器绘画以纹饰为表达方式所体现的艺术水准是令人惊讶的。这些纹饰一方面简约明快,另一方面又传神生动,"给人的感觉是源于写实而又妙在非具象化,纯用线条来绘制,表现技巧是很娴熟的"①。

除了青铜艺术成就外,这一时期在音乐艺术方面则有了以八音、五声和十二律为代表的成就。与此同时,甲骨文、金文的出现则意味着书法艺术有了古朴的发端。这一切都表征着我国古代艺术离全面诞生已为时不远。

周平王迁都雒邑(洛阳)以后,史称东周,自此开始了春秋战国时代。由于周平王本人是由各路诸侯们拥立而登上王位的,故东迁后王室势力衰弱的趋势日益加剧,对各路诸侯已不能发号施令,甚至在政治、经济上还不得不依靠强大的诸侯来维持残局。与周王室急剧衰弱相对应的则是各诸侯国之间的称王争霸。春秋战国是个风云激荡、战争频繁的动乱时代,然而它又是一个变法图强、除旧布新、充满活力的时代。正是在这个时代背景下,春秋战国的文化艺术形成了绚丽多彩、蔚然大观的局面。这一切除了社会经济的发展为文化艺术的发展奠定了物质基础外,当时那种"百家争鸣"的文化氛围也起了重要的催生作用。尽管这个时代离我们已很遥远了,但它在文化艺术发展上所呈现的瑰丽多姿至今仍流光溢彩。也许正是从这个意义上我们可以把春秋战国时期视为中国古代艺术的全面诞生时期。

绘画艺术在这一时期可谓百花齐放,在壁画、帛画、漆画方面开始奠定了成熟的艺术风格。春秋战国时的壁画已开始注意写实性,并善于刻画特征。比如史籍中就有这样的记载:"孔子观乎明堂,睹四门墉,有尧舜之容,桀纣之像,而各有善恶之状,兴废之诫焉。又有周公相成王,抱之负斧扆,南面以朝诸侯之图焉。孔子徘徊而望之,谓从者曰:此周之所以盛也。"(《孔子家语》)可见,孔子在东周明堂所见到这幅壁画,不仅刻画了尧、舜、纣各有善恶的容像,而且给人以王朝兴废之告诫,从中可见这幅历史题材的壁画其信息量是丰富的。另外,此时绘画的表现手法也趋于多样化。据相关史籍记载,有位画家用了三年的时间为周君作画,周君初看几乎看不出其画了些什么,后在强烈的光线下,便"望见其状尽成龙蛇禽兽车马,万物之状备具"(《韩非子·外储说左上》)。可见,此幅画注意了色彩形象与光线投视之间的辩证效果,可能已具有某种平面立体感。特别值得指出的是,这一时期绘画从彩锦、青铜器等工艺器载体中走出来后,终于寻找到真正意义上的、适应绘画艺术的物态化形式——壁画、帛画,直至发展到绢画、纸画等。

---

① 王琪森:《中国艺术通史》,江苏文艺出版社 1999 年版,第 60 页。

起源甚早的漆器工艺在战国时得到了很大的发展,并形成了专门的手工行业。漆器上的彩绘可以发挥用笔运毫的特点,由此人们又把漆器工艺品上的彩绘称为"漆画"。从河南信阳、湖南长沙、湖北江陵等地先后出土大量精美的战国时代漆器工艺品中,可以窥见当时漆器绘画题材之丰富,技法之多样:既有反映现实生活的狩猎、歌舞、出巡、奏乐、射杀、宴庆等,又有古老的神话传说,如夔龙、凤鸟、鹿等;绘画方法既有较写实的线描,又带有变形、抽象的装饰风格。

春秋战国时期在音乐方面的成就主要体现在《乐记》以及一些著名的音乐作品上。孔子对音乐曾有不少的论述,但并没有形成系统的音乐理论。只是到了公孙尼子所撰《乐记》,才形成了一个较完整的音乐理论体系。①《乐记》的主要观点:其一是强调了音乐是实现生活的反映:"凡音之起,由人心生也。人心之动,物使之然也。感于物而动,故形于声,声相应,故生变,变成方,谓之音。比音而乐之,及干戚羽旄,谓之'乐'。"其二是论述了音乐的社会功能及与政治的关系:"是故治世之音安以乐,其政和;乱世之音怨以怒,其政乖;亡国之音哀以思,其民困,声音之道,与政通矣。"其三是提出了音乐艺术的最高标准是"德音",即强调了思想内容的重要性:"德成而上,艺成而下。"《乐记》中的音乐理论对以后的音乐创作产生了极其重要的影响。

据史籍记载,周公在主持朝政的过程中,深感礼乐对朝政和百姓生活的重要性。于是,他亲自主持"制礼作乐"。他在制定礼乐规范的同时,还主持创作了许多优美的音乐。孔子一生也十分重视礼乐的振兴。他曾在三千多首古诗中,选择其中合乎礼仪的305篇,给它们谱上曲子,配上琴弦歌唱,以求用纯正的音乐来强化这些诗歌教育人、感染人的功效。也正因为这样的道理,在古人那里音乐被认为和礼仪一样,是人生不可缺少的修养,因而成为古代贵族教育的必修课"六艺"之一。

这个时期还出现不少著名的音乐作品。比如楚国民歌《下里》《巴人》《阳春》《白雪》《涉江》《采菱》等。另外还有屈原所作的《九歌》等大型音乐歌舞,并

① 公孙尼子是战国初期人,相传是孔子的再传弟子。他编写的《乐记》是对儒家音乐理论的充实与完善。《乐记》作为先秦儒学的音乐美学思想的集大成者,其丰富的美学思想,对两千多年来古典音乐的发展有着深刻的影响,并在世界音乐思想史上也占有重要的地位。不过,关于《乐记》的成书年代及其作者,历来还有另一种说法,即认为此书系汉儒收集先秦诸家有关音乐的言论编纂而成。

有以编钟和建鼓为主的大型乐队的伴奏,即"钟鼓之乐"。此外,春秋战国之际,还出现了不少的民间音乐家,其中以歌唱家韩娥与演奏家伯牙为最著名。我们所熟知的"绕梁三日"典故就出自韩娥,"高山流水"的典故则出自民间演奏家伯牙。

从系统的音乐理论的建立,大型音乐歌舞的演出,到民间歌唱家、演奏家的出现,可见春秋战国时期我国的音乐艺术已出现一个与"百家争鸣"相辉映的"百花齐放"的局面。它从一个侧面印证了这一时期的确是中国古典艺术全面开花的诞生期。

2. 中国古代艺术的全面发展

秦汉时期是中国统一的多民族封建国家建立与巩固时期,也是中国古典艺术风格全面确立与发展的重要时期。"秦汉风采"的艺术审美特征是对力度、雄浑、豪放的崇尚。其内在的美学精神显示了人对客观世界的征服与人对自我力量的肯定。从浩大壮观的秦始皇陵、威武豪迈的兵马俑到汉武帝时大将军霍去病墓前那古拙、肃穆的石雕,都显示出豪迈的气概与勃发的力量,象征着中华民族在那个时代的腾飞的民族精神。

秦代的建筑气势雄浑、规模庞大,比如著名的阿房宫"东西五百步、南北五十丈"(《史记·秦始皇本纪》),其间的雕梁画栋色彩瑰丽,风格豪迈。此外,秦代的动物瓦当及画像砖,其中有的纹饰造型颇为雄浑古朴,构图亦生动多变,从而为汉代的画像石及瓦当起到艺术上的先导作用。比如秦都咸阳第一号宫殿建筑遗址出土的画像空心砖,不仅图案装饰繁缛优美,而且线条简洁、明快、准确而自然流畅。

汉代的绘画成就主要体现在帛画、壁画、画像石、画像砖上,另外还有木板画、漆画等。这一时期的帛画以长沙马王堆一号墓出土的帛图最为精彩。汉代的壁画也极为风行,上至皇宫庙堂、贵族宫邸、官吏住舍,下至墓室、墓道等都大量绘制壁画。可惜的是,由于沧桑变化,现在所能见到的汉代壁画,大都是汉墓室壁画。与此同时,石像石、画像砖在汉代也发展到了极盛阶段,形成了一个独特的画像艺术系列,成为整个汉代绘画艺术中瑰丽的珍宝。画像石、画像砖虽然是将绘画与浮雕融合在一起,但它主要的艺术表现形式还是以绘画为主,线刻为辅。画像石、画像砖主要用于建筑,比如殿堂宫苑、石阙墓室及祠堂庙宇等,数量很多,在全国各地都有发现,其中以山东等地出土的最有艺术特色。

汉代绘画艺术的长廊中,瓦当无疑占有独特的地位。瓦当是古建筑中一种特有的附属物,其间运用了图案、纹饰或文字为装饰,从而形成了瓦当艺术。瓦当艺术由秦入汉而进入了它的极盛期,其题材广泛,除了常见的青龙、白虎、玄武、朱雀外,还有植物昆虫、鸟兽动物等。汉瓦当的图案古朴灵动而丰盈稳健,风格凝重浑穆而简约洗练,并内蕴着一种神秘气氛与浪漫精神。以常见的"四神"青龙、白虎、朱雀、玄武而论,整个画面往往以当中的乳钉为中心,动物围绕这个中心绘制,稳重中见变化,具有强烈的灵动感,气息浪漫,手法夸张。其线条刚健苍劲,画面虚实相应,特别是龙的鳞甲、虎的斑纹、朱雀的羽毛、玄武的龟纹刻画精细。尤其是"四神"的足总是被呈现得极为灵活矫健,从而增强了画面的力度与气势。

秦汉时期的雕塑艺术也得以全面发展。秦代的雕塑作品在秦始皇陵兵马俑未发现前,大都已被历史的风尘所泯灭,仅能从一些古籍记载中知悉一二。20 世纪 70 年代以后,在陕西临潼秦始皇陵东侧连续发掘出了三座规模宏大的兵马俑坑。秦兵马俑系陶制,故又称陶俑,其大小与真人真马基本相符。当这些埋没地下千年的雕塑艺术作品展现在人们面前时,其生动精湛的技艺令人惊叹不已,在世界上亦引起了强烈的反响。

> 从审美艺术的视阈而论,秦兵马俑造型生动而多变,气势英武而雄健,艺术地呈现了秦王朝强大的国力,尤其是军事力量。兵马俑中的武士姿态、服饰、动作不一,整个形体塑造准确,比例和谐,雕塑手法洗练简约,有些细节部分则相当精致。特别值得一提的是,这些数以千计的武士俑,其面部表情几乎无一雷同。这证明了兵马俑雕塑并不是一种单纯的工艺性展示,而是折射出当时人们的审美心态。

汉代的雕塑以陕西霍去病墓前的石雕最为著名。霍去病墓前的石雕现存有马踏匈奴、跃马、卧马、伏虎、卧牛、卧猪、卧象、石鱼、石人、野人食小熊等。这些石雕一个共同的特征就是利用原料石的大体大面,以粗轮廓的概括手法加以雕琢,因而显得朴拙简约而雄浑遒劲,可谓大朴不雕、大巧若拙。

在我国书法艺术发展中,秦代无疑是个承前启后的重要时代。其中小篆(秦篆)的笔画线条稳健清丽、秀逸肃穆,结构严谨缜密,均衡对称。秦隶则讲究整齐秀逸,注重结构平衡工稳。如果说秦篆的创立,标志着古文字发展的最高阶段,亦即最后阶段,那么秦隶的创立,则标志着今文字的最初滥觞,亦为今后书法艺术的发展开辟了广阔的空间。正是有缘于此,汉代书法标志着我国书法艺术进入了辉煌的全盛期。这不仅是因为隶书由秦至汉已达到其巅峰状态，而且其他各种书体的发展也日趋完善，章草、草书、行书、楷书，各体皆备。汉代以后的书法艺术，基本上可以说已不再有书体创新，只是对其的继承、发展与弘扬而已。

音乐艺术在这一时期也获得了全面的发展。其中最值得一提的是相和歌的出现。其演唱形式是由演唱者自击"节鼓"与伴奏人员相和，即"丝竹更相和，执节者歌"（《宋书·乐志》）。初期的相和歌曲式较简单，以后逐渐发展成为艳—曲—乱的曲式结构，又称"相和大曲"，成为独立的器乐合奏形式。此外，汉代还盛行一种鼓吹乐，即打击乐器和吹奏乐器的混合表演，这是汉族音乐与少数民族音乐交融的结晶。与音乐、歌辞一起发展的，还有舞蹈艺术。汉代的舞蹈艺术也有较高的成就，不仅出现了像戚夫人、赵飞燕这样著名的舞蹈家，而且民间舞蹈也多姿多彩，并与各少数民族的舞蹈相融合，表现形式不断趋于多样化。

魏晋南北朝被史家称为一个社会动荡、人民痛苦、政治混乱的悲剧时代。然而，在文化史家眼中这却是一个精神上自由、解放，最富于智慧、最显示热情的时代。这一时期的文人学士由于常常成为政治斗争的牺牲品，故而远离政治，放浪形骸、论佛谈玄、林下风流、诗酒自娱，形成了一种潇洒飘逸、超然旷达的"魏晋风度"。从画圣顾恺之的《女史箴图》《洛神赋图》，到书圣王羲之的《兰亭序》，从敦煌莫高窟、云冈石窟到龙门石窟，从桓伊的《三弄》到嵇康的《声无哀乐论》等，一边是金戈铁马，动乱剧烈，另一边却是铁画银钩，丰盈潇洒，时事之乱与艺术之盛形成强烈的对比与反差。

在魏晋南北朝绘画艺术中占有重要地位的是佛教石窟艺术。这一艺术形态主要包括壁画与雕塑。由于佛教是从西域的天竺（印度）之国传来，故石窟艺术的大量兴起从新疆开始，然后发展至甘肃，再延伸至山西、洛阳等地。比如新疆的拜城、库车，甘肃的敦煌、天水、永靖、武威，山西的大同，河南的洛阳等地都有规模宏大、风采各异的佛教石窟艺术，而其中尤以敦煌莫高窟为举世瞩目。这些石窟艺术不仅是中国艺术发展史上灿烂的篇章，而且在世界艺术发展史上亦占有独特且重要的地位。

魏晋南北朝在我国书法艺术发展史上也是一个承前启后、流派纷呈的辉煌时期。尽管这个时期大部分地区处于分裂割据、战乱不已的状态，但书法艺术却没有因此停滞不前，楷行草隶各体同步发展，风格多样而臻于精美。特别是晋代出现了彪炳史册的"书圣"王羲之与"小圣"王献之。这应该是后人描述中华优秀传统文化代表性样态时称"唐诗晋字汉文章"之"晋字"的最主要依据。

　　魏晋南北朝时的音乐艺术,在当时特定的历史条件下,既有对汉代音乐的继承,也有对这一时代精神的沉淀。这一时期由于乐器的发展和演奏水平的提高,音乐家或根据民歌曲调改编,或自己创作出了一些器乐独奏作品,优秀的作品有东晋桓伊创作的笛曲《三弄》,采用了"上声弄""下声弄""游弄"的曲式结构,使主题旋律在高、中、低三个音部反复再现,婉约深沉,音韵柔美而节奏明快,展现了梅花傲然开放于风雪之中的英姿,后被改编为著名的《梅花三弄》。其他的器乐演奏曲还有梁武帝的《江南弄》,陈后主的《玉树后庭花》《春江花月夜》等。这些作品虽然大都是反映宫廷生活的,但所具有的音乐形式之美具有相当的艺术感染力。

　　公元 581 年,手掌军政大权的杨坚自立为帝,史称隋文帝。他结束了三百多年的分裂混乱局面统一了全国,有力地推动了思想文化的南北合流。到了唐代,由于经济的繁荣、国家的统一与对外交流的增加,其相应的艺术审美特征是既激情洋溢、豪放雄健,又典雅绮丽、风韵盎然。从阎立本、吴道子、王维的绘画到欧阳询、颜真卿、柳公权的书法,从"秦王破阵""霓裳羽衣"的音乐歌舞到丰赡富丽的唐三彩,无一不展示了唐代艺术特有的风韵情致。

　　唐代的绘画艺术领域尤其呈现出鼎盛的局面。这一时期的绘画主要有人物、山水、花鸟动物等,并在这些方面涌现出许多著名的画家,比如擅长画人物的有阎立本、吴道子、张萱、周昉等,擅长画山水的有李思训、李昭道、王维、张操等,擅长花鸟动物的有薛稷、曹霸、韩幹、边鸾等。值得一提的是,后世以画种来划分画家只是为了突出画家的擅长,实际上当时许多画家的艺术造诣是多方面的,不仅擅长人物,亦创作山水、花鸟等。比如有画圣之誉的吴道子就不仅工于人物,且亦精于山水。唐代绘画艺术的繁荣还表现在宗教壁画上,其中出现了新的美学趋势,即宗教美术的世俗化。画家们所创作的这些宗教壁画,其内容虽然虚幻缥缈,而其表现的方法却世俗具象,具有鲜明的生活气息。比如在敦煌莫高窟的宗教壁画中,后人见到的佛祖是那么淳厚,菩萨是那么典丽,飞天女是那么丰腴婀娜。这显然是艺术对宗教的一次理性改造与审美提升,其凸现出的正是唐代社会那种勃发强盛而又充满包容力的民族审美心理。

　　隋唐时期的雕塑艺术以宗教雕塑为代表,其成就远远超过前代。隋代的宗教雕塑在莫高窟、龙门、麦积山、天龙山等石窟均有遗存。作为向唐代的过渡,这个时候的宗教佛像雕塑无论在形态造型,还是神态风格上,都出现了走向世俗的趋势。比如佛像的面形已变得饱满丰润而神情自然雍容,线条流畅圆健,雕工精细华丽。由于唐代国势强大,经济繁荣,社会相对稳定,更是为大规模的石窟造像提供了充足的人力与财力。特别是在盛唐期间,这种石窟造像曾经极为兴盛,再加上社会文化的发达进步,整个艺术领域充满了生机。正是在这个社会背景与艺术时空中,唐代的宗教雕塑艺术进入了其发展的黄金时代,同时也标志着我国的雕塑艺术呈现出一个新的高峰。尽管唐代宗教雕塑是在宗教题材制约下进行的,是对彼岸世界的向往与追寻,但这些佛像所呈现的世俗化、情感化、性格化都是现实主义创作精神的表现,是对此岸世界的真实写照,其创作心态与审美意识是完全超越宗教精神束缚的。

> 在洛阳的龙门石窟群像中,那尊高达十多米的卢舍那本尊大佛,堪称中国宗教雕塑中的精品力作。有学者赞许其为"石窟艺术中最具美感气息的作品"①。这尊坐像气势宏伟壮观,面部刻画十分生动且带有情感化,显得气质淳厚而又慈祥端庄,尤其是眉宇间蕴含着深邃睿智的气息,但嘴形却呈现了和蔼温厚的微笑。大佛的右手举在前胸,既是稳健与凝重的象征,也使整体结构有了变化,增加了灵动之美。其精湛的造型艺术,难怪令古今中外的游历者常常驻足仰望,叹为观止。

唐代的书法继魏晋以后出现了又一高峰。而且是"达到了无可比拟的高峰,既是这个时期最普及的艺术,又是这个时期最成熟的艺术"②。唐代书法兴盛的社会原因除了国势强盛、文化发展及对前代书法积极传承外,另外一个不能忽视的缘由就是"书学"的创立。"书学"是唐代最高学府国子学中的一种,它专门培养书法高级人才。相应的书法也被列入取仕的官制之中。故在这个时期书法成了一个人的文化象征,成了一个民族的文化标志。可见,如果把国势强盛、文化发展、师承前人看作唐代书法繁荣之外因的话,那么将书法视为个人文化素养与文人价值彰显之重要尺度,无疑是其内在的推动力。

初唐的书法基本是魏晋书法的延续,其总体风格基本上为王羲之书风所覆盖。这一倾向出现的主要原因是唐太宗李世民的尊王倾向。他极力推崇王羲之的书法,凡得王家墨迹便要书家临摹。故当时的书法家大都效法王羲之。初唐四大书家虞世南、欧阳询、褚遂良、薛稷基本上走的是取法王字的途径。

---

① 黄寅:《传统文化与民族精神:源流、特质及现代意义》,当代中国出版社 2005 年版,第 135 页。
② 李泽厚:《美的历程》,生活·读书·新知三联书店 2009 年版,第 138 页。

中唐书法继李邕、孙过庭、张旭、李阳冰等人后，颜真卿登上了书坛，他在广采博取、变汇通融的基础上，创出了丰腴端庄、气势雄浑的"颜体"，从而真正形成了唐代书风。继之而起的柳公权则在颜字丰腴劲健、气势雄浑的基础上，强化其内在骨力，创立了清瘦刚健的柳体，显示了峻挺强健、骨力洞达的形式美感。

　　　　唐代的书法家还有一个很重要的共性，那就是非常注重书家的自我人格修养。比如颜真卿进士及第后受到重用，却因不愿与当时的权臣杨国忠同流合污而被贬。在他任职地方时，多次亲力亲为替百姓洗刷冤屈，深得百姓爱戴。公元783年，李希烈叛乱，颜真卿被朝廷委派劝降叛军。面对李希烈及其手下的威逼利诱，颜真卿大义凛然，最终被残忍加害。一代大家就此陨落，终年七十六岁。唐德宗为颜真卿的殉国曾罢朝五日，追赠其为司徒。

　　唐代的书法艺术固然以楷书成就为高，但草书成就也毫不逊色。唐代草书名家有张旭、孙过庭、怀素等，而其中尤以张旭、怀素为卓越代表，世称"颠张狂素"。美国当代著名的艺术史学者杜朴、文以诚曾经这样评价过唐代的草书："纸本手卷上的书法笔势纵横驰骋，笔迹显示了笔中所含墨汁的丰润和枯竭变化，运笔充满力量和抑扬顿挫的节奏感。单字有大有小，形状各异，没有任何打底暗格的痕迹。作为狂草，笔画连绵不绝……需要大幅简化和省略，以至于很多字难以识读。对于今天的观众而言，这似乎类似于行为绘画。而在当时的书论中，此作品令人想到剑客挥剑或舞者甩动长巾。"①

　　由张旭、怀素二人所开创的唐代草书风格与颜筋柳骨所体现的唐代楷书风范，都从本质上体现了唐代书法的美学精神，具有同样的审美气质与艺术情趣。"唐楷的丰腴端庄、气势雄浑从某种意义上讲是从静态的方面体现唐代艺术观念与审美意识，是以正面的笔墨形象造型示人，唐草的丰丽逸放、气势豪放则是从动态方面体现唐代艺术观念与审美意识，是以变幻和笔墨形象造型示人。"②

　　隋唐时期的音乐也别具风采。隋代建立初期，隋文帝杨坚下诏修订雅乐，兼收并蓄了南北朝的音乐遗风，其中既有汉民族的音乐，也有外来民族的音乐，在此基础上制定为"九部乐"：《清乐》《西凉》《龟兹》《天竺》《康国》《疏勒》

---

①　杜朴、文以诚：《中国艺术与文化》，张欣译，湖南美术出版社2020年版，第234页。
②　王琪森：《中国艺术通史》，江苏文艺出版社1999年版，第267页。

《安国》《高丽》《礼毕》，从而使我国的乐部开始系统化与规范化，使音乐艺术从整体上得到了较大的提高。"九部乐"作为一种声乐程式，除了乐曲外还兼有舞蹈、杂技、百戏的表演，从而带有一定的综合性。可见，九部乐代表了隋代音乐文化的总体水平。唐代初期的雅乐依然沿袭隋朝的九部乐。只是在唐太宗贞观十六年（642 年）时增加一部《高昌》，共为十部，基本上按照不同民族及国家的音乐特点来划分种类，组成声乐系列。与音乐的发展互为作用，同时也是雅乐一个重要组成部分的唐代舞蹈，也展示了极为辉煌的风貌。比如初唐著名的《七德舞》《九功舞》《上元舞》，舞姿优美生动，节奏跌宕多变，充满豪迈雄健的审美情趣。唐玄宗李隆基创作的《霓裳羽衣曲》虽然是大曲，但却是以歌舞表演形式出现的，其舞姿旖旎婀娜、婉约多姿。此外，如民间舞蹈家公孙大娘的《剑器舞》也是唐舞的代表作，史书记载其舞姿刚健英武而飘逸洒脱，时而如腾空蛟龙，时而如拂柳春燕。

北宋的相对统一、宋金对峙及元王朝的建立，这些不同时期的政治情势与经济发展对艺术有着明显的影响。从北宋时的全景式山水画、南宋的"剩山残水"到"元四大家"的寄情山水、沉湎云烟，其作品时而旖旎多姿，时而萧旖隐逸、清雅超然，折射出艺术家们对时代的独特感受。值得一提的是，两宋就国势而论，虽不能望汉唐项背，但艺术的精细与深邃却超过了前代，而且似乎更注重从艺术本体上来开拓境界。就具体成果而言，在绘画、书法、雕塑、工艺美术等方面都取得了极高的成就。其中宋代的瓷器更是创一代新风，登上了世界烧瓷艺术的最高峰。

宋元时期是我国古代绘画艺术发展的高级阶段。从组织机构上看，北宋开始建立的"翰林书画院"为宋代绘画艺术的发展做了组织上的准备与人才的集中工作。宋代人物画在表现技法上趋于精湛生动，尤为突出人物性格。在表现内容上趋于广泛多样，除了传统的仕女、圣贤外，农耕渔猎、牧童樵夫等下层人物也大量入画，具有浓烈的世俗之情，呈现出现实主义的审美倾向。在此基础上，宋代掀起了风俗画的创作热潮，从踏歌、耕织、村牧、捕鱼到七夕夜市、清明上河、杂剧人物等，可谓不拘一格、不分贵贱，画家们都予以了真实而生动的展现，从而使绘画除了艺术本身的价值外还具有了绘世事、录民情的社会民俗学价值。

宋元的山水画也达到山水画史上的极盛期，故人们常称"宋元山水"。宋代山水画家有意识地开拓了山水画的美学内蕴，将个人情感与山水交织成一体，构成统一的审美物象。画家们寄情于山水，抒怀于自然，使山水景物具有人格化、理念化的展现。特别值得一提的是,由于从北宋建立起就面临着辽的威胁,其后金人南下,发生了"靖康之变",南宋偏安于江南的"剩山残水"。在这种历史背景下,激发了不少山水画家对祖国山河的别样热爱,使他们在山水的描绘中浸透了伤感情绪,也更注重于自然美与意境美的统一,并在表现技法上更加丰富多彩。宋代山水画家据史料所载有 180 多人,其中以李成、范宽、郭熙、李唐、马远、夏圭为主要代表。

元代的山水画除直接继承了两宋的画风外,还由于元代是个阶级矛盾、民族矛盾异常复杂的时代,故不少画家沉湎于自然山水,借以遣兴抒怀。元代著名的山水画家有赵孟頫、黄公望、王蒙、倪瓒、吴镇等人。赵孟頫是元代著名的艺术家,他诗文、绘画、书法、篆刻都颇有造诣,其绘画则山水、人物、鞍马、花鸟皆工,尤以山水为擅长。黄公望、王蒙、倪瓒、吴镇则并列被称为"元四大家"。作为一个画家群体,他们不仅基本生活在同一时代,而且有着比较相同的美学风格追求。他们时常相互谈画论艺,有时还联袂作画,从而以群体的力量把元山水画推到了一个历史新高度,成为这个时期山水画的集大成者,对明、清两代山水画产生了极大影响。

这一时期还兴起了文人画。我国美学传统历来认为诗与画有着艺术姻缘,在画中赋入诗情,可以增强画的表现力及意境美,而在诗中渗入画意,可以增强诗的生动性及形象美。宋代画院常用一些优美的诗名作入画院的考题,正反映了这种美学倾向。正是这样一个艺术氛围促使了不少文人纷纷拿起画笔,挥毫泼墨,或绘兰写竹,或描菊画梅,文人画由此兴起于宋代画坛。文人画的美学风格首先在于构图造型大都较为简单,然而笔致飘逸、气韵生动,意蕴丰盈,具有一种高雅之气。其次他们往往不太注重技法的工致精湛,这就避免了匠气,而是注重抒情性、趣味性,因而也就增强了浪漫主义气息,从而为绘画艺术提供了一种新的审美意境与创作观念。

发展至元代,文人画开始勃兴。这一时期一般的文人士大夫都会写梅画竹,书卷气甚浓。比如李衎长期与竹为友,观察竹子的各种神态,研究各种表现方法。他画的竹能表现出老嫩荣枯之态与风雨晦明之景,因而有"写竹之圣者"之称。画墨梅以王冕名声最显,他曾有两句对后世影响颇大的题画诗:"不要人夸好颜色,只留清气满乾坤。"(《题梅诗》)这不仅表达了他的审美观念,而且体现了他的创作方法。他的墨梅用笔劲健郁勃,生机益然,构图充分利用梅枝干的曲折疏密作纵横穿插,淡逸清丽,质朴自然。

宋代书法也有值得一提的成就。这一成就是与被称"宋四大家"的苏轼、黄庭坚、米芾、蔡襄的成就与影响分不开的。他们面对当时宋代书苑唯帖是崇的倾向，多方取法而不蹈袭前人，在沉闷迟滞的宋代书苑中呈现了可贵的创新意识。苏、黄、米、蔡作为一个富有追求的书法家群体，为宋代书法在古代艺术史上增添了瑰丽的亮色。元代的历史虽然短暂，但其书法亦非寂寞无为，赵孟頫书法注重技法，圆熟精到；鲜于枢的行草用笔劲挺；有"狂怪"之称的杨维桢，其书风更是潇洒跌宕，颇具个性风采。

在音乐艺术方面，宋元时期成就最为卓著的是以诸宫调为代表的说唱艺术。诸宫调是流传于宋元之间一种较高级的说唱艺术，它取同一宫调的几个曲牌联缀成一个套曲，然后把这些不同宫调的套曲组合成大型长篇说唱，故又称诸般宫调。由于诸宫调不囿于一种宫调演唱形式，而是使之综合相交，从而扩大了它的艺术表现力与叙事能力，显得结构恢宏、套曲多样、调式丰富。宋元因此而出现了长篇说唱作品，比如金代佚名作者的《刘知远诸宫调》、董解元的《西厢记诸宫调》、元代王伯成的《天宝遗事》等。这些诸宫调作品，无论在情节组合、人物塑造、演唱对白还是在乐器伴奏上，已自成风格，且结构严整，并为元杂剧的出现提供了丰富的艺术养料。

特别值得称道的是，宋元时期还是我国古代陶瓷艺术的全盛期和高峰期。这一时期陶瓷品造型生动多变，色泽绚丽多彩，品种日趋增多，从而达到了工艺性与艺术性的完美结合。当时全国分布着许多著名的窑场，以各自的工艺特色，制作着风格各异的陶瓷作品。宋代的陶瓷工艺主要分为青瓷、白瓷、黑瓷三大系列，而其中以青瓷艺术品位最高。闻名于世的景德镇窑就建于这一时期。江西景德镇窑中的瓷器作品胎骨匀薄，釉色晶亮清丽，以"影青瓷"著称于世，其造型优美协调，色泽温莹和润，具有很高的艺术水准。至元代，景德镇已发展成规模盛大的"瓷都"，瓷器艺人们汇集于此，官窑、民窑遍地皆是，从品种造型、色泽变化、装饰风格上都有创新与突破，如釉里红、青花等，都代表了当时陶瓷工艺最高成就。由于宋、元陶瓷品具有的独特工艺性、实用性和审美性等多种功能，从而使它在当时即获得了世界性的声誉。

3. 中国古代艺术的总结

明清两代是中国封建社会的晚期，中国古代艺术的发展至此进入了总结期。这一时期中国古代艺术在总体上呈现出大成与嬗变并存的特征：一方面是古代艺术在此期间集其大成，显示了恢宏广博之气象，另一方面传统艺术似乎颓势渐现，表现出某种嬗变的症状。

明代的山水画主要有两大流派，即浙派和吴派，他们各有自己的创作方法与审美意识。浙派的创始人是戴进。他效法李唐、马远的风格,画风疏朗淡雅,善于运用水墨的浓淡变化表现山情水姿及风雨晦明,大都用笔劈皴,线条跌宕坚劲,从而奠定了浙派山水的基本美学风格。吴派画家崛起于明代中叶的苏州,主要画家有沈周、文徵明与唐寅。其中尤以唐寅对后世影响为大。唐寅一生云游名山大川,与诗、画、酒为伴,放浪形骸,自称"江南第一风流才子"。由于怀才不遇的他生活一直非常艰辛,故他的绘画主题与沈周、文徵明相比,有着较强的社会意义,比如他的《松溪独钓图》《风木图》《骑驴归思》等,都在不同程度上抒发了他忧愤心绪。明代山水画派除了浙派与吴派之外,还有以董其昌为代表的华亭派,以蓝瑛为代表的武林派,以项元汴为代表的嘉兴派等。

明代的花鸟画以写意为时尚,不少文人画家乐此不疲。他们恣意挥洒、水墨酣畅、笔逸奔放,以简约的构图、朦胧的墨象、丰盈的气韵来显示一种浪漫主义的审美倾向。其中以徐渭的成就最大。徐渭的写意花鸟画,笔墨豪放酣畅,气势生动超逸,重在个性的抒发与意趣的表达,看似怪诞草率,实则法度内含、功力独到,特别是其晚年更达到炉火纯青的境界。

清代的绘画艺苑呈现出两种不同的创作势态与审美观念,一种是宫廷派画家,一种是在野派画家,由此形成了绘画艺术的分野:宫廷派画家较多注重技法意识的发挥和传统功力的显示;在野派则注重艺术观念的宣泄、情感意趣的自由抒发。由此,宫廷派的绘画艺术风格往往是平稳典雅、精湛华美,在功力技巧上体现得十分完善;在野派画家的绘画艺术风格往往是蓬勃率简、狂放恣肆,在意境内蕴上展现得十分丰盈。比如山水画中,"四王"(王时敏、王鉴、王翚、王原祁)崇尚仿古,精研传统;"四僧"(张仁、髡残、八大山人、石涛)则笔墨奔放,不拘成法。"四王"一派山水深得统治阶层的赏识与推重,被认为是"正统"。清代虽然没有设立宫廷画院,但还是在朝中设立如意馆,专供画家创作。王翚、王原祁都先后应召到宫廷作画。王翚绘康熙《南巡图》,康熙在上亲笔题字"山水清晖"四字。王原祁曾主持过记录了康熙六十岁生日盛况的《万寿图》创作。可见,"四王"典型地代表了宫廷画家的创作风貌。"四僧"一派的山水却在落魄的文人及失意的士人中颇能唤起共鸣,表达了那种浓烈的伤感、落寞情绪及不平郁愤之气。这种写意狂放的画风,自然是不能进入宫廷之内的,但在庙堂之外却颇受认同。

清代花鸟画坛也比较繁荣、流派众多,从而风格亦较多样化,出现了审美趋向的多元性。汪士慎、李鱓、金农、黄慎、高翔、郑燮、李方膺与罗聘这"扬州八怪"作为一个画家群体,首先有着独特的绘画美学理念,他们超越纯物象的模拟束缚而重点突出和表现观念、情感的哲理化境界与象征寓意,使物象具有人格化的显示,从而充分展现了人的主体精神与个性抒发。由此,他们绘画既不像某些宫廷画家那样仅注重功力技法,也不像某些文人画家那样仅追求笔墨气韵,而是以表现画家现实的生活心态为审美特点。这也就使他们获得了创作上较大的自由度与创造力。"正因他们的创作心态是开放的,故而其创作是笔墨与情感的外化衍射,或嬉笑怒骂,或伤感悲愤,或抨击嘲讽,都在画中得到表现,具有批判现实主义的创作倾向。"[①]"扬州八怪"的创作方法敢于突破前人藩篱,打破传统程式,主张"师其意不在迹象间"(郑燮:《郑板桥集》),强调"无法而法",从而寻求一种崭新的表现形式。而且,"扬州八怪"在"怪"的表现样式上又是各显异彩的。比如李鱓的"纵横驰骋,不拘绳墨,而多得天趣",金农的"其布置花木,奇柯异叶,设色尤异,非复尘世间所睹",郑板桥的"长于兰竹,兰叶尤妙,焦墨挥毫,以草书之中竖长撇法运之,多不乱,少不流,脱尽时习,秀劲绝伦"(《国朝画征录》),充分体现了他们各自的笔墨个性。

> 扬州八怪其实是以"怪"的表现方式呈现出对正统派的疏离,从而体现他们傲然卓立的自由人格。故他们不像正统的山水画那样给观者高蹈远引,而是体现对现世生活的热爱,或表达不肯同流合污的情操,如郑板桥题"任尔东西南北风"的《竹石图》;或抒发生活感慨,如李鱓题"年来世味感差池"的《杂画册》;或寄托"民胞物与"的美好愿望,如郑板桥题诗道出立意的李鱓之《秋稼晚菘图》。其题诗是:"稻穗黄,充饥肠;菜叶绿,作羹汤。味平淡,趣悠长。万人性命,二物担当。几点濡濡墨水,一幅大大文章。"题画文字简朴,却颇有意在画外的韵味。

这一时期还值得一提的是"海派"画家群体的崛起。在清末画坛上,"海派"画家的出现不仅改变了清代嘉庆、道光以来画道中落的危机,而且为当时的画坛提供了新的审美观念与表现方法,同时也为现代绘画艺术的发展作了铺垫,有着承先启后的重要历史作用。"海派"画家群体主要以上海为创作中心,他们共同的绘画美学精神是:笔墨潇洒豪放,善于兼收并蓄,敢于突破创新。这与上海经济繁荣、文化发达、思想活跃、对外开放有着极大的关系。"海派"的画家先驱是赵之谦,主要成员有任熊、任薰、任颐、虚谷、蒲华、吴昌硕等,

---

① 　王琪森:《中国艺术通史》,江苏文艺出版社 1999 年版,第 437 页。

其中尤以吴昌硕最为成就卓然。

明清的雕塑虽然比较兴盛,但由于缺乏现实主义的美学思想观照,故整体艺术成就并不高,往往是技法意识大于艺术意识,模式性大于创造性,那种雄浑质朴、丰满强健的汉唐之风,往往难以寻觅。然而,这一时期的民间雕塑却出现了蓬勃生机,展现了明清雕塑一种新的艺术走向。明代的民间小型雕刻作品题材广泛,有人物、佛像、山水、花鸟等;材料多样,有玉、牙、木、竹乃至树根、橄榄核等;表现手法各异,或朴实淳厚,或精巧玲珑,或稚拙古雅。这些作品既是优秀的雕刻作品,又是精美的工艺佳品,从而使雕刻艺术与工艺美术相结合,使之雅俗共赏,从而拥有广泛的欣赏阶层。

明清时期的书法艺术虽从整体上显得保守,但依然有一些大家出现。其中明代祝枝山、文徵明、徐渭等或以大气豪放,或以起伏稳健,或以激越奇纵的书风,为这一时期书法艺术的发展增添了光彩。清代书法也在尊帖的沉闷中崛起了"碑学"。这集中表现在魏碑的出现。魏碑体刚健遒劲,从书法艺术本体上强化了笔墨线条的形式美感。同时,由于魏碑体式多变、风格众多,这就为书法家们提供了一个多方取法的广阔天地。与此同时,由于大量金石文物的出土,篆书、隶书在这一时期也有所复兴,从根本上改变了自唐以后篆、隶问津者甚少的局面。这一时期的著名书法家有王铎、傅山、金农、郑板桥、邓石如、伊秉绶、何绍基、赵之谦、吴昌硕等。

明清时期在音乐艺术方面的成就主要体现在城市音乐和民间小调的兴盛。这一时期,弹词与鼓词是明清时期流行于南、北方的两种说唱艺术。弹词又称"南词",表演者有一至三人,伴奏乐器以三弦、琵琶、月琴为主,弹唱说白互相穿插。弹唱在当时的苏州、杭州、无锡、扬州、南京一带颇为盛行,而其中尤以苏州最为突出,并在清乾隆、嘉庆、道光年间产生了王周士、陈遇乾、毛葛佩、俞秀山、陆瑞迁等弹词名家。鼓词的表演通常由一人独自击鼓、打板演唱,一至数人用三弦等乐器伴奏,最初时流行于北方的乡村,后进入北方的城市。鼓词的结构大都以诗词缘起,由说唱表白展开正文,然后再以诗词结束。鼓词的创作题材大都以历史上的战争为题材,带有悲壮激烈的气势,很适合北方人民的审美习惯,具有典型的北方风情。明清时期的民歌与小曲也颇为兴盛,并成为整个时代音乐文化的重要组成部分,其表现形式短小简约、生动活泼、易记能唱,其题材内容广泛多样,散发着浓郁的生活气息。其艺术成就引起了当时那些较有审美品位的文人士大夫注意,他们开始收集民歌,并编成专辑。比如冯梦龙曾编有《桂枝儿》《山歌》专集。

　　这一时期的成就还表现在工艺美术方面。明清的工艺美术在宋元的基础上获得全面的发展，呈现了繁荣兴旺的势态，无论是陶瓷、丝织，还是漆雕、金属工艺等，都体现了鲜明的时代特色，展现了精美的艺术风貌。明清时期各地的陶瓷产品，都有技艺上的突破与艺术上的创新。其中尤以江西景德镇成就最高。这一时期的景德镇陶瓷除了保持造型精美、胎质坚薄、釉色纯美的传统特点外，还采用了浇釉与吹釉法，陶瓷上施釉更为均匀协调。同时，釉色也趋于多样，有鲜红、宝石红、郎窑红、豇豆红、黄釉、翠青釉、孔雀绿、宝石蓝、茄皮紫等。这一时期的丝织工艺不仅品种繁多，而且生产规模甚大，形成了苏州、杭州、湖州、嘉兴、松江等丝织中心。传统的南京云锦、四川蜀锦、山西潞绸则依然保持特色。明清的金属工艺则以"景泰蓝"最为精美。"景泰蓝"是一种铜胎珐琅工艺，即在铜胎上焊以掐成各种饰纹图案的细铜丝，再填入珐琅釉彩，在露出铜丝的部分再镀以金银，其色彩华丽辉煌，十分豪华典雅。因为此工艺盛行于明代景泰年间，故俗称"景泰蓝"。由于受到上流社会的认可，"景泰蓝"由明及清获得了完美的发展，品种造型趋于系列化，大都成为皇宫、贵族收藏或摆设的贵重之品。

　　1840 年鸦片战争后，由于西方殖民主义的入侵，清王朝的急剧衰败，包括工艺美术创作在内的整个古代艺术发展不可避免地陷入了困顿与停滞状态。这种困顿与停滞状态的消弭，只能期待于一个新时代的到来。

二、中国古代艺术的具体成就

　　"物之所在，道则在焉。"（叶适：《习学记言》卷四十七）中国古代艺术不仅有着丰富深邃的思想内容，而且在具体表现形态上也瑰丽多姿。重要的还在于，这些艺术形式及其创造物，不仅是民族智慧的结晶，而且也是后人感受传统文化之魅力的具体承载物。我们选择其中最能代表中华传统文化"志道游艺"这一内在精神、最具中国特色的艺术形态和艺术成就，概述如次。

　　1. 建筑艺术的成就

　　中国古代建筑艺术的起源与发展，与其他传统艺术门类一样，与其独特的地域、民族、气候、历史制度、文化背景紧密相连。在其数千年的发展变化中，大体形成了宫殿、陵墓、宗教、园林四大建筑艺术类型。

　　宫殿建筑。宫殿是中国古代建筑中发展最为成熟、成就最高、规模最大的一类建筑,它鲜明地反映了中华传统文化中注重巩固人间社会政治秩序的特性,体现的是统治者的权威。我国宫殿建筑历史悠久,商代初期就有它的雏形,只是那时候的宫殿建筑相对比较简单,不过是在高台基上,由房屋环绕成一个广场而已。秦始皇统一全国后,为炫耀自己的权势,先后建造了咸阳宫、信宫、兴乐宫、阿房宫等。但一直到汉代,宫殿建筑主流形式仍是高台建筑,追求"非壮丽无以重威"(《汉书·高帝纪》)之势,建筑群的总体布局没有形成理想的组合方式。至隋文帝营建大兴宫,才将宫殿建筑依纵向排成序列,使空间序列取得了整齐、庄重、威严的艺术效果。这一布局方式直接为唐宋等朝代继承并都有相应的发展,比如大明宫创造了门、阙合一的承天门,宋东京的宫殿中发明了千步廊。明清两代则将以往的实践经验兼收并蓄,创造了一系列宫殿艺术珍品,北京故宫就是其中最辉煌的代表作。

北京故宫又名紫禁城,是明清两代帝王的皇宫。它是中国古代建筑中保存最完整、规模最浩大的古代宫殿建筑,也是世界古代建筑的精品。北京故宫从明永乐四年(1406年)开始修建,历经十四年,于永乐十八年(1420年)基本建成,中间虽经明清两代多次重修和扩建,但仍保持初时的格局。故宫建筑群共有房间9000余间,主要分两大部分,即外朝和内廷。外朝的主要建筑是太和殿、中和殿、保和殿;内廷也有三大殿,即乾清宫、交泰宫、坤宁宫。

故宫是一座辉煌的建筑艺术殿堂,集中体现了中国古代建筑的最高成就。首先,在建筑布局上,它强调"中正无邪"的理念,即中轴对称的方式,宫殿里最尊贵的建筑放到中轴上,较次要的放在两边,成为它的陪衬。众所周知,北京的皇家建筑从永定门开始,经前门、天安门、端门、午门、太和殿、景山、地安门、鼓楼、钟楼形成一条长约8公里的中轴线,贯彻北京城的南北。故宫在这条中轴线的中部,其中最重要的建筑外朝三殿和内廷三殿都落在这条中轴线上,其余建筑则对称布置左右,形成强烈的反差与对比。其次,故宫建筑群以层层推进,步步深入,给人以深远、悠久之感。同时,修建故宫的匠师们,还把正阳门和太和门之间的1700米距离分成六个空间,采用大小不同、纵横有别的设计,形成了雄伟壮阔的天安门广场、长方形的午门广场及太和殿前气势森严的正方形广场。设计者们通过这一系列的变化来凸现太和殿的无比威严,从而昭示天子在上、臣民在下的封建等级思想。

陵墓建筑。如果说宫殿建筑是为了显示在世帝王的威严,那么陵墓建筑则是为了表现已逝帝王的尊严。我国的陵墓建筑已有2000多年的历史。商代以前,陵墓不垒坟,盛行深埋之风。春秋战国时期,随着高台建筑的增多,陵墓不仅筑土垒坟，而且植树，并设供人祭祀用的殿堂。秦始皇营建骊山墓，把陵墓建筑推向了第一个高潮。受此影响，秦汉时期的陵墓大多规模巨大，皇陵都垒方形截锥体坟台，四面有门阙和陵墓。陵中设庙和寝两部分，仿照皇宫的前朝后寝布局。到了唐宋，陵墓有较大的改变。首先是为了防盗和突出宏伟气势，因山为陵成为定制，其次是陵墓的神道加长，门阙及石像增多，陵区内多设陪葬墓。明代陵墓继承唐宋因山为陵、陵区集中、神道深远的做法，但基本放弃了先前的正方形布局，陵墓形制更为自由，与环境的结合更为密切，地面建筑更加高大，其气势也更加壮阔。清陵大体沿袭明代的传统，不同的是各陵神道分立，后妃则另建陵墓。

在古代陵墓建筑方面，最有代表性的要数明十三陵。明十三陵是指明代十三位皇帝在北京建筑的庞大陵区，代表了封建帝陵的最高艺术成就。其主要特色是成团布置的方式。十三陵所在的天寿山在北京以北 45 公里的昌平区境内，山岭逶迤相连，呈向南敞开的马蹄形，在最北端的山麓下即是明成祖的长陵。以长陵为主体，其他十二陵则错落其东西之间，并共用一条神道，构成一个统一的、规模宏大的陵园。十三座陵背山而筑，面向盆地，各陵除面积大小、建筑繁简不同外，在布局、规制等方面基本一样。

十三陵以地面建筑宏伟的长陵最为著名。长陵的主体建筑分为三进院落。最南为陵门，入此门就进入面积不大的第一进院子，院子的尽头是祾恩门。祾恩门很似紫禁城的太和门。穿过祾恩门便进入第二进院子，迎面为祾恩殿，其形制类似紫禁城太和殿，正面宽度比太和殿略大，但深度较浅，是我国现存规模第二的大殿。绕过祾恩殿便进入了第三进院子，院内一条甬道直通至一座二层楼的建筑——方城明楼。此建筑上为明楼，下为方城。上层中间立"大明成祖文皇帝之陵"大碑。明楼后即为直径约 250 米的宝顶，即长陵的陵体。宝顶的地下便是安放棺椁的地宫。长陵的建筑数量虽然不多，但处理却很有特点。它前后有两个相连的高潮，即祾恩殿和方城明楼。前者木结构、体量横长，为殿堂；后者砖石结构，体量竖高，作城楼式。在艺术风格上二者形成鲜明对比，给人印象深刻。陵区全部建筑用白台红墙朱柱黄瓦建构，再在庭院内外和宝顶上植上松柏，突出其皇家气派和追念之义。

宗教建筑。在我国古代，宗教建筑是仅次于宫殿建筑和陵墓建筑的另一重要建筑类型。在各类宗教中，最具有影响力的是佛教和道教。佛教起源于印度，而道教是中国本土宗教。佛教的主要建筑有佛寺、佛塔和石窟，道教的主要建筑为道观。从建筑学角度讲，道观在很多方面是模仿佛教建筑的，故中国古代宗教建筑的成就主要体现在佛教的寺、塔和石窟中。

早期佛寺与印度、西域的佛寺相仿,为四方式院落,主体建筑佛塔位于正中。史书记载中国第一座佛寺——白马寺就是这种样式。至北魏发展为前塔后殿式,即在正方形院落中,除了主体建筑塔外,在其后面还有一座佛殿。后来,伴随着佛教中国化的过程,佛寺也逐渐吸收了中国传统的建筑布局样式,体现出鲜明的民族特色。整个寺院分为若干院落,而主要建筑都布置在中轴线上,从前至后有一至三座殿堂,常见的有天王殿、大雄宝殿、观音殿等。在中轴线的两侧厢房则依次设置客堂、斋堂、云会堂(禅堂)、祖师堂等配殿。现存最古老的佛寺是建于唐代的山西五台山南禅寺和佛光寺。除此以外,河北正定隆兴寺、浙江宁波保国寺、山西大同华严寺等都是宋、辽、金时期保留下来的重要遗存。明清佛寺留存最多,较多集中在山西五台山、四川峨眉山、浙江普陀山、安徽九华山这四大佛山中。除了汉传佛寺外,由于从元代开始喇嘛教兴盛,藏式佛寺也得到了较大的发展。藏式佛寺布局相对比较自由,不重视中轴对称,却非常强调"绕旋礼拜",如拉萨城围绕大昭寺就有内、中、外三圈朝拜线路。内圈在寺院内部,中圈是以大昭寺为核心的环形八廊街,外圈则将布达拉宫也包括进去。藏传佛教还规定,朝拜时必须按顺时针方向行进,不得折返穿插,体现出藏传佛教不同于汉传佛教所特有的神秘色彩。

佛塔是佛教建筑中颇具特色的一种建筑类型,它起源于印度。最初塔是作为藏佛骨(舍利)用的,以后渐渐发展成为一种纪念建筑。佛塔随佛教传入我国后,由于中国文化自身强大的主体地位的影响,塔的内涵和建筑形式都发生了较大的变化。其种类日呈多样,有楼阁式、密檐式、金刚宝座式、窣堵波式等数种,其中楼阁式是中国佛塔的主流形式。从建筑艺术的视阈而论,楼阁式塔是印度塔原型与我国古代高层楼阁的完美结合体。

建于公元 1056 年的山西应县的佛宫寺释迦塔是我国现存最古老的楼阁式木塔。塔高达 67.13 米,五层、六檐、八角形,外观极为秀美。塔建在 4 米高的台基上,形成双层套筒式结构,立柱和横梁纵横交错,斗拱与大梁契联拉结,暗层中使用大量的斜撑,使整个建筑具有坚固的整体性与和谐的形式美。由于它的设计合理,历史上虽曾经多次遭受地震和雷击,但至今仍巍然挺立。可以说,它是中华民族精神的艺术体现,具有极高的人文与审美价值。

中国佛教石窟也是从印度传入的。实际上它是一种依山开凿的特殊佛寺,因此也称石窟寺。中国最早的石窟在新疆,以后经河西走廊而遍及内地。现存石窟较多集中在北方,如新疆、甘肃、山西、河南等地,南方的四川、浙江、江苏也有一些,但建造年代较晚,规模也较小。作为我国石窟艺术的代表,最著名有四处,即甘肃敦煌莫高窟、山西大同云冈石窟、河南洛阳龙门石窟和甘肃天水麦积山石窟。

石窟的窟室是以掏空方式形成的一种建筑空间,各时期窟室形制有所不同。北朝时以类似于印度支提窟的中心塔柱式为主,此式石窟实际与北朝盛行的中心塔佛寺的建筑理念是一致的。其特点是在窟洞的中央偏后有一方形石柱塔,在窟内左、右和前壁下部浮雕出一圈带有柱枋斗拱屋顶的廊庑,后壁为一大佛龛。此式以云冈第六窟最具代表性。隋唐两代则多为覆斗形石窟,其石窟的布局实际上与宅院式佛寺相仿,在左、右、后三壁凿龛,或在后壁凿龛,顶作覆斗形。至五代和宋,石窟的代表性窟形为背屏式。与前两种窟式相比,此式可谓对佛殿的直接模仿,其形制特点是平面方形,四壁不再开龛而在窟室中央后置一中心佛坛,在坛的后边留出一面通顶的石壁,即所谓“背屏”。龙门奉光寺石窟就是此类形制。从总体来看,石窟的演变与发展是一个将印度、西域石窟艺术逐渐中国化的过程,它从一个侧面体现了异域佛教在我国的传播及中国化的过程。

古典园林。中国古典园林的本质是通过对山、水、建筑、植物等要素的有机组合,构成一个富有情趣的、饱含艺术意境的环境。它与欧洲或伊斯兰园林等世界其他园林体系相比,有着鲜明的如下民族特色:其一是中国古典园林重视自然美。在造园的总原则上,必须以天然景物为基础,即使是改造和模拟自然,也必须遵循“道法自然”(《老子》二十五章)的原则。其二是中国古典园林追求曲折多变。在布局方面,一般不用宫殿的中轴对称与格局完整手法,而是在师法自然的基础上,采用灵活多变的自由方式。其三是中国古典园林还特别强调意境的营造。受传统山水画意境的影响,中国园林不仅重视园林的形式美,而且要求能通过外观的景致体现出人的内在精神世界。

中国古典园林一般分为皇家园林和私家园林两大流派。从其发展过程来看,前者发展较快,在秦汉和隋唐就掀起过两次高潮,而后者直至唐宋才有较大的发展。从艺术水准的高低而论,集中于江南一带的私家园林显然更胜于皇家园林。

皇家园林的特点是规模大、景点多和气势奢豪。北京的颐和园是这方面的杰出代表。颐和园位于北京西郊,建成于清乾隆十五年(1750 年)。遗憾的是,颐和园曾两次被英法联军和八国联军侵略者破坏,后经两次重修,才比较完好地保存至今。颐和园占地近 300 公顷,其中水域面积占四分之三。园内殿、堂、楼、阁、廊、榭、亭、桥等建筑拥山抱水,绚丽多姿,构成了一幅优美的图画。整个园区由政务活动区、生活区和游览区三大部分组成,其中游览区以北京西山为背景,把自然景色和人工建筑巧妙地结合起来,显示出山外有山、景中添景的美学特征。这一区又可分为万寿山前山、昆明湖、后山后湖三部分。其中万寿山前山最显皇家气势,自山脚的排云殿到山顶的佛香阁,层层推进,层次分明。在着色上,这些建筑都采用金色琉璃瓦屋顶,两侧的建筑则皆为绿色琉璃顶,起陪衬作用,充分显示出皇家园林的艺术特色。

与皇家园林相比,集中于江南的私家园林规模较小,以修身养性、闲适自娱为园林主要功能。园主多为文人学士或退逸官员,园林风格以清高风雅、淡素脱俗为主要追求,充溢着浓郁书卷闲适之气。苏州的拙政园、留园、网师园等都是这方面的杰作,其中尤以拙政园最为著名。

苏州拙政园是中国四大名园之一,其规模较大。园子中为一大片水面,约占园面积的三分之一。全园可分东、中、西三部分,以中部为主。中部庭园的主体建筑为远香堂。此堂建在园中心水面的南岸,这里的堤堰简洁明快、坦坦荡荡,如同一只巨大的山石盆景作品,与水面北岸藤萝牵挂的村郊野趣形成鲜明的对比。水面之中,堆土成岛,将水面自然划分成不甚规则的几块空间。与远香堂相对的岛上建雪香云蔚亭,成为远香堂的主要对景。水面的设计安排也十分自然流畅,一条沟渠蜿蜒南下至园子的尽端,并在此园子的尽端建水阁"小沧浪"作为收尾。颇显匠心的是,建于空中的"小沧浪"并不截断水流,此处水体仍显活水的动感和连续性。"小沧浪"的北面还架设一道略呈拱形的风雨桥"小飞虹",在增加空间层次方面起到绝妙的作用。如果从"小沧浪"向北望去,透过"小飞虹"可见深远的水面、宽大的空间,还有北部的荷风四面亭与见山楼遥遥相望的场景,层次之丰富,意境之深邃,令人叹为观止。

2. 雕塑艺术的成就

中国古代雕塑艺术是传统艺术的重要组成部分。与其他艺术门类比较,中国古代雕塑艺术有两个鲜明的特点:一是以民间创作为主,一般文人雅士很少染指;二是始终有着较强的实用性,从未获得过纯粹艺术形态的独立发展。尽管如此,中国古代艺匠们凭着自己的智慧和才华,仍构筑了一个全然不同于西方的雕塑艺术世界,并成为世界三大雕塑传统之一。自成一体的中国古代雕塑就其成果和种类而言主要有明器雕塑、陵墓雕塑、佛教造像等。

明器雕塑。明器亦称冥器、盟器，指古代用于陪葬的代替实物的模型。与古代明器相伴相生的明器雕塑则包括了用雕塑手法制作的人像及动物、建筑和车船模型等。中国古代明器雕塑源远流长，蔚为大观，而成就最高的当属秦汉和隋唐两个时期，尤其是秦、唐两代。

秦朝是我国历史上第一个统一的封建集权国家。这一时期的明器雕塑也得到惊人的发展。被誉为"世界第八大奇观"的秦始皇兵马俑是这一时期明器雕塑的杰出代表。据专家估计，秦陵一、二、三号坑共有武士俑 7000 个左右，驷马战车 100 辆，战马 100 多匹。秦陵兵马俑具有鲜明的写实特征。武士俑形象酷似北方农民，立俑身高为 1.75 米左右。面部特征富有个性，或威武庄重，或沉着刚毅，或木讷老成，或稚气活泼，栩栩如生，且无一雷同。在整体布局上，整个兵马俑组成的军阵具有浑然一体的气势，用以着力表现统一功业、皇权威严的主题。在雕塑手法上，秦陵兵马俑采用模塑和手塑相结合，大的部件为模塑统一范制，细部则用手作"堆""捏""贴"进行具体刻画。这种统一性和差异性的有机结合，为后世陶俑的繁复制造与多样表现提供了有益的经验。

隋唐是中国明器雕塑的全盛时期。在明器雕塑的题材上，唐人不像汉人那样意欲模仿现实生活中各种事态物象，而是有较强的选择性，即主要表现盛唐时中国作为世界大国的风采。比如唐俑中最常见的贵妇形象，体态丰腴，仪态温婉大方，表情闲适优雅。武士俑的形象则是脚踏夜叉、身着铠甲、表情严肃。这一时期动物明器雕塑中最有代表性的马也往往膘肥体壮。艺术技巧上，唐代明器雕塑采用写实和夸张相结合的手法，如大部分贵妇俑，其脸部上小下大，颈部丰硕，五官往中间集中，往往以樱桃小口造型来突出妇俑的富贵相。在工艺上，唐人发明了三彩釉并将它作为明器雕塑上的妆彩，使明器雕塑异彩纷呈。比如在西安附近出土的一批唐三彩女立俑，不仅体态雕刻得动人可爱，其服饰的色彩也颇有讲究，深浅色彩交错，并配以大量白釉，给人以一种清新爽朗的美感。将高超的技法与工艺完美结合的此类唐代明器，实际上代表了中国古代明器雕塑的最高成就。

陵墓雕塑。陵墓雕塑与明器雕塑一样，也是古代厚葬制的产物。它主要是指陵墓周围设立的石人、石兽等仪式性雕塑。中国古代陵墓雕塑早在汉代以前就有记录，但遗憾的是没有实物遗存。汉以后，每个朝代都有自己朝代特色的陵墓雕塑，但就气势和影响而言，当属汉唐两代为代表。

汉代盛行厚葬，营造帝王之陵墓可以无所不用其极。然而，世道沧桑，西汉八位皇帝的陵墓其地面建筑已荡然无存，只留存了作为汉武帝茂陵的陪葬墓——霍去病墓前的一组石雕群。这是一组宝贵的民族雕刻艺术遗产,其价值足以与秦陵兵马俑相提并论。

霍去病墓前石雕群中造型完整的雕塑作品约有十几件,其中尤以置于墓前的"马踏匈奴"像立意深远,且技法精湛。马的形象高大直立,四蹄之间框拦一匈奴武士形象,以一块整石将一马一人雕刻出来,造型既与石雕群中其他动物石雕和谐统一,又突出表现了霍将军抗击匈奴的赫赫战功。"马踏匈奴"在艺术表现上既重写实又具浪漫气息,被后人誉为中国古代首件有记功碑性质的石雕精品。它在中国雕塑史上具有标志性的地位。

在国力强盛的唐代,历任帝王及皇亲国戚皆将陵墓雕塑视为纪念功绩和夸示权威的重要手段。由此,唐代石雕规模空前巨大,气魄宏伟,艺术风格雄浑威猛。在西安附近的"关中十八陵"中,尤以昭陵、乾陵最为著名。"昭陵六骏"是以唐太宗李世民在开创唐帝国时所骑的六匹骏马为原形而雕刻成的浮雕作品。六匹战马姿态各异,或伫立,或缓行,或疾驰,但却都有孔武剽悍的体魄,勇猛不屈的品质。乾陵前的石雕则为数众多,有蹲狮1对,文武臣10对,马和牵马人10对,鸵鸟1对,翼马1对以及王宾像61座,其造型和气势堪称一流。其中踞中雄视的狮子,真实传神的马匹,板状石上的鸵鸟,无一不显得丰硕圆肥、饱满健劲,集中体现了唐代艺术特有的强世风采。

佛教造像。佛教在中国的兴盛是从魏晋南北朝开始的。佛教在古代即有"像教"的说法。像教的意思是指佛教利用雕塑和绘画的具体感染作用,使人们于生动的形象中受到感化,从而更好地领悟佛教义理。事实上,佛教徒通过观察、回味与观想佛的具体形象以净化心灵,这本是修持的一种方法,名曰"观佛"。正是有缘于此,佛教造像自魏晋南北朝开始也成为中国雕塑艺术的重要组成部分。

佛教造像包括四个部类:其一为佛部像,即释迦牟尼和由其衍生出的三世佛:阿弥陀佛、卢舍那佛以及弥勒佛等佛的造像;其二为菩萨部像。菩萨在佛经中是修行到了很高程度,具有一定佛性但尚未成佛者。有趣的是中国的菩萨造像与印度不同,多为饰有璎珞珠串,着飘逸裙衣的女性形象;其三为声闻部像,即闻佛之声而觉悟者——佛的弟子、罗汉等形象塑像,其形象特征往往近于和尚,光头,身着袈裟;其四为护法部像,指保护佛法的天王、力士(即金刚)等角色的造像。天王的形象特征近于武士,力士则被塑造成上身裸露,肌肉发达的健壮大汉形象。佛教造像的样式有很多种，但最主要的是石窟造像和寺庙造像。

石窟固然也可被归类为佛教寺庙建筑的一种，但就石窟内部设置的佛教造像来说，它又是一种雕塑。中国古代石窟众多，其造像数的确难以统计，但主要还是集中在敦煌莫高窟、大同云冈石窟、洛阳龙门石窟和天水麦积山石窟这四大著名石窟中。

从魏晋南北朝直至明清，中国古代石窟造像艺术从兴盛到衰落有一个较长的过程，其风格也在不断地变化。中国早期的石窟造像带有强烈的印度犍陀罗风格，宗教色彩较浓，神、人距离很远，神秘感很强，且表现手法拙朴，大多是粗线条的刻画。至魏晋南北朝后期及隋唐，石窟造像艺术逐步出现了中国化及世俗化的倾向，神、人亲和，现实性强，且题材丰富，表现手法也日臻成熟，出现了大批诸如洛阳龙门石窟卢舍那大佛之类的优秀石窟造像作品。这些造像往往个性鲜明，形象栩栩如生。李泽厚曾经这样描述唐代石窟里佛像的美学特征："与那种超凡绝尘、充满不可言说的智慧和精神性不同，唐代雕塑代之以更多的人情味和亲切感。佛像变得更慈祥和蔼，关怀现世，似乎极愿接近世间，帮助人们。"[①]宋代以后，随着文化中心南移，石窟造像主要集中在四川、浙江等地。这一时期佛教造像特点是世俗化倾向更加明显，技巧上则更加圆融、表现手法精细且充满亲切感。

佛教造像的另一样式是寺庙造像。寺庙造像生产的年代与石窟造像大致相当，其题材也一致，所不同的是由于寺庙大多为木结构建筑，不像石窟那样可以永久保存，再加上宋代以前四次"灭佛"[②]的浩劫，故早期的寺庙建筑已毁失无余，现在能见到的寺庙造像也只能是出土文物。其中建于唐代的五台山南禅寺大殿和佛光寺大殿的泥塑造像是目前留存最古老的地面寺庙造像。南禅寺有唐塑 17 尊，佛光寺有 27 尊，这些造像虽经后代妆彩新修，但基本保持了唐代的造像风貌。也许由于是地处偏僻的山村寺庙，其造像的造型、气度甚至服饰表现显然不及同时期的敦煌唐代彩塑。

宋代较为发达的商品经济推动了寺庙造像的发展，寺庙造像众多，技术十分精湛。寺庙造像的题材以罗汉和菩萨像最为常见，其代表性作品是山东长

---

① 李泽厚：《美的历程》，生活·读书·新知三联书店 2009 年版，第 120 页。

② 佛教传入中国过程中的四次灭佛运动分别由北魏太武帝拓跋焘、北周武帝宇文邕、唐武宗李炎以及五代时期的后周世宗柴荣发起。由于这四位皇帝的谥号中有"武"或"宗"字，在佛教史上被称为"三武一宗之厄"或"三武一宗法难"。

清灵岩寺罗汉群像和苏州甪直镇保圣寺的罗汉群像。前者采用写实手法,刻画极为细腻,后者体现了中国传统雕塑重内在神韵的民族特色。明清时期,虽然留存下来的寺庙造像不少,但由于社会和整个古代艺术的发展已过鼎盛期,其总体水平显然不及前代。相对较有价值的当属山西平遥双林寺的明代造像和昆明筇竹寺的清代罗汉塑像。前者现存 1500 余尊雕塑,艺术处理富有创造性,后者则写实性极强。

对于中国古代雕塑艺术最重要呈现方式的佛教雕塑,瑞典著名的艺术史专家奥斯伍尔德·喜龙仁曾经这样评价说:"佛教雕塑无疑是中国雕塑艺术中数量最大,也是最为重要的一种。"[1]这一评价恰如其分。但他却对这些雕塑的艺术性评价不高。在他看来:"不管是佛教还是道教,神像的艺术价值都乏善可陈。"[2]这显然是一种偏见。别的且不说,仅就洛阳龙门石窟以卢舍那大佛为代表的优秀石窟群像作品,古往今来让那么多中外瞻仰者流连忘返,就足以说明我国古代佛教雕塑艺术的迷人魅力。

3. 书法艺术的成就

"在中国所有的艺术门类中,诗歌和书法最为源远流长,历时悠久。"[3]书法艺术是中华民族文化宝库的一枝奇葩,它不仅深受我国人民的喜爱,而且也逐渐引起世界各国艺术家的重视。我们有足够的理由说,书法艺术是中华民族对世界艺术发展的最重要贡献之一。

书法作为一门写字的艺术,它的发展同字体的演进、书写工具的变化密切相关。在中国古代,书写之所以能成为艺术,一方面在于书写对象是极具形体美的各种不同汉字;书写工具则为刚柔相济、阴阳相应的柔性毛笔,它能粗能细,能方能圆,能屈能伸;另一方面也还在于其书写的内容为数千年文化积淀而成的、具有独特艺术品质的民族语汇。可见,书法在诸艺术门类中最具有中国特性,只有在中国语言文化背景中,书法才成为一门举足轻重的艺术。

中国书法从字体类型上分为篆、隶、楷、草、行五大类,每一类都有自己独特的风貌。篆书出现最早,并有大篆、小篆之分。大篆包括殷代甲骨文、钟鼎文和周代的石鼓文。从书法角度看,甲骨文作为我们已经知道最早较为成熟的文字,已初步具备了用笔、结构、章法三个书法要素:从用笔上看,甲骨文以

①　奥斯伍尔德·喜龙仁:《中国早期艺术史》,魏清巍等译,中国画报出版社 2022 年版,第 386 页。
②　奥斯伍尔德·喜龙仁:《中国早期艺术史》,魏清巍等译,中国画报出版社 2022 年版,第 233 页。
③　李泽厚:《美的历程》,生活·读书·新知三联书店 2009 年版,第 138 页。

刀代笔,而刀有钝、有锐,甲骨有坚硬与疏松之别,自然形成笔画精细方圆的变化;从结构上看,甲骨文大小不一,虽有错综变化,但均衡对称,中国书法的美学艺术已初露端倪;从章法上看,一片甲骨文的文字或疏落有致,或谨密严整,或有纵行而无横行,已显露出中国书法章法上的特点。可见,总的来说甲骨文中已透出一种稚朴天真的古拙之风。比甲骨文稍后的钟鼎文由于是先写字后刻模型,能够斟酌修饰,其线条特征与甲骨文明显不同,它必然地呈现出工整、稳定,体势恢宏而凝重的书法风格。继甲骨文、钟鼎文之后的石鼓文是我国现存最早的刻石文字,从书法艺术而论,其线条刚柔相济,结构齐整匀称,呈现出气势浑厚庄重的风格。

小篆是在大篆基础上简化和发展而来的。李斯是小篆的鼻祖。当时毛笔已经出现,故小篆的书写风貌较之大篆自是不同,其字体更加抽象化与规范化。从现存的李斯秦代刻石《秦山刻石》与《峄山碑》中可以看到,李斯的小篆,笔笔中锋,藏头护尾,行笔不疾不徐,写出的笔线圆匀劲健,刚柔相济,将南方人的审美趣味和流媚的书风融合进端庄、雄浑的秦国大篆中去。自两汉开始,篆书已逐渐失去实用价值,仅应用于特别庄重和特别需要加以美化的场合。于是,书写篆书变成纯艺术的创作。后世篆书名家有唐代的李阳冰、五代的徐铉、徐锴兄弟,明代的李东阳,清代的邓石如、吴昌硕等。

隶书首创于秦,到了汉代由于其简洁的特点而蓬勃地发展起来。汉隶的出现,使笔画上具有波磔之美,为书法艺术的发展开拓了广阔的前景。如果说在此之前,书法主要还是语言文字的功能,那么到了汉代,隶书书法除表达文字意义之外,其审美特性逐渐成为人们关注的中心。汉代碑文在全国多有发现,汉代碑刻中最具有典型意义的是阵容庞大、风格各异的隶书碑刻,或方整挺劲,爽利痛快如《张迁碑》;或端庄典雅、法度森然如《礼器碑》《华山碑》;或拙朴厚重、大气磅礴如《衡方碑》《校官碑》,还有舒展、峭拔、奇纵多姿的《石门颂》和茂密朴拙、浑厚雄强的《西狭颂》等,展示了汉代书法的辉煌成就和高超的艺术水平。隶书至清代再现高峰,大家辈出,风格各异,著名书家有郑簠、金农、邓石如、伊秉绶等。

草书又分章草和今草。章草是隶书的草体,是因隶书写得简洁而成,虽笔画或省略或连缀,但字字独立。现在可以看到最早的章草作品是西汉史游的《急就章》,其他传世名作有西晋索靖的《出师颂》和陆机的《平复帖》。

今草是章草的进一步“草化”。它上下字之间的笔势往往牵连相通,偏旁作了许多省略假借,即今天通称的草书。今草的创始人是汉末的张芝。张芝的草书笔势连绵奔放、变化莫测。东晋王羲之、王献之父子则对于今草的确立和发展作出了最重要的贡献。王羲之因其书法诸体备精,成就非凡,被尊为"书圣"。他的今草用笔锋藏势逸,流畅俊美;"小圣"王献之则不同,用笔外拓开廓,锋芒外露,放肆而豪迈。唐代的张旭变今草为狂草,他的草书完全突破了"二王"樊篱,异军突起,奇状谲态,纵横跌宕,气势雄伟,大大改变了东晋以来温雅妍美的书风,把书法艺术的抒情性升华到前所未有的高度,人称"草圣"。张旭的传世书迹不多,以《古诗四帖》为代表,其笔画丰满、敦厚、淋漓,富有自然的起伏波动,行笔迅急,气势磅礴,笔画连带之中,其字忽大忽小,忽轻忽重,忽枯忽实,线条的飞腾跳跃之间常常出乎意料。唐代僧人怀素为张旭之后的又一狂草大家。他的狂草笔墨飞舞奇逸,气势变幻跌宕,富有音乐的节奏旋律之美及舞蹈的翩然多姿之态,传世名作有《自叙帖》。李泽厚曾对唐代的草书有过这样的评论:"唐代书法与诗歌相辅而行,具有统一审美气质。其中与盛唐之音若合符契、共同体现出盛唐风貌的是草书,又特别是狂草。"①

　　狂草大家怀素是个僧人,但他不为佛法所拘。因好茶酒,故多在品茶饮酒之后挥毫。据说他酒酣后不管是在寺院的墙壁,还是器皿、衣服上,均随意书写。而且,怀素写字的速度奇快。他在《自叙帖》中不无得意地说道:"忽然绝叫三五声,满壁纵横千万字。"他的草书笔画较瘦,结构奇逸多姿,潇洒超脱,气势磅礴,变化莫测,有"挥毫掣电,随手万变"之风格。相传怀素无钱买纸,便在寺院周围广植万株芭蕉,用芭蕉叶练字,并将写字用秃的笔堆起来埋在山下,号称"笔冢"。这也从一个侧面说明,虽然草书酣畅不羁,但并非没有章法,而是需要非常扎实的根基方可为之。

　　楷书脱化于隶书和章草。楷书的历史发展颇为复杂,孕育于汉代,开始于三国,盛行于魏晋南北朝,唐代是其鼎盛时期。楷书与隶书相比,点画形式更加丰富,从而引起结构上的变化,极大丰富了汉字结构的艺术性。初唐欧阳询、虞世南、褚遂良、薛稷四大家,均以楷书见长。欧阳询的书法笔力遒劲,结构险中求稳,法度森严,真所谓增一分太长,减一分太短,极尽精致之能事。他的书法在当时的影响就已波及国外,并为后世所推崇,代表作为《九成宫醴泉铭》。虞世南的书法外柔内刚,点画圆润,给人以恬淡之感,代表作《孔子庙堂

---

① 李泽厚:《美的历程》,生活·读书·新知三联书店 2009 年版,第 138 页。

碑》被后人赞为"有唐第一楷"。褚遂良远肇"二王"，近学虞、欧之法。早期字类虞世南，但体势更为宽博，代表作《孟法师碑》，后期字则日趋俊逸秀美，其代表作为《雁塔圣教序》。薛稷学褚字而笔道遒劲耿直，当时即有"买褚得薛，不失其节"之说，代表作有《信行禅师碑》《升仙太子碑》等。薛稷曾为慧普寺题名，字径三尺，杜甫曾有诗赞曰："郁郁三大字，蛟龙岌相缠。"（《观薛少保书画壁诗》）

　　唐朝后期最重要的书法大家是颜真卿，他的楷书被称为"天下第一"。颜真卿出身于一个书法之家，得到张旭的指导，又广泛学习王羲之、王献之、褚遂良等名家书法，开创了自成一家的"颜体"。北宋书论家朱花文称颜体笔法为："点如坠石，画如夏云，钩如层金，戈如发弩，纵横有象，低昂有志。"（《墨池编》）这一概括形象地描写出颜书用笔骨力雄强、筋肉丰实的特点。颜体书法的出现，具有划时代的意义。苏轼曾认为："诗至于杜子美，文至于韩退之，书至于颜鲁公，画至于吴道子，而今之变，天下能事毕矣。"（《东坡题跋》）颜书的价值在于突破了自"二王"至初唐四百年间流美超逸的书风，开创了雄强刚健、大气磅礴的新风格，形成了"二王"以后的第二大流派，强烈地表现盛唐的时代风貌。颜真卿的书法艺术，就楷书而言其代表作为《麻姑仙坛记》《颜家庙碑》等。颜真卿之后的主要楷书家还有柳公权。他的书法兼容欧、颜，笔力险劲似颜而紧凑似欧，后人以"颜柳"并称，代表作有《神策军碑》。唐代之后，经五代、宋、元、明、清各朝，都以楷书作为正书，可谓名家辈出。

　　行书介于草书与楷书之间，是人们日常生活中最常使用的书体，自汉代以来一直风行于世，形成了一个又一个艺术高峰。晋代是行书第一高峰，王羲之是最杰出的代表。作为中国书法史上成就和影响最大的书法家，王羲之的书法吸取了前人诸多的优点，其书法造诣达到了"博精群法，古今莫二"（羊欣：《采古来能书人名》）的高度。特别是他的行书代表作《兰亭序》表现出了后人难以企及的境界。这件作品在用笔上如行云流水，潇洒飘逸，骨骼清秀，点画遒美，疏密相间，布白巧妙，在尺幅之内蕴含着极丰盈的艺术美。《兰亭序》凡三百二十四字，每一字都姿态殊异，圆转自如。王羲之书法的出神入化，不仅表现在异字异构，而且更突出地表现在重字的别构上。比如出现的二十个"之"字，各有不同的形态及美感，无一雷同。无怪乎后人一直把《兰亭序》奉为"章法为古今第一"（董其昌：《画禅室随笔》），被誉为"天下第一行书"。

　　唐代是行书发展的第二高峰。唐代书法家在晋代秀妍的基础上，由楷入行，开拓了雄伟壮美、气势恢宏的风格。唐朝前期的李邕善以行楷入碑。他取法二王而又有六朝气势,笔力沉雄,结字沉稳,自成一家风貌,代表作有《李秀碑》。唐后期主要有颜真卿,其行书代表作《祭侄稿》,变二王之妩媚为挺拔,变二王之秀润为苍劲,另辟蹊径,被称为"天下第二行书"。其他唐人行书精品有欧阳询《张翰帖》、柳公权《蒙诏帖》等。

宋代书家营造了行书发展的第三高峰,开启了"尚意"的一代新风。代表者是苏、黄、米、蔡四大家。苏轼的行书用笔圆润含蓄,结构自然生动,笔墨浑厚而爽朗有神,特别以气韵见胜,充分展示出一代大文学家兼书法家的高深修养,代表作有《前赤壁赋》《寒食诗》等。黄庭坚的行书运笔起伏逸放,线条遒劲洒脱,且有既酣畅淋漓又沉着稳健的辩证艺术效果,代表作有《松风阁帖》《苏轼寒食帖跋》等。米芾的行书笔调飘逸洒脱中见雄健宕落,结构欹侧相依中见体势鲜明,节奏强烈而气势磅礴,代表作有《蜀素帖》等。蔡襄行书则以温淳婉媚为特色,代表作有《自书诗卷》等。此后,元代赵孟頫、鲜于枢,并称行书"元代二妙",前者行书风格同楷书一样以秀雅见长,后者擅长行草。明代行书主要有文徵明、董其昌两家。尤其是董其昌,书风温雅秀媚,影响了整个清代前期的书法走势。还有清代的刘墉、何绍基、赵之谦等都是行书名家。

中国书法由于其造型性和表现对象的丰富性,较之其他艺术种类更能鲜明地表现人的审美理想、气质、灵性和人格,古人甚至将其概括为"书如其人",比如王羲之超逸俊美的行书,表现了他飘逸潇洒的风度;颜真卿庄严整肃的楷书,表现了他雍容大度的心怀,刚正不阿的人格;张旭气势磅礴、狂放孟浪的狂草,表现了他的喜悦、忧悲、怨恨、思慕、酣醇、无聊、不平等种种心态。事实上,正如美学家宗白华指出的那样,书法作为一种艺术"还反映了古代中国不同时代的审美风貌和文化特征"①。晋人尚韵,从以王羲之的行书为代表的书法风貌中可以领会晋人的诗歌、散文、绘画、园林的韵味;唐人尚法,颜真卿、柳公权的楷书可为代表,从中亦可联想到杜甫的诗、韩愈的文、吴道子的画;宋人尚意,苏轼、黄庭坚、米芾、蔡襄可为代表,因其字可以贯通到宋诗的平和、宋画的远逸、宋词的清空;明清尚态,无论是浪漫派的徐渭、帖学派的董其昌,还是碑学派的郑燮都有明显表现,又与戏曲小说中的市民性、世俗风相契合。

4. 绘画艺术的成就

中国传统绘画历史悠久,它以丰富而深厚的文化底蕴和独特的美学追求,成为东方绘画的杰出代表。在数千年的发展过程中,中国传统绘画就题材内

---

① 宗白华:《美学散步》,上海文艺出版社 1981 年版,第 156 页。

容上看，主要形成了人物画、山水画、花鸟画三大类。

人物画。人物画在中国绘画领域里历史最悠久，也是与社会生活和文化发展最为密切的绘画形式，它往往体现着"成教化、助人伦"（张彦远：《历代名画记》）的特殊作用。春秋战国楚墓帛图《龙凤画》《御龙图》是我国迄今发现最早的人物画。《龙凤图》画中以一发髻后挽、细腰、侧面的妇女为主角，她两手前伸弯曲作合掌状。妇女头上左部有一龙一凤。整幅画纯粹用黑线勾勒，手法细腻而传神。对其内涵后人多有猜测，可能是巫女祈求龙凤保佑墓主进入天堂，反映那时人们对死后归宿的一种普遍心理状态。《御龙图》则描绘了一贵族男子乘龙升天的形象，反映了战国时期盛行的神仙思想。它的表现手法比《龙凤画》更胜一筹，由于使用少量色彩，显得更为典雅富丽。这两幅画线条相当流畅，造型也比较准确，充满了现实与幻想相结合的浪漫主义倾向，初步体现出中国传统绘画艺术的风范，也标志着当时人物画已开始趋于成熟。

人物画至魏晋南北朝时期开始兴盛，当时几乎所有的著名画家都是以人物画驰誉后世的。其中最有影响的顾恺之、陆探微、张僧繇，画史上誉之为"六朝三杰"。顾恺之作为东晋最伟大的画家，他在艺术上的非凡成就是历代画家所公认的。当时的谢安称赞顾恺之的画是"苍生以来，未之有也"（《晋书·文苑》）。著名的《洛神赋图卷》就是顾恺之根据曹魏时诗人曹植的《洛神赋》所作。整幅画以曹植与宓妃情感为主线展开，分段描绘赋意，将不同情节、构图巧妙连接起来。其中一卷画中曹植端坐于榻上，凝视着纤秀的宓妃，而宓妃则回首相望，充满了柔情蜜意而又弥散着一种惆怅之感。整幅画不仅深刻地反映了当时人们反封建礼教，追求个性，向往自由的时代特征，而且其绘画手法精致细腻而简约洗练，色彩艳丽而不媚俗，成为古代绘画的典范之一。《洛神赋图卷》意境典雅绮丽，画风严谨古朴，与《洛神赋》赋文异曲同工，堪称古代艺术的绝世双璧。

隋唐时期人物画发展到了新的高峰。宗教画、肖像画、仕女画、历史画、社会生活画都有大量作品产生，杰出的人物画家辈出。他们以不同风格、卓越的成就，不仅冠绝当代，而且留名千古。阎立本是初唐画坛上的著名画家。由于他身居高位，常与帝王将相接触，遂使他的人物画带有强烈的政治色彩且具有深厚的历史意识。比如他的《历代帝王图》共画了从汉至隋的13位帝王。其中在历史上有作为的皇帝大多表现得威严端庄，而一些昏君则被画成形象萎靡之辈。特别值得一提的是，画中每个帝王又都具有自己鲜明的个性和气质，魏文帝曹丕机敏精干，晋武帝司马炎气宇轩昂、深沉大度，陈后主则轻靡浮躁，如此精细传神的刻画,使阎立本的帝王画极具艺术魅力。有"画圣"之称的吴道子的画则气势恢宏,构图丰富生动。他擅长宗教变相人物,他的作品不仅想象丰富,而且因其熟悉人体解剖,因而所画人物形象准确。《送子天王图》是他的代表作之一。画中天王端坐的雄姿,净饭王送子的虔诚,天神跪拜的惶恐,强烈凸现着整幅图的主题立意,显示了吴道子"众皆谨于象似,我则脱落其凡俗"(张彦远:《历代名画记》)的美学追求。张萱与周昉则是仕女画的代表作家。他们笔下的女性大多形体丰满,姿态绰约,反映了那时人们对女性形体的审美情趣。周昉所作《簪花仕女图》最具代表性:画中一群贵族妇女,衣着华贵,神态悠闲,面容丰丽饱满,体形丰腴绰约,以赏鹤戏犬为消遣,描绘了一幅唐代贵族妇女生动的生活画面。作品写实技艺相当高超,细腻的表情描写与色彩的大胆运用,使整幅画色调柔丽、艳而不俗。

人物画至五代两宋,其发展趋势虽不及山水与花鸟画,但也有自己的特色。李公麟的白描法,淡毫轻墨,开一代新风;梁楷的减笔法,粗笔泼墨,创写意人物之新法,标志着人物画开始进入更新的境界。北宋人物画的另一重要变化是风俗画风靡一时。张择端的充满生活气息的风俗画《清明上河图》,以鸟瞰式画景法构图,描绘了清明时节京城汴梁从城郊到城内街市的繁华景象。画中有仕商工农、医卜僧道、男女老幼 550 多人,百态俱备,姿色各异,为世所罕见。整个长卷循序渐进,如同一首乐章,由慢板、柔板,逐渐进入快板、紧板,最后进入尾声,留下无尽韵味。整幅画既有界面典雅精美的特点,又有写意画神韵华肖的优点。它在当时及以后都博得了各阶层观赏者的喜爱,在绘画史上具有极重要的地位。

山水画。山水画是中国古代绘画中最兴盛的一个画种,是中国绘画艺术有别于西方绘画艺术的一个显著标志。山水画出现较迟,在魏晋南北朝时期还仅作人物画的背景出现。隋朝展子虔的《游春图》是现存最早的山水卷轴画。这幅画生动地展现了绿水青山间文人们踏青游春的雅兴,构图明丽幽远,层次丰富多变。此画最大的特点是大胆施以青绿色。"青绿山水法"正是由此而创,所以这幅画在我国山水画史上属于既有创新又有师承的重要作品。

山水画于唐代开始兴盛起来,并开创了两大流派:其一是李思训父子继承和发展了展子虔技法,形成了工细巧整、金碧互衬的青绿山水画派;其二是王维用水墨画山水,笔意清润、笔迹劲爽,是水墨山水画派的始祖。李思训的山水气魄豪放,着色浓烈,尤喜施用大青绿,色彩效果以"金碧辉映"著称于世。其子李昭道在继承家学的基础上又自辟蹊径。相传由其所作的《春山行旅图》，峰奇木秀，云雾弥漫，尺幅之间可见气象万千，给人以仙山琼阁之遐想。"二李"山水多被后人取法，对后世绘画产生了极大的影响。以水墨山水擅长的王维不仅是才华横溢的诗人和音乐家，也是著名的画家。由于他深厚的文学、音乐造诣，以及禅学的功底，从而形成了他山水画独有的气韵生动、意境丰满、笔致空灵的艺术风格。

　　宋代苏东坡曾将王维画作的艺术特点概括为："画中有诗、诗中有画。"(《东坡题跋·卷五·书摩诘〈蓝田烟雨图〉》)这种诗画融合、形成诗情画意的审美情趣，成为后世山水画家孜孜追求的艺术标准与美学境界。正是由此，王维在绘画艺术史上也具有极高的地位。相传由他所作的《辋川图》，笔墨清润婉约，气韵恬静淡雅，画中群山起伏，绿水环绕，树木掩映，将文学意象美和山水形式美融为一体，营造了一种含蓄朦胧、深远空邃、清高幽僻、意出尘外的独特审美境界。

　　至五代两宋时期，中国古代山水画不仅自身发展已高度成熟，而且逐渐占据了中国画坛的主流地位。这一时期的山水画坛名家辈出，各种风格竞相出现。五代及宋初山水画有南北两大派别：北方派雄强挺拔，得秦陇山水之骨法，以荆浩、李成、范宽、郭熙等为代表；南方派淡墨轻岚，得江南山水之神气，以董源、巨然为代表。《匡庐图》为荆浩的传世之作，以全景式的构图，再现了庐山群峰嵯峨、烟岚缥缈的雄伟景色，不仅突破了隋唐以来山水画大都局限于空勾无皴的技法程式，同时还开创了画高山大壑、长松巨木、飞瀑流泉，气势雄壮的北方派山水画风。董源《潇湘图》则是典型的南方派山水画。它根据"潇湘帝子游"(谢朓：《新亭渚别范零陵诗》)的诗句而作。此画构图平远，峰峦平缓，灌木繁茂，林梢出没，云雾显晦，极得山川神气，体现了画风清淡天真，境界缥缈，意趣高远的审美境界。它开创了温润秀丽的山水画风。

　　元代的山水画是中国古代山水画发展中一个重要转折点。当时的山水画成为中国画中最大的画科，其艺术成就超过其他画种。赵孟頫是元代画坛极有影响的人物，他的山水画以江南真山真水为描绘对象，在工细中透露出潇洒出尘的气息。《秋郊饮马图》是他的代表作之一。画中描绘清秋郊野放牧情景，生动地反映了马的各种矫健之态——有的正在奔驰追逐，有的正在水中嬉戏，显示了色彩凝重华丽、构图疏密有致的艺术特色。赵孟頫同时又是一位著名书法家，故他将书法笔墨气韵融进画中，从而拓展了山水画的表现技法，为山水画增添了文人的学养情愫和审美心态。赵孟頫的山水画开一代新风，师承他的黄公望、吴镇、倪瓒、王蒙（被称元四家）作为元代水墨山水画最杰出的代表，他们的山水画，或苍茫沉郁，或潇散洒脱，或简洁疏朗，或墨气沉厚，各致其极，对后世的影响也极大。比如元代山水画的经典之作《九峰雪霁图》就是黄公望的代表作，画中峰峦起伏，寒林拥雪，银装素裹，透出一派高洁清寒之气。《渔庄秋霁图》则为倪瓒的代表作。图中近景只是几棵树，中间一泓平静的湖水，远处是低矮的山坡，画面呈现出一种安谧静寂、远离尘世的自然美感，让人从简练的构图中感受到一种落寞而又不失清雅超然之意。

可见，宋元时期山水画已经达到了极盛期，大家辈出，绘画技法、审美观念日趋完善，明清等后世的山水画大多只表现为对其的模仿和变异。也正是基于这一缘故，李泽厚认为："如果说，雕塑艺术在六朝和唐达到了它的高峰；那么，绘画艺术的高峰则在宋元。这里讲的绘画，主要指山水画。中国山水画的成就超过了其他许多艺术部类，它与相隔数千年的青铜礼器交相辉映，同为世界艺术史上罕见的美丽珍宝。"①

花鸟画。中国花鸟画形成较晚。花鸟鱼虫成为绘画的独立题材，始于中唐，成于晚唐，盛于五代，从此之后便蔚然成风。唐代是花鸟画奠基时期，其间出现了不少画家，形成了不同的艺术流派。五代时期，花鸟画有了空前的发展，出现了"黄筌富贵、徐熙野逸"两种风格，使中国花鸟画从此分为两大流派，被后人称为"徐黄二体"。现流传下来的《写生珍禽图》是黄筌教子习画的范本。画中有鸟、蚱蜢、乌龟、蝉、蜜蜂等各类飞禽，昆虫二十余种。不仅造型准确，而且由于着重于色彩表现，几不见墨迹，开了后世"院体画"的"双钩填色"画法的先河。《雪竹图》相传为徐熙所作，描写郊野的雪中竹景。画面构图丰满空灵，笔墨变化自然，充分表现了他创立的"水墨淡彩"的"落墨"画法。

到了宋代，花鸟画逐渐倾斜于画松、竹、梅、兰、菊。尤其是以文同、苏轼等人创造出的极富文人意味的画种——墨竹，开了绘画的新风。宋代最具代表性的作品有《寒雀图》《写生蔬果图》《墨竹图》等。尤其是文同的《墨竹画》，描绘了一竿倒垂竹枝，竹枝随风摇曳，宛若龙翔凤舞。其画用笔遒劲圆浑，墨色停匀而婉媚，对后世竹画题材的画有深远的影响。

元、明、清三代是花鸟画的繁荣期。这一时期水墨写意与工整艳丽的画风争奇斗艳，名家辈出且流派纷呈，最著名的作品有《墨梅图》《墨葡萄图》等。《墨梅图》是元代著名诗人、画家王冕的代表作，描绘风姿绰约的白枝梅花，其

---

① 李泽厚：《美的历程》，生活·读书·新知三联书店 2009 年版，第 169 页。

构图简洁,形象清丽生动,笔墨精练淡润,画风清绝脱俗,这与王冕胸怀韬略却隐迹山林,常常借画梅表达自己心态密切相关。《墨葡萄图》是明代画家徐渭的杰作之一。该画是水墨大写意,老藤错落低垂,串串葡萄倒挂枝头,整幅画笔墨酣畅,意趣横生,画面上方以草书题诗:"半生落魄已成翁,独立书斋啸晚风;笔底明珠无处去,闲抛闲掷野藤中。"表达了这位天才卓异却一生坎坷的画家的狂放洒脱和愤世嫉俗之情。

花鸟画在清代同样精品迭出。《荷花小鸟图》《悬崖兰竹图》《桃实图》可谓这一时期的代表作。《荷花小鸟图》是清代自号八大山人的画家朱耷的代表作,它描绘了一只缩颈小鸟,危立于败荷残茎池中的情景。其画构图简洁奇特,造型孤傲夸张,寥寥数笔而神韵绝佳,对后世写意花鸟画的发展有巨大的影响。扬州画派是清代乾隆时期最具生命力、最为活跃的花鸟画派,其代表人物是自号板桥的郑燮。郑板桥在绘画中善画兰、竹、石,尤精墨竹,注重"瘦与节"的结合,其作品往往是自己思想和人品的化身。《悬崖兰竹图》用近乎一半的幅面作一巨大的倾斜石壁,数丛幽兰和几株箭竹,仿佛同根并蒂生于峭壁,迎风摇曳碧空,生动表现了兰竹虽然生于峭岩壁缝,却豪气凌云、不畏艰险的精神。《桃实图》为清朝最后一位,也是近代第一位杰出艺术家吴昌硕所画。吴昌硕以写意花卉著称于世,融各家之长,将深厚的书法、篆刻、诗人修养入画,以雄健烂漫的风格一改清末画坛柔媚轻佻之风。《桃实图》左下角为一厚重的巨石,石旁两株硕果累累的桃树冲出画面,处处体现了吴昌硕"奔放处要不离开法度,精微处要照顾到气魄"的绘画准则。从某种意义上可以说,吴昌硕的写意花鸟画是传统花鸟画的一个可贵总结。

5. 音乐艺术的成就

我国有迹可考的音乐文化的历史至少有七八千年的发展历程。在这个漫长的发展进程中,我们的先人以其非凡的智慧和灵性创造了极其丰富的古代音乐艺术作品。这些杰出的古代音乐艺术作品不仅至今是我们民族精神文化的宝贵财富,而且它也是世界音乐文化宝库中一颗耀眼的明珠。

宫廷音乐。宫廷音乐指的是历代统治者在宫廷内或朝廷仪式中为统治者演奏的音乐。它具有功利性、礼仪性和旋律节奏"雅化"的特点。其中西周的雅乐、唐朝的燕乐可以说是宫廷音乐发展的两座高峰。

雅乐是礼乐结合的产物。从史籍记载看,雅乐是在前代乐舞和民间音乐的基础上形成和发展起来的。它包括:六代之乐、房中乐、诗乐。其中六代之乐是指黄帝之《云门大卷》、唐尧之《大咸》、虞舜之《韶》、夏禹之《大夏》、商汤之

《大濩》、周武王之《大武》。这些规模宏大的典礼音乐,乃综合诗、歌、舞、乐而成。这些乐曲有的是祭祀天地山川,有的是夸耀政治开明。演出时,动作缓慢,声调平静,造成一种庄严、肃穆、神秘的气氛,使人震撼并得到伦理道德的感化。房中乐是宫廷内部所演唱的歌曲,只用琴瑟伴奏,由后妃歌唱从民间采来的诗篇,以侍奉君王。诗乐则是由专人到各地采集民间歌谣,经加工修饰而作为与典礼配合的诗篇,用"雅""颂"声调歌唱。

唐初的燕乐沿袭隋朝九部乐。唐太宗时增加一部,形成十部乐,其基本上是按照不同民族及国家的音乐特点来划分种类,从而组成声乐系列。唐玄宗时将十部乐的表演程式分为"坐部伎"和"立部伎"。"坐部伎"就是堂上坐着演奏的音乐和乐伎;"立部伎"则是堂下立着演奏的音乐和乐伎。"坐部伎"音乐具有抒情典雅的艺术特点,而"立部伎"音乐则具有粗犷热烈的艺术风格。唐燕乐中最突出、最辉煌的是大曲。大曲不仅集中地代表燕乐的全部艺术成就,而且将宫廷音乐推向了顶峰。值得一提的是,唐玄宗创作的《霓裳羽衣曲》就是有名的一首大曲。全曲共分 36 段,它集中了唐代及前代音乐舞蹈的艺术精华,曾使无数的诗人赞叹不已,并传到朝鲜、日本等国,对这些国家乐舞产生了重大的影响。

宗教音乐。宗教音乐指的是由宗教信徒演奏为宗教信仰目的而演奏的音乐,具有仪式性、教义性和神秘性的特点。中国古代宗教音乐主要存在着佛、道两大音乐体系。

佛教音乐包括了唱诵音乐和器乐二种,均服务于法事活动。唱诵音乐有赞、偈、礼拜曲等。赞又称梵呗。梵呗的演唱速度缓慢,曲调平稳,具有庄严肃穆、清畅典雅的气质与风度。偈又称为颂,只有一个基本曲调。礼拜唱曲是修行法事和纪念法事中的唱典,包括《三皈依》和《拜愿》,演唱时自己配合着顶礼膜拜的动作。北方佛教音乐重吹打器,比如管、笛、笙、云锣、手鼓、铛子等;南方佛教音乐则在以上乐器基础上增加了管弦乐器,比如箫、琵琶、三弦、二胡等。除此之外,法器也是寺院生活起居及法事中所用的敲击乐器,主要有法鼓、手鼓、大磬、中磬、木鱼、铛子、铃等。由于佛教来自古印度,故佛教音乐明显具有印度和西域的异国情调。它的传入丰富了中国本土音乐的内容,并和儒家、道家一道,共同呈现出中国传统音乐艺术追求"和、静、清、远、古、淡"的审美意境。

道教音乐则是在斋醮和其他法事活动时使用的音乐,主要有独唱、齐唱、散板式吟唱和鼓乐、吹打乐以及合奏等多种形式,用以赞美神仙,表现镇煞驱魔的威严。其所用乐器与佛教音乐有许多相同之处。各地的道教音乐，按其活动范围和演唱风格，可以分为"在家"和"出家"两大流派。"在家派"的活动范围主要在乡镇集会，以"人"为表演对象，属于宗教外部的活动，演唱风格比较清新活泼、欢快明朗，具有较浓郁的世俗气息。"出家派"的活动范围在道观，演唱对象主要是"神灵"，音乐风格偏于庄穆沉静、典雅悠缓。道教音乐通过对民间音乐和佛教音乐的吸收融化，形成了别具神韵的道教音乐体系。

文人音乐。文人音乐指的是历代具有一定文化修养的知识阶层创作流行的音乐作品，所表现的是古代知识阶层在不同时代所特有的精神气质和审美情趣，其特点是文学和音乐的高度结合。著名的作品有《阳关三叠》《满江红》等。《阳关三叠》是唐代歌曲，歌词取自唐代诗人王维的七言绝句《送元二使安西》："渭城朝雨浥轻尘，客舍青青柳色新；劝君更尽一杯酒，西出阳关无故人。"因诗中有"阳关"一词，又称"阳关曲"，又因曲中"西出阳关无故人"句重复三次，故称《阳关三叠》。《阳关三叠》使原诗中抒发的依依惜别之情更加深挚、强烈，极富感染力。著名诗人白居易曾赋诗赞道："最忆阳关道，珍珠一串歌"（《晚春欲携酒寻沈四著作》）。这首歌曲自唐代问世以来，广为流传，至今仍为听众所喜爱。《满江红》是宋代文人根据抗金英雄岳飞的《满江红》词所谱的曲子。曲调淳朴舒展，节奏稳健铿锵，情绪昂扬激越。它以艺术的形式，再现了岳飞原词中所蕴含的精忠报国之心和还我河山的壮志凌云。由于后人深深怀念这位功勋卓著却惨遭杀害的民族英雄，为他的不幸命运而不平，故《满江红》被一代又一代传唱，对无数仁人志士的成长起到特殊的激励作用。

民间音乐。民间音乐指的是由庶民百姓集体创作的、真实反映了他们的生活情景、生动地表达了他们感情愿望的音乐作品。它具有创作过程集体性、传播方式口头性，以及音乐曲调的变易性等特性。我国古代的民间音乐以器乐艺术作品为主。在漫长的音乐实践中，古人创造了具有显著民族风格的各式乐器约 400 多种，大体上分吹奏乐器、弹拨乐器、拉弦乐器和打击乐器四大类。所谓的器乐艺术指的就是用中国传统乐器以独奏、合奏形式演奏的音乐作品。它是中国传统音乐艺术中极重要的组成部分。《高山流水》《广陵散》《十面埋伏》堪称民间音乐的经典之作。

《高山流水》相传是春秋时期的伯牙所作的古琴曲。伯牙是民间演奏家，弹琴演奏技巧细腻传神。据《列子·汤问》记载："伯牙善鼓琴，钟子期善听。伯牙鼓琴，志在高山，钟子期曰：'善哉，峨峨兮若泰山！'志在流水，钟子期曰：'善哉，洋洋兮若江河！'伯牙所念，钟子必得之。"这不仅反映了伯牙高超的艺术技能,更反映了伯钟二人心心相印的真情实感。《高山流水》的艺术特色是由静而动,由徐而疾,婉转如歌,起伏奔涌。《广陵散》又名《广陵止息》,全曲共45段,有"取韩""发怒""冲冠""投剑"等分段标题。它以其深沉的乐意,雄浑的气魄,一直吸引着古今琴家。魏晋时的名士嵇康在临刑时,就曾毫无惧色地演奏过《广陵散》,以表现临死不惧的精神境界,使这首名曲更具魅力。《十面埋伏》又名《淮阳平楚》,它是我国古代著名的琵琶大套武曲。它反映的是楚汉相争的历史题材。据后人推断此曲可能是从明代琵琶曲《楚汉》演变发展而来。全曲共有十多段,主要表现列营、吹打、点将、排阵、走队、埋伏、鸡鸣山、小战、九里山、大战、项王败阵、乌江自刎、众军奏凯、诸将争功、取胜回营等情形。在演奏的技巧上充分发挥了煞弦等特有的技法,表现手段丰富多彩,因而成为琵琶曲中的经典之作。

> 《十面埋伏》的内容壮丽辉煌,风格雄伟奇特,在古典音乐中是罕见的。该曲出色地运用音乐手段表现了古代战争的激烈场面,是一幅生动感人的古战场音画。此外,《十面埋伏》作为大型琵琶曲的代表,尤其发挥了武曲擅长表现强烈气氛和情绪的优势,全曲气势雄伟激昂,艺术形象鲜明。尤其值得推崇的是,《十面埋伏》虽是武曲,但却刚柔并济,在以高亢、金戈铁马的旋律营造宏大的战争气势下,不时又用低沉、委婉、柔弱、如泣如诉的音符传递出了对众多殒命者的悲悯之情。

除了器乐之外,民间音乐还有民间歌曲、歌舞音乐、说唱音乐、戏曲音乐。民间歌曲又称民歌。它是我国各族人民在长期劳动生活和社会生活中集体创作的一种短小的歌唱艺术,可分为劳动号子、山歌、小调和长歌。比如陕北《信天游》《孟姜女》《走西门》《茉莉花》等。歌舞音乐指的是伴随着民间舞蹈的歌唱和器乐演奏。歌舞音乐有歌舞结合、曲调活跃、节拍规整、节奏明快有力、富于动作性的特点。说唱艺术是念(白)、唱(腔)、表(作)三位一体的艺术。中国说唱艺术十分丰富,全国现存曲种达200多个。比如河北京韵大鼓、苏州弹词、山东琴书、安徽凤阳花鼓、山东快书等。戏曲音乐则是戏曲重要的组成部分,包括声乐和器乐两大部分:声乐主要是唱腔和念白;器乐包括不同乐器组成的小型管弦乐(文场)和打击乐(武场),它对表现戏曲情节、塑造戏曲人物、烘托舞台气氛发挥着重要作用。

6. 戏曲艺术的成就

与西方戏曲艺术不同，中国古代戏曲在长期的历史发展中，形成了形式多样、风格各异的戏曲大观园。其中有代表早期戏曲雏形的古代傩戏、汉代百戏、唐代参军戏，有代表传统戏曲走向成熟的宋元杂剧，还有代表传统戏曲在元杂剧之后进一步发展繁荣的明清传奇，更有以京剧为代表的地方戏曲等。

早期戏曲。中国传统戏曲的起源，最早可以追溯到原始时代的歌舞。原始歌舞最初是集诗歌、舞蹈、音乐为一体的，用以表现对鬼神的敬畏、对祖先的崇敬、对丰收的喜庆以及后来对男女爱情的倾心唱颂。周代以后在祭祀活动中出现了傩戏：傩舞和巫舞。这可以说是最古老的戏曲。傩舞是一种驱鬼的仪式。这种驱逐恶鬼的舞蹈，戴着恐怖的假面、奇怪的服装、狂野的喊声，遗存着原始时代的一些舞蹈动作。傩舞的表演、装扮及脸谱等都存留于后世戏曲舞台上。巫舞是祭祀时的歌舞。在祭祀时伴以歌舞，既娱神又娱人。巫舞中已具有某些简单的情节性，含有较多的戏曲因素。

在西周末年则出现了由贵族或诸侯豢养，专供他们声色之娱的职业艺人——优。当时的优人分为三类，歌舞表演者为倡优，吹打乐器者为伶优，调笑、滑稽、讽刺表演者为俳优，俳优往往由男性担任。三类艺人中，俳优最接近戏剧艺术，其表演类似于今天的戏剧小品。《史记》曾记载过一个"优孟衣冠"的故事：春秋时俳优艺人优孟假扮已死楚国宰相孙叔敖的模样，劝谏楚王，使贫困交加的孙叔敖之子终于得到国王封赠田产和银两的故事（《史记·滑稽列传》）。之所以中国戏剧史书上几乎都记载了这则轶事，是因为优孟的扮演行为第一次较为接近了严格意义的角色含义。

汉武帝时设立了"乐府"官署。由于张骞出使西域，使得西域各民族的一些民间技艺陆续传到中原，形成了历史上各民族艺术的汇合，出现了"百戏"繁盛的局面。这时统治者一方面把民间乐曲搜罗到乐府中来，请一些音乐家把它们加以提高；另一方面又把盛行于当时民间的角抵戏和民间多种伎艺集合在宫廷前的广场同时演出，时称"角抵百戏"。其中有一出《东海黄公》的角抵戏，说的是东海人黄公，年轻时有法术，能兴云吐雾、制蛇御虎。但后来年老力衰，法术失灵，终为虎所杀的故事。这个角抵戏是史书上明确记载、有据可考的第一次由演员饰演人物，并通过动作表现冲突，按照编好的情节叙述一个有头有尾的独立故事的舞台艺术作品。由此，它被认为是我国古代短剧之始。汉代"百戏"对于我国戏剧艺术的形成起着关键作用。这是因为由于许多艺人都在同一广场演出，他们之间的艺术交流便是很自然的事情。而且，唱、做、念、打、舞这些综合的戏曲功夫,也正是在"百戏"的发展中逐渐孕育成形的。

中国戏曲的雏形在唐代则完全形成,其标志是唐代的歌舞戏与参军戏。戏曲的特征是演员扮演人物,以歌舞表现故事。无论是唐代的歌舞戏,还是参军戏都具备了这一特征。唐代《踏谣娘》《兰陵王》《拨头》等歌舞戏,都以演员装扮角色,运用歌舞手段表现简单的戏剧冲突。在歌舞戏产生的同时或稍后,出现了以动作和说白为主要表演手段的参军戏。参军戏的演出形式较为固定,一般有"参军""苍鹘"两个角色互相问答。它情节简单,即兴表演,以滑稽讽刺为主。被讽刺的角色叫参军,进行讽刺的角色叫苍鹘。歌舞戏和参军戏是中国戏曲形成过程中的两种最初的戏剧形式。歌舞戏一开始就基本具备戏曲的特征,参军戏虽然还不具备戏曲特征,却对戏曲的形成和发展起到重要作用。事实上,参军戏和歌舞戏就像两条溪流汇合在一起,终于形成了中国戏曲这条川流不息且波澜壮阔的大河。

宋元杂剧。中国戏曲的成熟是在宋元时期。随着北宋社会经济的发展,城市日趋繁荣,市民阶层不断扩大,因而北宋的一些主要商业城市出现了市民游艺区——瓦舍。瓦舍为各种艺术相互学习与交流提供了有利的条件,为戏曲艺术的全面发展提供了方便。由于瓦舍给艺人们提供了固定的演出场所,许多艺人就可以长年在此以卖艺演出谋生,于是职业艺人出现了。而且,随着瓦舍的出现,同时也产生了书会。书会中人往往是当时不得志的下层文人。这是当时出现的一批职业剧作家。这些靠创作谋生的人经常与艺人合作,故他们熟悉舞台,懂得舞台艺术的特点和观众的欣赏要求,他们写出的剧本,不但能增强舞台表现能力,而且更容易直接为观众所接受。同时,与文人接触交往,对于提高艺人的文学艺术修养,提升他们的演出水平与创作能力都有很大帮助。正是这一切成为宋代杂剧产生并迅速发展的重要原因。

北宋杂剧是继承唐代参军戏的传统,又广泛吸收了许多表演、歌唱的技艺,并把它们进一步综合起来而形成的戏曲,故称杂剧。北宋灭亡后,南宋偏安江南。由于社会相对稳定,经济发展也不错,大量北方人口南迁,杂剧也随之传入南方,并得到了长足的发展与进步。至元代,杂剧更是被认作是代表这个朝代的艺术。元杂剧的剧本体制绝大多数是由"一楔四折"构成。楔子篇幅短小,通常放在最前,这有点类似于后来戏曲中的"序幕"。四折是四个情节的段落,像做文章讲究起承转合一样。元杂剧在艺术上是以歌唱为主,结合话白表演的形式。每一折由同一宫调的若干支曲子联成一个套曲,全套只押一个韵,由扮演男主角的正末或扮演女主角的正旦演唱。这种"一人主唱"可以极大地发挥歌唱艺术的特长,酣畅淋漓地塑造主要人物形象。念白部分受参军戏传统的影响,常常插科打诨,富于幽默情趣。可见,它将音乐与戏剧统一起来,达到体制上的规范整合,这表明了元杂剧艺术的成熟和完善。正是由此,在中国戏剧史上元杂剧有着辉煌的成就,出现了一批光耀一代的大作家和不朽名作。据记载这一时期有据可考作家就有七百余人,见于书面记载的剧目就有六七百种。其中最著名的是关汉卿的《窦娥冤》和王实甫的《西厢记》。

　　元杂剧的奠基人关汉卿被誉为我国戏曲史上最伟大的戏曲家。他的名著《窦娥冤》的剧情是:穷书生窦天章为还高利贷,不得已将女儿窦娥抵给对方做童养媳。后来窦娥的夫君早死。一直想将窦娥占为己有却未能得逞的恶人张驴儿,与昏官桃杌联手制造了窦娥屈死的冤案。所幸的是,科举得中的窦天章最终为窦娥平反昭雪。《窦娥冤》作为中国著名的悲剧作品,具有极高的艺术价值与广泛的群众基础,在国内约有八十多个剧种都改编并演出过此剧。而且,它很早就被翻译介绍到英法等国,也颇受国外观众的好评。

　　明清传奇。明清时期,中国古典戏曲继元杂剧之后进入了又一个大发展、大繁荣的新时期。其代表形式是传奇。明代传奇在初期由于受到文化专制主义及封建伦理观念的束缚,单调贫乏,少有佳作。到了明代末年,由于商品经济的发展和人文思潮的涌动,传奇的主题变成揭露社会黑暗、反对封建礼教和追求个性解放。其中以明嘉靖时期的三部传奇为代表:《宝剑记》《鸣凤记》和《浣纱记》。《宝剑记》取材于小说《水浒传》中林冲被逼上梁山的一段故事,但颇有改动。剧中林冲和高俅的矛盾是由于林冲上本参奏高俅等权臣的结党营私、祸国殃民,结果招致高俅的报复陷害被逼上梁山。它不同于小说起因于高俅的儿子要霸占林冲的美貌妻子被迫杀了恶人而上梁山的情节。这就给林冲的反叛朝廷之举赋予了更多的社会意义。《鸣凤记》的故事描写的是严嵩专权时代,一批志士仁人,明知“寡不敌众、忠不胜邪”,却一个个拼死捐生,不屈不挠地与严嵩父子及党羽进行抗争的故事。剧本写作之时,这场政治斗争实际上还没完全结束。以戏剧的方式及时地表现现实的政治斗争,《鸣凤记》是开风气之先河的杰作。《浣纱记》则取材于中国有名的历史故事越王勾践卧薪尝胆,以西施和范蠡的爱情纠葛贯穿全剧。剧作家在描写西施与范蠡的悲欢离合时,跳出了才子佳人的俗套,使政治原则凌驾于儿女私情之上。在剧中一对有情人被塑造成富于牺牲精神的爱国者,其家国情怀令人颇为动容。

明代传奇最杰出的作品自然是汤显祖的《牡丹亭》。《牡丹亭》借杜丽娘为追求爱情死而复生的故事,强烈地表达出对封建礼教的挑战和反叛,发出了被压抑的青春、被窒息的人性的呼唤。整个作品展现了浪漫主义和现实主义的完美结合,形式与内容达到高度统一。它所达到的思想成就和艺术成就,使汤显祖成为享誉中国乃至世界的一位文化名人。清代传奇的代表作是洪昇的《长生殿》和孔尚任的《桃花扇》。《长生殿》描写的是唐明皇和杨贵妃的爱情故事。该剧以安史之乱为时代背景,借爱情悲剧反映时代悲剧;又以时代悲剧衬托了爱情悲剧的必然性。《长生殿》的曲词尤其优美,历来为后人所称道。《桃花扇》以明代才子侯方域邂逅秦淮歌妓李香君,两人陷入爱河为主线,揭露了奸臣魏忠贤的亲信阮大铖陷害侯方域,并强将李香君许配他人的罪行。之所以题为《桃花扇》是因为李香君反抗阮大铖血溅诗扇,侯方域的朋友杨龙友利用血点在扇中画出一树桃花。戏曲史家将这两部杰作视为明代传奇的"压卷之作",既是传奇达到顶峰的标志,也是传奇创作最后的辉煌一页。

地方戏曲。清中叶以后,地方戏开始兴盛起来。地方戏是昆曲之外多种剧种的统称。其中占主导地位的是乾隆年间被称为"花部"或"乱弹"的梆子、皮簧、弦索等新兴剧种。昆曲与地方戏有"花、雅"之分,沿袭了中国历代统治者分乐舞为雅、俗两部的旧例。所谓雅是正的意思,当时奉昆曲为正声;所谓花就是杂的意思,指地方戏的声腔花杂不纯,多为野调俗曲。

如果说明清传奇是以文人剧作的繁茂为标识的话,那么花部则恰恰相反,极少得到文人士大夫的扶植和帮助。这些作品直接取自民间,荡漾着泥土的芳香与生命的激情。花部创作可视为对昆曲雅化倾向的逆反运动,它文辞欠讲究,甚至文理不通,缺少文学上的规范与格式。但它在舞台演出和个性张扬方面有自己的优势。不论组织戏剧冲突,还是塑造舞台形象,它丝毫不比前代的杂剧与传奇逊色。可以说,花部剧作的艺术性是在舞台上锤炼出来的,而不是在案头上推敲出来的。中国戏曲正是从这个时候开始由以剧本文学中心向舞台艺术中心转移。清地方戏作品主要靠梨园抄本流传或艺人口传心授,刊刻付印的极少。在艺术形式上,花部戏当中的梆子、皮簧等剧种,为了达到通俗易懂,从根本上脱离了曲牌联套的结构。它们以七字句、十字句为主的排偶唱词代替传统的长短句。唱腔音乐则是以上下乐句为基础,突出节奏、节拍的作用;以唱腔板式(如慢板、快板、流水板、散板等)的变化,表现戏剧情绪的变化。板腔体的出现是中国戏曲结构形式的一种新变化。它可以根据作品的内容,需要唱就唱,不需要唱就不唱。而且,不同的作品或作品的不同场次,也可以分别处理成唱功戏、做功戏、武戏等。显然,这非常有利于中国戏曲唱、念、做、打整体水平的提高,也使中国戏曲向更自由灵活的形态发展。

在地方戏曲中特别值得一提的是后来被称为"国剧"之京剧的形成。1790年,为了给 80 岁的乾隆皇帝做寿诞,一个浙江盐务大臣带着皖南艺人组织的戏班"三庆班"入京演出。至嘉庆、道光时,出现了京城舞台"四大徽班"同盛的局面。这拉开了京剧诞生的大幕。徽班是进京后演出的,故其剧目和演唱的声腔必须克服审美地域性,去迎合与全国各地有着紧密关联的京城观众。这就迫使他们在艺术上精益求精,善于融会贯通。正是这种特殊背景下,京剧实行着民间精神与宫廷趣味融合,实行着南方风情与北方神韵的交汇。融合交汇的结果无疑把京剧引向了更统一、更规整、更有韵味的境地。时至今日,京剧这一戏曲形式不仅深受国内人民的喜爱,它作为中华传统文化的一种承载形式也深受世界各国人民的喜爱。

中国少数民族的戏曲剧种,在花部崛起的时期也纷纷出现。比如贵州侗族的侗戏,布依族的布依戏,云南白族的吹吹腔剧(白剧),傣族的傣剧以及分布在广西壮族的壮剧等。还有 15 世纪便在西藏地区形成的藏剧,此刻也呈繁荣蓬勃之貌。它们各异的戏曲形态与表演风格,无一不体现着中华民族独特的历史与文化传统。

三、中华古代艺术传统的审美价值发掘

如果把中国古代艺术置身于世界艺术发展的大背景下进行考察,那么就可以发现,其特有的民族特色不仅是我国古代艺术的内在本质,而且也是这一艺术具有独特魅力从而得以产生世界性影响的根据之所在。可见,只有了解和把握了中国古代艺术的民族特色,才能真正理解中国传统艺术何以能在整个世界艺术发展史上占据独特而重要的地位。

1. 中国古代艺术的民族特色

从一定程度上说,艺术的民族特色是艺术的立身之本。如果说世界艺术宝库是一个浩瀚的百花盛开园地,那么每个民族各具特色的艺术则是这个百花园中不可缺少的花朵。中国古代艺术在其数千年的发展演变中,虽然流派林立、风格迥异、个性鲜明,但由于其共同的民族生活实践和历史文化背景,仍形成了不同于其他民族的本民族特色,并因此成为东方艺术的杰出代表之一。

中国古代艺术的民族特色是丰盈的,在这里也许可以对中国古代艺术的民族特色作如下三方面的概括。

其一是师造化,追求物我合一的审美境界。西方自古希腊以来就强调艺术是人对自然客体的模仿,因而艺术审美的本质就是"摹写"与"移情"。这事实上是一种天人、物我相分的艺术审美观。但中国古代艺术受《易经》影响,自诞生时刻起就强调一种包举天、地、人三才于一体的审美理念,这一理念还衍生了诸如"道法自然"(《老子》二十五章)"心师造化"(姚最:《续画品录》)等理念。这使得中国古代艺术从整体上追求的是天人合一、物我合一的审美境界。

在中国古代艺术家那里,"心师造化"是手段,其目的是达到"物我合一"之境界。这里的"造化"不光是指自然界的万事万物,同时也包括我对自然界的体悟之道。由此,"心师造化"就不是简单的西方艺术所谓的模仿论,而是用远近俯视、游目四顾的散点透视方式来观察、体悟自然,积累素材,把握事物变化规律。"心师造化"虽然必须面对景物,但不是像西洋画那样去写生,而是对景观察,做到如宋代画家郭熙所说的"饱游饫看""历历罗列胸中"(《林泉高致・画意》)。于是,中国古代大画家大多重视游山玩水,用石涛的话来说就是"搜尽奇峰打草稿"(《苦瓜和尚画语录》)。游山玩水是为了充实自己的心性,以期感悟自然之神气,为更好地在作品中表现山水之精神或变化之道打下基础。因此,在古代艺术家那里,继"道法自然""心师造化"之后,艺术创作更重要的还必须进入神与物游的阶段。神与物游的"游"是指导创作主体的精神、心理活动,具有丰富的想象意义和主观创造功能。也就是说,在神与物游的过程中,艺术创作主体在内心世界游想运思之后,可发现或创造出对象物新的审美意象。

在这个阶段,艺术家在"心师造化"阶段所积累的各种素材均联翩而至,在脑海中一一浮现。这就恰如陆机所说:"收视反听,耽思傍讯,精骛八极,心游万仞。"(《文赋》)故韩拙论画时说:"默契造化,与道同机,握管而潜万物,挥毫而扫千里。"(《山水诗全集》)张怀瓘论书法时也说:"探文墨之妙有,索万物之元精。以筋骨立形,以神情润色。虽迹在尘壤,而志出云霄。"(《文字论》)可见,神与物想象阶段是包容万物,并由此获得审美意境的关键性阶段。在经历神与物游之后,艺术创作就进入天人合一,或称物我合一的最高阶段。"登山则情满于山,观海则意溢于海。"(刘勰:《文心雕龙・神思》)这就意味着,随着情感的移入,创作主体仿佛置身其境,处于忘我状态,或者说自己与外物已合二为一。比如南宋的罗大经就评论说画家画草虫,"不知我之为草虫耶,草虫之为我耶?"(《画说》)"草虫"与"我"实难分清。绘画如此,书法也是如此:"点画如高峰坠石,磕磕然实如崩也;横画如千里阵云,隐隐然其实有形;竖画如万岁枯藤,撇画如陆断犀象,捺画如崩浪雷奔;斜勾如百钧弩发;横折如劲弩筋节;每为一字,各象其形,斯造妙矣,书道毕矣。"(卫夫人:《笔阵图》)可见,在中国书法的笔画中书家所追求的正是一种物物相通、物我合一的审美境界。

其二是守善道,追求美善合一的审美旨趣。中国古代艺术思想极为注重艺术作品的伦理教化作用。早在《尚书》中就有"诗言志,歌永言,声依永,律和声,八音克谐,无相夺伦,神人以和"的记载。在这里古人明确提出了文学艺术的"言志"本质。这即是说,艺术不是以自身为目的,而是借以表达人的思想感情的工具。《乐记》也强调:"诗,言其志也;歌,咏其声也;舞,动其容也:三者本于心,然后乐气从之。"这更是直接指明了艺术本于心、不本于艺、更不本于术的文化立场。

正是由于艺术"本于心"的这一道理,故中国古代艺术家必然强调在艺术创造中注重表现主体的思想感情,抒写情志。由此,写意、抒情也就自然成了中国古代艺术的重要特点。也由此,中国的诗、书、画、乐都主张抒写胸臆,表达内在的精神追求。比如画家郭熙就认为画家首先应以"林泉之心"看山水,以获画意,然后加以艺术表现。故他主张:"人须养得胸中宽快,意思悦适,……油然之心生,则人之笑啼情况,物之尖斜偃侧,自然布列于心,不觉见之于笔下。"(《林泉高致·画意》)清代大画家石涛说得更直接,他认为在画中"我自发我之肺腑,揭我之须眉"(《苦瓜和尚画语录》)。

而且,由于受中国伦理性文化背景的制约,艺术在古代中国一直被视为道德感化和政治教化的手段。因此,中国古代文人、艺术家特别注重道德,重视从心灵中去体验善。这种从内心体验善的精神,极容易与艺术的情志与心境相通。比如孔子就说的"志于道,据于德,依于仁,游于艺"(《论语·述而》)就是这个境界。也就是说,在孔子看来,艺必须要与道、与德、与仁相通,或者说要以仁为核心的道德精神为内在根据。孟子也说:"充实之谓美,充实而有光辉之谓大,大而化之之谓圣。"(《孟子·尽心下》)可见,在孟子看来,美的基本特性是让心灵充满德性。重要的还在于,在中华传统文化里,不仅美与善可以互通,而且美的对象一定象征着善。

《荀子·宥坐》篇曾有如下一段记载:"孔子观于东流之水。子贡问于孔子曰:'君子之所以见大水必观焉者,是何?'孔子曰:'夫水,大偏与诸生而无为也,似德。其流也埤下,裾拘必循其理,似义。其洸洸乎不淈,似道。若有决行之其应佚若声响其赴百仞之谷不惧,似勇。主量必平,似法。盈不求概,似正。绰约微达,似察。以出以入以就鲜絜,似善化。其万折也必东,似志。'"从这一记载看,孔子之所以赞叹水之美,是因为水有其比德的诸多寓意。这里强调的正是儒家一贯倡导的美善合一立场。

可见,自孔子起就确立了古代艺术美善合一这一本质内涵。清代的张潮就堪称极能体会这一本质的诗人。他曾经就梅兰菊莲的比德之美说过这么一段话:"梅令人高,兰令人幽,菊令人野,莲令人淡,春海棠令人艳,牡丹令人豪,蕉与竹令人韵,秋海棠令人媚,松令人逸,桐令人清,柳令人感。"(《幽梦影》)这即是从美的对象中体会善的过程。不管是把外物人格化,还是把人的情志对象化,总之在中国的古代艺术中美始终是和善紧密地联系在一起的。

由于中国古代艺术中美与善的这种特殊关系,作为艺术创作主体的艺术家往往都把人品、人格看作艺术之本。以《礼记》的话来说就是"无本不立,无文不行"。被誉为"书圣"的王羲之就曾这样说过:"夫书者,玄妙之伎也,若非通人志士,学无及之。"(《论书》)可见,在他看来作品是以书家的"通人志士"这一人格为基础的,没有通晓人生道理于君子志向之人是不可能学成的。由此,我们可以发现,中国历代的艺术家大多重视自身的德性修养。而那些人品不高的人,即使艺术水平不低,其作品也难以被世人所重视。比如宋代的蔡京、秦桧,明代的严嵩,其书法作品无论字形还是气韵都堪称上品,却被后人弃之,湮没不传。这就是极好的明证。

其三是重和合,追求圆融贯通的表现手法。中国古代艺术在发展历程中,各种艺术门类虽然也有自己独立、完善的发展形态,但却从未像西方艺术那样形成严格的门类区分。相反,中国传统艺术由于受古代哲学"和为贵"(《论语·学而》)、"合同异"(《庄子·秋水》)之类思想的影响,一贯强调圆融贯通的表现手法。这一点最有代表性的是书法和绘画。中国古代历来就有"书画同源"之说。"书画同源"说至少有两层意思:其一是说史实的同源。从文化源头来看,中国的字、书、画本是同根,他们均根植于原始文化的土壤之中。汉字是由象形发展而来,而象形就是对客体的描绘。书写者在书写象形汉字时,常常不可避免地会带着个人的思想情趣甚至人生态度。当书写因此带有情感化和艺术化的倾向时,便进入了"书"的境界。与此同时,绘画也是源自对客体世界的描摹,与象形汉字是同出一源的。比如《周易》八卦中的坎卦☵这一卦象,即是古文化(水)的原始书写形式,看上去是字,是书,亦是画。也许正是由此古人才断言：书画同根而生，难分你我。其二是说两者均为线条艺术，其工具也都是笔墨纸砚，因此在表现技法上又相互融通，极具共同特征。这一共同特征突出表现在用笔上。赵孟頫就竭力倡导书画用笔同法论。比如他曾题画曰："石如飞白木如籀，写竹还应八法通，若也有人能会此，须知书画本来同。"（《论画》）善画竹的柯九思也曾这样总结道："写竹干用篆法，支用草书法，写叶用八分法，或用鲁公撇笔法。"（《论画竹石》）可见，书画用笔同法论已渗入了中国画家的观念中，历代画家几乎莫不如此。由此，我们可以发现郑板桥的竹、徐渭的杂花等，均有浓浓的书法味渗透在其中。

　　作为"清末海派四大家"之一的吴昌硕年过三十才学画，但由于深厚的书法、篆刻功夫，不仅画中有书法，且画中有刀法。由此，其绘画作品中书法、篆刻、绘画常常融会一体，使其画风苍劲挺健、自成一体，并因此而成就斐然，名扬四海。他的画被誉为"古代文人画最后的高峰"。现代画家黄宾虹曾这样评价说："赵孟頫谓：'石如飞白木如籀'颇有道理。精通书法者，常以书法用于画法上。昌硕先生深谙此理。"（《黄宾虹画语录》）

除书法和绘画同源同理、彼此融通外，中国古代音乐和舞蹈、音乐和诗歌、绘画和音乐、绘画和雕塑也都是相伴相生，融通渗透的。特别是中国古代的建筑艺术和戏曲艺术更是善于将各门类艺术和谐地融汇在其中，各司其职，又相得益彰。由此，西方有学者评价中国古代建筑在总体上可称为"凝固的音乐、立体的绘画"。同样的道理，中国古代的园林建筑本身既有整体上诗情画意的追求，又使用大量的牌匾、楹联、诗画、书法来点缀，使建筑艺术与其他门类艺术既交相辉映，又浑然一体。中国古代戏曲的突出特点更是其圆融贯通的综合性：其伴奏、唱腔是音乐，举手、投足是舞蹈，脸谱、服饰是绘画。在这里，各相关艺术样式互为补充、水乳交融，最后通过演员的表演构成了韵味无穷的戏曲艺术整体。

2. 中国古代艺术的世界意义

中国古代艺术历史悠久，在世界艺术之林中独树一帜。重要的还在于，"无论我们将中华文明的起源确定于何时，都没有人能否认中华文明比其他任何现代文明的历史更为悠久，也没有人能对中华文明的连续性提出异议，尽管外来文化对其影响巨大，但中华文明连续性的特点为所有艺术表现形式打上了深深的烙印。"①从世界范围来说,这一有着惊人连续性的中国古代艺术,其世界性意义主要体现在两个方面:一是其本身的独特性为世界艺术百花园增色,并成为不可或缺的一道亮丽景观;二是以其特有的思想价值和技巧、技法对世界文化艺术发展起到了积极的促进作用。

中国古代艺术不仅以鲜明的民族特色立身于世界艺术之林,而且对世界其他民族艺术的发展起到了重要的推动作用。在中国古代艺术漫长的历史过程中,它不仅深深影响了日本、朝鲜等国的艺术发展和特色的形成,欧洲和世界其他地区的艺术也受到中国艺术的启发。

早在秦汉时期,中国古代艺术就同其他文明成果一道,从东、南、西三个方向对外传播。在东方国家中,日本受到的影响最大。至隋唐,由于中国出现了太平盛世,国力强大、艺术成就辉煌,与世界各国的经济文化交流也达到了空前的程度。其中与日本的交流尤其密切,中国使者东渡,日本留学生西来,双向交流极为频繁。在这一过程中,唐代的建筑、书法、工艺瓷器、绘画对日本古代艺术的发展起到了举足轻重的影响作用。建筑上,日本的藤城京、平城京与唐长安城极为相似,其总体设计思想是体现中央集权的强大,强调以朱雀大街为中轴线,平面布局呈棋盘式格局;书法方面,唐朝人喜爱的王羲之书体在日本风行,日本书法史上三大名家之一的空海和尚,其作品因极具王羲之的神韵,被列为日本的国宝;工艺瓷器方面,日本的"奈良三彩"即是模仿著名的唐三彩而烧制的;绘画方面,奈良前期的代表作法隆寺金堂壁画与盛唐壁画如出一辙。除此之外,唐代的音乐、舞蹈、雕塑等对日本也极具影响力。当时日本社会各阶层深受唐代艺术的影响,人们吟诵唐诗,雅好唐乐,发明"唐绘"。可以说,日本对中国唐代艺术进行了全面的、充分的借鉴。

其他周边国家对唐代艺术的接受也与日本相仿。当时朝鲜等国积极向唐遣送留学生,使唐代艺术之风不断涌入其国。此外,由于唐代开辟了由南中国海经印度洋到非洲的"陶瓷之路",随着陶瓷大量运到东南亚,甚至远及波斯、叙利亚、埃及乃至非洲东南岸。中国陶瓷中体现出来的艺术风格,特别是唐三彩丰富的色彩、生动的造型深深地影响了当地艺术的发展。从公元 9 世纪起,埃及制陶业已模仿唐三彩制作多彩陶器。在波斯,所谓波斯三彩、白釉蓝彩陶和青色陶器,也都是在中国陶瓷的影响下定型着色的,是中国陶瓷艺术和波斯风格的结合。

---

① 　杜朴、文以诚:《中国艺术与文化》,张欣译,湖南美术出版社 2020 年版,第 4 页。

　　宋元时期,中外文化的交流在深度和广度上都出现了前所未有的规模。在中国科技迅速外传的同时,中国艺术特别是绘画艺术也传播到东亚、俄罗斯、阿拉伯和欧洲。宋元时期,日本派了许多僧人来华,这些僧人回国时带去不少宋元名画,对日本禅林影响很大,使日本绘画拥有了中国绘画淡泊、潇洒而又雄浑的风格。中国元代的统治者在西征的过程中,把中国的美术也带到了中亚和西亚,比如波斯的细密画就受到中国古代绘画很深的影响。这一时期,在中国陶瓷中逐渐占有主流地位的青花瓷也开始向外流传。在国外,发现元代青花瓷的国家和地区有日本、菲律宾、印度尼西亚、马来西亚、印度、土耳其、伊朗和东非。据一些学者研究,青花瓷之所以行销东南亚、南亚、西非和东非的一些地方,可能与当年伊斯兰文化对白底青花纹饰浓厚的审美情趣有关。这些国家和地区纷纷仿制青花瓷的艺术品,留下了明显的中国古代陶瓷艺术的痕迹。这是中国艺术对异域艺术产生影响的又一明证。

　　明清时期的中国不少画家去日本,把中国绘画艺术进一步传到日本。这个时期,中西艺术交流逐渐成为中外文化交流最重要的内容。这一时期一方面是西方科学技术的"西学东渐",另一方面中国的各种艺术门类也"东学西渐"源源不断地传向西方。16 世纪初,随着中国与欧洲各国之间贸易活动的兴起,远销欧洲的中国瓷器、漆器、珐琅等工艺品,引发了欧洲艺术界出现了一股追求"中国趣味"、崇尚"中国风格"的热潮。有欧洲学者甚至断言,这一时期的欧洲人对中国瓷器、绘画和建筑等艺术品及其艺术风格进行了全面的效仿。[①]

　　中国的瓷器是当时欧洲最受上流社会青睐的工艺品。据相关史籍记载,1611 年荷兰的阿姆斯特丹就已普遍使用中国瓷器。在法国,当时有不少专营中国瓷器的商店,生意兴隆。在欧洲的不少国家,人们还在室内装饰和建筑中使用中国瓷器作为时尚和品位的标志。特别是一些宫殿建筑,人们或在室内陈列中国瓷器;或直接将中国瓷器融在本国的民族建筑样式中。相传法国的国王路易十四不仅在宫廷内辟有中国艺术品陈列室,而且还专门营建了凡尔赛"瓷宫",将中国的瓷瓶、瓷砖作为装饰物直接纳入法国的建筑样式中。德国当时的勃兰登堡皇帝乔治·威廉则在收藏中国瓷器的数量上声名显赫,其宫室藏有中国瓷器(包括模仿中国的日本瓷器)达 3000 件之多。随着"中国热"的升温,欧洲人没有简单地停留在欣赏和使用上,他们纷纷仿效中国的工艺制

---

① 利奇温:《十八世纪中国与欧洲文化的接触》,朱杰勤译,商务印书馆 1962 年版,第 20—21 页。

造瓷器。荷兰人捷足先登,其瓷器制造中心德尔夫特在 1580 年以后的 200 余年时间里竟先后冒出 759 个瓷窑。驰誉欧洲的德国麦森窑,其特色就是制造中国趣味的各种瓷器。法国人虽起步较晚,但他们后来居上,从 17 世纪开始成为欧洲的制瓷中心,他们烧制出著名的"尚蒂伊瓷",很受上流社会的追捧。后人可以很明显地看出这些瓷器艺术品基本上是对中国瓷器的成功模仿。

中国绘画对欧洲绘画艺术的影响,也可追溯到文艺复兴时期。著名的意大利画家达·芬奇的不朽名画《蒙娜丽莎》,其背景就是中国式山水。到了17、18 世纪,着力表现中国山水画、风俗画的独特风韵已成了欧洲绘画的一种时尚。荷兰画家扬·丹·凯塞尔的作品《亚洲》,画面上似一修女在向印度或阿拉伯人介绍远东文化,背景是巴洛克式建筑,而在其细节描绘中可以分辨出印有中文的《崇祯历书》、弥勒佛和其他雕像或陶偶,以及丝绸织毯等物,从而使整幅画散发出浓浓的"中国味"。法国的瓦托是法国绘画史上较早表现中国趣味的画家,其作品《海南岛的女神》,从人物服饰到岩洞假山都是中国式的。到 19 世纪后半期,中国画更是普遍引起了西方绘画界的重视,甚至在印象派、后期印象派一些大师的画中也不难发现中国画的影响。

18 世纪中叶,正当法国和欧洲大陆的绘画流行"中国风"时,一股带有明显个性倾向的"中国风"更加突出地表现在英国的园林建筑中。其基本特征是崇尚自然主义的田园风格。当时最有名的园林建筑师是曾两度考察过中国的威廉·钱伯斯。他先后写过《中国建筑、家具、衣饰、器物图案》、《丘园设计图》和《东方园艺》三本关于中国建筑的书。这位极力推崇中国园林建筑的设计师在西方影响很大。特别是其《东方园艺》一书已然成为 18 世纪末欧洲园林设计所必须借鉴和参考的最重要经典之一。威廉·钱伯斯甚至这样断言:"中国人设计园林的艺术水平确是无与伦比的。欧洲人在艺术方面无法与东方灿烂的成就相提并论,只能像对太阳一样尽量吸收它的光辉而已。"[①]特别值得一提的是,威廉·钱伯斯不仅是园林理论家,而且有着成功的园林建筑实践,他亲自为当时英太子妃建造了欧洲第一座中国式的庭园,园中假山、瀑布、曲径、丛林,无不依中国园林样式布局设计,且建有九层宝塔一座。由于当时此园轰动了全欧洲,以致后来法、德、荷等国竞相仿效。

早在中国儒家哲学被介绍到欧洲的同时,中国古代戏曲也进入欧洲人的视野。中国戏曲对欧洲的影响,首推元杂剧作家纪君祥的《赵氏孤儿》。法国

---

① 武斌:《中华文化在海外的传播》,辽宁教育出版社 1993 年版,第 190 页。

耶稣会传教士纳瑟夫·普雷马雷于 1732 年把该剧译为法文，取名为《赵氏孤儿：中国悲剧》。法国著名的启蒙学者伏尔泰于 1755 年将其改编为《中国孤儿》，同年 8 月在巴黎上演；英国戏剧家阿瑟·莫夫改编了该剧，并在德鲁里、莱恩皇家剧院上演；意大利戏曲家皮埃特罗·安东尼奥·麦塔斯塔西奥则把该剧改编为歌剧，题名为《中国英雄》。此外，王实甫的《西厢记》也曾经传入日本、朝鲜和欧洲。18 世纪末日本就出版了冈岛咏舟翻译的《西厢记》；朝鲜不仅翻译了《西厢记》，而且众多学者还对此进行了专门研究；《西厢记》在英、法、德、美各国也曾经引起很大的反响。

在现代社会，中国古代艺术依然深受世界各国人民的喜爱。比如京剧作为中国的"国剧"，在国外就拥有众多的观众。中国很多著名的京剧演员在国外享有很高声誉。德国著名戏剧家布莱希特就曾对梅兰芳的演出赞不绝口，认为中国戏曲是一种更符合人的审美本性与欣赏习惯的艺术。又比如中国古代著名画家作品现在广为西方世界所珍藏：南宋李唐的《晋文公复国图》，现藏美国大都会博物馆；金代宫素然创作的《明妃出塞图》，现藏日本大阪市美术馆；东晋顾恺之画的《洛神赋图》，被美国弗利尔美术馆收藏。在美国旧金山亚洲艺术博物馆里，甚至收藏有中国 10 世纪到 20 世纪作品 150 件，对明、清两代几乎各大流派大师的作品都有收藏。事实上，美国、日本的博物馆大量收藏中国古代绘画作品本身是以中国古代艺术的稀有和珍奇价值为根基的。至于书法作为中国独有的艺术，更为现代世界人民所热爱。不仅日本、朝鲜、东南亚人民对书法兴趣不减，而且欧洲、美洲、澳洲人士也对它产生了越来越浓厚的兴趣，瑞士、挪威等国还举办大型中国书法展览，使中国书法艺术在当地产生了积极的影响。

当然，在中国古代艺术外传的过程中，也不断受到外来艺术的影响，近代以来尤其受到西方艺术的影响。除书法之外，其余艺术种类从形式到内容无不出现或多或少的变革。这一方面使中国古代艺术不断与其他民族的艺术相融合，焕发出新的审美魅力，但另一方面也对中国古代艺术原有的艺术特色提出了挑战。值得欣慰的是，在当今世界，随着人们对现代性的反思，人与自然的关系的重新定位，中国古代艺术诸如天人合一、物我合一的意境和重道贵德、人我合一的人文精神，又一次受到了西方社会的重视。比如中国画中所包含的人与自然的和谐关系较之注重感官刺激、张扬欲望的西方现代艺术更显出无穷的感召力。一些学者甚至断言，中国古代艺术中那种超越苦难、对峙和冲突之上的平淡恬静、内敛含蓄、物我两忘的美学境界，那种扬弃自私、利己、贪欲之后的尚善向上、人我合一、情理相融的人文情怀,更有可能成为未来世界艺术发展的主流。从这个意义上也许可以自豪地说,中国古代艺术既是传统的又是现代的,既是中国的又是世界的。

第8章

传道授业：中华优秀传统文化中的教育传统

[**题记**]韩愈的《师说》里把"传道"列为师者首要的职责，这便清晰表达了中国古代教育最重要的使命。教育固然也有授业、解惑等职能，但传道必须居于首位。这事实上也是中西教育传统不同立场的最显著分水岭。

中华民族有着悠久的历史与灿烂的文化，素以"文明古国""礼仪之邦"著称。这是与中国古代历来重视教育的文化传统密不可分的。中国古代教育既是中国古代文化赖以延续和发展的基础，又是中国古代文化不断创新的载体。正是依靠古代教育的传承，中华古老而灿烂的文化才得以一代一代流传下来。中国古代教育在传道、授业、解惑的漫长历史进程中，形成了独特的民族特点和优良传统，涌现了众多的教育家，积累了丰富的教育经验，对于促进中华民族文化的世代传承和民族素质的提高发挥了举足轻重的作用。

一、中国古代教育传统的历史演进

如果做一下追溯，我们便可发现中国古代的教育有着十分悠久的历史。早在尧、舜、禹时代，就有了教育的萌芽，至迟在商代起就出现了学校，有了与今天内涵大致相同的学校教育。由此开始的中国古代教育的发展历程，大致可以划分为前后相继、特点各异的三个历史阶段。

1. 中国古代教育的兴起与奠基

"自有人生,便有教育。"[①]据史籍记载,早在远古时代我国先民就开始了教育活动。比如"燧人之世,天下多水,故教民以渔;庖栖氏之世,天下多兽,故教民以猎。"(《尸子·广泽》)又比如"神农因天之时,分地之利,制耒耜,教民农作。"(《白虎通义》)如果说最初的教育还只是迫于生计不得已实施的话,那学校的出现则是教育史上具有里程碑意义的事。据《尚书·舜典》记载,虞时即设有学官。但那时学官所管理的只是简单的有关生产和生活的教育活动。从夏朝起,中国进入了奴隶制社会。由于文字的出现和专门从事精神生产的社会阶层的出现,加之原始社会教育实践的积累,夏朝的教育出现了质的变化,其根本标志是出现了学校。我国许多古籍都提到了夏代有"序"这种学校。"序"起初是教射的地方,后来则成为奴隶主贵族教育子弟的场所。夏朝教育的主要特点是重戎、尚武。虽然"序"还不是独立、纯粹的教育机构,但其教育功能已经明显地凸现出来,成为后来学校教育的先声。

中国文字在商代进入比较成熟的阶段。这时有了比较适用的书写工具,文字被大量应用于记述社会各种活动,并开始出现了基本的典籍。于是,文字、书写工具和典籍成为推动商代教育进一步发展的重要条件。根据一些学者对甲骨文的研究,商代确已存在学校这种专门的教育机构了,并有"学""校""序""庠"等多种称呼。各种文献资料还表明,商代的学校已经有类别和层次上的区分,已能根据不同年龄实行不同的教育。商代学校由奴隶主国家管理,当时的教师都是官吏,学生都是贵族子弟。商代教育的目的是培养尊神、善战的未来统治者。可以初步推断,商代的学校教育包含着卜筮之术、宗教知识以及书数、习武和习乐方面的内容。可见,商代已初步具备了"六艺"教育的形貌,为周代教育的进一步繁荣奠定了基础。

> 在甲骨文中已有"教"字。字的左边为"孝",其形状为"子曲伏于父";字的右边"攵",其形状为手执木棍。这说明殷商时期教育的主要内容是对父亲的行孝,如果违背了这一孝道,那是要受惩罚的。比如据《尚书·太甲》记载:太甲不守居丧志礼,被放逐到桐地反省思过,悔改之后才被允许回来主政。故孔子说:"夫孝,德之本也,教之所由生也。"(《孝经·开宗明义章》)

---

① 杨贤江:《杨贤江教育文集》,教育科学出版社 1982 年版,第 413 页。

西周是奴隶制社会的全盛时期。这一时期文化教育的特征是沿袭商的"学在官府"的旧制,但有了进一步的发展和完善。西周的学校包括国学和乡学两个系统。国学是专为统治阶级的上层贵族子弟而设的,按学生的年龄程度又分设大学与小学。国学设在王城和诸侯国都里,属中央官学。乡学设在乡、州等区域,属地方官学。西周国学、乡学教师皆由士以上现职官员和退休官员担任。可见,当时的教育是官师合一的体制。西周之所以推行这样的教育体制,清代著名史学家章学诚解释如下:"有官斯有法,故法具于官。有法斯有书,故官守其书。有书斯有学,故师传其学。有学斯有业,故弟子习其业。官守学业,皆出于一,而天下以同文为治,故私门无著述文字。"(《校雠通义·原道第一》)

这一时期官师合一的学校教育,其内容比之殷商要丰富得多。其主要依循周公提出的敬德保民、礼乐之教的主张,具体为德、行、艺"三教":"一曰六德:知(智)、仁、圣、义、忠、和;二曰六行:孝、友、睦、姻、任、恤;三曰六艺:礼、乐、射、御、书、数。"(《周礼·地官·大司徒》)可见,西周的教育内容已然相当丰富且有一定的内在体系。以其中被孔子特别强调的"六艺"而论,其中"礼"是等级伦理教育;"乐"是艺术教育,包括音乐、诗歌和舞蹈;"射"和"御"是军事训练,这是当时最重要的教育内容,因为当时部族冲突频繁,贵族子弟必须维护黩武的传统;"书"是书法习字;"数"则是诸如算术、天文、历法知识的学习。可见,西周在夏代尚武、商代敬神的基础上,向文武兼备的方向迈进了一大步,使"六艺"教育臻于完善。为此,教育史家孙培青教授总结说:"西周的教育内容可以总称为六艺教育,它是西周教育的特征与标志。"[1]在"六艺"教育中,既重视思想道德的教化,也重视实用技能的培养;既重视文化学习,也重视武备训练;既教育学生要符合礼仪规范,又要求学生注重内心情感的修养。西周时期以"六艺"为主的教育方式对中国传统教育特点的形成产生了深远的影响。

提出"敬德保民"主张的周公通常被视为中国古代德育思想的开创者。周公的这一思想固然建立在神秘的天命论色彩之上,即所谓的"皇天无亲,惟德是辅"(《尚书·蔡仲之命》)。但正是周公以商纣王亡国为前车之鉴,在古代教育史上创制起一套相对完整的德育体系。而且,他自己还率先垂范。《史记·鲁周公世家》记载周公"一饭三吐哺,起以待士,犹恐失天下之贤人"的故事,即为例证。周公推行

---

① 孙培青主编:《中国教育史》,华东师范大学出版社 1992 年版,第 44 页。

的这一以政德为核心的德育,及其所彰显的"天下归心"之治国理政绩效深刻影响了后世。[①]

春秋战国时期,新生的封建制的生产关系在奴隶制的母胎里逐渐成熟起来。社会的大动荡冲破了西周宗法等级制的社会模式,也从根本上改变了贵族垄断文化教育事业诸如"学在官府"的局面。在这个时代,教育最重要的事件就是官学的衰落和私学的兴起。

古代教育史上出现的官学衰败原因是多方面的。最重要的原因自然是世袭制度造成贵族对教育的轻视和贵族统治力量的衰落。与此同时,春秋战国时期由于王权衰落和诸侯纷争,使得大批士人流落四方,原先深藏于宫廷密室的图书典籍也纷纷散落民间,出现了"学术下移"的局面。学术下移使民间拥有多种学术人才,又有了供教育所用的各种典籍。这就为私学的兴起奠定了基础。私学出现的另一个重要的原因是士作为一个独立阶层的兴起。士原本是底层的贵族,他们受过礼、乐、射、御、书、数多种教育,能文能武,然而在西周严格的宗法制社会里,他们只是卿大夫的依附。到了春秋时期,士开始成为自由民。他们可以自身的知识和才能谋取前途,在政治、军事斗争中发挥着越来越重要的社会作用。当时甚至出现了有识之士的聚散关乎一国之强弱和兴衰的局面。这一切使得社会上兴起了养士之风。但要成为士首先需要从师受教。这就使得创办私学、培养士的教育活动应运而生。

据考证,至少在春秋中叶私学便开始出现,至春秋末期已经相当勃兴与繁荣。"学在四夷"(《左传·昭公十七年》)的说法表明从春秋至战国的这一转型期,形形色色的私学已经遍及四方。特别值得一提的是,私学在办学方针、教学内容、教育对象上都有别于当时的官学。在教育对象上,私学放弃了官学的入学等级限制,向全社会开放。在教学内容上,私学更注重学术研讨,提倡百家争鸣,按照各个学派的学术主张自主办学。当时的孔子、墨子、孟子、荀子等都是著名的私学大师。

春秋战国时期私学的创立是中国古代教育史上划时代的革命。它对于我国古代教育的发展具有十分重要的意义:其一,它使学校从官府中解放出来,从政治活动中逐渐分离出来,开始了学校教育独立化的过程;其二,它扩大了教育对象,促进了我国古代文化的传播和发展;其三,私学的产生,还促使办学者更努力更主动地研究教育的本质和规律,从而推动了教育理论的产生和发

---

① 江万秀等:《中国德育思想史》,湖南教育出版社1992年版,第35-37页。

展。与此同时，私学的兴起还直接推动了各种学派的发展和诸学蜂起、百家争鸣的形成。可见，私学的产生，不仅是中国古代教育史上一件大事，也是中国思想文化史上的一件大事。

> 在冯友兰看来，孔子在中国文明史上最重要的贡献是教育。他在其英文版的《中国哲学简史》中专列一章介绍孔子，其标题就是"孔子：第一位教师"。冯友兰没有太多论证孔子的哲学贡献，反而在引证了《论语》对孔子诸如"述而不作"（《论语·述而》）"博学而无所成名"（《论语·子罕》）等记载后，这样总结说："他是中国的第一位教师。虽然从历史上说，他当初不过是普通教师，但是后来有些时代认为他是'至圣先师'，也许是不无道理的。"[1]

这个时期教育史上的另一个重要事件是齐国稷下学宫的创建与发展。当时主政齐国的桓公拜管仲为相，在君臣同心，励精图治的过程中深感人才的重要性。于是，齐桓公便于国都稷门外玄学宫，招揽天下贤士，勉其著书立说，讲学论辩，使其汇集了道、法、儒、名、兵、农、阴阳诸家之学。稷下学宫先后经历五代君王而不衰，尤其是齐威王时期实行了兼容并蓄、百家争鸣的文教政策，更是大大促进了稷下学宫的发展，使它成为闻名各国的学术和教育中心，从而在中国教育、学术和思想史上都留下了辉煌的一页。它尤其在中国古代教育史上创建了一个出色的办学典范："它所独创的官方兴办、私家主持的办学形式，集讲学、著述、育才与咨政为一体的职能模式，自由游学和自由听讲的教学方式，学术自由和鼓励争鸣的办学方针，尊重和优待知识分子的政策，都显示了它的成功之处。"[2]

私学的发展和百家争鸣，使春秋战国时期出现了一大批教育家。其中以孔子、墨子、孟子、荀子等人对后世影响为大。诸子百家在纵论天下的同时，也对教育提出了许多精辟的见解。比如以孔子、孟子、荀子为代表的儒家将教育培养的目标定位为将来能够领导国家的"仁智统一"之士。孔子曾经将这种圣贤之士描述为："仁者不忧，智者不惑，勇者不惧。"（《论语·宪问》）而且，在仁和智两个方面，儒家更重视仁，智是从属于仁，服务于仁的。这就决定了儒家的教育价值观必然是以伦理为本位，将道德的教育作为教育内容的核心。和

---

[1]　冯友兰：《中国哲学简史》，涂又光译，北京大学出版社 2013 年版，第 49 页。

[2]　孙培青主编：《中国教育史》，华东师范大学出版社 1992 年版，第 108-109 页。

儒家一样,墨家同样重视教育。墨家培养的目标为"兼士"。兼士不以血缘关系论亲疏,而以坚持正义为己任。兼士不仅要有德性,而且必须"辩乎言谈""博乎道术"(《墨子·尚贤上》),具有实践的才能。从这样的教育目标出发,墨家不仅重视逻辑方法的训练,更重要的是注重学习科学和技术、经济、文史方面的知识。墨家教育最大的特色是重视科学教育,突破了传统西周以来"六艺"教育的藩篱,在中国教育史上写下了独具风采的一页。这一时期的道家反对后天人为的教育,主张回到无知、无欲、无私和无我的状态,这是一种无教育的教育观。以老庄为代表的道家培养的目标是能与"道"同"游"的"游士"。"游士"效法自然,无所执着,不刻意而为,追求人生逍遥自在的境界。这是一种"至人无己,神人无功,圣人无名"(《庄子·逍遥游》)的境界。法家则将培养勤耕之农和勇战之士的"耕战之士"作为自己的培养目标,以崇法教育为自己教育的特色,将道德教育完全寓于法制教育中。

值得一提的是,与一般学者对老子的教育思想不太关注不同,美籍华裔学者张绪通博士却非常推崇道家独特的教育观。张绪通曾举《老子》的如下一段话为例:"人之所教,我亦教之。'强梁者不得其死',吾将以为教父。"(《老子》四十二章)张绪通考证后认为,这里的"教父"一语,即指教或学之前的东西。可见,在老子看来他除了教一般人教的东西以外,更强调不做强梁者之教。也就是说,"'强梁者不得其死'作为老子的教育宗旨,这是老子以身作则的最重要教育纲领"[①]。这不仅和老子"圣人之道,为而不争"(《老子》八十一章)的贵柔守弱、恬淡为上的立场相一致,而且也是道家一派对解决社会动乱在育人层面给出的济世良方。

儒、墨、道、法在教育思想上都有各自的特色,既相互对立又相互补充。由于对人性理解和实现的社会政治理想不同,各家的教育特点自然也有不同。儒家教育以伦理为中心,兼顾政治和审美,其教育内容比其他诸子具有较大的包容性;法家教育重法制,道家教育偏审美,墨家教育偏科学和技术,其教育内容相对儒家而言无疑显得单一。尤其在教育培养目标上,墨家的兼士、道家的游士和法家的农士,显然都不及儒家的贤士更为封建统治阶级所需要。

汉代是中国古代教育的奠基时期。秦始皇灭六国统一天下后,出于加强中央集权的君主专制政治需要,推行崇法排儒的文教政策,对私学采取了严厉禁止的政策,推行以法为教,以吏为师。秦始皇规定除博士官学中藏书和医

---

① 张绪通:《黄老智慧》,人民出版社 2005 年版,第 323 页。

药、卜筮、种树之书外,民间所藏的诗书、百家经典必须尽数烧毁。这一专制做法甚至发展到坑杀儒生的程度。这就是历史上著名的焚书坑儒。秦始皇的这一文化专制主义政策使中国古代教育出现了一次大倒退,并使中国封建社会教育臣服于中央集权的特点初露端倪。秦至二世而亡,充分证明了秦朝采取的崇法排儒的文化专制主义文教政策的彻底失败。

汉代统治者认真总结了秦亡的历史教训,除继续采用法家思想外,开始以"清静无为"的"黄老"之学为治国指导思想。后来,为了适应大一统封建统治的需要,又确立了"独尊儒术"的文教政策,从此确立了以儒家为正宗,辅之以法家、道家的思想文化格局。正是在这种意识形态指导下,汉代实行与秦代截然不同的文教政策:其一是重视知识分子作用,尤以汉文帝为突出,他把全国有名的学者集中到都城长安,封以博士的官衔,同时还下令推举贤良之士,使知识分子有了施展才华的机会;其二是汉代解除了秦代的"挟书律",鼓励人们传写、抄录书籍。这些措施为教育发展提供了一种宽松的环境,使汉代的教育出现了前所未有的繁荣景象。

汉代全面继承了以往的教育成果,为我国封建社会学校教育制度的发展和完善奠定了基础。汉代的学校同样分为官学和私学。官学又分为中央官学和地方官学两种。官学的最高学府是太学,它始于汉武帝,设在京师长安的西北城郊。太学的设立有助于统治者利用教育控制人才培养和学术发展方向。太学的正式老师是博士,他们除了从事太学的教学工作,还部分保存了原来作为咨询官吏的职能,参与政府的活动。博士在那时官职并不高,但任职的标准却很高,人数也不多,因而受到社会尊重和朝廷的礼遇。太学的学生称为"博士弟子"。太学所传授的知识均为儒家经典。太学以汉初经学大师的经说为师法,如果弟子对师说有所发展,能够形成一家之说,被学界和朝廷承认,便形成家法,所谓"先有师法,而后能成一家之言"(皮锡瑞:《经学历史》)。从这一时期起,中国古代教育初步形成了重经典、重前人之说的传统。学生经考试及格,被任为政府官吏,可谓"学而优则仕"。私学则有书馆和经馆两类。书馆又称书舍,主要从事识字和书法这些启蒙教育。经馆是较书馆要高一个层次的私学,又称精舍或精庐,实际上是一些著名学者聚徒讲学的场所,教授程度相当于太学。汉代私学不仅承担了绝大部分基础教育工作,而且它还成为后代书院的渊源。

汉代也出过不少教育家,比如董仲舒、王充等人。汉代教育思想占统治地位的是儒家,其代表人物是被称为"汉代孔子"的董仲舒。董仲舒将儒学神学化,他在"性三品"说的基础上肯定了教育的作用,并以此为根据提出了兴太学以及将"三纲五常"的封建伦理作为教育主要内容的主张,对我国封建时代的教育产生了深远的影响。以王充为代表的"异端"思想家则反对儒家独尊,主张博通百家之言,在学习途径和方法上,反对"生而知之",主张"学而知之",具有鲜明的唯物主义倾向。汉代教育思想的冲突不仅反映了当时在教育问题上的不同观点,而且也成为以后不同教育思想发展和争鸣的重要思想根源。

　　汉武帝采纳董仲舒"罢黜百家,表章《六经》"(《汉书·武帝纪赞》)的文教政策,是中国古代教育史上划时代的事件。这一政策几乎为尔后历代统治者所遵奉,绵延两千年之久。这一文教政策的历史背景一方面是对秦朝以法为教,以吏为师之失败的自觉反思,另一方面更是对孔子创立的"道之以德,齐之以礼"(《论语·为政》)这一儒家教育宗旨的复兴。它对中华各民族共同的德性培植、共同的心理塑造、共同的理想人格培养等,无疑产生了积极而深刻的影响。

可见,汉代的教育已确立了中国封建社会教育的基本框架,即不仅确立了儒学在中国封建社会教育中的独尊地位,同时也在教育制度、设施、内容、形式等各个方面都为后来整个封建社会的教育奠定了坚实的基础。

2. 中国古代教育的全面繁荣

我国古代教育自秦汉奠基以来,历经魏晋南北朝,至唐代已走向全面繁荣。教育的发达和唐代的文学、艺术交相辉映,共同构成盛唐文化的亮丽景象。进入宋代,我国古代教育更加成熟而精细,达到了更高的发展形态。

魏晋时期,由于战乱不断,加上人们对儒家经学,尤其是对汉代的章句之学普遍失望,导致了经学的相对衰落和玄学的蓬勃兴起,文化呈多元激荡的局面。这一时势也深刻地影响了当时的教育发展。这个时期教育总的特点是官学时兴时废,教育事业的延续主要依靠私学和家学。魏晋是封建门阀制度高度发展时期,为了保证士族优先做官的权利,魏文帝时期实行了有利于著姓大族的"九品中正制",也就是郡设小中正,州设大中正,依据人物的品行定为一至九等。这实际上是按门第高低将人们评定等级,按等选用。这对先秦儒家创立的"学而优则仕"传统是一个极大的冲击。门阀制度的形成对学校教育产生了极为消极的影响。晋代的中央官学分为国子学和太学。国子学只限于五品以上的贵族子弟入学,其目的是满足士族阶级享有教育特权;太学学生成分则比较多元化,多为平民子弟。可见,魏晋时期重视贵族子弟教育轻视平民教育的倾向是十分明显的。这种教育与选官制度结合，形成了当时"上品无寒门，下品无世族"（刘毅：《请罢中正除九品疏》）的局面。

南北朝时期，在经过 200 年的动乱之后，人们对教育的功能和作用都有了新的看法。为了适应社会发展的需要，南北朝对教育进行了一定的改革。当时的教育虽以北朝为盛，但从教学内容上看，南朝教育更有特点。宋文帝当政时甚至出现了"元嘉之治"。官学教育也出现了暂时的繁荣，比如宋文帝于元嘉十五年（438 年）开儒学馆于京郊，第二年又开玄学馆、史学馆、文学馆。四馆并列，各依其专业招收学生进行教学与研究，开创了玄、儒、史、文四科教育并立的局面。这冲破了自汉以来经学教育独霸官学的局面，体现了教学内容的多样化。

但这一时期官学从总体上看依然不够景气，且讲究门第，大批学子不能进官学读书。于是，许多绝意仕途、隐居山林的名儒顺势讲学，私学规模迅速扩大，质量和规模都超过官学。南北朝时期，不仅有儒家私学、道家私学，而且出现了佛家私学和儒、佛、道兼综的私学。私学的昌盛打破了晋代教育的僵局，为广大寒门之士敞开了教育大门。这在教育史上无疑是非常有意义的。由此，魏晋南北朝时期的教育，虽在总体上平平无奇，但仍出现了一些值得后世借鉴的特色。南北朝时期教育的另一特色是家庭教育受到前所未有的重视，出现了许多儒学世家，家训、家诫等有关家教的著述大量出现。南朝著名教育家颜之推还写出了我国封建社会第一部系统完整的家庭教科书——《颜氏家训》。它在中国古代教育史上有着独特的意义。可以说，魏晋南北朝时期的教育成果对唐代教育走向全面繁荣奠定了相当的基础。

隋代虽然短暂，但其官制和法律的改革，不仅对唐代政治产生了深远的影响，而且对唐代的教育同样产生了积极的作用。唐代经济繁荣，政治相对开明，各项文化事业都很发达，这为唐代教育的全面发展奠定了厚实的基础。唐代统治者实行宽容的文化政策，在意识形态上奉行儒道佛三者并行的政策。儒道佛相互争鸣，相互融合，开阔了人们的视野，共同促成了唐代光辉灿烂的文化景象。这一文化格局对教育的发展也产生了重大影响。唐代除了将儒家的经学教育置于核心地位外，另外还有学习道教的崇玄馆，开创了道举取士。儒道佛三家在教学形式和方法上都既自成体系，又相互吸收，使那时的教育思想呈现出儒学为主、诸家融合、兼容并蓄的特点。

据史籍记载，唐太宗经儒生魏徵等人的谏言后意识到儒家教化的重要性，于公元 628 年诏令在太学内建孔庙，而且不再以周公为

"先圣",改以孔子为"先圣"、以颜子为"先师"。两年后太宗皇帝又下诏推出儒家经典的官方版本以及官方注释,以供太学里讲授之用。"儒学之兴,古昔未有也。"(《贞观政要》)唐代教育的这一政策,营造了"德主刑辅"的和谐治理格局,成为盛唐的一道亮丽风景线。

唐代复兴汉代教育的传统,同时又继承了魏晋南北朝以来的教育成果,使学校教育发展到了新的高峰。唐代官学分中央官学和地方官学两级。在中央设有:国子学、太学、四门学、弘文馆、崇文馆、崇玄馆以及分门别类的律学、书学、算学、医学、天文历学、畜牧兽医学。在地方设有州学、县学以及专门的医学、玄学等,已形成一个较完整的国家教育体系。

隋唐教育和官制中最重要的事件是科举制的实行。所谓科举制是采取分科考试的办法,选拔封建国家所需要的各级官吏的一种制度。隋朝建立后,针对"九品中正制"的流弊,创立了科举制。唐代继承了隋代的科举制,使其发展成当时领先于世界各国的选士制度。科举制经宋、元、明,一直到清末被废除,在我国历史上存在了 1300 多年,对古代教育的发展有重要而深远的影响。

科举考试大体有两种类型,一种是常科,每年定期举行;另一种是制科,由皇帝根据需要下诏举行。常科的科目有秀才、明经、俊士、进士、明法、明字、明算、一史、三史、开元礼、道举、童子等。其中明经和进士科经常举行且又为人们特别重视。考试内容以儒家经典为中心,以奉敕汇编的《五经正义》(即《诗》《书》《礼》《春秋》《易》)为标准书目,其具体内容则有口试、帖经、墨义、策问和诗赋五种。

科举制与中国古代教育的发展关系十分密切。在科举制产生以前,培养人才和选拔人才基本上是脱节的,而科举制的诞生将两种制度紧密结合到一起。学校培养的学生,经过科举考试、吏部的铨选,然后取授官职。学校则根据科举考试的要求组织教学活动。科举制的推行不仅对隋唐的教育,而且对唐代文化乃至以后的整个中国文化发展都产生了极为重要的影响。因为科举制的实行,使大批中下层地主阶级士子以及自耕农出身的读书人,有了从政的可能。这在一定程度上突破了门阀贵族的垄断,促进了政治的革新。而且,唐代科举考试要求考生有比较全面的文化修养,为了适应科举考试的要求,唐代知识分子往往从幼年起就接受广博的文献知识教育和严格的写作技能训练,造就了一代又一代英才,比如李白"五岁诵六甲,十岁观百家"(李白:《上安州裴长史书》)。王勃年轻时便已是"西南洪笔,咸盛出其词,每有一文,海内惊瞻"(杨炯:《王子安集序》)。

当然,科举制的出现也对教育和文化发展产生了不少消极的影响。由于国家往往重科举胜于教育,导致教育成为科举制的附庸。又由于科举考试的内容死板,导致了学校教育中重文辞少实学,重记诵而不求义理,形成了教条主义、形式主义的学习风气。这不仅禁锢了知识分子的思想,而且从此把知识分子推向只求读书做官的狭窄之路。

唐代教育中另一大特点是中外教育交流频繁。当时的统治者非常重视和鼓励中外文化教育交流。唐代周边许多国家先后派来留学生到中国学习经史、法律、礼制、文学和科技,在京都长安的外国留学生甚众,其中尤以日本为最多。这一时期的中日教育交流对日本的教育产生了极为重要的影响。

综上所述,我们有理由断言唐代教育出现了全面繁荣,达到了封建社会教育发展的高峰。以儒家经典为教育内容的经学和以专科知识为教育内容的专科性学校并行,官学和私学并存,利用科举制使教育将选士制度和育士制度紧密结合在一起,构成了唐代教育的基本框架,从而形成了领先于其他国家的较完备的教育体系。

宋代虽然民族冲突不断,但它的文化却发展到中国封建社会的极盛时期。科技的辉煌和理学的兴起,标志着人们对自然与人生的科学研究和哲学思考都达到了前所未有的高度。宋代的教育就是在这一文化背景中展开的。宋代文化的发达与宋代统治者的文教政策是直接联系在一起的。宋朝建立以后,统治者改重视"武功"为强调"文治",确立了"兴文教,抑武事"(《续资治通鉴长编》卷十八)的国策。由此,宋代千方百计削弱手握兵权的将帅的权力,重用文人,通过科举考试以选拔人才。而且,宋代的统治者还逐步认识到,仅仅依靠科举考试选拔人才是远远不够的,还必须广设学校培育人才。为此,宋代出现了"庆历兴学"、"熙宁兴学"和"崇宁兴学"三次著名的兴学运动。在意识形态上,宋代统治者基本上采取与唐代统治者相同的政策,在尊孔崇儒的前提下,也提倡佛道之学,终于孕育出以儒家思想为主体,糅合佛道思想而成的理学。

宋代教育制度基本上沿袭了唐制,但宋代教育有一个最重要的特色,这就是出现了书院。① 据史籍统计,宋代先后共建书院 173 所,其中有不少著名书院,比如江西庐山的白鹿洞书院、湖南长沙的岳麓书院、河南商丘的应天府书院、河南开封的嵩阳书院、江苏江宁的茅山书院等。书院的兴起表明,由于当

---

① 从史籍记载看,书院的名称始于唐朝。但唐朝的书院只是搜寻、整理遗散图书及校对经籍、撰写文章的地方,比如丽正书院、集贤书院。直到五代末期才出现真正具有学校讲学性质的书院。宋代书院在前代基础上进一步发展,才成为集教育、教学和学术研究于一身的教育机构。

时的学校教育已成为科举制度的附庸,它引起士大夫们的不满,转而寻求书院这一新型的教育形式。

值得一提的是,书院既不同于官学,又有别于一般私学,它有自己的教学特色:其一是书院提倡日常教学与学术研究的结合,崇尚学术争鸣。这不仅深化了日常教学内容,同时也推动了各种学术观点的交流与传播。被誉为"首开书院会讲之先河"的"鹅湖之会"就是最好的佐证。1175年,代表不同学术观点的朱熹、陆九渊等人邀约于江西鹅湖,交流学术观点。陆九渊讽刺朱学"支离",致使"元晦失色";朱熹则反驳陆学不重读书的所谓"发明本心",有流入"空虚"之嫌。双方观点虽极不相同,但并不影响两人的学术友谊。其二是书院都以学生自修为主,教师答疑为辅,重在培养学生的自学能力和独立研究能力。由于书院大多有藏书楼,故学生在自修时有足够的参考文献。书院学生在自修的同时也从事学术研究,完成的论文或著述由书院负责出资刻印。书院对中国封建社会后期学术的职业化起了重要的推动作用。可见,书院是中国教育史上富有创造性的一种教育制度。

> 关于"鹅湖之会"之后,朱熹与陆九渊交往如故,有这么一则记载可谓美谈:朱熹在主持白鹿洞书院时,曾主动邀请陆九渊上山讲学。陆九渊则欣然应邀前往。某次,陆九渊的演讲题目为《论语》"君子喻于义,小人喻于利"。由于他所讲内容言辞恳切,语言生动,切中时弊,从而引发了学生内心世界的强烈共鸣,以致不少学生被感动得当场泪流满面。朱熹对此大为赞赏,特意令人把陆九渊这一演讲内容刻石铭志。

宋代教育中另一个重要特点是重视蒙学。蒙学就是对儿童进行启蒙教育的学校,蒙学的教材称为"蒙养书"或"小儿书"。我国古代历来关心儿童的启蒙教育。早在商、周时期就已经为贵族子弟设立了小学。春秋战国时期,随着私学的产生,民间也出现了对儿童进行启蒙教育的机构。到了汉代,这种机构已渐趋成熟,被称为"书馆"。宋代是我国古代蒙学发展的一个重要阶段。因为宋代的统治者非常重视蒙学教育,多次下令在中央和地方设立小学,故当时的蒙学不仅有民间办的私学,也有政府办的官学。蒙学每日的功课主要是教儿童识字、习字、读书、背书、对课与作文,同时也注重培养他们的道德观念和行为习惯。蒙学的要求是十分严格的,在生活礼节方面,要求儿童居处必恭,步立必正,视听必端,言语必谨,容貌必庄,衣冠必楚,饮食必节,堂室必洁。在学习方面,要求儿童读书必须字字响亮,"不可误一字,不可少一字,不可多一字,不可倒一字"(《童蒙须知》),且要熟读成诵。这些良好的生活和学习习惯养成,使蒙学的学生终身受益。蒙学的发展,使优秀的蒙学教材不断涌现,到宋代为止,在众多的蒙学教材中,以《三字经》《百家姓》《千字文》流传最为广泛,被称为"三百千"。

宋代出现了众多的教育家,这从另一个侧面反映了宋代文化与教育的发达。其中最有代表性的有张载、二程、朱熹、陆九渊、陈亮、叶适等人。朱熹从其博大精深的理学出发,把伦理视为教育的核心,提出了"存天理,灭人欲"的教育观,把儒家德性主义教育推到顶峰。而且,朱熹在具体的教育方式、方法上还提出了许多诸如立志、居敬、存养、省察、力行方面的精辟见解。他对蒙学之后"小学"与"大学"的教学任务与方法之异同的阐述,也颇有新意。陈亮、叶适作为宋代著名的思想家,他们的教育思想扬弃了程朱理学之儒学过分偏重心性的流弊。比如陈亮认为教育的目标应当是培养道德和事功能力兼备的人,在教育内容和学风上应突出实学、实用的特点。以陈亮、叶适为代表的教育思想,作为心学、理学教育思想的对立面,上承王充的唯物主义批判精神、王安石等"经世应务"的教育思想传统,下启明清时期黄宗羲、顾炎武、颜元等人的启蒙教育思想,对中国封建社会的教育产生了积极的影响。

元代的教育基本上沿袭了宋代的教育制度,并出现了诸如许衡、吴澄这样颇有影响力的教育家。总体说来,宋元时代使唐代发达的教育更加细致和完善,它标志着中国封建时代的教育已达到它的最高峰。

3. 中国古代教育的延续与转型

明代是中国历史上极其重要而复杂的朝代。沉暮与开新是那个时代文化发展最重要的特征。明代开国皇帝朱元璋虽出身贫寒,系"造反"起家,但他从历史的教训和亲身实践中,深刻认识到学校教育对治理国家的重要作用,故在立国之初就把发展教育置于国家非常重要的地位。据此,明代广设学校以培育人才,重视科举以选拔人才。与宋代不同的是,明代实行"科举必由学校"(《明史》卷六)的制度。也就是说,只有接受学校教育取得士之出身的学子才有资格参加科举考试。这使学校教育和科举相辅相成,比宋代教育有所进步。

明朝的国学,又称国子学或太学。地方有府学、州学、县学。明代还有社学、义学和私学,是府、州、县学教育的重要补充,全国城镇和农村士子,多在这类学校中受教育。明代科举制沿袭宋元,分乡试、会试、殿试三种。考试内容第一类为经义,出题限于"四书五经",文体多为八股,格式刻板,内容往往空疏无物。考试内容的第二类为诏诰律令,第三类则为经史时务策。这方面的内容则多少还能测出些许考生的见识和才华。总的来讲,明代统治者在科举考试中不仅规定答卷一律以朱熹对"四书五经"的注解为准,而且指令"但许言前代,不及本朝"(顾炎武:《日知录》),严重钳制了读书人的思想。科举制度的弊端由此日益明显地表现出来。

此时的书院依旧是明代教育中比较有生气的地方。明朝立国的 130 余年间,统治者大力发展官学,书院处于沉寂状态,比如著名的白鹿洞书院,就荒废达 87 年之久。明代中叶以后,由于科举腐败,官学衰落,一些有志于从事学术研究的士大夫纷纷创建书院,授徒讲学,加上有诸如王阳明那样著名学者的倡导,使书院建立和讲学之风再度兴起。在明代众多书院中,名声最大、影响最广的莫过于东林书院。东林书院师生定期举行讲会。讲会之日,必举行隆重的仪式,讲学内容主要为四书,讲授结束,相互讨论,会间还相互歌诗唱和。特别值得推崇的是,东林书院密切关注社会政治,将讲学活动与政治斗争紧密结合起来。东林书院的这个特点,集中体现在东林书院创建人顾宪成为书院题写的一副著名对联上:"风声雨声读书声,声声入耳;家事国事天下事,事事关心"。东林书院师生积极参与当时的政治活动,致力于讽议朝政,成为当时思想舆论和政治活动的重要场所,为此遭到了以魏忠贤为首的阉党的迫害。在崇祯即位后,东林党人的冤案才得以昭雪。在大一统的封建专制背景下,东林书院成为中国知识分子在专制体制下争取思想解放和政治自由的典范,在中国古代书院发展史上占有特殊的地位。

明代教育是中国古代教育发展中的一个总结阶段。由于明代已到中国封建社会的后期,封建文化日益呈现出僵化的特点,加之明太祖朱元璋曾大兴文字狱,推行极端的文化专制主义,严禁学生议政,也不许学生对教师的讲授提出不同意见。由此,明代一方面实行"治国以教化为先,教化以学校为本"(《明史》卷六十九)的文教政策,使中央官学、地方官学以及社学都得到空前规模的发展;另一方面明代又在学校教育中实行前所未有的文化专制管理,在科举制度中实行八股取士,使其具有活力的内容逐渐消亡。正是有缘于此,我们说统治者重视与专制并重构成了明代教育的基本特色。

可见,明代教育和明代社会的其他文化形态一样,集中体现了中国封建社会的高度成熟与衰退的时代特征。明代书院体现了非官方教育发展的状况,实质上反映了知识分子对统治者文化专制的反抗,因而在古代教育史上具有重要的意义。在明代,程朱理学教育理论依然占有统治地位。明代中叶以后,王阳明创立的"心学"教育理论以反传统教育的姿态出现,使明代教育思想出现了多元发展的倾向。以"重实"著称的王廷相,批判理学教育中脱离实际、空疏无用的流弊,反映了明代社会发展的新动向,成为明末清初新教育思潮的先声。

清代是中国封建社会的最后阶段。满汉民族矛盾和中国资本主义生产关系的萌芽,以及中西文化对抗和交流构成清代教育的历史背景。清朝作为满族政权,他们要在汉族人口居多、汉族文化根基深厚的中原地区维持统治,只有选择尊孔崇儒的意识形态进行统治。由此,清代统治者一方面加封孔子为"大成至圣文宣先师",康熙皇帝还御书"万世师表"悬于孔庙大成殿内;另一方面,清统治者再度使理学成为支配人们思想行为的最高权威。清代统治者在文教政策上,则全面模仿明朝统治者。入关定都北京后,就确立了"兴文教,崇经术,以开太平"(《清世祖实录》卷九十一)的文教政策。

清代学校教育制度基本承袭明代旧制。由于清代更加重视科举,致使清代学校的教育较之明代更加衰退,有些学校形同虚设,实际上成了科举的预备场所。清代科举沿袭明代旧制,建立起完备的科举考试制度,成为吸收知识分子入仕参政的主要途径。所不同的是,除常科外又设特科,如山林隐逸、博学鸿词等,以网罗不愿应试的学者;还有翻译科,鼓励满人翻译汉文,充分体现了清朝统治者企图在维护民族压迫的前提下拉拢汉人学者,缓和民族矛盾的良苦用心。

从清朝立国到鸦片战争以前的清代教育,已到了中国封建社会教育发展的末期。由于统治者的重视,顺治、康熙、雍正、乾隆时期,学校教育也曾得到了较大的发展。但由于清代和明代一样实行严厉的思想控制,又使用僵化到极点、毫无生命力的科举制约教育,最终致使科举兴,学校废,人才衰。因此,明清进步教育思想家中最闪光的思想都是从批判科举制和教育弊端中展开的。明末清初思想家顾炎武曾这样批判道:"八股之害,等于焚书。而败坏人才有甚于咸阳之郊所坑者。"(《日知录·拟题》)

> 平心而论,中国古代延续达 1300 年之久的科举制度,有其十分不错的开智效应与相对公平的人才选用效应。它不仅培养了中国人刻苦读书、勤于作文习字的民族性格,而且横向对比西方国家,在其古代教育发展过程中始终没能产生与中国相比拟的取士制度,"与这

类似的情况在西方或其他任何地方过了 2000 年才出现。"①但这一科举制度后来出现的诸如僵化的八股文应试方式,以及读书做官的官本位意识的蔓延,无疑是其最终走向终结的根本缘由。

在鸦片战争之前清代教育思想中最有意义的事件是出现了实学教育思潮。主张实学教育的思想家们站在时代的高度猛烈抨击传统的教育思想和制度,揭露科举考试制度的危害,主张培养有道德有真才实用的人才,重视包括科学技术、军事知识在内的经世致用之学,强调学习要联系实际的教学原则和方法。正是从这个意义上,我们可以说实学教育思潮的兴起为中国传统教育历史性的转变准备了条件。

鸦片战争前夕,中国封建社会已经是百孔千疮,危机四伏。在这种情形下,以龚自珍、魏源为代表的开明知识分子,发出了改革社会,学习"西学",改造传统教育的呼唤。鸦片战争以后,在"师夷长技以制夷"(魏源:《海国图志》)的思想指导下,中国开始探索新的教育发展的道路,并在西学东渐的过程中,初步形成了"中学为体,西学为用"的基本观念,即在封建主义的旧文化的框架下,接纳西方资本主义新文化的某些新的因素,进而达到改造中国传统教育的目的。洋务派官僚在"自强新政"的口号下兴办洋务学堂,派遣留学生,翻译出版西学书籍。

从 19 世纪下半叶开始,中国思想界逐步形成一股改良主义思潮,甲午战争以后,这一思潮终于发展成为声势浩大的救亡图存的资产阶级维新运动。以康有为、梁启超为代表的维新派,严厉地批判科举制,大力倡导资产阶级教育。"百日维新"虽然短暂,但也给封建文化教育以巨大的冲击,促进了中国近代资产阶级教育的发展。从 1901 年起,清政府被迫实行"新教育"。1902 年公布的"壬寅学制",是我国近代第一个比较系统的法定学制。1904 年清政府又进一步公布了"癸卯学制",是中国近代第一个较完整并得到贯彻实施的学制。1906 年清政府下令停止科举考试。至此,自隋代起实行了 1300 年的科举制终于退出了历史舞台。以科举制的正式废除为标志,我国古代教育终于开始走向现代教育的发展轨道。

---

① 斯塔夫里阿诺斯:《全球通史:从史前史到 21 世纪》(第 7 版修订版)(上),吴象婴等译,北京大学出版社 2005 年版,第 156 页。

二、中国古代教育的主要成就

中国古代教育在数千年的发展中取得了举世瞩目的辉煌成就。这些成就既体现为涌现了许多伟大的教育家,并留存下了卷帙浩繁且影响深远的教育著作,也体现为创造出了诸多充满睿智的教育思想和教育方法。这些成就不仅是中华教育传统文化宝库中的重要藏品,而且也是世界文明与文化进步的一个个具体印证。

1. 中国古代的教育家

中国古代教育源远流长,涌现了一大批举世闻名的教育家。这些教育家的教育经验和思想极大地促进了古代教育的进展。在这些伟大的教育家中,尤以下列教育家在中国古代教育史上影响最为深远。

孔子。作为中国古代最伟大的教育家,孔子被誉为"至圣先师"。他年轻时期广泛接触各个阶层,掌握了多方面的技艺,为他日后的教师生涯创造了有利条件。孔子在鲁国曾经参与过政事,担任过中都宰、司空和司寇的官职,竭力削弱贵族势力而提升君权,显示了相当的政治才干。尤其难能可贵的是孔子"在政治上偏于保守,但在教育上却倾向革新"[①]。孔子虽做过官,但一生主要是从事私人讲学,他是古代私学教育的创始人,在中国教育史上的影响极为宏大深远。孔子一生以"学而不厌,诲人不倦"(《论语·述而》)的精神从事着私学教育,呕心沥血、成就卓越。据《史记》记载,其弟子多达 3000 人,精通六艺者 72 人。

关于学校教育对象的规定,历来都是教育实践和教育思想的重要组成部分,是不同时代教育家首先要解决的问题。孔子打破了周朝统治阶级"学在官府"的格局,首开私人讲学之风,提出"有教无类"(《论语·卫灵公》)的主张,使那些愿意学习的人,无论贫富贵贱,不问国籍何地,一律享有同等受教育的权利。这就为士民阶层创造了受教育的机会。而且,只要学生诚心求教,潜心求学,孔子都会热心教诲,不论其过去的经历如何,都一视同仁。在孔子的弟子中,既有鲁国当政贵族子弟孟懿子,也有人称"鲁之鄙人"的子张和"贱人"之子仲弓父;有货殖致富、家值千金的子贡,也有蓬户瓮牖、捉襟见肘的原思;有百

---

① 孙培青主编:《中国教育史》,华东师范大学出版社 1992 年版,第 85 页。

里负米以养母的子路,有犯人公冶长,也有身着芦衣、为父推车的闵子骞;有卫国的子夏,也有陈国的子张和吴国子游等。

从中国教育史上看,孔子是第一个触及教育在社会和个人发展中的作用问题的人。孔子认为:"性相近也,习相远也。"(《论语·阳货》)这就是说,人的本性本来都很接近,但由于后天的教育和学习使人性产生了差别。基于此,孔子特别重视教育。他认为"好学"是人最优良的品质,又是人获得一切知识能力和美德的重要途径。孔子相信教育的力量,相信教师能使各种人化恶为善,化愚为智。孔子教育的基本目的是培养志道和弘道的志士和君子。由此,孔子教育他的学生要"笃信好学,守死善道"(《论语·泰伯》)。

在教学方法论方面,孔子做了许多开创性的工作。他特别强调教学的双向互动,认为教学过程不仅是教师教的过程,更是学生学与习的过程。孔子把学生的学习过程概括为"学、思、行"三步。由此,孔子有一句名言:"学而不思则罔,思而不学则殆。"(《论语·为政》)这表明孔子既反对思而不学,又反对学而不思。孔子还非常注重知行一致。在学和习的关系上,孔子提出"学而时习之"(《论语·学而》)的命题。事实上,孔子是第一个将知行一致的观点纳入教学过程之中的人。

> 熟悉儒家经典的人都知道,复旦"博学而笃志,切问而近思"的校训源于《论语·子张》。其原文是:"子夏曰:'博学而笃志,切问而近思,仁在其中矣。'"此句和《中庸》中的"博学之,审问之,慎思之,明辨之,笃行之"互为印证,彰显了儒家教育观的基本立场。将其选择为复旦的校训,不仅说明复旦师生对传统文化的认可与坚守,更说明传统文化有它历久弥新的魅力。有意思的是,因为校训墙上的字是从右至左书写,一些习惯了现代文阅读的师生把这十个字从左至右倒过来读,居然也读得通:"思近而问切,志笃而学博。"

孔子将毕生贡献于教育事业,为中国古代教育史开辟了新纪元。他在教学上的辉煌成就以及伟大的人格魅力,使其深受弟子及后人高山仰止般的敬重与称颂。当然,由于历史和所处社会地位的局限性,孔子的教育思想中也存在着一些需要后人予以扬弃的地方。比如孔子提出的"唯上智与下愚不移"(《论语·阳货》)的命题,并且反对学生"学稼为圃"(《论语·子路》)等,对中国古代教育的发展显然产生了相当不利的影响。

荀子。作为战国末期最大的一位传经大师,荀子在古代教育史上享有重

要的地位。他在当时齐国的稷下学宫曾三次任学宫"祭酒"(即主持人),其学
问影响很大。荀子的教育思想以其"性恶论"为基础。他认为,"今人之性,生
而有好利焉""生而有疾恶焉""生而有耳目之欲,有好声色焉"(《荀子·性
恶》)。依顺这种人性,社会就会出现争抢掠夺、残杀陷害、淫荡混乱,最终趋向
于暴乱。由此,荀子认为必须有师法的教化、礼义的引导,然后才能做出合乎
君子的行动,在合于文理、归于治顺的过程中成人。荀子这个思想后来被概括
为"化性起伪"说(罗惇曧:《文学源流》)。荀子的"化性起伪"说是他教育思想
的人性论基础。根据"化性起伪"说,荀子认为任何人的道德观念和知识才能,
都不是天生的而是后天学习的结果。由此,教育不仅能够改变人的本性,也能
改变人在社会中的地位。

荀子从打破"世卿世禄"宗法等级制的政治主张出发,认为教育的目的就
是要培养"积文学,正身行,能属于礼义"(《荀子·王制》)的贤能之士。从这个
教育目的出发,荀子对孔子的经学思想进行了继承与改造。秦汉儒生所学习
的五经及其解说,正是出自荀子。值得一提的是,荀子虽然以诸经为教学内
容,但他并不盲目崇拜经书的观点。他认为经书存在缺点,不能盲目信奉,必
须由教师讲解。他还认为,诸经各有不同的特点,在培养人才方面亦有不同的
作用。荀子还特别重视《礼》在培养人才中的作用,将礼义放在第一位,而把
《诗》《书》放在其次。他认为,如果不以明礼义为本,尽管学了一些《诗》《书》的
知识,也难以培养出真正的修身治国之人才。

荀子教学思想非常丰富。荀子曾明确地指出,学习的目的不仅是为了积
累知识,更重要的是应用知识。他提出:"君子之学也,入乎耳,著乎心,布乎四
体,形乎动静。"(《荀子·劝学》)"入乎耳"即感知教材阶段,"著乎心"即理解教
材阶段,"布乎四体"即巩固知识阶段,"形乎动静"则是运用知识阶段。这与现
代教学理论提倡的学习四阶段论已非常接近。荀子还提出了"专一不二"的学
习方法。在荀子看来,客观世界是无限的,以有限之生去求无限的"物之理",
必然会"没世穷年不能遍"(《荀子·解蔽》)。由此,在学习方面他反对那种无
亲、无方和以所好而时时改变的治学态度。他说:"多知而无亲,博学而无方,
好多而无定,君子不与。"(《荀子·大略》)。

荀子在其教育思想中,特别强调教师在教学活动中的作用。荀子认为教
师在教学中起决定作用,应该拥有绝对的权威。荀子认为,"礼"是最高的社会
规范,而教师又是传授"礼"和实行"礼"的榜样。只有经过教师卓有成效的教
育,才能把"礼法"传给学生。"学莫便乎近其人。"(《荀子·劝学》)由此,在荀

子看来,学生学习的捷径就是接受老师当面的指教,接近贤师,仰承师训。荀子说:"故有师法者,人之大宝也;无师法者,人之大殃也。"(《荀子·儒效》)荀子还进一步认为,教师的作用关系到国家的兴衰、礼法的存废、人心的善恶。荀子把教师提高到与天、地、君、亲同等的地位。教师的地位既然如此之高,他因此对教师提出了很严格的要求。他说:"师术有四,……尊严而惮,可以为师;耆艾而信,可以为师;诵说而不陵不犯,可以为师;知微而论,可以为师。"(《荀子·致士》)

继孔子之后,荀子在中国教育史上享有的重要的地位是后人所不能及的。孔子选编的六经,后来多经荀子的传授,对两千多年封建社会的教育产生了巨大的影响。当然,由于历史的局限性,荀子的教育思想中也不乏一些片面的成分。比如他提倡尊师,却将教师的地位发展到了绝对化的程度,背离了孔子"当仁不让于师"(《论语·卫灵公》)的开明思想,这不能不说是一个倒退。

董仲舒。出生在一个富有藏书家庭的董仲舒,从小受到了良好的教育。据史书记载,他年轻时学习就十分专心刻苦,甚至达到了如痴若愚的境地,"三年不窥园圃,乘马不知牝牡"(《太平御览》卷八九七引)。由于董仲舒的勤奋好学,使其成为当时著名的博学君子,声誉甚高。汉武帝即位不久,让各地举荐贤良文学之士,董仲舒也在被举之列。颇受汉武帝赞赏的董仲舒在《贤良对策》中提出"罢黜百家,独尊儒术"的主张,成为汉代最重要的文教政策。但董仲舒仕途坎坷,生前并未受到重用。60岁时因病告退,晚年致仕居家,史书记载他"终不治产业,以修学著书为事"(《汉书·董仲舒传》)。可惜的是,这些著作大部分都散失了,流传下来的只有《春秋繁露》一书。但董仲舒一生从教多年,通过讲学,不仅培养了一批叱咤于汉代政治舞台的卿相大夫,而且更见效于学坛,为发展儒学造就了一批学者儒师,无愧于"汉代孔子"之盛名。

董仲舒和先秦儒家一样,从人性入手分析教育的作用。他综合了先秦的性善论和性恶论,提出了人性有善有恶论。他创造性地将统一的人性分为性与情两个对立的方面,并且提出了性善情恶的观点。正因为"性"中有善端,因此人就具有了接受王道教化的可能;也正因为"情"是恶的,因而人必须接受教育。董仲舒通过他的人性论发展了先秦学者顺性而教与节制情欲的主张,为西汉王朝重德教与兼施刑政的文教政策提供了必要的理论依据。

董仲舒认为教学的目的是造就经国治世的人才。由此,他主张以儒家"六经"为教材对学生进行教育。在"六经"中,董仲舒更为详尽地论述了《春秋》的作用,强调了学习历史的重要性。他托子夏之言曰:"有国家者不可不学《春秋》,不学《春秋》则无以见前后旁侧之危,则不知国之大柄,君之重任也。"(《春秋繁露·俞序》)这种学习历史以增强治世的使命感、以古为镜来防微杜渐的教育思想,无疑是很有现实针对性的。注重学习历史,以史为鉴,这是中国古代教育的一个明显特点,它对人才的培养和中国文化传统的绵延不绝都有很重要的影响。董仲舒在这方面的贡献显然是值得肯定的。

董仲舒还通过自己严谨勤奋的治学,总结出多种教导学生学习的方法,其中最重要的有两种:一是"多连"与"博贯"的学习方法。董仲舒总结了自己治《春秋》的经验,告诫学生在治学时必须"精心达思"(《春秋繁露·竹林》)。如何才能做到"精心达思"呢?他又提出了"多连"和"博贯"的方法:"得一端而多连之,见一空(孔)而博贯之,则天下尽矣。"(《春秋繁露·精华》)所谓"多连"和"博贯",就是要求学生在读书时不可就事论事,而应融会贯通。用今天的话说,就是既会类比归纳,又会演绎推理。二是学贵专一。所谓"专一"包含两层意思,一是指学习必须专心致志,二是指治学必须注意专精。董仲舒曾有一个著名的比喻:"目不能二视,耳不能二听,一手不能二事。一手画方,一手画圆,莫能成。"(《春秋繁露·天道无二》)这是说求学行事必须注意力集中。在谈到学习六经时,他指出各经皆有所长,应当"兼得其所长",但是"不能遍举其详"(《春秋繁露·玉杯》),而要注意专一。

董仲舒继承并发展汉初儒家学说,他的对策建议对中国封建社会官学结构和儒学教育体系的建立产生了重大而深远的影响,为汉代的文教政策奠定了理论基础,也使他自己在中国封建教育史上占据了独特而重要的地位。但毋庸讳言的是,董仲舒的教育理论带有深刻的封建专制烙印,在古代教育史上产生的消极影响也是显而易见的。

颜之推。出身于士族家庭的颜之推,其祖先乃孔子弟子颜回。儒门传统的熏陶,奠定了颜之推一生的学术思想基础。颜之推博览群书,善于为文,辞情并茂,19岁就进入仕途。至晚年,颜之推为保持家族的儒门传统,并鼓励子孙续承家业,扬名于世,写了《颜氏家训》二十篇。他用历史和现实的事例来说明人生的道理,把封建士大夫的立身治家、求学处世等问题全都包罗在其家训之中,使其成为我国封建社会第一部系统完整的家庭教育教科书。

在士大夫教育方面,颜之推认为,原来的玄学教育必须抛弃,儒学教育也应改革,要培养既不是清谈家,也不是章句博士,而是对国家实际有用的人才。这些人才必须"德艺周厚"(《颜氏家训·名实》)。可见,颜之推把德、艺理解为教育的两个主要方面。道德教育方面,他承袭儒家的传统思想,强调孝悌仁义。值得注意的是,他认为在道德教育中,不仅古代王侯将相中有贤达可以提供学习的范例,就是劳动人民中间也有些楷模人物,世人可向其学习,"农工商贾,厮役奴隶,钓鱼屠肉,饭牛牧羊,皆有先达,可为师表,博学求之,无不利于事也"(《颜氏家训·勉学》)。"艺"除了包括经史百家等书本知识之外,还包括士大夫所需要的杂艺,比如书、数、医、画、琴、棋、射、投壶等。颜之推认为,这些技艺在生活中有实用的意义,也有个人保健和娱乐的作用。

特别值得一提的是,在颜之推生活的年代,官学教育已经衰落了,士族子弟的教育基本上是依靠家庭来进行的。颜之推显然顺应了这个时代要求,主张把家庭教育放在首要地位。而且,他认为一个人的发展,幼年时期是奠定基础的重要阶段:"当及婴稚,识人颜色,知人喜怒,便加训诲。"(《颜氏家训·教子》)众所周知,在家庭教育中极为重要的一个问题是如何处理爱护与教育两者的关系。颜之推根据多年的观察,认为多数人没有处理好这两者的关系:"吾见世间无教而有爱,每不能然,饮食云为,恣其所欲,宜诫翻奖,应呵反笑。"(《颜氏家训·教子》)由此,他认为父母对子女自然要爱护,但不能没有教育,只有教育好子女才是最大的爱护。那么如何教育呢?颜之推认为最要紧的是以孝悌为中心的人伦道德教育。他认为,重要的不在长篇大论的说教,最为有效的应该是长辈的示范。这种成人道德榜样所发挥的影响,他称之为风化。

颜之推家庭教育思想中关于学习方法的体会同样非常精辟。他提出在学习中要特别提倡以下几个方面:一是眼学。颜之推对主要凭耳闻而形成的学问持怀疑批判的态度。他认为耳闻未实,眼见为真,在学习上应重视直接观察获得的知识,"谈说制文,必须眼学,勿信耳受。江南闾里,士大夫或不学问,差为鄙朴,道听途说,强事饰辞"(《颜氏家训·勉学》)。但他并不是主张一切都要"眼学",排斥"耳受",听闻的知识还是需要的,不过务要查实,不能不问缘由而轻易地信以为真。二是勤学。颜之推认为学习主要取决于自己而不是教师,故要取得成就应依靠自己勤勉努力。他承认人的天资是有差别的,有的比较聪明,有的比较迟钝,但迟钝的人只要勤学不倦,则可以缩短差距。三是切磋。颜之推认为个人孤独地学习,断绝与别人交流经验会使自己闭目塞听,思想必然会受局限。由此,他提倡打破这种局限,师友相互切磋,以便相互启发,避免谬误差失。读书不要闭门,写文章也不要保守,"学为文章,先谋亲友,得其评裁,知可施行,然后出手,慎勿师心自任,取笑旁人"(《颜氏家训·文章》)。

颜之推的《颜氏家训》作为家庭教育的最重要经典,在古代教育发展史上无疑是一个重要的里程碑。由于历史的局限性,颜之推的家庭教育思想中也存在不少错误观点，比如认为"上智不教而成，下愚虽教无益"(《颜氏家训·教子》)，这显然是一种偏见。又比如在家庭教育中，他强调为了达到教育目的，可以将怒责和鞭挞作为重要的手段。这也明显带有封建专制社会的某些特征。

韩愈。作为唐朝伟大的文学家和著名的教育家，韩愈出生于世代官僚家庭，不幸的是他 3 岁双亲病故，由伯父兄嫂抚养成人。韩愈一生，先后做过四门博士、国子博士、国子祭酒，直接从事教育与教学工作。他在任四门博士时，曾请求恢复国子监的生徒；在任国子博士时，曾写作了《师说》《进学解》等名篇；在任国子祭酒时，主张严选教官，坚持每日会讲的制度，积极整顿国学。其主要措施：一是放宽入学等级限制。太学入学门槛由五品官员之子降为八品官员之子，四门学由七品官员之子改为有才能艺业者皆可入学。二是改革学官选拔标准。韩愈以艺能才学为主要标准，选中者经严格考试合格才被委任学官，有效地防止了不学无术的皇亲国戚滥竽充数。他任地方官时，仍十分重视教育工作，不仅写了《子产不毁乡校颂》一文，提倡兴办地方官学，而且从自己的俸禄中拿出一部分来办学。

> 韩愈由刑部侍郎贬为潮州刺史时，看到州学荒废、礼教不行的局面后，下令恢复地方官学，并亲自主持聘请州学学官，捐薪以资教学。尤为可贵者，他在官学衰落，社会上普遍存在耻于从师的风气下，"不顾流俗"(柳宗元:《答韦中立书》)，勇为人师，积极教诲后生。凡经他指教过的学生，皆感念师恩终生自称韩门弟子，其中有名的弟子包括李翱、李汉、皇浦湜等。韩愈所作的诗文，由其弟子李汉编辑成《昌黎先生集》四十卷，后人又陆续增补加注，总称《韩昌黎集》。其中内含的教育思想尤受后世瞩目。

韩愈的教育思想非常丰富，最有特色的无疑是其英才教育思想。韩愈认为发展教育是为政之本，并由此提出了教育英才的可贵思想。他认为孟子关于"得天下英才而教育之"，是"极言至论"(《韩昌黎全集》卷十六《上宰相书》)。他批评当时的取士制度不合理，致使真正的人才遭到埋没和摧残，不能充分发挥其作用。他认为人才作用的发挥是有前提条件的，这就是既有赖于被慧眼识别，更有赖于良好的培育和合理的使用。他曾以千里马为例说："世有伯乐，然后有千里马；千里马常有，而伯乐不常有。"(《韩昌黎全集》卷十一《杂说四首》)

　　韩愈的《师说》是中国古代第一篇集中论述教师问题的名著。他继承了我国古代尊师爱生的优良传统,并结合自己的教育实践经验,从教师的作用、任务、择师标准和师生关系等方面,全面论述了教师问题。"尊师重道"是《师说》全文的中心论点,也是韩愈写作《师说》的根本目的。

　　其一,韩愈的《师说》阐明了教师的作用:"古之学者必有师。"他总结历史的经验得出一个结论,即自古以来任何一个人的知识学问,都是从老师那里学来的。也就是说,任何一个人如果没有老师的教诲和指导则不能成为有才智的人。他认为生而知之者是不存在的。在这里,他充分肯定了学习的重要性和教师的作用。基于这种认识,他对当时社会上轻视教师,不尊重教师,耻于从师的不良风气进行了尖锐的批判。他认为圣人与一般人所以有智愚之别,其根本原因在于圣人肯于从师学习。耻于从师学习,是一种愚昧的表现。这种批判是很深刻的。

　　其二,韩愈的《师说》明确了教师的任务:"师者,所以传道、授业、解惑也。"仅仅十一个字,却把教师的任务概括得很全面。一是传道,即传授政治伦理道德理念;二是授业,即讲授《诗》《书》《易》《春秋》等儒家的经典;三是解惑,即解答学生在学习"道"与"业"过程中所提出的疑难问题。三者中以传道为本,以授业、解惑辅佐之。他认为只有完成这三方面的任务,才配称作教师。事实上,在任何时代,作为教师的根本任务,都不外乎这三个方面。只不过是由于历史时代不同,所传之道,所授之业,所解之惑,其具体内容不同而已。这里揭示的是教师职责这一条普遍规律。

　　为此,韩愈的《师说》提出了择师的标准:"无贵无贱,无长无少,道之所存,师之所存也。"他认为可以为师者,不在于其年龄的大小和地位的高低,而在于其懂得"道"。由于他把"道"作为衡量和选择教师的根本标准,由此,他要求做一个教师首先对"道"要有坚定的信念。

　　其三,韩愈的《师说》论述了师生关系。他认为:"圣人无常师","孔子曰:'三人行,必有我师'。是故弟子不必不如师,师不必贤于弟子,闻道有先后,术业有专攻,如是而已"。韩愈以孔子为例,得出三条结论:一是"弟子不必不如师",既然学生不一定不如老师,当然学生就完全有可能,而且也应该超过老师。由此,他认为做学生的不能自卑,要立志发奋,敢于超过老师。这是对孔子"后生可畏"思想的继承和发挥。二是"师不必贤于弟子"。既然老师不一定处处事事比学生高明,当然做学生的对老师就不能求全责备,要善于学其所长。同时,做教师的也不应满足于自己已有的知识,更不要不懂装懂,在业务上要学而不厌,精益求精。这是孔子"学而不厌,诲人不倦"思想的继承与发挥。三是"闻道有先后,术业有专攻"。既然闻"道"有早晚,在学业与技能各有所长,当然闻道在先,学有专长,就可以为师。由此,师生的角色关系是可以互换的。正是由此,韩愈认为师生关系应是相互学习的关系。

除了《师说》外,韩愈的《进学解》是一篇文字优美、影响深远的教育文献。它以师生对话的形式,集中论述了学习态度和学习方法问题。关于学习态度问题,韩愈断言:"业精于勤,荒于嬉;行成于思,毁于随。"修业如此,进德也如此。要想使品德上有所成就,凡事要三思而行,积小而成大德。

可以肯定的是,韩愈教育思想也有其局限性。比如他在原性说中断言:人之性不外乎三品,其上品性善,生来具有仁义礼智信五德;中品性可善可恶,五德有存有缺;下品性恶,五德都不具备。这显然是先验论。再比如韩愈对儒家之外的佛道思想采取彻底否定的做法,显然也过于极端。这一极端的做法甚至在他那个时代就不被朝廷及其他一些有识之士认可。韩愈就曾因为反对佛学而被贬官潮州:"一封朝奏九重天,夕贬潮阳路八千。"(韩愈:《左迁至蓝关示侄孙湘》)

朱熹。作为南宋时期理学思想的集大成者和最著名的教育家,朱熹的教育活动和教育思想对我国封建社会后期教育的发展,产生了别人难以企及的重大影响,后人甚至因此称誉他为"宋代孔子"。据宋史记载,朱熹从小聪明好学。他 5 岁就读《孝经》,10 岁左右开始学《大学》《中庸》《论语》《孟子》,22 岁授泉州同安县主簿,开始了他的仕途生涯。朱熹曾奏请复兴白鹿洞书院并亲自督促修复工程。书院初步恢复后,朱熹亲自参与书院的组织管理和教学工作。他还亲手拟订了《白鹿洞书院教条》,成为书院的标准学规。南宋之后,元、明、清各代书院差不多都以白鹿洞书院为楷模,白鹿洞书院教规几乎成为各级各类学校的基本教育纲领。

朱熹 59 岁任漳州地方官时影响最大的教育活动是着手将儒家经典《大学》《中庸》《论语》《孟子》四书及他所作的注释合编为《四书章句集注》。他对《四书集注》曾自诩为:"添一字不得,减一字不得。"(《朱子语类大全·饶州刊朱子语录后序》)《四书集注》刊印之后,不久就风行天下,至元朝皇庆二年(公元 1313 年)正式被朝廷规定以《四书集注》取士。从此,《四书集注》成为各级学校的必读教材和科举考试的标准答案,不仅影响中国教育达数百年之久,而且它本身也成为中国封建社会后期影响力最广最深远的儒家经典。

朱熹十分重视教育的地位和作用。他结合自己多年的教育实践体验,认为办教育的基本指导思想和学校教育的中心任务应以"明人伦为本",要教人以"德行道艺之实"。但是,当时学校却以章句训诂为业,不明道德之归,忘本逐末,怀利去义。而许多入学者"不过以追时好,取世资为本,至于所谓修身、齐家、治国、平天下之道,则寂乎其未有闻也"(《朱文公文集·送李伯谏序》)。由此,朱熹认为,要使学校教育符合国家"立学教人之本意",必须认真加以整顿,正本革弊。其中尤要明确办学目的,端正教育方向,同时也要改革教育内容和教学方法。只有这样,才能使"教明于上,俗美于下,先王之道得以复明于世,而其遗风余韵,又将有以及于方来"(《学校贡举私议》)。

朱熹依据古代教育的经验和他对人的年龄、心理和思维特点的认知,主张把学校教育划分为小学、大学两个阶段。朱熹特别重视小学教育,他认为小学教育是基础,好比"打坯模":"古者小学已暗成了,到长来已自在圣贤坯模,只就上面加光饰。"(《小学辑说》)若坯模打坏了,弥补极难,故教育必须从小学抓起。小学教育内容的重点是伦理道德规范的训练和基本知识技能的学习,以"教事"为主。由此,朱熹还专门编写了适合儿童阅读的教材和读物。比如他编写的《童蒙须知》,内有衣服冠履、言语步趋、洒扫涓洁、读书写文、杂细事宜六节,详细规定了道德规范、行为细则、日常生活习惯、待人接物的礼节、读书写字的常规。朱熹进而认为,大学教育是小学教育的扩充、深化和完成,教育内容的重点是"教理"。要求受教育者在小学教育基础上,在道德、学问和能力方面有进一步的提高,从而成为符合国家需要的有用的人才。

朱熹阐明的小学教育和大学教育的关系,主张小学教育和大学教育都应受到重视的教育理念在中国古代教育史上的重要性是不言而喻的。在我国古代,特别是汉代以后,比较重视为国家直接输送人才的大学教育,相对来说比较忽视小学教育。但朱熹以后,这一情况有很大变化,小学教育受到重视,并获得较广泛的发展,童蒙教学遍及城乡,童蒙教材大量涌现。

在朱熹的教育思想中,最具有创新性的部分是他的读书方法。朱熹一生钟情于读书、教书,由此他对如何读书有深切的体会,提出过许多精辟的见解。在他去世后不久,弟子门人将他的读书经验归纳为六条,后人称为朱子读书六法,即"循序渐进""熟读精思""虚心涵泳""切己体察""着紧用力"与"居敬持志"。在这六法中,"循序渐进"强调的是读书要有计划、有秩序。"熟读精思"强调的是"先须熟读,使其言皆若出之于吾之口;继之精思,使其意皆若出之于吾之心"(《朱子大全·读书之要》)。"虚心涵泳"提倡的是读书时要虚怀若谷,悉心体会作者的本意，反对先入为主；有疑问，要虚心静思，不要匆忙定论。"切己体察"所主张的是读书不能只在纸面上做工夫，必须心领神会、身体力行。"着紧用力"意即读书要抓紧时间，集中精力。"为学正如撑上水船，方平稳处，尽行不妨。及到滩脊急流之中，舟人来这上，一篙不可放缓，直须着力撑上，不得一步不紧。放退一步，则此船不得上矣。"（《朱子语类大全》卷八）"居敬持志"既是道德教育的重要原则，又是读书治学的基本要求。它提倡的是读书之道不仅要全神贯注，还要有远大的志向和顽强的毅力。朱熹认为这是读书最根本的精神。

朱熹的六条读书法是在总结前人的经验和自身的体会后提出的。显然，它已不是单纯的读书法，而是融合了道德修养、治学精神和学习态度的综合要求。朱熹读书法所体现的基本精神和方法，对我们今天的读书做人仍有着极其有益的启迪意义。比如冯友兰就非常认可朱熹的这一治学之道，在其著述中曾心怀敬意地提及朱熹在去世前一天，还在读四书，在修订其《四书集注》的感人传说。[1]

值得指出的是，朱熹在古代教育史上的影响无疑是巨大的，但在肯定其卓越成就的同时也必须认识到朱熹教育思想有其一定的局限性。"道德教育是理学教育的核心，也是朱熹教育思想的最重要内容。"[2]这固然是自周公、孔子以来在教育传统中的"道统"，而且与我们今天强调德育的首位作用，贯彻"立德树人"教育方针无疑也是契合的。但问题在于，如果把道德教育视为教育唯一的内容，教与学的唯一归宿就是"明人伦"，那显然是片面的。此外，在教育方式上，朱熹把治学概括为"读书穷理"，过分夸大了读书作用，尤其是他刻意抬高了读儒家经书的地位，从而导致学生学习的途径与读书的范围受到极大的限制，这对造成"万般皆下品，惟有读书高"（汪洙：《神童诗》）"两耳不闻窗外事，一心只读圣贤书"（《增广贤文》）的不良学风也有着直接的关联性。

王阳明。作为明中叶著名的学者，王阳明出身于官僚家庭，自幼聪明好学，因深受儒家思想影响，年轻时即向往成为圣贤。28 岁举进士，进入仕途。值得一提的是，正德十四年（公元 1519 年）宁王朱宸濠在江西起兵叛乱，王阳明引兵攻下南昌，生擒朱宸濠，一时名震朝野。

王阳明的教育活动是与他的"文政武功"紧密联系在一起的。他在极力维

---

① 冯友兰：《中国哲学简史》，涂又光译，北京大学出版社 2013 年版，第 279 页。

② 孙培青主编：《中国教育史》，华东师范大学出版社 1992 年版，第 392 页。

护明王朝的政治与军事活动中,深感要使天下太平,不仅需要使用政治、军事手段,更重要的是要清除人们内心不满的思想念头,即所谓的"破山中贼易,破心中贼难"(《王文成公全书》卷四《与杨仕德薛尚谦》)。由此,他立志要培养一批以"学圣贤"为志的"豪杰之士",振兴封建道德,维护封建统治。"人伦明于上,小民亲于下,家齐国治而天下平矣。"(《王文成公全书》卷七《万松书院记》)王阳明从 34 岁开始讲学授徒,直至去世,历时 23 年之久。与朱熹不同的是,王阳明专门从事讲学活动,仅在 50 岁以后回乡的 5 年间,其余都是在从政之余进行讲学活动。他在驻足之地,皆建学校,创书院,立社学,并亲自讲学。他在被谪龙场时,创立龙冈书院,又在文明书院主讲;巡抚江西期间,立社学,修濂溪书院;在家乡余姚、绍兴,先辟稽山书院,又讲学于余姚龙泉山寺中天阁;总督两广时,兴办思田学校、南宁学校和敷文书院。王阳明的学术思想也与教育实践有着密切的关系。比如他的"知行合一"说就是在文明书院时提出来的,"致良知"说则是在南昌讲学时阐发的思想。由于王阳明的教育活动是与军政活动相伴的,所以不拘形式,随处讲学,随时答疑,就成了王阳明教育活动的一个重要特点。即使在政务繁杂的情况下,他也"论学不辍"。他还经常通过书信,对弟子进行答疑、指导,堪称中国古代最重视"函授"教育的学者。

王阳明的教育学说具有明显的教育哲学色彩。"致良知"是王阳明哲学思想的组成部分,也是他的学习论的核心思想。何为"良知"? 王阳明说:"吾心之良知,即所谓天理也。"(《王文成公全书》卷二《答顾东桥书》)"万事万物之理,不外于吾心。"(《王文成公全书》卷二《答顾东桥书》)。在王阳明看来,认识不用"外求",而是体验内心之"良知",只要真正体悟了"良知",把心放正了,一切言行自然会符合"天理"。由此,王阳明反复强调教育的本质就是"致良知"。学习的目的惟有"致良知",学习的过程就是"致良知"的过程,学习的成效也要看能否"致良知"。

可见,王阳明的学习论主要不是扩充知识,而是以"致良知"为手段消解不符合当时社会道德规范和统治秩序的思想意识和道德行为。他的这一"致良知"思想在中国教育史上产生了相当积极的影响:一是提倡学习要"自知"与"自得",反对盲从《六经》。王阳明分析了经书与"良知"的关系。他认为,儒家的《六经》只是从不同的角度记录吾心而已,故"吾心"才是《六经》之实。二是反对迷信古圣先贤,提倡"惟是之从"。王阳明认为,"圣人亦是学知""人胸中各有个圣人"。又说:"是非之心,人皆有之。"(《王文成公全书》卷三《传习录》下)故他认为不能以孔子、朱熹的是非为是非,每个人都应有独立思考的权利与判断是非的能力。三是反对道学教育对个性的束缚,提倡"点化""解化"与"谏师"。自元代以后,道学被奉为教条,严重地束缚了读书人的思想。王阳明"致良知"的学习论,在教与学的关系上,强调"师友点化"与"自家解化"相结合。他指出:"学问也要点化,但不如自家解化者,自一了百当。"(《王文成公全书》卷书《传习录下》)所谓"点化",指教师对学生学习的指点和开导,朋友之间的砥砺和切磋。但王阳明更强调"自家解化",即发挥学生独立思维能力来解决问题,认为这才是"一了百当"的功夫。正因为如此,他在实际教学中,绝少长篇累牍讲述,大多是三两句指点性的答疑,启发学生自己得出结论,体现出王阳明视学生"自家解化"的教学风格。

在师生关系上,王阳明反对传统的师道尊严,提倡师生之间以朋友相待,直言相谏。他认为教师应欢迎学生的批评。"凡攻我之失者,皆我师也,安可以不乐受以心感之乎!"(《王文成公全书》卷二十六《教条示龙场诸生》)由此,他在学生面前,没有道学家那种道貌岸然的架子,而是十分随和,师生之间关系非常融洽。

王阳明"致良知"的学习论对打破当时教育领域僵化沉闷的空气起到相当积极的作用。先秦儒家曾有尊重学生人格、注重学生独立思考的风气,自汉代"独尊儒术"之后,这种良好的教育传统逐步消失。至元明时期,孔子更被奉为"至圣先师",朱熹亦被尊为孔家"圣人",他们的学说便成为判断是非的最后标准,衡量言行得失的最高法典。这种学风严重禁锢着人们的头脑,使人们丧失了认识新鲜事物和进行创造的能力。王阳明"致良知"的学习论,鼓励独立见解,提倡独立思考,强调"自家解化",这在当时充满思想专制的时代,无疑是十分可贵的。

尤其值得一提还有王阳明关于儿童教育的主张。他反对当时"鞭挞绳缚,若待拘囚"的儿童教育法,认为这是造成学童"视学舍如图狱而不肯入,视师长如寇仇而不欲见"的根源。他认为儿童天性"乐嬉游而惮拘检,如草木之始萌芽,舒畅之则发达,摧挠之则衰萎"(《王文成公全书》卷二,《传习录》中)。为此,王阳明主张以诱导、启发、讽劝的方法,来代替"督""责""罚",从而使他们"趋向鼓舞,中心喜悦"(《训蒙大意示教读刘伯颂等》)。这就如应时的雨水和春风,浸润吹拂草木,使草木自然发芽抽枝、苗壮成长。

王阳明的儿童教育思想的合理性至今让许多学者推崇备至。比如他主张动静搭配、体脑交叉的教学活动观即为一例。王阳明在《教约》中,把每天的功课作了精心的安排,类似今天的"课程表"。在课业中,把动的课程,如"习礼""歌诗"排在静的课程"诵书""讲书""背书"之间。上午学童背书、诵书疲乏了,通过"习礼"课的"周旋揖让""拜起屈伸",以动荡其血脉,舒展其筋骨。下午在诵书、讲书之后,又在悠扬的歌诗声中结束一天课业。王阳明在《教约》中还提倡带有比赛、观摩性质的"会歌""会礼"活动。可见,王阳明已经充分注意到学童的兴趣和学业负担之间的平衡关系。

王阳明作为著名哲学家和教育家,提倡一种不同于程朱学派的"狂者进取"的学风,打破了程朱理学的独尊局面。王阳明在长期从事的教育活动中总结提炼出许多独到的教育主张,是合理且带有独创性的。他一生讲学授徒,弟子门人遍布各地。这些"王门弟子",继承王阳明的讲学传统,亦到处办书院,积极传播王学。明代中叶以后书院教育的发达,与王阳明及其弟子的讲学活动是分开的。王阳明及其弟子创立的王阳明学派的教育思想不仅在国内,而且在国外,特别是日本及东南亚地区都产生了很大的影响。

颜元。作为明末清初杰出的思想家和教育家,颜元出身贫寒,自幼饱尝生活艰辛。他8岁起受启蒙教育,启蒙教师吴洞云善骑射、剑戟,同时也长于医术和术数。这使颜元从小时起,便受到与众不同的启蒙教育。颜元一生的主要活动是从事教书工作。他从24岁起,开设家塾,收徒讲学。从他把自己的书斋称作"思古斋"可见,颜元曾笃信程朱理学。后来,由于自己的亲身实践让他意识到理学一味推崇的静坐读书之法伤身害性、空虚无用,便立志转变学术思想,从"穷理居敬"变为崇尚"习行"(《颜习斋先生言行录》卷下)。也是由此之故,颜元把"思古斋"改为"习斋",表达与理学决绝之立场。颜元42岁时,制订教条二十则于学舍,称"习斋教条"。教条以阐扬儒家学说中实用实行思想为宗旨,要求学生学习礼、乐、射、御、书、数,以及兵、农、钱、谷、水、火、工、虞等经世之学。晚年,他在直隶肥乡主持漳南书院,书院设文事、武备、经史、艺能等科,充分反映了颜元教育思想的重习行之特色。

颜元教育思想的最大特点是极为推崇"经世致用"。颜元认为要"经世"治国,仅有德才兼备的"君相"与"百官"还不够,还必须得有"百职"的专门人才。由此,他创新性地提出把士大夫培养成各行各业的专门人才的育人观。众所周知,以道和术的关系而论,古代教育培养"明道""得道""悟道"的人才来管理国家政事,这是封建社会一向所重视的。各种生产实践的专门技术人才一向是被忽视的,它甚至被认为是一种下等的卑贱职业。针对人们鄙视专门人才的传统的观念,颜元对"圣贤"的观念进行了重新的认识:"学须一件做成便有用，便是圣贤一流。圣人是肯做工夫的庸人，庸人是不肯做工夫的圣人。"
（《习斋先生言行录》卷下）可见，颜元划分"圣人"与"庸人"的唯一标准就是
能否勤奋专一。这个思想在当时是离经叛道的，具有启蒙乃至解放思想的
非凡意义。

　　在教学的内容方面，颜元旗帜鲜明地反对宋明理学的空疏无用，主张学习
实事实物，提出"实文、实行、实体、实用"的教育内容。它有三个特点：一是身
心兼顾，性形并重。他坚决反对程朱理学"重心轻身"的教育，主张在教学内容
的选择上应该身心兼顾，性形并重。特别值得一提的是，颜元在他的教学活动
中，经常教弟子们"举石"（举重）"习刀""超距"（赛跑）"击拳"等，并主张对儿童
要从小进行"身心道艺"的全面教育，不该娇生惯养。从这个意义上我们可以
说，颜元是中国古代体育教育的首创者。梁启超曾经赞扬说："中国二千年来，
提倡体育的教育，除颜习斋外，只怕没有第二个人了。"（《饮冰室合集》文集第
十四册）二是强调"实学"与"实用"。颜元认为程朱理学的教育局限于书本文
字和存性空谈，使学者崇尚浮言，所获得只是一些无济于事的"虚理"。他主张
教学内容应该具有"实学""实用"的特点。在他晚年主持漳南书院时，设有文
事、武备、经史和艺能四科，大体相当于当今理工科、军事科、社会科和技术科。
三是主张"文武兼备"。颜元认为，由于千百年来"重文"的教育，特别是程朱理
学统治六七百年来，读书人只知穷理居敬、静坐读书，"习成妇女态，甚可羞。"
（《存学编》卷一）颜元改造了"六艺"教育，把礼乐与兵、农并举，作为教育的三
大基本内容。比如他在漳南书院设有"文事"与"武备"两斋，来进行"文武合
一"的教育，努力造就既能修己治人，又可持干戈卫社稷的文武全才。

　　在为学的方法上，颜元对程朱理学教学方法及其思想基础都进行了猛烈
的抨击。颜元反对理学家的读书静坐、居敬穷理的教学方式。他认为只有习
行才是至关重要的："吾辈只向习行上做功夫，不可向语言文字上着力。"（《习
斋先生言行录》卷下）颜元在此认识的基础上建立了以"习行"为特色的教学
法。梁启超对颜元的教学法的评价是"以实学代虚学，以动学代静学，以活学
代死学"（梁启超：《清代学术概论》），高度概括了颜元"习行"教学法的特点：一
是实。颜元认为无论是培养良好的道德观念，还是获取真正的知识技能，都必
须通过自己亲自的"习行"。他生动地以学琴为例来说明这个问题，"今手不
弹，心不会，但以讲读琴谱为学琴，是渡河而望江也"（《存学编》卷三）。二是
动。宋明理学家教育有"主静"的特点。颜元认为这种"主静"的教育危害很
大。他一针见血地指出："终日兀坐书房，萎惰人精神，使人筋骨皆疲软，以至

天下无不弱之书生,无不病之书生,生民之祸,未有甚于此者也。"(《朱子语类评》)为此,他针锋相对地提出以"动"为主的教学方法:"一身动则一身强,一家动则一家强,一国动则一国强,天下动则天下强"(《习斋先生言行录》卷下)。三是活。颜元认为,宋明理学家所倡导的读死书和死读书,不但"读书者自受其祸",而且"使生民被读书者之祸"(《习斋先生言行录》卷上)。读书不是目的,目的是应用,因此,不能把书读死,必须灵活地用书本知识为"为生民办事"。

在中国封建社会的学校教育体系下,教学除口传耳听的方法外几乎没有其他任何的活动,到了宋明以后更是只静坐读书,空谈义理。颜元在这种传统的教学法统治了千百年的情况下,鲜明地提出了以"实用"和"习行"为特色的教学思想,反映了 17 世纪由于工商业的发展对实用人才的需要,也折射出市民阶层某些进步倾向,具有相当的启蒙意义。它事实上可被视为中国古代教育史上的一次意义深远的思想解放运动。

2. 中国古代的主要教学理论

中国古代教育家在长期的教学实践中,积累并总结了丰富的教育经验,对于教学理论提出了许多独到的见解。比如中国古代教育家很早就认识到:教学过程是师生的双边活动,是教师教导过程和学生学习过程的统一。由此,中国古代教育家对教育双方的教学实践都提出了许多宝贵的思想。比如就师者之道而言,概括地说就有如下一些基本原则。

其一,因材施教。这是根据不同的教育对象实施不同的教学方法,以充分调动每个学生的学习主动性和积极性。在古代教育家看来,要做到这一点,教师先必须全面了解每个学生的个性心理特点。

孔子是最早运用"因材施教"方法的教育家。孔子注重日常观察,掌握每个学生的性格特点、知识水平、接受能力和品德才识,进而确定不同的教学内容和教学进度。比如不同性格的学生提出同一个问题时,孔子会给予不同的答案。据《论语·先进》记载:"子路问:'闻斯行诸?'子曰:'有父兄在,如之何其闻斯行之?'冉有问:'闻斯行诸?'子曰:'闻斯行之。'公西华曰:'由也问闻斯行诸,子曰有父兄在,求也问闻斯行诸,子曰闻斯行之。赤也惑,敢问。'子曰:'求也退,故进之;由也兼人,故退之。'"子路和冉有问的是同样的问题,但两人的性格不同,子路热情过度,言行偏激,故孔子劝他听从父兄的意见,三思而行;而冉有往往缺乏热情,由此孔子鼓励他学会做一件事后应该马上付诸行动。朱熹把孔子的这一经验概括为:"夫子施教,各因其材。"(《论语集注》)有学者认为,这是"因材施教"这一原则最初的思想史源头。①

　　继之而起的孟子对孔子"因材施教"的教法也非常推崇。故孟子说:"君子之所以教者五:有如时雨化之者,有成德者,有达财者,有答问者,有私淑艾者。"(《孟子·尽心上》)孔孟之后,许多教育家如程颢、程颐、朱熹、王阳明等都广泛采用了这一教学方法。程颢、程颐兄弟认为:"西北东南,人材不同,气之厚薄异也。"(《二程集·遗书·谢显道记忆平日语》)由此,二程认为:"君子之教人,或引之,或拒之,或各因所亏者成之而已。"(《二程集·粹言》)。王阳明也曾提出过"随人分限所及"的教学原则,他主张从学生不同年龄的生理、心理特点出发,循序施教,更好地发挥各人所长。"凡授书不在徒多,但贵精熟。量其资禀能二百字者,止可授以一百字,常使精神力量有余,则无厌苦之患,而有自得之美。"(《王文成公全书》卷二《传习录》中)

　　其二,启发诱导。所谓启发诱导,其核心就是采取有效措施调动学生学习积极性的教学原则。古代教育虽然以道德灌输为主,以注经说文为重,但学者们始终认为教学是教师与学生共同参与的双向交流活动,故教师必须充分调动学生学习的主动性和积极性,利用各种场合和时机启发学生的心智。比如孔子就说过:"不愤不启,不悱不发,举一隅而不以三隅及,则不复也。"(《论语·述而》)可见,在孔子看来如果学生在学习过程中未能达到"愤""悱"的状态,教师就不能越俎代庖,只有在学生"心愤口悱"时,教师才给予适当启发,学生也才能举一反三。孟子还把启发式教育形象地比喻为"引而不发,跃如也"(《孟子·离娄上》)。《学记》对孔孟倡导的启发式教学作了进一步发挥:"君子之教,喻也。道而弗牵,强而弗抑,开而弗达。道而弗牵则和,强而弗抑则易,开而弗达则思。和易以思,可谓善喻矣。"这里已明确提出教师在教学中必须善于启发诱导学生,让学生自己在思考中寻真知。以朱熹的语录来表达就是:"读书无疑者,须教有疑,有疑者却教无疑,到这里方是长进。"(《朱子大全·学规类编》)

　　其三,循序渐进。古人认为,教师的教学需要循序渐进,要考虑到教学内容的难易程度应与学生的接受能力相一致,而且要由浅至深、由近及远、由具体到抽象,逐步推进。比如孔子的学生颜渊就很感叹老师在教学中总是"循循然善诱人"(《论语·子罕》)。孟子以"揠苗助长"的故事来比喻接受教育的过程是一个自然的过程:一方面应尽力耕耘,反对放任自流,另一方面也反对拔苗助

---

① 　王道俊等:《教育学》,人民教育出版社 2009 年版,第 229 页。

长,急于求成。因为对学生来说,知识只能靠点滴积累,"原泉混混,不舍昼夜,盈科而后进,放乎四海"(《孟子·离娄下》)。这也即是荀子所说的道理:"不积跬步,无以至千里;不积小流,无以成江海。"(《荀子·劝学》)朱熹继承了孔孟荀的循序渐进教学方法,提出"君子教人有序,先传以小者近者,而后教以远者大者。比如登山,人多要至高处,不知自低处不理会,终无至高处之理"(《朱子语类》卷八)。朱熹还把循序渐进作为其读书要诀:"读书之法,当循序而有常"(《朱子大全·学规类编》);"读书须是遍布周满,某尝以宁详毋略,宁下毋高,宁拙毋巧,宁近毋远。"(《朱子语类》卷十)朱熹在这里虽然论述的是读书要有通盘计划,进度要循序渐进,切不可囫囵吞枣的主张,但事实上这同样也构成他在对学生引导和教化时所采取的基本原则。

其四,长善救失。如果说因材施教、启发诱导、循序渐进等原则在先秦已经被诸多学者所论及和践行。那么,《学记》在总结先秦时期学校教育的经验时,还提出了先秦诸子尚不曾提出的一些教学原则。比如长善救失就是其中一条:"学者有四失,教者必知之。人之学也,或失则多,或失则寡,或失则易,或失则止。此四者,心之莫同也。知其心,然后能救其失也。教也者,长善而救其失者也。"(《礼记·学记》)这意思是说,学习的人可能有四种过失,教学的人必须知晓。有人的过失在过多,贪多嚼不烂;有人的过失在于少,学习面窄,不知开阔眼界;有人的过失在于易,轻易对待学业,不知深入研讨;有人的过失在于止,满足现状而不求上进。这四种人心理状态不相同。了解他们的心态,然后才能挽救他们的过失。好的教育就是助长学生的优点而匡救学生的过失。尽管多、寡、易、止是学习中表现出来的缺点,但这些缺点在古代师者看来,也包含着积极的因素。王夫之就曾说过:"多、寡、易、止虽各有失,而多者便于博,寡者易以专,易者勇于行,止者安其序,亦各有善焉。"(《礼记章句》卷十八)

可见,在古人看来,"多"与"寡"、"易"与"止"之间是矛盾关系,是可以互相转化的。关键在于教学要得法,即教师必须了解每个学生的学习特点,然后有针对性地帮助学生克服其身上的缺点。"长善而救其失""救其失,则善长矣"(《礼记章句》卷十八)。正如教育史家毛礼锐评论的那样:"《学记》可以说是世界上最早出现的专论教育的著作,这是我们民族的骄傲与光荣。"①

其五,言传身教。中国古代许多教育家从自己的教育实践中深切体会到

---

① 毛礼锐等:《中国古代教育史》,人民教育出版社 1983 年版,第 140 页。

教师的言行对学生的影响之大。孔子就曾说过："其身正，不令而行；其身不正，虽令不从。不能正其身，如正人何？"（《论语·子路》）可见，教师的一言一行，即使不是有意的，都会对学生产生巨大的潜移默化影响。由此，孔子主张"有言之教"与"无言之教"并用，尤其是当不能用"有言之教"时，教师可通过自己的言行传教学生、影响学生，从而达到教育学生的目的。孔子的这一思想也为后儒们所继承和弘扬。

> 孔子的弟子曾子显然深谙言传身教之理。据《韩非子·外储说左上》记载："曾子之妻之市，其子随之而泣。其母曰：'汝还，顾反为汝杀彘。'妻适市来，曾子欲捕彘杀之。妻止之曰：'特与婴儿戏耳。'曾子曰：'婴儿非与戏也。婴儿非有智也，待父母而学者也，听父母之教。今子欺之，是教子欺也。母欺子，子而不信其母，非所以成教也。'遂烹彘也。"这就是曾子杀猪的故事。这里的道理很简单，父母对孩子说过的话要算数，才能言传身教为孩子树立起守信的榜样。

当然，古代教育家们也知道，教学是教与学的双向交流过程，故学生在学习过程中还必须积极探讨学习之道。关于这方面的原则，古代教育家的思想也是异常丰富的，其中最主要的有如下一些。

其一，学思并重。学习与思考是学习过程中的一对矛盾统一体，学习是思考的基础，求知的起点；思考是学习的深入，智能的开发。离开思考的学习只能是知识的堆砌，而脱离学习的思考则无异于虚妄的空想。中国古代教育家很早就认识到这一点，故提出了学思并重的主张。以孔子的语录表达就是："学而不思则罔，思而不学则殆。"（《论语·为政》）孔子还现身说法："吾尝终日不食，终夜不寝，以思，无益，不如学也。"（《论语·卫灵公》）可见，孔子把学与思看成求仁求智的重要手段，强调先学后思，学思并重。《礼记·中庸》则把学思并重的思想进一步发展为"博学之、审问之、慎思之、明辨之、笃行之"的过程。孟子同样强调思的重要性，因为在他看来，不重视思考的学习免不了上当受骗。由此，他劝告学生："尽信书则不如无书。"（《孟子·尽心下》）

朱熹对孔孟的学思并重主张更是有一番精当的解释："学便是读，读了又思，思了又读，自然有意。若读而不思，必不知其意味；思而不读，纵使晓得，终是扤楲不安。一似请得人来守屋相似，不是自家人，终不属自家使唤。若读得熟而又思得精，自然心与理一，永远不忘。"（《朱子大全·学规类编》）朱熹还在其读书中进一步强调读书质疑的重要性："如其可取，虽世俗庸人之言有所不

废;如有可疑,虽或传以为圣贤之言,亦须更加审择。"(《朱文公文集》卷三十一)

黄宗羲曾提出过深思穷源的主张。他认为要获得真正的知识,必须"深湛之思,贯串三学"(《南雷文约》卷四,《寿李杲堂五十序》)当然,思必须在学的基础上进行,因而黄宗羲特别强调学习原始材料:"夫穷理者,必原其始;在物者,必有其因。"(《南雷文约》卷三,《获麟赋》)"经文错互,有此略而彼详者,有此同而彼异者,因详以求其略,因异所求其同,学者所当致思者也。"(《南雷文案》前集,《万充宗墓志铭》)由此,他主张面对广博的材料,学习尤须注重深入思考,以补充遗缺,考证疑难。与黄宗羲相类似,王夫之也提倡"学思相资":"学非有碍于思,而学愈博则思愈远;思正有功于学,而思之困则学必勤。"(《四书正义》卷六)可见,在王夫之看来,只有学与思两者结合,才能不断提高教与学的质量,学生也才能真正有所长进。

其二,温故知新。"温故"和"知新"是相辅相成的学习方法。《论语》开宗明义的第一句话就是:"学而时习之,不亦说(悦)乎!"(《论语·学而》)孔子还提出:"温故而知新,可以为师矣。"(《论语·为政》)朱熹进一步解释为:"人而不学,则无以知其所当知之理,无以能为其所当为之事;学而不习,则虽知其理,能其事,然亦生涩危殆,而不能以自安;习而不学,虽曰习之而其功夫间断,一曝十寒,终不足以成其习之功矣。"(《朱子全书》卷十)可见,在朱熹看来"故"是"新"的基础,"新"是"故"的发展。只有经常温习才能融会贯通,才会求得新知:"学是未知而求知的工夫,习是未能而求能的工夫。"(《朱子语类·论语二》)由此,朱熹认为要求得知识,只有通过学习;要巩固知识和应用知识,又只有靠经常性的复习和练习,从复习旧知识中推衍出新知识,从练习中获得转化知识的能力。这的确是对学习之道的一个深刻概括。

其三,由博返约。古代许多教育家都非常重视探讨学习的广博与精约之关系,认为博学是精约的基础,强调在博学的基础上去归纳各种知识成果。比如孔子就说过:"君子博学于文,约之以礼,亦可以弗畔矣。"(《论语·雍也》)这是先秦最早论及学习中"博"与"约"之关系的论述。荀子在这方面也有类似的观点:"多知而无亲,博学而无方,好多而无定者,君子不与。"(《荀子·大略》)至汉代的朱熹,其本人就是一个既博览群书、践履万事,又专一精深的著名学者和教育家。朱熹特别提倡博学,他认为:"天地万物之理,修己治人之方,皆所当学。"(《朱子语类辑略》)他还以盖房子为例说明博学的重要性:只有"阔开基,广开址",才能盖起高楼大厦。与此同时,朱熹又强调博学不能"杂而无统",应该"开阔中又著细密,宽缓中又著谨严"(《朱文公文集》卷三)。由此,他比喻说读书如吃饭,一味贪多反而嚼不烂,影响消化吸收,对身体有百害而无一利,故朱熹教学过程中一直竭力倡导先博后约,博专合一。

此外,中国古代教育家在积累总结丰富的教学经验的过程中,还深刻地认识到师生双方要贯彻好因材施教、学思并重等教学原则,首要的前提是建立起良好的师生关系。古人认为,良好的师生关系主要包括如下一些原则。

其一,尊师爱生。中国古代的教育家大多直接从教,深知教师的甘苦,并由此而倡导学生敬重教师。但古人也深知,尊师的前提是为师者要爱生。孔子可谓爱生的典范。他在等级制度森严的时代,招收非贵族出身的学生,使一般民众都有成贤的机会和学得参政的才能。孔子时时以一颗真诚的爱心善待每一个学生,不仅关心学生的道德品质和学习长进,而且十分关心学生的日常生活。弟子有病他不忘探望问候,学生有难则主动提供帮助。孔子日常言行所产生的伟大的人格魅力,自然赢得了弟子们由衷的尊敬和爱戴。比如弟子颜渊对孔子曾这样评价道:"仰之弥高,钻之弥坚。瞻之在前,忽焉在后。夫子循循然善诱人,博我以文,约我以礼,欲罢不能。既竭吾才,如有所立卓尔。虽欲从之,末由也已。"(《论语·子罕》)孔子死后,不少学生在孔子墓旁搭起草房,守丧三年。三年之后,子贡依然不忍离开,又独自守丧三年。此后,弟子们克服诸多困难,传播孔子学说,以寄寓对孔子的无限爱戴之情。

当然,要赢得学生发自内心的尊敬,教师不仅要有高尚的道德品质,还要有丰富的知识、高超的教学艺术以及对教育事业、对学生的一份执着爱心。《吕氏春秋》曾把师生关系提升至关系教学成败的高度:"达师之教也,使弟子安焉、乐焉、休焉、游焉、肃焉、严焉。此六者得于学,则邪辟之道塞矣,理义之术胜矣;此六者不得于学,则君不能令于臣,父不能令于子,师不能令于徒。"(《吕氏春秋·诬徒》)可见,教师善教,学生善学,教学活动才可能成功。但问题是,为师者中总有不善教的,自然不可能获得学生的尊敬与爱戴。《吕氏春秋》在《诬徒》篇中就列举了四类不善教的教师:一是讲授随心所欲,毫无原则,喜怒无常,一意孤行;二是自己遭遇失败或过失,也不肯作自我批评,而是刚愎自用,一味坚持错误;三是不论学生德才如何,只要是有权有势者,就极力阿谀谄媚;四是对于才学出众、品貌兼优的学生,因嫉才而无端地压制、刁难。这些无疑是为师者之大忌。

其二,师生平等。从"有教无类"(《论语·卫灵公》)的理念出发,孔子最早确立了师生平等的基本原则。孔子教学过程中的循循善诱、诲人不倦无一不体现出他对师生平等原则的坚守。在师生平等方面墨子无疑是继孔子之后的又一个典范。从史籍记载看，墨家师生之间甚至能患难与共，生死相依。荀子尽管把"贵师重傅"提升到关系国家兴衰的高度，认为"国将兴，必贵师而重傅，……国将衰，必贱师而轻傅。"(《荀子·大略》)但他同样倡导师生平等的原则。为此，荀子一方面强调教师的威望和对学生的严格要求，另一方面又鼓励学生超越老师："学不可以已。青，取之于蓝而青于蓝；冰，水为之而寒于水。"(《荀子·劝学》)

正是在这种文化传统的规范与影响下，北宋的胡瑗甚至与学生建立了亲如父子、情同手足的师生关系。据史籍记载，胡瑗"视诸生如其子弟，诸生亦信爱如其父兄"(《宋史·胡瑗传》)。对于勤奋好学的学生，胡瑗悉心关怀，对于那些曾有过失的学生，胡瑗也热情劝导，悉心教育："圣人不贵无过，而贵改过，勉勤事业。"(《宋元学案·安定学案》)史籍里多次提及他对不同学生的教诲就如同冬天的太阳温暖了许多学生的心田。于是，在学生心目中，胡瑗不仅是他们道德和学业上的良师，也是他们为人处世的楷模。明代诗人程敏政曾评价说："自秦汉以来，师道之立未有过瑗者。"(《月河精舍丛钞·安定言行录上》)胡瑗晚年因病离开京城太学时，出现了学生百里相送的壮观场面。"东归之日，弟子祖帐，百里不绝，时以为荣。"(《宋元学案·安定学案》)

> 公元 1034 年，范仲淹赴任苏州。他在南园购得了一处房舍，请阴阳家来相看时，言道是风水宝地，若居于此，子孙世代必出公卿。范仲淹转念一想："如此吉壤，与其仅供我一家居住，不若让天下士子都住进来读书。"于是，便在此建造起了苏州府学。府学建成，自然要延请名师，范公思来想去，请来了德才兼备的胡瑗主持教务。胡瑗果然不负众望，其教学业绩后来名震京师。他一生中弟子无数。比如程颐就曾先后受教于周敦颐和胡瑗，对周敦颐并未以师事之，对胡瑗却终其一生都尊其为"先生"。可见程颐对胡瑗的礼敬之重。

韩愈的《师说》是中国古代第一篇系统论述教师问题的名著，"尊师重道"是贯穿《师说》全文的主张，也是韩愈写作《师说》的根本目的。但韩愈同样强调了师生平等的原则。它认为教师只有尽心尽责地"传道、授业、解惑"，才配做教师，才能得到学生的尊重。而且，教师不应该满足于自己已有的知识，更不能不懂装懂，要尊重学生，必要的时候也须向学生学习。"弟子不必不如师，师不必贤于弟子，闻道有先后，术业有专攻。"(《师说》)这一思想显然是非常难能可贵的，"这样就提出了一种新的相互为师的师生关系，与荀子所说的权威主义的师生关系完全不同"①。

其三，教学相长。在古代教育家看来，"教"与"学"从来都是相辅相成的。对教师而言，教的过程同时也是学的过程，教即是学。只有通过不断的教学实践，教师才能体会到教学的效果，才能摸索出教学规律，才能发现自己的不足。对学生而言，则只有从教师的教学中获取知识，同时在学习中体会知识的价值和学海的无涯，才能在今后发现新知。故古人云："虽有嘉肴，弗食不知其旨也；虽有至道，弗学不知其善也。是故学然后知不足，教然后知困。知不足，然后能自反也；知困，然后能自强也。故曰教学相长也。"（《礼记·学记》）这就是说，学习如同品美味佳肴，不吃不知其味鲜美。学生只有经历学习实践，才能发现自己知识的不足；教师只有经历教学实践后，才知自己教学能力的局限。学生发现不足才能反省自己并加倍努力学习；教师知道自己的局限后方能督导自己加强学习。可见，教师和学生都通过教学这面镜子发现自己的优势和劣势，从而取长补短，不断提高。

正是有缘于此，孔子主张学无常师："三人行，必有我师。"（《论语·述而》）孔子曾赞扬学生子夏在学问上对自己的启发："起予者商也！始可与言《诗》已矣。"（《论语·八佾》）他也批评颜回从不对自己问疑责难："回也，非助我者也，于吾言无所不悦。"（《论语·先进》）颜回是孔子最得意的学生，他对孔子的话默识心通、闻一知十、无所不悦，故而从不怀疑和责难老师的观点与思想。这对希望从学生的怀疑、诘难中得到启发，从而增智进益的孔子来说，自然是一种极大的遗憾。从《论语》的这些记载中，可以真切地感受到孔子这位被后世誉为"至圣先师"的师者，其育人之道的博大与精微。

三、中华古代优秀教育传统对当代社会的启迪

中国古代教育传统是中华民族优秀文化传统重要的组成部分。像对任何文化遗产一样，我们对中国古代教育传统也应该采取批判与继承并重的态度。一方面我们应该清醒地认识到，中国古代教育总体上是在封建社会中发展起来的，教育培养的根本目标是"修己安人"（《论语·宪问》）的封建社会所需人

---

① 毛礼锐等：《中国古代教育史》，人民教育出版社 1983 年版，第 287 页。

才。因而它的教育思想、教育内容、教育方法等各方面都有明显的旧时代的痕迹，我们不可能全盘接受。但另一方面，中华民族是世界上最重视教育的民族之一，中国古代教育家在长期的传道授业教育实践中，形成了一系列独具风格的教学思想和教学原则。这些优秀的教学思想与原则对当今社会显然具有重要的智慧启迪。

1. 中国古代优秀传统教育对当代教育的启迪

就术道之辩而论，建立在工业文明基础上的当代教育显然更认同"术"的重要性，在教育技术、专业教育和科学技术教育等方面都得到极大的发展。但随着工业文明的发展，在技术主义及程序依赖语境下将人视为工业流程中的一个部件，将教育过程视为标准化工业流水线式的思维方式也深深地渗透到当下的教育理念中。这显然不符合育人之"道"。尤其是在应试教育模式中，受教育者变成了考试机器和智力竞赛的工具，极大压抑了人全面发展的天性和创造能力。由于片面突出智育，轻视乃至漠视德育、体育和美育，出现了学生工具理性过强、道德理性弱化、价值观念混乱等弊端，严重制约与阻碍着当代教育的发展与进步。

面对教育的这一现代困境，国际 21 世纪教育委员会在 1996 年向联合国教科文组织提交的报告指出，21 世纪的教育，应围绕四种基本学习来组织实施：学会认识、学会做事、学会与他人共同生活、学会生存与发展。只有这样才能够培养出真正意义上的"现代人"。[①] 这种新教育观一方面显示了对工业化式的教育模式的批判，另一方面必然地表现出某种向传统教育之道"复归"的趋势。也就是说，未来教育需要从传统中吸纳营养，需要从前贤先哲的睿智中继承符合时代需要的思想遗产。正如有学者论及的那样，中国儒家育人之道中智德双修、知行合一、内外兼通的教育理念和教育法则，尤其值得现代人去进行新的时代诠释。[②] 概括地说，以儒家为代表的中国古代优秀教育传统至少在以下所述的各方面仍具有"道"之层面的启迪意义。

其一，视人格培养为教育之核心。中国古代教育家很早就认识到教育对于国家治理的极端重要性。据《论语》记载："子适卫，冉有仆。子曰：'庶矣哉！'冉有曰：'既庶也，又何加焉？'曰：'富之。'曰：'既富矣，又何加焉？'曰：'教

---

① 国际 21 世纪教育委员会编：《教育：财富蕴藏其中》，夏羽译，香港海风出版社 2000 年版，第 16 页。

② 黄寅：《诸子经典散论》，中国言实出版社 2007 年版，第 411 页。

之。'"(《论语·子路》)可见,孔子把人口、财富、教育作为"立国"的三大要素,并把教育放在治国理政的首要地位。《学记》中更明确地把教育的作用概括为:"建国君民,教学为先""化民成俗,其必由学"(《礼记·学记》)。这意思就是说,教育一是为国家培养所需的人才,二是能形成良好的社会道德风尚。可见,接受教育绝不是受教育者个人的事,而是有关家庭、社会和国家的大事。

正是基于对教育这一社会作用的高度重视,中国历代教育家都把人格培养置于教育的核心地位。被誉为"中国古代最早的教育纲领"的《大学》,开宗明义道:"大学之道,在明明德,在亲民,在止于至善。"这其实是一个道德教育的纲领,明确地将君子人格作为学校教育的培养目标。儒家追求的理想人格是圣贤,其基本特征是"内圣外王"。所谓内圣是要求在个人生命过程内完成最高的道德修养,成为圣人;所谓外王是指把人的主体修养所得推广到齐家、治国、平天下,为国家和民族建功立业。这一人格教育的基本范式影响了中华文明几千年,培养了一批又一批的志士仁人,谱写了中华教育史上硕果累累的辉煌篇章。

墨家虽与儒家相对立,但在重视德育和人格培养这一点上却持相同的立场。墨家培养的理想人格是贤人兼士。墨子对"兼爱天下"的贤人兼士提出了三条标准:"厚乎德行,辩乎言谈,博乎道术。"(《墨子·尚贤上》)也就是说,贤良的兼士必须德行敦厚、言辞善辩和道术精深。而且,与儒家讲"爱有差等"不同,贤人兼士表现为:"必为其友之身若为其身,为其友之亲若为其亲,然后可以为高士(于)天下,是故退睹其友,饥则食之,寒则衣之,疾病侍养之,死丧葬埋之。兼士之言若此,行若此。"(《墨子·兼爱下》)可见,在墨家看来,真正的兼士首先必须拥有高尚的思想品质和精深的学问。

我国古代教育还对人格培养的途径进行了可贵的探索。其中儒家的人格修养理论和方法最为完备。孔子认为要培养理想人格,不仅需要"内省吾身""见贤思齐"(《论语·里仁》),而且需要学思结合,"笃实躬行"(《论语·宪问》)。《中庸》则进一步提出"尊德性"与"道问学"相统一的人格修养方法。可见,在儒家那里,人格培养必须内外兼修,德知结合,知行统一。由于我国传统教育坚持将培养理想人格为教育的核心,造就了读书人所崇尚的"穷天人之际,通古今之变"(司马迁:《史记·报任安书》)的探索精神;"富贵不能淫,贫贱不能移,威武不能屈"(《孟子·滕文公下》)的大丈夫气概;"君子不饮盗泉之水,志士不食嗟来之食"的洁身自重的操守与"穷则独善其身,达则兼善天下"(《孟子·尽心上》)的处世之道;"先天下之忧而忧,后天下之乐而乐"(范仲淹:

《岳阳楼记》)的济国忧民情怀;"为天地立心,为生民立命,为往圣继绝学,为万世开太平"的人生抱负(张载:《张子全书·近思录拾遗》)等。

可见,教育对古代中国人来说远远超出了获取知识的范畴。对个人而言,教育能使一个人安身立命,被社会所容纳,体现自己人生的价值;对家族而言,具有荫泽后人、荣耀门庭的意义;对社会而言,具有使社会保持一定秩序与发展的作用;对国家民族而言,具有保江山、稳民心的社会教化功能。而要完成教育所承载的这些使命,就必须使受教育者的人格是"合格"的。正是由此,中国古代教育非常重视德性与德行的养成,它提倡理想人格的自觉确立,强调道德责任感和历史使命感的弘扬,推崇不计个人得失成败,不问个人安危荣辱,以天下为己任的伦理精神。

> 有学者将古代教育传统中的人格培养置于核心地位的文化立场,概括为德智之辩中的"重德主义"传统:"我国历史上的重德主义强调人的气节、品质,鄙弃有才无德的人,正是我国历史上仁人志士层出不穷的原因之一。近人梁启超说:'夫使一国增若干之学问知识,随即增若干有学问、有智识之汉奸奴隶,则有之不如其无也。'(《论教育当定宗旨》)这样阐述德智关系,有积极的社会意义。"①这一传统无疑有助于我们今天更好地理解"立德树人"这一教育宗旨的必要性与重要性。

在当代社会,以科学理性为主要形式的工具理性日益发达,而价值理性日渐式微,致使人际关系日益功利化,个人主义大行其道,利己主义颇为泛滥。造成这种状况的原因固然是复杂的,但当代教育重知识轻德育,造成人的知识、才干与人格的不匹配是重要的原因。正是由此,置身知识经济与技术主义流行的现时代,我们应该从中华民族古代教育中注重德育、注重人格塑造的优秀传统中,获得有益的现代启示。坚持将理想人格塑造置于教育的核心地位,坚持德才兼备、以德统才、以才润德的教育原则。这也就是说,我们在素质教育方面除了要有现代化的科学知识的灌输,要有严守法律法规的法治意识的培植外,还必须特别注重有理想、有道德、能崇尚公平正义、能诚实守信的人格教育。这是教育之本。

其二,视经典的研读与传承为教育之重要内容。中国古代教育非常重视

---

① 冯天瑜:《中国文化史断想》,华中理工大学出版社1989年版,第54页。

对经典的研读和体悟。所谓经典可以说是民族文明与文化史的积淀物，是民族精神和生存智慧的重要载体。它能够穿越时间的隧道历久弥新。事实上，中国古代的教育史也可以说就是经典的形成、研读、传播的历史。孔子是第一个整理古代文化典籍的人。他以皓首穷经的精神，整理编辑了《诗》《书》《礼》《乐》《易》《春秋》等六书作为基本教材，传授至门下弟子，取得了极大的成功，并由此使重视经典研读成为中国古代教育的一个重要传统。

其后的古代教育家无不承袭着这一教育传统。比如北宋著名的思想家和教育家张载，一生遍读各种经典。早年先是在范仲淹的开导下研读《中庸》，后又将目光转向道家和佛教经典，累年尽究其说，仍感无法解决心中的疑团，便重新又转向儒家经典，钻研和造诣极深。张载在 50 岁时辞官归里，更加专心攻读儒家的六经。史籍曾经这样记载张载专心致志、勤苦治学的情形："终日危坐一室，左右简编，俯而读，仰而思，有得则识之，或中夜起坐，取烛以书。其志道精思，未始须臾息，亦未尝须臾忘也。"（《宋史·张载传》）当时，张载家境相当清贫，依然每日研读经典，精进不已。张载以其出色的学术和教育活动，在关中地区影响很大，形成了著名的"关学"。又比如明清之际伟大的启蒙思想家和教育家王夫之，注解经典及其以经典为范本继承创新的教学生涯更是让人感动。王夫之曾参加反清武装斗争，失败后隐身于"良禽过而不栖"的恶劣荒野，筑土为室，杜门著述，勤恳讲学，达四十年之久。他许多重要著作如《礼记章句》《周易内传》《春秋家说》《四书训义》就是这样形成的。历史文献曾记载了这样一件事：有一天夜里，北风呼啸，寒冷异常，王夫之向学生讲解《礼记》，有盗贼者至，"窃听而异之，相戒无犯焉"（《王船山先生年谱》卷下）。

特别值得一提的是，中国古代不少教育家不仅重视儒家经典，重视道德教育，而且对其他各领域的经典著作亦给予了相当的关注。比如北宋时期著名的学者和教育家王安石，他读书就不只限于儒家经典，而是"自百家诸子之书，至于《难经》、《素问》、《本草》、诸小说，无所不读"（《答曾子固书》）。明清之际的启蒙学者和教育家黄宗羲同样是一位博览群书、刻苦学习经典的学者。他铭记先父遗教，不仅发愤攻读经史著作，从明十三朝实录到二十一史，"每日丹铅一本，迟明而起，鸡鸣方已，盖两年而毕"（《年谱》），而且还广泛阅读了诸子百家之书，以及天文、地理、历法、数学、音乐、佛教、道教书籍。黄宗羲讲学先后近五十年之久，在其启蒙思想和博学精神的经年累月熏陶下，最终形成了著名的浙东学派。

进入近代以来，那些有着重要影响力的教育家的学术与教学生涯几乎也都与经典相伴。比如严复 11 岁师事福建"宿儒"黄少岩,开始"治经",为其"旧学"打下了深厚基础。严复在被派赴英国海军学校学习舰艇驾驶期间,为了寻求救国救民的道路,以极大的热情勤奋攻读西方哲学家的著作,对进化论与实证论研究尤其深入。他坚信有比较,才有鉴别的道理。正因为有对古代经典著作研究的功底,严复在甲午战争失败后,翻译了赫胥黎的《天演论》、穆勒的《名学》、斯宾塞的《群学肄言》、亚当·斯密的《原富》、孟德斯鸠的《法意》等著作。其中《天演论》的出版曾极大地激发了中国人民救亡图存的爱国热情。再比如中国近代著名的民主革命者、卓越的教育家蔡元培,幼年在叔父指导下,阅读了四书五经等中国经史典籍,打下了深厚的旧学基础。他两度旅欧学习,前后共八年之久,其间大量阅读了西方历史上特别是近代资产阶级革命过程中的哲学著作,尤其深得康德哲学之真谛。① 蔡元培在辛亥革命后担任教育总长,并于 1912 年元月发表了《对于教育方针之意见》,提出要对学生进行军民教育、实利主义教育、公民道德教育、世界观教育和美感教育的教育方针。这个教育方针明显地继承并超越了儒家经典体现的传统教育观。可见,如果没有对古代经典的研读,就没有对这一经典背后的古代教育理念的理解与领悟,自然也就实现不了借鉴西方、超越传统之目的。

　　毛泽东更是堪称一生以古代经典为伴的人。仅举一例如下:据曾任毛泽东秘书的李锐考证,1917 年青年毛泽东在《新青年》发表的"体育之研究"一文,总计从《论语》《礼记》《中庸》《孟子》《庄子》等古代教育经典中,共引用典故、成语、原文二十多条,涉及先贤人物十六人,如"仲尼取资于御射""庄子效法于庖丁"等。文中还特别标举顾炎武、颜习斋、李恕谷为文武兼备、德智体三育并重的师表,推崇备至。② 有意思的是,国外学者也注意到这一事实。如斯图尔特·施拉姆在其《毛泽东的思想》一书中说:"这篇文章中共有 20 多处出自典籍的引文或注疏典籍的文字,其中 12 条是儒家的经典。"③

　　事实上,中华民族在五千年的发展中,形成了诸如天人合一、以人为本、贵和尚中、刚健有为的民族精神。这些在漫长的历史中积淀成的民族精神,恰恰

---

① 黄见德:《西方哲学东渐史》(上),人民出版社 2006 年版,第 297 页。
② 黄丽镛:《毛泽东读古书实录》,上海人民出版社 1994 年版,第 343 页。
③ 斯图尔特·施拉姆:《毛泽东的思想》,中国中央文献研究室《国外研究毛泽东思想资料选择》编辑组编译,中央文献出版社 1990 年版,第 24 页。

被记载于古代的经典之中，又通过一代代的教育传承下来。如果没有《周易》《尚书》《左传》《论语》《孟子》《荀子》《老子》《庄子》《孙子》《墨子》《晏子春秋》《管子》《韩非子》《礼记》《论衡》《文选》《资治通鉴》《史记》《明夷待访录》《诗经》《楚辞》《唐诗三百首》《宋词》《古文观止》《三国演义》《红楼梦》《西游记》《黄帝内经》等经典，就无从感知民族的文化与精神。可见，我们的文化和民族精神的传承和发扬，离不开对这些经典的反复阅读、思考、体悟和阐发。

　　然而，在中国自 20 世纪走向现代化以来，我们的生活与经典渐渐远离，教育也不例外。在当代中国，由于现代文化传媒的快速推进，特别是电视、网络和手机的迅猛发展，一方面给各种知识的传播提供了便捷的方式，使得人们的视野空前开阔；另一方面，声讯和光影迅速挤压了文字阅读的空间，"快餐文化"制造的各种时尚文本又以其特有的功利性、实用性、通俗性、娱乐性和刺激性冲击着"经典文化"传统的思想性、学术性、价值性、深层性和精英性。这直接导致人们在接受大量信息的同时，得到的却是碎片化、平面化的知识，经典深邃博大的精神内涵和美好崇高的境界，日益远离人们的生命世界。社会各阶层的学历统计数据在显著上升，真正的"读书人"却在减少；而能够将读书作为一种境界、一种指向和一种精神的沐浴去对待，更只是少数人的精神孤旅。许多学者坚信，中国当代教育中存在的教育意义的失落和教育人文价值的危机，直接或者间接地都与经典研读的缺失有关。可见，在知识经济和信息时代，我们要振兴民族的文化与教育，就必须在努力接受新的科学技术成果的同时，努力继承和发扬古代教育中注重研读经典的传统。

　　其三，视终身学习为教育的重要使命。当代社会呼唤终身教育，这与中国古代教育家的思想也是一致的。孔子说自己"发愤忘食，乐以忘忧，不知老之将至"（《论语·述而》）。同样，东汉杰出的思想家、教育家王充也十分强调立志发奋、力学不辍的精神。在他看来只有终身学习，才有成功的希望。王充曾经以河水结冰、积土成山为例说明终身学习的重要性："河冰结合，非一日之寒；积土成山，非斯须之作。干将之剑，久在炉炭，锗锋利刃，百熟炼厉。"（《论衡·状留》）由此，他主张"宿习"，反对"暴习"。王充还以不同树种的生长来比喻求知之长远的重要性：枫树、桐树生长快，但木质不坚固，檀树生长虽慢，但其材质强劲。由此，王充认为在学习的过程中要像大海汇合百川一样，兼容众家，避免浅陋狭窄："海不通于百川，安得巨大之名？夫人含百家之言，犹海怀百川之流也。……良医服百病之方，治百人之疾；大才怀百家之言，故能治百族之乱。"（《论衡·别通》）

北宋著名的教育家张载也特别强调终身学习:"知学然后能勉,能勉然后日进而不息。"(《正蒙·中正篇》)由此,他比喻说:"学者有息时,一如木偶人,牵搐则动,舍之则息,一日而万生万死。学者有息时,亦与死无异。"(《经学理窟·气质》)张载还勉励学生在遇到困难和曲折时,更需要坚持不懈的努力:"今人为学,如登山麓,方其迤逦之时,莫不阔步大走,及到峭峻之处便止。须是要刚决果敢以进。"(《经学理窟·学大原》下)南宋事功学派的代表人物叶适更是提出了"学非一日之积也"(《叶适集·长溪修学记》)的命题自勉与教导学生。他自己的一生就是勤学苦思,于"学而时习之"中倾注了毕生精力。启蒙学者黄宗羲同样是终身学习的积极倡导者。他认为天下之事,未有不积累而成者:"夫圣学之难,不特造之者难,知之者亦难,其微言大义,苟非功夫积久,不能见本体。"(《南雷文定前集》卷四,《移史馆论不宜立理学传书》)黄宗羲在这里明确指出知识学习和德性培养不但要重积累,而且要持之以恒的道理。

当今世界,科技与生产的急剧变革对各类生产部门的劳动者和管理者都提出了越来越高的要求,知识的飞速更新、职业的频繁变动需要劳动者必须在最短的时间内适应不同的劳动岗位。这就要求学校教育不能只培养劳动者从事一种终身不变的职业能力,而必须培养他们对不同工作的适应能力和自觉学习、终身学习的意识和能力,过去那种"一次受教便能终身享用"的传统教育模式显然已经过时。从这点看,我国古代教育家可以说是主张终身教育的先驱者。

其四,视家庭与社会教育为学校教育的重要补充。中国古代在重视学校教育的同时,也非常注重家庭教育和社会教育。孟母"三迁居所"和"抽刀断织"及岳母"精忠报国"的刺字,都是古代家庭教育中流传千古的佳话。此外,古代的教育思想中,有许多关于教育环境影响的论述也非常值得关注。墨子是较早比较自觉地意识到环境因素对人的影响的古代教育家。他认为"人性"如"素丝":"染于苍则苍,染于黄则黄。"(《墨子·所染》)由此,他非常向往"尚贤"、"非攻"和"兼爱"这样理想社会的出现。尔后的孟子也十分重视社会环境对教育的影响作用。他从性善论出发主张人的天性是善良的,但他认为如果长期生活于恶劣的环境中,其固有的善心就会丢失。由此,孟子还援引孔子的语录作为佐证"孔子曰:'里仁为美,择不处仁,焉得智?'夫仁,天之尊爵也,人之安宅也。莫之御而不仁,是不智也。"(《孟子·公孙丑上》)可见,选择居住在有仁厚风气的环境才是明智的。王夫之显然继承了这一古代教育观。对于学生接触的社会环境,王夫之称其为客观的"外物",他认为"外物"对学生能产生正反两方面的作用。通过人和"外物"的相互作用,"习者亦以外物为习也,习于外而生于内,故曰'习与性成'"(《读四书大全说》卷八)。由此,王夫之认为,教育的外部环境的改善对人性的教化是非常必要的。

现代社会是一个高度开放的社会,社会的整体化趋势不断增强,学校已成为一个开放系统,同家庭、社会环境不断地进行着各种互动式的交流。尤其是社会政治、经济和文化的变化,不可避免地会对在校学生产生不同程度的作用,影响着他们未来的发展。这就意味着培养学生不仅是学校和教师的责任,也同样是家长和全社会的责任。在当代中国,重温中国古代教育家关于家庭、社会教育的思想,对于我们造就更有利于学生成长的社会环境无疑也具有重要的启迪意义。

2. 中国古代优秀教育传统对世界的影响

中国古代的教育传统是世界教育传统的重要组成部分,在其形成和发展过程中,一方面它以其博大的胸怀吸收着外来文化;另一方面,又以其独特的教育理念对世界上许多国家尤其是东亚及东南亚有关国家的政治、经济和文化教育产生了不同程度的影响,从而为人类历史的发展和文明的进步作出了巨大的贡献。

中国教育传统对日本的影响。中国古代教育对日本的多方面影响,是从汉字的传入开始的。上古时期日本仅有语言而无文字,日本人约在公元 1 世纪前后接触汉字,3 世纪末不少人开始学习汉字,5 世纪前后许多人已经会运用汉字写作。在这个过程中儒学约于公元 3 世纪传入日本。汉字和儒学经典传入日本后,广泛地影响了日本社会生活的各个方面,尤其是深深地渗透于日本古老的文化传统之中,成为其教育传统的一个重要方面。这一点就如美国东亚史专家肖赖尔所说的那样:"直到 19 世纪上半叶,日本人几乎完全像中国人和朝鲜人那样,成了彻头彻尾的孔教徒。"①

日本于 1868 年明治维新后,新政权采取"文明开化"政策,大力提倡学习欧美的科学技术和政治制度,吸取西方的科学民主思想。当时的明治维新者认定西方的思想比较进步,因而开始轻视甚至排斥儒家文化。然而,伴随而来的是"全盘欧化"思潮的流行和价值观的混乱,社会道德规范的失序与软化,社会呈"品德恶化,风俗紊乱"的态势。于是,在明治天皇授意下,儒学"侍讲"元田永孚于 1879 年起草了《教学大旨》,主张以儒学思想重新统合在新形势下的

---

① 肖赖尔:《日本人》,孟胜德译.上海译文出版社 1980 年版,第 232 页。

国民精神。1890 年明治天皇公布了《教育敕语》,标志着儒学在日本重新居于"国教"的地位。这一时期儒学在日本的复兴,并非简单的复古,而是根据时代的需要所做出的新解释和再改造。儒学与西方文化的结合,构成了"和魂洋才"的格局,不仅推动了产业革命,而且实现了道德和社会的整合,取得了举世瞩目的成就。

第二次世界大战后,日本国民沉浸在战败后倾向于接受以美国为代表的西方自由主义思想中。由此,儒学作为伦理道德教育的内容有所削弱。尽管如此,日本的教育从未出现过全面否定或彻底批判儒学的情形,他们在充分吸收西方文化的同时,仍承认儒学给予日本民族的恩惠和对该民族所产生的重大影响,其学校也从未间断过儒学教育。日本中学的语文、历史、社会、伦理教材中,对儒学的相关内容都有详细介绍,并直接引用诸如《论语》之类的经典原文。这一现象被一些学者称为"儒学与西学的双向选择"[①]。直到如今,有些家长给子女取名仍按仁、义、礼、智、信的排列顺序,从中择字。也就是说,在现代日本尽管作为意识形态意义的儒学已不复存在,儒学仅仅作为人文科学研究的对象,成为中国思想史或日本思想史著述的内容,但这并不意味着儒学在日本现代生活中已丧失了影响力。实际上,儒学的一部分价值观、伦理观已积淀为日本的民族心理,并在战后经济高速发展中发挥着不可替代的推动作用。

　　中国古代儒家"仁者爱人"的教育理念,在日本著名企业家稻盛和夫那里不仅演绎成了"敬天爱人"的经营哲学,而且还成为日本企业伦理教育的一道亮丽风景线:1983 年,京都的年轻企业家们向稻盛和夫提出了一个希望学习其经营之道的愿望。自此,由 25 人组成的学习会启动了。学习会以中国古代私塾式的方式进行,以学习其"敬天爱人"的经营哲学为主旨,称为盛和塾。因为塾生们一传十,十传百的传播效应,盛和塾的名声越来越大,至 2019 年末,盛和塾的规模达到国内有 56 家分塾,海外也有 48 家分塾的程度。

中国古代教育传统对朝鲜与韩国的影响。朝鲜在历史上与中国就有千丝万缕的联系,在文化上也深深地带有中国文化的烙印。朝鲜的儒学、佛学、道学、气学、实学、性理学、阴阳学等,都是吸收和融会中国相关学说而发展起来的。中华文化教育,尤其是儒学教育思想,在朝鲜教育的发展史上更是起着不

---

　　① 姜林祥:《儒学在国外的传播和影响》,齐鲁书社 2004 年版,第 98 页。

可替代的重要的作用。由孔子厘定的传统经学教材《诗》《书》《礼》《易》《春秋》于公元 1 世纪传入朝鲜半岛,成为朝鲜学校传授的主要知识。事实上,今天的朝鲜学校依然有很多人能诵读和讲解中国古代的经书,并能用汉文写作。中国文化教育传统对古代和近代朝鲜的政治和文化产生的影响由此可见一斑。

历史进入 20 世纪以后,中国古代的教育传统尤其是儒家传统,对韩国现代化依然产生着积极的作用。1946 年 9 月,在抗日独立运动家金昌淑先生的主导、全国乡校财产赞助和全国儒林的协助下,在成均馆旧址重建了成均馆大学。该大学继承传统儒学精神,以仁义礼智四德目为办校宗旨和基本理念,专心培养全面发展适应现代化需要的民族人才,现已发展成文理兼备的综合性大学。成均馆大学设立的"成均学术院""大东文化研究院"等附设机构,在研究和发展以儒学为核心的东方文化方面,发挥了独特的作用。除了教育之外,韩国在学术上对儒学的研究也一直十分活跃,建立了众多研究儒学的机构。这些研究机构不仅出版论文集、会报、学报,还经常召集各类学术研讨会,参与相关主题的国际学术研讨会。自 20 世纪五六十年代起,韩国一批著名儒学学者编写了大量的著作,不仅深化了对儒家思想的研究,而且也扩大了儒家思想在全球的影响。

韩国在跻身令世界瞩目的"新兴工业国"行列的进程中,尽管所参照的是欧美的价值观和经济模式,但不可否认的是,曾作为韩国主导文化的儒学,以其潜在的、根深蒂固的力量,深深地影响着韩国人的意识和行为,对韩国现代化发挥了积极作用。韩国人受儒教影响而形成的伦理观念,比如热爱国家、重视集体、勤劳朴实、发奋图强等精神,使他们在现代化的进程中有效地避免了欧美国家曾经出现的诸如个人主义过度张扬之类的失误。

不仅如此。韩国在现代化的过程中得益于儒家教育思想还集中体现在其注重国民教育,尊重知识和人才,从而为国家现代化打下坚实智力基础方面。韩国长期深受儒学"建国君民,教学为先"(《学记》)思想的影响,非常重视对国民的教育,大力普及教育,致力于国民素质的提高。在家庭中,信奉中国"万般皆下品,唯有读书高"(《神童诗》)之古训,特别重视对子女的教育,父母对子女教育的重视胜过对吃、住的关心。许多家庭为使子女受到良好教育,往往不惜一切代价。儒家教育思想对韩国的影响也表现在注重伦理道德教育和国民道德修养方面。儒家历来主张,上自天子下及庶民,"一是皆以修身为本"(《礼记》),通过个人修养的自我完善过程,来协调个人同社会的关系,实现整个社会安定和谐。儒学在此基础上提出的一系列道德规范,比如父慈子孝,兄友弟恭,君敬臣忠,官府宽惠,民众易使,为人正直,为官清廉,办事勤敏,朋友有信等,对韩国社会影响深远。韩国社会所通用的伦理道德原则,基本上以儒学为价值标准,即使是信仰基督教、佛教等宗教的人也无例外。重要的还在于,儒家的人本主义教育理念还被一些韩国学者认为有望在不确定性日益加剧的未来社会提供确定性的文化立场。比如曾任成均馆馆长的崔根德教授就这样认为:"社会学者常常把现代社会规定为'没有神的世纪',断言未来社会是'机械时代'。如果这是事实,那么在未来社会,儒学的机能只能更加强化。如果人能占据神的位置,那么作为以人为主体的道德信念体系的儒学未尝不能起宗教作用;如果机械起主人作用的世纪到来,那么强调人性的儒学就应该起维护和提高人的尊严的原动力作用。"①

　　韩国不仅孔庙大部分保存完好,而且每年二月和八月初一都要祭祀孔子,是目前世界上唯一保持全国祭祀孔子的国家。韩国的成均馆则相当于现代的"孔子大学",是儒教命脉延续的重要场所。在成均馆内,不仅供奉着孔圣(即中韩两国的历代儒家著名圣贤),而且在每月的初一、十五行焚香礼,以表达儒者们对先圣先师的崇敬之心。除此之外,在韩国人们对于历史上著名的儒者是十分敬崇的。比如韩国现行货币中只有三种面额的纸币(1000元、5000元、10000元),而其中两种纸币上面的头像是李朝两位最著名的儒者李退溪和李栗谷。由此亦可窥见当今韩国社会对儒教的尊崇程度。

中国古代教育传统在新加坡的早期传播与影响。新加坡现代文明的形成和发展,与儒家的文化教育传统有密切关系。儒学在新加坡的传播可追溯到19世纪初。新加坡自开埠以后,马六甲等邻近地区的华人和中国的福建、广东等地移民纷纷来此从事开垦与建设。这些移民的到来,自然就带来了儒家的价值观念和风俗习惯。19世纪中后期,儒家思想通过华文学校、华文报纸、文化会社等途径,在新加坡尤其是华人社会中广为流传。随着中国移民日渐增多,新加坡逐渐形成讲习儒学的风气,华人办起了学堂,以便将儒家思想传授给下一代。19世纪末20世纪初,为加强华人移民对传统文化的认同,新加坡华人曾掀起过著名的"儒学复兴运动",极大地促进儒家思想在全社会的流传与兴盛。

---

① 崔根德:《韩国儒学思想研究》,金强一译,学苑出版社1998年版,第453-454页。

　　华人对儒家文化的认同与推崇显然影响到了政府。新加坡建国以后,推行工业化政策,至 20 世纪 70 年代末期与韩国一样也跻身于"新兴工业国"之列。然而,独立后的新加坡所面临的严峻问题之一是缺乏一般国家所具有的共同文化、历史传统与爱国意识,故有必要构建起共同的价值观念。这个共同价值观的构建又涉及与各民族自身文化传统及价值观的关系问题。1963 年,新加坡曾试图通过强调共性文化建设,淡化各民族的传统观念,推行中性的英文教育,以求得民族和谐、国家安定。然而,其结果是削弱了民族和国家的向心力,出现了许多新的社会问题:比如都市化的趋势,使人际关系日趋冷漠与隔膜;工业化带来了社会组织和社会价值观的蜕变,导致极端个人主义泛滥,社会道德水准下降等。新加坡政府开始深切意识到现代新加坡人有可能由此成为没有文化传承之根的"伪西方人"。于是,新加坡政府于 20 世纪 70 年代末开始,改变了以往道德教育强调共性的方针,而是鼓励各民族大力弘扬本民族的传统文化及价值观,尤其是积极倡导中国传统儒家思想,使中国传统儒学逐步得到了新加坡社会的广泛认同。新加坡总理李光耀公开主张要在中学开设儒家伦理课程,并将其作为中学生选修的课程之一。1984 年 1 月,新加坡选定 15 所中学开始试用《儒家伦理》教材。1985 年《儒家伦理》正式出版,成为全国各中学通用的教材。至此,儒学在新加坡的传播与发展,不再限于民间华人社会而是得到了政府的认可与支持。

　　由新加坡伦理委员会审查通过的《儒家伦理》教材,充分地体现了儒家的传统文化与现代化相结合的特色。它所贯彻的基本精神是:把适合新加坡社会的儒家伦理价值观念灌输给年轻的学生,使其成为有理想又有道德修养的人;借华族固有的道德和文化,使学生认识自己的文化根源;培养学生积极的正确的人生观,并教育学生建立起良好的人际关系。《儒家伦理》在内容上具有鲜明的现实性,对儒家传统伦理范畴与规范进行了现代意义上的改造,将封建宗族等级森严的道德规范,改造成具有新加坡特色的新道德。此外,教材还增添了许多儒家传统的伦理思想所缺失的现代价值观。比如恰当地将现代社会中关于民主与法制、权利与义务的观念体现其中。

　　随着新加坡教育儒学化的过程,社会上形成了一股儒学复兴的思潮。人们对儒家思想在新加坡后工业社会的作用,特别是教育方面的作用,形成了诸多的共识:其一,就个人修养而言,儒家注重修己而爱人,强调设身处地,讲求自省慎独,目的是要现代人做个堂堂正正的、自尊尊人的君子。新加坡青年通过儒家伦理教育,可以把上一代坚强不屈、谦和通达、自力更生的精神继承下来,以免走上极端个人主义、物质主义以及颓废消沉的道路上去。其二,就经济社会发展而言,一个好的高效率的组织主要依靠两个因素,即人事管理与工作态度。在人事管理方面,儒家主张以礼待人,比如主张上司对下属应宽厚谦和,而下属则应忠于职守。这种强调上下合作的精神,合乎现代企业管理原则。同时,儒家注重学习、敬业乐群、遵守纪律的精神也有助于良好的工作态度的培养。其三,就政府治理而言,儒家推崇的诸如"选贤与能""天下为公"(《礼记·礼运》)"子帅以正,孰敢不正"(《论语·颜渊》)之类的思想可以被理解为人民有参政的权利,与此同时,儒家主张为政者必须是正人君子,清廉公平,尽心尽力地为人民利益与社会安定作出贡献的思想也非常具有现代性。其四,就文化建设而言,儒家重视精神生活与文化修养的传统对新加坡文化建设的推进发挥着积极的促进作用。新加坡政府意识到儒家的文化精髓和精神旨归,与治国理政者倡导在全社会建立起一个人人有修养的高度文明社会是完全一致的。

众所周知,新加坡是一个华人占人口绝大多数的多民族国家,儒家文化的植根有着深厚的社会心理基础。经过历代华人的传承,特别是近年来朝野的共同倡导,儒学思想通过教育在新加坡社会生活各个层面的作用越来越显著,对儒学的研究也不断深入。新加坡作为"儒家文化圈"①的成员国,其经济社会发展取得辉煌成功的事实,再一次印证并彰显了以儒家为代表的中国传统教育的现代价值。

中国古代教育传统对西方的影响。西方人直接接触中国文化可以追溯到明末清初。据相关史籍记载,中国传统教育思想对欧洲最直接的影响首先是儒家的教育平等思想。在孔子"有教无类"(《论语·卫灵公》)的立场看来,不是只有贵族才能受教育,所有的人都应该获得受教育的机会。孔子这一思想的提出,被欧洲人视为"教育平等"思想的新纪元。他们认为,孔子基于对所有人的信任,期望通过教育提高全民素质,实现德治仁政,对西方具有相当积极的借鉴意义。事实上,近代欧洲的人本主义教育思想、教育平等思想、普及教

---

① 文化圈(Cultural Sphere)的概念最初是由文化人类学家莱奥·弗罗贝纽斯首先提出的。他认为文化圈是一个空间范围,在这个空间内分布着一些彼此相似且相关的文化丛林或文化群落。学者们一般认为全球有三大国际性文化圈,即基督教文化圈、伊斯兰教文化圈和儒家文化圈。基督教文化圈主要分布在欧洲、美洲、澳洲等地,伊斯兰文化圈主要分布在亚洲西部、南部和北非等地,儒家文化圈则主要分布在东亚及东南亚部分地区。儒家文化圈从地域上说主要包括中国、朝鲜、韩国、日本、越南、新加坡等地。

育思想、民主政治思想，都与中国古代这一儒家教育传统有着某种程度的联系。

　　20 世纪是欧美资本主义空前发展的世纪，但也面临前所未有的危机。于是，东方哲学尤其是中国古代文化受到了欧美众多有识之士的关注。再加上第二次世界大战后，日本、新加坡、韩国以及中国台湾和香港地区在经济发展上取得了令世人瞩目的成就，在某些方面甚至有超过欧美国家的发展态势，其特有的文化与教育传统开始引起一些西方学者的关注。经过多年的探讨，西方学者发现了这些国家和地区有这样一个共同点，即其传统文化基本上属于"儒家文化圈"，都十分重视儒家的教育思想。基于此种认识，西方开始对儒家学说尤其是儒教（孔教）理念发生了浓厚的兴趣。这正是海外新儒家思潮兴起的历史背景。

　　英国著名学者威尔斯在其《世界史纲》中分析了文明兴衰的原因。他认为，文明兴衰的关键在于是否有"知识的阶级，即高尚自由人士"的存在。而这一"知识的阶级"的形成及发展又与这一文明的文字有关。他将中国文明的轴线分析为"官吏—知识分子—文字"。他得出的结论是：欧洲中心论是立不住脚的，因为中国的文明与文化在汉唐时远远超过西方，只是在近代才被西方超过。他高度评价了以孔子为代表的儒家学说。他认为孔子从中国的现实出发，致力于其理想人格——"君子"的培养，进而期望产生一个君子治理之下的高尚国家的努力是非常有智慧的。在他看来，其他民族从来没有通过识文断字、知书达礼的君子培养途径来形成道德秩序，并实现社会稳定，而孔子的做法却在中国取得了显著的效果。

　　还值得一提的是，西方学者研究中国文化，多将兴趣集中于人文伦理而忽略科学。对儒学的研究也是如此，很少探究它与科学的关联。但是英国学者李约瑟却有不同的见解。李约瑟研究中国文明与科学的成果主要体现在其《中国古代科学思想史》一书中。他在该书中，对作为教育家的孔子努力使教育摆脱特权和社会等级的束缚给予高度的评价。他认为"民主与自然科学在社会学上有着密切的关系"；"如果人人都是可教的，那么每个普通人就都能和别人一样判别真理，而可以增加他判别能力的条件只有教育、经验和才能。这样，他就可以成为观察者群体中的一员。"①李约瑟认为，儒家这种主张人人可受教育的知识上的民主思想比同时期的西方要进步得多。由此，在李约瑟看

_____

　　①　李约瑟：《中国古代科学思想史》，陈立夫等译，江西人民出版社 1999 年版，第 9 页。

来，儒家的民主思想对科学、理性的发展是有积极作用的。李约瑟还认为，西方近代自然科学的发展给人类社会生活带来了诸多威胁，儒学的科学人道主义传统应当被发掘出来，以催生世界范围内的科学人道主义，进而来拯救西方的社会危机和人文危机。

此外，以杜维明、余英时为代表的海外华裔学者，正积极地以新儒家的视野来重新诠释儒学的教育思想。他们以强烈的文化使命感和对中华民族乃至全人类未来命运的深切关怀所作的理论探索，不仅是难能可贵的，而且这个探索本身对西方人认识中国古代教育传统，尤其是儒教传统的现代价值无疑产生了积极的影响。

结 束 语

[题记]推进中华传统文化的批判性继承、创造性转化与创新性发展，不仅是铸就中华文化新辉煌的源头性与基础性的文化工程，它更是中华民族精神熔铸的重要途径。而且，在全球化趋势已然不可逆转的当下，它还具有世界性的文化互鉴与智慧启迪意义。

"文化是一个国家、一个民族的灵魂。文化兴国运兴，文化强民族强。"①在构建文化自信从而打造文化强国的伟大历史进程中，激活与创新中华优秀传统文化无疑具有最重要的意义。这不仅是因为中华优秀传统文化是我们立足世界民族之林的根脉与标识，更是我们民族精神得以熔铸、民族信仰得以确立的源头性与基础性的精神养分。因此当代中国共产党人和中国人民要真正承担起"为民族谋复兴，为世界谋大同"的历史使命，首先必须肩负起铸就中华文化新辉煌的文化使命。

一、继承创新优秀传统文化以铸就中华文化新辉煌

肩负起铸就中华文化新辉煌的文化使命，首先要积极从源头着力。这个源头就是积极推进中华传统文化的批判性继承、创造性转化与创新性发展。

---

① 《党的十九大文件汇编》，党建读物出版社 2017 年版，第 28 页。

众所周知,进入新时代的中国共产党为了积极推进中国式现代化以实现民族伟大复兴,在指导思想层面明确提出了"开辟马克思主义中国化时代化新境界"①的重大命题。这是在理论创新层面为解决新时代改革开放和社会主义现代化建设的实际问题,不断回答中国之问、世界之问、人民之问、时代之问,从而形成与时俱进的理论成果,更好指导中国式现代化实践的必由之路。

以马克思主义认识论的基本原理而论,理论创新固然需要顺应实践发展、紧跟时代步伐,这是马克思"实践唯物主义"②的基本立场。但与此同时,理论创新也需要"不忘本来",回望与激活优秀传统文化,并在推进中国式现代化的伟大实践中将其作创造性转化与创新性发展。

正是由此,党的二十大报告不仅强调马克思主义基本原理必须同中华优秀传统文化相结合的必要性,而且,它还列举了中华优秀传统文化与马克思主义科学社会主义相契合的具体命题:"中华优秀传统文化源远流长、博大精深,是中华文明的智慧结晶,其中蕴含的天下为公、民为邦本、为政以德、革故鼎新、任人唯贤、天人合一、自强不息、厚德载物、讲信修睦、亲仁善邻等,是中国人民在长期生产生活中积累的宇宙观、天下观、社会观、道德观的重要体现,同科学社会主义价值观主张具有高度契合性。"③这无疑对我们如何做好对中华优秀传统文化的继承与创新提出了具体而明晰的要求。事实上,它意味着以马克思主义世界观和方法论为指导,着力推进对优秀传统文化的批判性继承与创新性发展成为当代中国一项重要的系统的文化工程。要做好这一马克思主义同中华优秀传统文化相结合的推进工作,梳理、研究和阐释好宏丰博大的传统文化中哪些是优秀文化,哪些可以转换成现代中国人的价值共识与全球共同价值观等问题具有基础性的意义。

只有这样,我们才能够不断赋予马克思主义理论鲜明的中国特色,不断夯实马克思主义中国化、时代化的现实基础,从而使马克思主义在 21 世纪的中国依然成为最具真理与道义意蕴的世界观、人生观、价值观。这应该是当代马克思主义者在新时代必须自觉承担起的一个重要而神圣的使命。

要承担好这一具体的文化使命,需要当代中国的马克思主义者自觉地回望历史,从中华优秀传统文化中寻找到与马克思主义基本原理的契合之处,从

---

① 《党的二十大文件汇编》,党建读物出版社 2022 年版,第 13 页。
② 马克思、恩格斯:《德意志意识形态》,载《马克思恩格斯选集》(第一卷),人民出版社 1995 年版,第 75 页。
③ 《党的二十大文件汇编》,党建读物出版社 2022 年版,第 14 页。

而探寻到 21 世纪马克思主义的新生长点。在这个回望历史的过程中,有一个让中华民族深刻铭记的历史节点,那就是 1840 年爆发的鸦片战争。它不仅是中华民族历史的转折点,而且也是中华文化开始转型的关键点。"清末以来的文化转型,时指中国文化由传统型向近代型转变……欲建构一种西学为主导的'会通中西'的新文化模式。"①事实上,正是这场战争不仅让闭关锁国沉醉于"唯我华夏独尊"的国人领教了西方的船坚炮利,更重要的是它让国人以切肤之痛的方式感受到了船坚炮利背后西方文化的穿透力。从这个时刻起,对传统文化的怀疑乃至否定与对西方文化的推崇乃至膜拜,便几乎成为近代中国一种历史的必然。西学东渐则是这种历史必然性的自然衍生。于是,"西化"的主张甚至由此而成为近现代中国文明与文化史上一个挥之不去却之又来的时尚话题。在这样的世代背景下,传统文化的境遇自然是可想而知了:从五四运动"打倒孔家店"的口号,到改革开放初期柏杨《丑陋的中国人》一书的流行,再到电视政论片《河殇》的热播,无不凸现着这样一个反传统的主题。

然而,值得深思的是,此时的西方社会却逐渐对中华传统文化表现出一种空前的认同甚至欣赏的心态。罗素不仅看到我国古代文明的历史价值,而且认识到这一文明、文化的现实及未来的存在价值。罗素认为,儒家文化带给中国人以中庸、谦和和敦厚的气质,它使人彬彬有礼、和平友善、宽以待人和乐于反省。由此,罗素曾这样断言:"一个具有如此坚韧能力和久存不灭的思想体系必定有它的伟大价值,而且必定是值得我们重视并加以研究的。"②

> 与此形成鲜明对比的是罗素对西方文化的失望:"我们欧洲没有走上幸福之路——我们提倡竞争、开放、无休止的变化、不知足和破坏。导致破坏的效率只会带来毁灭,而我们的文明正在朝这个趋势进发。如果我们不虚心学习一些我们所轻视的东方智慧,我们的文明将走向毁灭的结局。"③罗素坚信,经历现代文明洗礼的中华传统文化智慧,在世界未来的发展中必将逐步扬弃其愚昧成分,日渐显露出特有的东方魅力。

重要的还在于,20 世纪下半叶东亚经济的崛起使得以儒家为代表的传统文化的现代意义获得了新的证明。因为从地域文化看东亚属儒家文化圈。于

---

① 卢钟锋:《中国传统学说史》,河南人民出版社 1998 年版,第 454 页。
② 罗素:《罗素论中西文化》,杨发庭等译,北京出版社 2010 年版,第 4 页。
③ 罗素:《罗素论中西文化》,杨发庭等译,北京出版社 2010 年版,第 37 页。

是,继中世纪末叶的马可·波罗时代之后,世界再次把惊异的、渴求的目光投向追求仁智会通、德业双修、天道与人文统一之圆融和谐的东方文化。一些西方学者因此而提出了"两种现代化"理论:西方式的现代化和东亚的现代化;前者的文化根源在基督教,后者的文化根源在儒教(孔教)。他们认为,如果西方的个人主义适合于工业化的初期发展,儒家的集体主义或许更适合于大量工业化的时代。比如英国学者 R. 多尔就指出,儒教主张的"非个人主义"伦理观在履行契约和达到目标方面能发挥极大作用。① 可见,当今世界文明发展的大趋势已日益现出如下态势:人类正试图从东方文化与西方文化的比较与综合中,寻觅人类全面协调,持续稳定的发展路径。

可以肯定的是,我们显然不能因为一些西方学者对东方文化的期待而盲目乐观,更不能断定西方世界等着东方文化去拯救。正如我们也不应该因为另一些西方人对东方文化的贬低而自卑或愤懑。这是一个全球化已然无法逆转的时代,因而也必然是西方走向东方、东方走向西方的互动时代。在这双向互动中,东方文化的智慧不仅没有过时,而且其生命力将在不同文明的对话、交流与互鉴中得到证明,并得到进一步的提升和发展。事实上,正如我们在本书中已揭示的那样,传统文化的现代意义不仅丰盈而且多维。这或许正是许多西方学者认同和推崇中华传统文化的根由之所在。

众所周知,19、20 世纪的人类曾过分地迷信科学的力量。但人类在进入21 世纪后已愈来愈清楚地明白:科学的发展并不能解决人类所面临的诸多难题。这些难题本身还需要文化的发展来解决。有学者曾这样概括过这些难题:一是由于人与自然的失衡而造成的自然生态环境的严重破坏,从根本上危及人类的生存;二是由于西方原子结构论和笛卡尔、牛顿力学思维方式的局限而造成当代科学发展的危机;三是由于极端个人利己主义和享乐主义的膨胀,造成人际关系失衡,人格为物欲、金钱所扭曲,人际关系冷漠、疏远;四是由于东方经济的起飞以及它对西方管理模式的挑战,迫切需要建构东方式管理思想体系,以推动经济发展;五是由于现代人的物质生活与精神生活的失衡而造成价值体系瓦解、心理障碍、道德滑坡和社会无序,人为物欲所异化。② 对这些问题的解决,传统文化所内蕴的智慧都给出了很好的思维路径。也就是说,传统文化中倡导的天人合一、人我合一、情理合一、义利合一、知行合一等基本

---

① 罗荣渠:《现代化新论续篇——东亚与中国的现代化进程》,北京大学出版社 1997 年版,第 84 页。

② 葛荣晋:《儒道智慧与现代社会》,中国人民大学出版社 1996 年版,第 3 页。

原则,无疑从最高的价值观上给现代人指出了清明的出路。

二、着力开掘优秀传统文化对民族精神熔铸的现代价值

"人民有信仰,国家有力量,民族有希望。"①要肩负起铸就中华文化新辉煌的文化使命,还要求当代马克思主义者必须着力开掘中华优秀传统文化对民族精神熔铸的现代价值。这是人民信仰确立的精神文化前提。

我们要着力激活中华优秀传统文化对中华民族精神的固本作用。中华民族世代积累与赓续的传统文化之所以被称为民族精神的根脉之所系,那是因为它是一个民族生存和发展的精神财富。就中华民族而言,从上古时期女娲造人、夸父追日的神话传说,到春秋战国百家争鸣的出现;从汉唐雄风的横空出世,到近代鸦片战争开始的救亡图存;从先秦的《诗经》《离骚》诸子散文,到汉赋、唐诗、宋词、元曲、明清小说……千百年来,中华优秀传统文化既是中华民族大一统发展形态的文化基石和维系民族凝聚力、向心力的精神纽带,也是我们民族虽历经磨难却总能自强不息、浴火重生的原动力。正是它使中华文明成为全球四大古文明中唯一没有中断的文明形态。

"万物有所生,而独知守其根。"(《淮南子·原道训篇》)如果抛弃中华优秀传统文化,中华民族必将如无本之木,不仅经不起雨打风吹,甚至都无法自立于世界民族之林。为此,我们要着力用五千多年文明与文化的丰沃土壤与厚重底蕴,作为涵养人民信仰的思想史养分,从而汇聚起中华民族复兴的磅礴之力。

不仅如此。我们也要着力激活中华优秀传统文化对中华民族品格与性情的熏陶作用。在中华传统文化的历史传承中,生成了诸多对中华民族品格与性情产生重要影响的优秀成分,诸如修身、齐家、治国平天下的人生志向,"己所不欲,勿施于人"(《论语·颜渊》)的仁爱精神,"保天下者,匹夫之贱,与有责焉"(顾炎武:《日知录·正始》)的忧患意识和爱国情操,兴利除弊的社会变革勇气,吸收异质文化的"会通""兼容"气度,替天行道、不畏强暴的抗争意志,"民为贵,社稷次之,君为轻"(《孟子·尽心下》)的民本主义思想,"先天下之忧而忧,后天下之乐而乐"(范仲淹:《岳阳楼记》)的利他主义情怀,"君子慎独,不

---

① 《党的十九大文件汇编》,党建读物出版社 2017 年版,第 29 页。

欺暗室"(《礼记·中庸》)的自律境界,等等。这些宝贵的民族文化养分,几千年来通过不同的传播渠道,早已深层地积淀于现代亿万中国人民的心灵之中,不仅成为中国人抵御外族侵略、捍卫民族独立、维护国家统一的强大的精神品格,而且也已成为每一位炎黄子孙待人接物甚至安身立命的根本价值观。

此外,我们还要激活中华优秀传统文化在民族思维能力提升方面的优秀成分。比如"天人合一""道法自然"(《老子》二十五章)思维模式对于保护当代生态平衡的理论支持;道家的"反者道之动"(《老子》四十章)、"有无相生,难易相成,长短相形,高下相倾"(《老子》二章)与"是亦彼也,彼亦是也"(《庄子·齐物论》)的合二为一思维,以及儒家"道之以德,齐之以礼"(《论语·为政》)的伦理智慧对于克服西方管理思想体系的弊病、建构东方式的管理思维模式的启发;兵家的"以正合,以奇胜"(《孙子·势篇》)的决策思维至今成为现代企业的基本经营谋略;儒家的贵和之道、中庸之道以及道家的"既以与人,己愈多"(《老子》八十一章)和"忘我""无我"境界的生命取向,有助于协调人际关系以及解决现代人的物质生活与精神生活的失衡等问题。我们对优秀传统文化学习的现代价值正是从中不断得以彰显。

> 就思维方式而论,习惯于形式逻辑思维的西方学者,曾经热衷于悖论的有解与无解之类的争论。这一悖论观也深刻影响了中国学界。比如就中西文化的比较而论,有学者就认为不同文化的对话必然产生难解的如下悖论:"一是普遍与特殊的悖论,二是保持纯粹与互相影响的悖论,三是他者与自我的悖论,四是沟通话语可解与不可解的悖论。"[1]但在中国人求同存异、合二为一的辩证思维论域里,这些悖论恰恰是不存在的。事实上,这正是中华优秀传统文化在思维方式层面的一个呈现。

"人间正道是沧桑。"(毛泽东:《七律·人民解放军占领南京》)如果说 19 世纪是以英国为代表的欧洲时代,20 世纪是以美国为代表的美洲时代,那么,21 世纪就是中国为代表的亚洲时代。这就意味着 21 世纪为我们谋求中华民族伟大复兴提供了绝佳的时代条件与发展机遇。对中华民族的复兴而言,这可谓百年未遇之机遇。这个复兴理所当然地内含我们民族文化的伟大复兴。因而努力寻求中华民族的优秀传统文化与当代社会发展的契合点,发掘与揭

---

① 乐黛云:《中国文化与世界文化》,北京出版社 2020 年版,第 10 页。

示优秀传统文化所内蕴当代价值与马克思主义基本原理相契合之处,并以此来培育和弘扬中华民族精神,从而为中国式现代化的推进提供不竭的精神动力,将是一项具有深远战略意义的课题。我们有理由相信,中国人民能够在新时代出色地完成这一时代的课题,从而迎来中华民族伟大复兴这一神圣时刻的到来。

三、努力提升中华文化的全球影响力、感召力与引领力

我们要肩负起铸就中华文化新辉煌的文化使命,还要在积极通过与外来文化撞击、交流与互鉴中不断生成与提升中华文化的全球影响力、感召力与引领力。我们必须充分意识到,中华优秀传统文化既是历史的,也是当代的;既是民族的,也是世界的。为此,当代马克思主义者要努力让中华文明与文化同各国人民创造的多彩文明与文化一道,为全球化语境下的当今世界提供正确的世界观、人生观与价值观指引。

众所周知,中华传统文化在鸦片战争之前的几千年发展历程中,从不抱残守缺、夜郎自大,它总是能以非凡的包容和会通精神通过与外来文化的撞击、交流与互鉴从而丰富和完善自己。为此,我们在铸就中华文化新辉煌的文化使命中,要努力平衡好"不忘本来"与"学习外来"、古为今用与洋为中用的辩证关系。我们必须旗帜鲜明地反对盲目排外,反对以复兴传统文化之名贬抑甚至拒绝外来文化的种种错误倾向。"没有撞击的文化是不幸的文化。这一点已为许多人类学家、科学史家、语言学家、文学艺术史家所再三阐述。"①为此,我们要以文化交流来超越文化脱钩论、文化互鉴来超越文化冲突论、文化共存来超越文化单边主义。只有这样,我们才能切实传承与创新中华民族的优秀文化基因,从而推动古老的中华传统文化以日新日成、继往开来的姿态走向世界。

与此同时,我们更想指出的是,在坚守与外来文化撞击、交流与互鉴的基本文化立场的前提下,当代中国马克思主义者更应该积极发挥历史主动性,努力提升中华文化的全球影响力、感召力与引领力。

置身于全球化趋势已然不可逆转的当今世界,中国作为一个正在强势崛

---

① 陈平原:《在东西方文化碰撞中》,浙江文艺出版社 1987 年版,自序。

起的大国,必须以大国担当的使命感积极打造我们优秀传统文化的全球影响力、感召力与引领力。"综观历史经验,大国影响和引领世界不外乎是军事、经济和文化三种方式,而文化影响是最佳方式,也是最高境界。"①众所周知,当今世界之变正以前所未有的方式展开于世界各国人民面前。和平与发展固然是人心所向,也是大势所趋。但不容否定的严峻现实是恃强凌弱、巧取豪夺、零和博弈等丛林法则对世界和平与发展的危害不断加深加重,以致出现了令人担忧的和平与发展赤字。这意味着全球治理需要一种新的文明与文化来取代丛林法则肆虐的现状。于是,历来推崇道义法则,将成人之道理解为丛林世界的超越与兽性的扬弃,从而主张"四海之内皆兄弟也"(《论语·颜渊》)的中华优秀传统文化,便在这样的现实语境下庄重而亮丽地登场了。

　　辜鸿铭先生认为中华文化的优秀特性之一就是对战争逻辑的抛弃与丛林法则的超越。因为中国人更推崇乃至信仰以良善为核心的道义法则。他曾经在一次对西方听众所做的演讲时这样说过:"可是,人们会问我:'在中国不也存在战争吗?'的确,在中国也存在战争,不过自从两千五百年以前孔子的时代开始,我们中国人就没有产生过像今天在欧洲所看到的那种军国主义了。在中国,战争是一种意外;可是在欧洲,战争则是一种必需。"②以这一中华文化的立场来审视冲突不断的当今世界,显然有助于对世界和平的维护与推进找到信仰层面的依据。

　　可见,系统地梳理中华优秀传统文化的发展脉络、精神特质与时代内涵,把马克思主义基本原理同中华优秀传统文化相结合,开辟马克思主义中国化时代化新境界,不仅为中华民族谋复兴,同时也为世界人民谋大同提供着最重要的精神引领。也就是说,自古便在"青山一道同云雨,明月何曾是两乡"(王昌龄:《送柴侍御》)之天下观熏陶下的当今中国,要比以往任何时候都积极地拓展世界眼光,主动回应世界各国人民对和平与发展问题的普遍关切,为解决人类面临的共同问题给出中国方案并作出中国贡献,从而为建设更加美好的世界担负起大国的责任。这是在全球化时代人类社会的和平与发展正遭遇前所未有挑战这一严峻背景下,时代赋予中华文明与中华文化神圣而艰巨的历

　　①　夏海:《国学要义》,中华书局 2020 年版,第 425-426 页。
　　②　辜鸿铭:《中国人的精神》(修订版),黄兴涛等译,中国人民大学出版社 2023 年版,第 3 页。

史使命。

"不奋斗,无青春。"生逢其时的我们必须时刻铭记这一时代的嘱托,不仅顺势而为、善作善成,而且要以更加昂扬的理想主义情怀与更加主动的使命担当,在以中华优秀传统文化助力民族复兴与世界大同的伟业中,成就自我人生立德、立功、立言的生命价值。

主要参考文献

[1] 陈鼓应:《老庄新论》,上海古籍出版社 1992 年版。

[2] 陈晋:《毛泽东与文艺传统》,中央文献出版社 1992 年版。

[3] 程裕祯:《中国文化要略》(第 3 版),外语教学与研究出版社 2011 年版。

[4] 蔡元培:《中国伦理学史》,上海古籍出版社 2005 年版。

[5] 方立天:《中国古代哲学问题发展史》,中华书局 1990 年版。

[6] 冯契:《中国古代哲学的逻辑发展》(上卷)(中卷)(下卷),载《冯契文集》(增订版)(第四卷)(第五卷)(第六卷),华东师范大学出版社 2016 年版。

[7] 冯友兰:《中国哲学简史》,涂又光译,北京大学出版社 2013 年版。

[8] 范文澜:《中国通史》(第一卷)(第二卷),人民出版社 1978 年版。

[9] 费正清:《中国:传统与变迁》,张沛等译,世界知识出版社 2002 年版。

[10] 辜鸿铭:《中国人的精神》(修订版),中国人民大学出版社 2023 年版。

[11] 郭绍虞:《照隅室语言文字论集》,上海古籍出版社 1985 年版。

[12] 顾建华:《中国传统艺术》,中南工业大学出版社 1998 年版。

[13] 黄寅:《传统文化与民族精神:源流、特质及现代意义》,当代中国出版社 2005 年版。

[14] 吉尔伯特·罗兹曼:《中国的现代化》,国家社会科学基金"比较现代化"课题组译,江苏人民出版社 2010 年版。

［15］姜亮夫:《古文字学》,浙江人民出版社 1984 年版。

［16］罗素:《罗素论中西文化》,杨发庭等译,北京出版社 2010 年版。

［17］鲁迅:《门外文谈》,人民文学出版社 1974 年版,第 6 页。

［18］鲁迅:《汉文学史纲要》,凤凰出版社 2009 年版。

［19］林语堂:《中国哲人的智慧》,中国广播电视出版社 1991 年版。

［20］利玛窦:《利玛窦中国札记》,何高济等译,中华书局 1983 年版。

［21］李泽厚:《中国古代思想史论》,人民出版社 1985 年版。

［22］李泽厚:《美的历程》,生活·读书·新知三联书店 2009 年版。

［23］马林诺夫斯基:《文化论》,费孝通译,华夏出版社 2002 年版。

［24］斯塔夫里阿诺斯:《全球通史:从史前史到二十一世纪》(修订版),吴
象婴等译,北京大学出版社 2005 年版。

［25］史景迁:《大汗之国:西方眼中的中国》,阮叔梅译,广西师范大学出
版社 2013 年版。

［26］钱穆:《国学概论》,商务印书馆 1997 年版。

［27］申小龙:《汉语与中国文化》,复旦大学出版社 2008 年版。

［28］沈善洪、王凤贤:《中国伦理学说史》(上)(下),浙江人民出版社 1985
年、1988 年版。

［29］孙培青主编:《中国教育史》,华东师范大学出版社 1992 年版。

［30］汤因比、池田大作:《展望二十一世纪——汤因比与池田大作对话
录》,荀春生等译,国际文化出版公司 1999 年版。

［31］王琪森:《中国艺术通史》,江苏文艺出版社 1999 年版。

［32］威尔斯:《世界简史》,余贝译,新世界出版社 2012 年版。

［33］闻一多:《闻一多论古典文学》,重庆出版社 1984 年版。

［34］许倬云:《万古江河:中国历史文化的转折与开展》,湖南人民出版社
2020 年版。

［35］夏海:《国学要义》,中华书局 2020 年版。

［36］杨念群:《问道:一部全新的中国思想史》,重庆出版社 2024 年版。

［37］袁行霈:《中国文学概论》,高等教育出版社 1990 年版。

［38］张岱年、方克立主编:《中国文化概论》(修订版),北京师范大学出版
社 2004 年版。

［39］张岱年:《中国哲学大纲》,中国社会科学出版社 1982 年版。

后　记

当在键盘上敲出"后记"这两个字的时候,那一份愉悦之情可谓难以言状。我们团队终于在己亥年到来之前完成了全书编写的所有案头工作。春节将至,意味着冬日将逝,春色可期。唯愿我们的工作能以绵薄之力,助力中华文化之花借春光之际在世界文化大观园里绽放得更加花团锦簇、姹紫嫣红。

书稿得以如期完成,我们首先要感谢通识选修课教材《中国传统文化概论》编写组的诸位同道。自 2000 年在上海人民出版社出版此教材起,直到 2022 年在浙江大学出版社出版了该书的第 3 版,20 多年来我们志同道合、神交默契,堪称乐莫大焉。除了本书编者外,编写组成员分别有:蔡海榕、叶晗、杨忠苗、杨金凤、徐建芬、王康、郑建功、朱晓虹、周玲俐等。没有他们的前期付出,就没有我们这本作为专业课教材的《中华优秀传统文化通论》。

其次,我们也要感谢诸多学界的前辈时贤。因为我们在本书中大量地参考和汲取了他们在相关领域里精深研究的成果。我们已尽可能地在本书所附的"主要参考文献"中一一列出。但鉴于教材的编著属性与体例所限,论文方面就只得付诸阙如了。

最后,我们还要特别感谢浙江大学出版社。众所周知,专业课教材的发行量是无法与通识课教材相比拟的。当我们得知选题顺利通过时真的深受感动。这种感动将激励我们更敬业、更用心、更无怨无悔地守望与耕耘在中国传统文化的教研领域里,并争取做出更大的成绩。

本书缘自"中国传统文化"课的教学需求。作为集体合作的成果,具体分工如下:引论、第 1 章、第 5 章、结束语由浙江大学马克思主义学院教授、课程主讲张应杭编写;第2章、第6章、第8章由浙江大学马克思主义学院在读研究生、课程助教周有强编写,第3章、第4章、第7章由浙江大学马克思主义学院在读研究生潘睿编写。此外,全书引文的校核工作由周有强、潘睿负责,文字的润色由本书责任编辑黄伊宁负责,最后的统稿工作则由张应杭完成。

　　如是为记。

　　　　　　　　　　　　张应杭　　周有强　　潘　睿
　　　　　　　　　　　　2024年2月6日记于浙江大学

图书在版编目（CIP）数据

中华优秀传统文化通论 / 张应杭，周有强，潘睿编
著. -- 杭州：浙江大学出版社，2024.7. -- ISBN 978-
7-308-25250-8

Ⅰ. K203

中国国家版本馆 CIP 数据核字第 2024L4H977 号

中华优秀传统文化通论

张应杭　周有强　潘　睿　编著

责任编辑	黄伊宁	
责任校对	李海燕	
封面设计	黄伊宁	
责任印制	孙海荣	
出版发行	浙江大学出版社	
	（杭州市天目山路 148 号　邮政编码 310007）	
	（网址:http://www.zjupress.com）	
排　　版	杭州好友排版工作室	
印　　刷	杭州宏雅印刷有限公司	
开　　本	710mm×1000mm　1/16	
印　　张	25.5	
字　　数	458 千	
版 印 次	2024 年 7 月第 1 版　2024 年 7 月第 1 次印刷	
书　　号	ISBN 978-7-308-25250-8	
定　　价	78.00 元	